Nicaragua
Costa Rica · Panama

W0084221

Gerhard Heck

Inhalt

Lebensraum südliches Zentralamerika

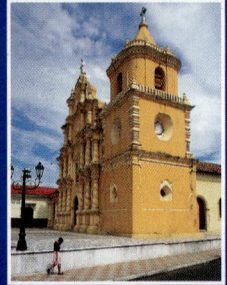

Reisen im südlichen Zentralamerika

Nicaragua

Costa Rica

Serviceteil

Verzeichnis der Karten und Pläne

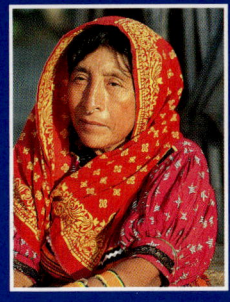

*Costa Rica, die heißen Wasserbäder in Tabacón
bei Fortuna de San Carlos bieten ein
erholsames Badevergnügen inmitten üppiger Natur* ▷

Lebensraum südliches Zentral-amerika

Tourismus in Zentralamerika

Es ist friedlicher geworden in Zentralamerika, aber das Leben ist dennoch nicht leicht – so würde ein Bewohner der Region wohl die heutige Situation beschreiben. Bislang hätte er nicht einmal das sagen können, denn mit Ausnahme von Costa Rica, das als die ›Schweiz Zentralamerikas‹ gerühmt wird, war Zentralamerika eine Krisenregion, in der es alles andere als friedlich zuging. Nach dem Ende der Bürgerkriege sollte Mitte der 90er Jahre alles anders werden. Aber seit der rätselbefrachteten Entführung einer deutschen Touristin und einer Schweizer Reiseführerin geriet auch Costa Rica in die Schlagzeilen.

Im Mai 1996 haben die Präsidenten der zentralamerikanischen Staaten auf einem eigens einberufenen Tourismusgipfel beschlossen, daß ausländische Besucher in den kommenden Jahren zum wichtigsten Devisenbringer werden sollen. »Wir können Reiseziel für die ganze Welt werden«, erläuterte der Außenminister Nicaraguas die Vorzüge der Region: Auf nur 0,35 % der Erdoberfläche seien 10 % der weltweiten Artenvielfalt zu finden. Dazu kämen die endlosen Strände und Korallenriffe und das ganze Jahr über ein hochsommerliches Klima. Sprach man von Zuwachsraten im Tourismus, fiel immer wieder das Beispiel der Dominikanischen Republik.

Alle Regierungen Zentralamerikas wollen sich um Touristen bemühen, und sie tun dies auf sehr unterschiedliche Weise: Nach Costa Rica erklärten auch Panama und Nicaragua große Gebiete zu Naturschutzreservaten. Nicaragua baut mit Hilfe spanischer und US-amerikanischer Investoren große Hotels und setzt auf Straßenbau und Sicherheit. Panama will außer seiner Natur und den San Blas-Inseln auch den Kanal touristisch vermarkten. Aber die infrastrukturellen Probleme der Länder sind nicht von heute auf morgen zu lösen, der formelle Frieden ist nicht für jedermann mit Sicherheit gleichzusetzen, und vor allem scheint die Hoffnung, durch Tourismus über Nacht reich werden zu kön-

Costa Rica, Nationalpark Manuel Antonio

nen, angesichts der billigeren karibischen Konkurrenz wirklichkeitsfremd. Das Beispiel Dominikanische Republik mit seinem *all-inclusive*-Tourismus kann für Zentralamerika kein Vorbild sein.

Ein anderes, länderspezifisches Tourismuskonzept ist gefragt. Mit der Vermarktung des von der EU geförderten Mundo-Maya-Projekts scheinen die vier nördlichen Staaten Zentralamerikas einen klugen, ihnen und den Besuchern Verständnis und Begegnung ermöglichenden Weg einzuschlagen. Mit ebenfalls von europäischen Staaten geförderten, langfristigen Ökologie- und Kli-

maschutzprojekten, von denen bereits mehrere in Costa Rica realisiert wurden, setzen die drei südlichen Staaten Zentralamerikas einen ihnen adäquaten Schwerpunkt für den Tourismusmarkt.

Die Fehler anderer Länder zu vermeiden und einen nachhaltigen Öko-Tourismus zu entwickeln ist zwar das Ziel aller zentralamerikanischer Staaten, aber die drei südlich gelegenen bieten die besten Voraussetzungen dazu. Hier liegen die letzten Paradiese unserer Erde. Zwei Jahre nach dem Umweltgipfel von Rio vereinbarten die Präsidenten der sieben zentralamerikanischen Staaten 1994 in

Nicaragua, dem Alltag entfliehen im Barcelo-Hotel in Montelimar

Managua eine vertragliche Allianz für die nachhaltige Entwicklung Zentralamerikas, die die mittelamerikanische Landbrücke in eine ökologische Modellregion verwandeln soll. Der von Präsidentin Chamorro als Ehrengast eingeladene US-Vizepräsident Al Gore beglückwünschte die Staaten, »in ihrem Denken dem Rest der Welt voraus zu sein«, weil sie »die Sache der Umwelt nicht nur theoretisch behandeln, sondern in einen praktischen Plan umsetzen werden.« Die Allianz hatte nämlich gerade einen umweltpolitischen Aktionsplan vereinbart, der mit der Ressource Wald verantwortungsvoll umgehen, Umwelterziehung in der Schule einführen und vor allem Bürger und Bürgerinnen durch öffentliche Diskussionen in die Maßnahmen miteinbeziehen will.

Zu einer langfristigen umweltbewußten Entwicklung gehört aber auch soziale Gerechtigkeit. Und davon kann in den Staaten Zentralamerikas, in denen gerade 4 % der Bevölkerung rund 60 % des fruchtbaren Bodens besitzen, keine Rede sein, zumal in den meisten Staaten eine Agrarreform nicht in Sicht ist. »Die größten Feinde der Umwelt sind Armut und Hunger«, ließ der damalige nicaraguanische Verteidigungsminister Humberto Ortega die versammelten Staatschefs wissen. Doch während in Costa Rica bereits große Teile der Bevölkerung – wohl auch wegen ihres relativen Reichtums – von der Bedeutung des Naturschutzes überzeugt sind, den man der nachrückenden Generation sogar in der Schule mittels eines eigenen Unterrichtsfachs näherbringt, haben Nicaragua und Panama noch einen weiten Weg vor sich. Auch kommt die touristische Infrastruktur hier längst nicht an jene Costa Ricas heran. Aber hat man

Ein Dutzend Höhepunkte

Nicaragua

● Sich die Zeit für eine Fahrt über den Lago de Nicaragua zur Isla de Ometepe und zum Archipiélago de Solentiname nehmen (s. S. 83ff.)

● Granada: Am Seeufer eine aristokratische Stadt vor der Kulisse eines Vulkans erleben (s. S. 80ff.)

● León: Durch ein koloniales Kulturensemble voller politischer Gegenwart spazieren (s. S. 108ff.)

Costa Rica

● Manuel Antonio: An naturgeschützten Traumstränden Robinson Crusoe spielen (s. S. 193ff.)

● Barra Colorado: Auf engen Wasserwegen tropischen Urwald erkunden (s. S. 158ff.)

● San José: Eine Opernaufführung im Teatro Nacional genießen (s. S. 133)

● Vulkan Poás: In 2700 m Höhe bis zum gelbgrünen Kratersee und zur tiefblauen Laguna Botos vordringen (s. S. 147)

● Am Rand des Braulio Carrillo-Nationalparks mit einer Seilbahn durch die Wipfel des Regenwalds schweben (s. S. 149ff.)

Panama

● Panamakanal: Die bedeutendste Abkürzung der Welt auf einem Schiff erleben (s. S. 233ff.)

● Panama-Stadt: Durch den historischen Stadtkern El Casco Viejo streifen (s. S. 222ff.)

● Portobelo: Den einst reichsten Hafen der spanisch-amerikanischen Handelsflotte erkunden (s. S. 246f.)

● San Blas: Auf karibischen Inseln die Kultur der Kuna kennenlernen (s. S. 261ff.)

sich erst einmal in die entlegenen Regionen des Río San Juan oder des Darién durchgeschlagen, dann stehen Nicaragua und Panama an der Faszination der Regenwälder, Vulkane, Strände und kulturellen Sehenswürdigkeiten dem Vorreiter Costa Rica nichts nach.

Die kalte Jahreszeit in Europa mit ihren kurzen Tagen fördert die Sehnsucht nach warmen, sonnigen Gefilden. Dies ist besonders günstig für Zentralamerika, denn der Winter in den nördlichen Breiten deckt sich zeitlich mit der angenehmen Trockenzeit in Costa Rica, Nicaragua und Panama. Doch auch in der restlichen ›Regen‹-Zeit ist es dort warm und zumindest vormittags meist trocken und sonnig.

Beste Werbung für einen Urlaub im südlichen Zentralamerika machen jene Besucher, die einmal dort waren, die sich nicht von schwierigen Busverbindungen, holprigen Pisten oder einer unregelmäßigen Stromversorgung abhalten ließen. Sie wurden belohnt durch die einmalig schöne Natur, durch Erlebnisse, Begegnungen und Sehenswürdigkeiten, die ihresgleichen auf der Welt suchen.

Landschaft und Klima in Nicaragua, Costa Rica und Panama

Zentralamerika ist die geographische Bezeichnung jener sieben Länder, die als Landbrücke den Norden mit dem Süden des Doppelkontinents Amerika verbinden. Mittelamerika ist der synonyme Sammelbegriff für diese Staatengruppe, die mit einer Fläche von ca. 540 000 km² ungefähr doppelt so groß ist wie Deutschland, Österreich und die Schweiz zusammen, in der aber im Vergleich dazu nur ungefähr ein Viertel so viele Menschen – nämlich 24 Mio. – leben. Über die gesamte Festlandbrücke zwischen Mexiko und Kolumbien, die an ihrer breitesten Stelle im Süden von Honduras ca. 400 km, an ihrer schmalsten in Panama nur 80 km breit ist, zieht sich als Rückgrat ein Gebirgszug mit mächtigen Vulkanen und ausgedehnten Hochebenen.

Es gibt wenige Gebiete auf der Erde, in denen die Kräfte der Natur so deutlich zutage treten wie hier. Die Wetterzonen zweier großer Ozeane treffen über den Dschungelgebieten und Höhen Mittelamerikas zusammen, die Länder liegen auf der Route tropischer Wirbelstürme, und sie sind geologischen Aktivitäten stark ausgesetzt. Weil diese Gewalten und Einflüsse aber auf eine kleine Landmasse einwirken, hat die Natur hier einen bemerkenswerten Reichtum und eine erstaunliche Vielfalt hervorgebracht.

Zentralamerika erstreckt sich inmitten der Tropen zwischen dem 18. und dem 8. Breitengrad nördlich des Äquators. Klimatisch unterscheiden sich die vom Pazifik geprägten südlichen und westlichen Regionen vom Norden und Osten, der durch die Karibik bestimmt wird.

Die karibische Küstenregion ist flach, heiß und feucht, und wegen ihres schwülen Klimas sind bis heute riesige Gebiete so gut wie unbewohnt. Das Hochland dagegen weist mit den das ganze Jahr über warmen Temperaturen eine relativ hohe Bevölkerungsdichte auf: ca. drei Viertel aller Mittelamerikaner leben hier. Die pazifische Westküste ist trockener und steiler. Hier rollen hohe Wellen auf die langen Sandstrände und die Brandung donnert auf die felsigen Küstenabschnitte mit ihren vorgeschobenen Landzungen. Tropischer Regenwald zieht sich über weite Teile der karibischen Küstenregionen. Wärme und Feuchtigkeit sorgen für eine üppige, immergrüne Vegetation. Diese tropischen Regenwaldzonen gehen in Costa Rica und Nicaragua in höheren Regionen in immergrüne Laub-, Tannen- und Kiefernwälder und in noch höheren Lagen in kühlere, sogenannte Nebelwälder über. In den Regenwäldern des karibischen Tieflands wachsen auch die begehrten tropischen Edelhölzer wie Mahagoni und Ebenholz, die jahrzehntelang rücksichtslos geschlagen wurden. Zudem mußten große Teile dieser Wälder im 19. und in der ersten Hälfte des 20. Jh. Bananen- und Zuckerrohrplantagen weichen.

Nahe der Pazifikküste zieht sich eine Vulkankette von Guatemala und El Salvador über Nicaragua und Costa Rica bis nach Panama. Vulkane gehören zum eindrucksvollsten Teil der zentralamerikanischen Landschaft. Einige entsprechen genau unseren klassischen Vorstellungen: ein gleichmäßiger Kegel mit einem einzigen Krater auf der Spitze,

Nicaragua, Long Bay auf der Isla Grande del Maíz

aus dem in Abständen Lava geschleudert wird. Andere liegen ausgebreitet da, ihre Spitzen sind eingestürzt und haben eine breite, tieferliegende Caldera hinterlassen, aus deren Spalten Rauch aufsteigt. Wieder andere sind schon so lange untätig, daß üppige Vegetation ihre Hänge bedeckt. Von allen Ländern Zentralamerikas besitzen Costa Rica und Niaragua die meisten Vulkane. Sie reihen sich, einer Perlenkette gleich, am Rand der pazifischen Tiefebene aneinander.

Allein in **Costa Rica** zählt man 112 Vulkane, von denen allerdings z. Z. nur fünf als aktiv eingestuft werden: der Arenal am gleichnamigen See, der Poás bei Alajuela, der Irazú bei Cartago, der Turrialba bei Turrialba und der Rincón de la Viejo nördlich von Liberia. Von diesen fünf Vulkanen meldete sich zuletzt der 2000 m hohe Rincón de la Viejo, der Ende 1995 Asche, Sand, Gestein und Gas ausspie. Menschen kamen nicht zu Schaden, da die Dörfer zu seinen Füßen am Vortag evakuiert worden waren.

Auch **Nicaragua** ist ein Land der Vulkane. Fünf von ihnen zieren heute das Staatswappen. Gegen Ende des 19. Jh. entdeckte man im Zentrum Managuas an den Ufern des gleichnamigen Sees mehrere menschliche Fußabdrücke im versteinerten Schlamm. Wissenschaftler fanden heraus, daß diese Abdrücke während eines Ausbruchs des ca. 25 km entfernten Vulkans Masaya entstanden sein müssen, bei dem sich Asche und Schlamm in der Umgebung ergossen haben. Die Fußabdrücke der sechs Menschen dokumentieren ihre Flucht: Sie liegen weit auseinander, d. h. die Flüchtenden sind schnell gerannt. Man kann genau die großen Abdrücke eines Mannes von denen eines Kindes und einer Frau unterscheiden. Eine Spur hat sich bei den ersten Schritten sehr tief eingegraben, dann werden diese Abdrücke plötzlich flach und die Schritte länger. Vermutlich – so die Interpretation der Museumsführer in Managua – hat der Mann zuerst das schwere Bündel seiner Habseligkeiten getragen, das

Der tropische Regenwald – das größte genetische Reservoir unserer Erde

Es war der größte und ökologisch verheerendste Irrtum der Menschheit: Wenn so viele Pflanzen und Bäume so dicht und so üppig auf engstem Raum gedeihen, dann muß der Boden, auf dem dies geschieht, extrem fruchtbar sein. Angesichts fehlender Nahrungsmittel und wachsender Bevölkerung, dessen war man sich sicher, lagen hier die großen Reserven. Unbekümmert ging man daran, den ›fruchtbaren‹ Urwaldboden ›wirtschaftlich‹ zu nutzen. Die Folgen dieses Irrtums sind heute weltweit sichtbar.

Urwald gilt als der Inbegriff vom immergrünen, vom Menschen unberührt belassenen Naturwald, dessen Artenvielfalt durch die immerfeuchte Wärme von keiner anderen Vegetationsform übertroffen wird. Mit Urwald – oder dem abenteuerlich klingenden Begriff Dschungel – verbinden wir jene erdumspannende, äquatornahe Klimazone der Tropen, in denen die Temperaturen ganzjährig über 18 °C und die Jahresniederschlagsmengen nicht unter 2000 mm liegen. Unter diesen tropischen Bedingungen entsteht unterhalb 1000 m Höhe ein Wald, der wissenschaftlich als **tropischer** (Tiefland-) **Regenwald** bezeichnet wird.

Der tropische Regenwald ist die älteste Waldformation der Erde. Außertropische Wälder sind in der Regel nur einige tausend Jahre alt und haben sich erst nach der letzten Eiszeit zu ihren heutigen Formationen und an ihren heutigen Standorten entwickelt. Der tropische Regenwald dagegen hat die letzten Millionen Jahre der Erdgeschichte, in denen die Klimaschwankungen der Eiszeiten alle Vegetationsgürtel der Erde mehr oder weniger stark verändert haben, unbeschadet in den klimastabilen Tropen überstanden. Der tropische Regenwald gilt deshalb als das ›größte genetische Reservoir des Planeten‹, er sei, sagen Wissenschaftler, ›eine Bibliothek aus der Urzeit der Evolution‹. Wissenschaftlich wird der tropische Regenwald in fünf Höhenstufen gegliedert: die Bodenvegetationsschicht, die Sträucherschicht, das bis zu 15 m hohe Unterholz, die mittlere Baumschicht als Lebensraum vieler Urwaldtiere mit einem Kronendach in 30 bis 40 m Höhe und die einzeln stehenden, 40–60 m hohen Baumriesen, deren Stämme das Kronendach der mittleren Baumschicht durchstoßen.

Undurchdringlich oder gar eine ›grüne Hölle‹ ist der tropische Regenwald nur dort, wo genügend Licht üppiges Wachstum zuläßt, d. h. immer nur an seinen Rändern, an Lichtungen, entlang von Lagunen und Urwaldflüssen. Hier kann man in der Tat schwer eindringen aber ist man einmal im Wald, fällt das Fortbewegen relativ leicht. Da nur 5 % des Sonnenlichts den Boden erreichen, ist die dortige Vegetation insgesamt spärlich. Der spannendste Teil des Walds ist das dichte Kronendach in 30–40 m Höhe. Wie unter einem grünen Baldachin (engl. *canopy*) entwickelt sich hier, näher am Licht, das meiste Leben. Dies ist auch der Lebensraum der Epiphyten, zu denen z. B. Bromelien und Orchideen gehören. Diese Pflanzen leben in Astgabeln oder an Baumstammbiegungen ohne Bodenkontakt und ernähren sich vom an den Ästen und Zweigen abfließenden Wasser, das sie mit Nährstoffen versorgt. Diese Pflanzen sind bestenfalls Trittbrettfahrer, aber keine Schmarotzer,

denn sie entziehen dem Baum selbst keine Nährstoffe.

In mitteleuropäischen Wäldern gibt es etwa 50 Baumarten, in den tropischen Regenwäldern Zentralamerikas ca. 2000. Im Durchschnitt erreichen sie ein Alter zwischen 200 und 250 Jahren. Wegen des gleichmäßig warmen Klimas bilden sich bei den tropischen Bäumen keine Jahresringe. Einige Bäume werfen ihre Blätter bis zur Blattlosigkeit ab, bei anderen geschieht dies unmerklich über das ganze Jahr verteilt. Eine Blütezeit gibt es im tropischen Regenwald nicht. Im üppigen Grün gehen die Blütenfarben der Urwaldriesen oft unter, und ihre roten oder violetten Kronen sind oft nur aus der Luft sichtbar. Die im Durchmesser bis zu 4 m dicken Stämme mancher Urwaldriesen erreichen ihre Standfestigkeit durch sogenannte Brettwurzeln, die wie dünne Stützpfeiler radial von allen Seiten bis zu 10 m hoch wie Bretter über dem Boden Halt bieten.

Am Waldboden finden wir Farne, Moose, Philodendren und Weinreben. Hier sammelt sich auch alles, was im Überlebenskampf zum Licht unterlag, z. B. abgestorbene Äste, Laub, umgeknickte Bäume. Ameisen und Pilze sorgen für die Umwandlung dieser Biomasse in Mineralien. Aber insgesamt entsteht daraus nur eine relativ dünne Bodenschicht, die wegen der starken, niederschlagsbedingten Auswaschungen zudem noch nährstoffärmer und unfruchtbarer ist als nichttropischer Waldboden und um ein Vielfaches unfruchtbarer als die Böden in unseren Breiten.

Wenn der Boden aber so arm ist, wieso konnte der Regenwald Millionen Jahre überleben, und wie erklärt sich seine enorme Wachstumsfähigkeit, seine üppige Vegetationsvielfalt? Was ist das Geheimnis dieses großartigen

Der ältesten Waldformation der Erde droht der Untergang

Kronen abtropfende und an den Baumstämmen abwärts rinnende Wasser zum großen Teil nicht dem Grundwasser (und später dem Meer) zugeführt wird, sondern gleich wieder den Bäumen und dem Kronendach zukommt. Von da gelangt es nach einem Regen durch Verdunstung schon bald wieder in die Atmosphäre, verdichtet sich zu Wolken und steht dem Regenwald als erneuter Regen wieder zur Verfügung. Der Urwald schafft sich also durch einen Regen gleich mehrere. Spätestens hier wird deutlich: Je kleiner die Regenwaldflächen durch Rodung werden, desto stärker wird diese interne Wasserversorgung gestört.

In Höhenlagen braucht die Feuchtigkeit länger zum Verdunsten. Bei Wäldern oberhalb 1500 m sammelt sie sich in dichten Wolken und Nebelschichten, ist aber dank der milden Temperatur schnellem Wachstum keineswegs abträglich. Diese Form des tropischen Regenwalds wird umgangssprachlich als ›Nebelwald‹ bezeichnet. Insgesamt ist seine Artenvielfalt geringer als die des tropischen Tieflandregenwalds, aber der Bewuchs durch Moose, Flechten und Farne an allen Bäumen und Zweigen sowie am Boden lassen ihn dichter und grüner erscheinen.

Wer den Urwald – gleich ob Regen- oder Nebelwald – aufsucht, um Tieren zu begegnen, wird bitter enttäuscht, was einfache Gründe hat: Die Hälfte der hiesigen Säugetiere leben auf Bäumen und sind schon deshalb von den am Boden stehenden Menschen kaum auszumachen; zwei Drittel dieser Säuger sind, wie die vielen Fledermausarten, nachtaktiv, halten sich also tagsüber in ihren Höhlen oder Verstecken auf. Zudem ist die Sichtweite sehr gering, da nur wenig Tageslicht das dichte Blätterdach durchdringt.

Ökosystems? Was der Boden nicht anbietet, holt sich der Regenwald aus sich selbst. Als ›kurzgeschlossenen Mineralkreislauf‹ bezeichnet die Wissenschaft dieses Phänomen, aufgrund dessen der Urwald faktisch nur auf dem, aber nicht aus dem Urwaldboden wächst. Einem Filter gleich sammeln die Pflanzen und Blätter in den unterschiedlichen Stockwerken die Nährstoffe und leiten sie über Äste, Lianen und Sträucher zur Biomasse am Boden. Hier werden die eingeschwemmten Nährstoffe und die der Biomasse den Wurzelhaaren der Bäume direkt zugeleitet. So wie der Mineralkreislauf die Versorgung mit Nährstoffen gewährleistet, so sichert das System auch automatisch die nötige Wasserversorgung: Das im Vergleich zu unseren Bäumen dreimal so dichte Wurzelgeflecht der Urwaldriesen besitzt dank seiner Verfilzung eine hohe Speicherkapazität, so daß das von den er dann abwarf, um schneller rennen zu können.

Insgesamt zählt Nicaragua entlang einer sich von Nordwesten nach Südosten erstreckenden Vulkankette 40 Krater, von denen heute noch 11 als aktiv, bzw. potentiell aktiv eingestuft werden müssen. Zu den eindrucksvollsten dieser feuerspeienden Berge gehören der Momotombo am Lago de Managua und die Zwillingsvulkane der Insel Ometepe im Lago de Nicaragua.

In Nicaragua befindet sich auch jener Vulkan, der für die stärkste bisher bekannte Eruption auf der westlichen Erdhalbkugel sorgte. Der Cosigüina erschütterte 1835 ganz Zentralamerika und schleuderte insgesamt 25 000 m³ Schutt und Asche gen Himmel, die im Umkreis von Hunderten von km niedergingen. Dabei verlor dieser Vulkankegel fast 2000 m seiner Höhe. »In Abständen deutlich fühlbare Erdstöße verstärkten unsere Angst, man hörte ein leises, unentwegtes Donnergrollen in der Ferne, und es regnete den ganzen Tag Asche«, notierte ein englischer Reisender, der damals in San Salvador weilte.

Die Vulkane bringen aber nicht nur Unglück. Denn daß die Menschen nach gewaltigen Ausbruchskatastrophen ihre Häuser im Schatten der Vulkane wieder aufbauen und ihre Felder neu bestellen, hat nichts mit einer rätselhaften Mystik von Ortsgebundenheit zu tun, sondern liegt daran, daß vulkanische Asche aufgrund ihres Mineralreichtums unter günstigen Klimavoraussetzungen den ertragreichsten Boden schafft. Deshalb blüht in der Umgebung von Vulkanen stets die Landwirtschaft.

Zentralamerika gehört zu den Regionen der Welt, die regelmäßig von Naturgewalten heimgesucht werden. Es ist nicht nur das Gebiet der Vulkane, sondern auch das der Erdbeben und der Hurrikane. Ihr unermeßliches Zerstörungspotential sorgt immer wieder für Schlagzeilen. Während sich Vulkane vor allem an den Rändern der Kontinentalplatten bilden, da sich hier das Magma aus dem flüssigen Erdkern herausdrückt, entstehen **Erdbeben** durch Verschiebungen oder Brüche der Platten. Durch einen Zufall der Geschichte wurde Managua, die heutige Hauptstadt Nicaraguas, direkt über einer Bruchstelle der sogenannten Kokosplatte errichtet; aus Sicht heutiger Geologen ist dies vermutlich der ungeeignetste Ort für eine Stadtgründung. Seit Ende des 19. Jh. wurde Managua mehrmals durch Erdbeben zerstört, und am 23. Dezember 1972 vernichteten drei Erdbeben innerhalb weniger Stunden den größten Teil der Stadt und forderten über 10 000 Tote. Noch heute sind die Spuren dieser Zerstörung im Zentrum Managuas unübersehbar.

Huiranrucan nannten die Ureinwohner der karibischen Inseln und der zentralamerikanischen Landbrücke jene **Wirbelstürme,** die jedes Jahr im Spätsommer über die Region hinwegrasen. Die spanischen Kolonisatoren übernahmen den Namen, noch heute heißen sie im Spanischen *hurancan,* und auch das deutsche Wort Orkan leitet sich wohl davon ab. Die Meteorologen des US-amerikanischen Wetterdienstes haben den Brauch eingeführt, die Wirbelstürme innerhalb eines Zeitraums in alphabetischer Reihenfolge mit Frauennamen zu benennen. Jedes Jahr toben sie über der Karibik, aber nur ein Teil erreicht die Küstengebiete Zentralamerikas. Die östlich liegenden Antilleninseln und die Südostküste der USA sind wesentlich gefährdeter.

Tropische Wirbelstürme entstehen ausschließlich über Meeresflächen, deren Wasser über längere Zeit mindestens 26 °C aufweist. Es sind lokale Tiefdruckgebiete, die durch Selbstverstärkungsprozesse bei der Wolkenbildung und freiwerdende Kondensationswärme rasch wachsen, maximal 15 km Höhe und Windgeschwindigkeiten von über 117 km/h erreichen. Auf ihren Zugbahnen wandern sie, sich um ein windstilles Zentrum – Auge genannt – scheibenförmig mit Geschwindigkeiten von bis zu 300 km/h drehend, mehrere Tage lang mit 20–30 km/h über die Ozeane, bis ihnen in der Regel das Festland ein Ende setzt.

Schwere Meeresdünung, Schwüle und Windstille sind die Vorboten, Katastrophen die Folge. Sie versetzen die Menschen in absolute Hilflosigkeit, da gegen ihre Kräfte kein ausreichender Schutz möglich ist. Die mehrere 100 km/h hohen Windgeschwindigkeiten führen entlang der Sturmbahnen zu hohem Staudruck, der alles, was sich ihm in den Weg stellt, entweder mit- und umreißt oder unter der enormen Druckbelastung zertrümmert. In besiedelten Gebieten geraten Bauwerke in Schwingungen und stürzen ein. Gleichzeitig führt der extrem niedrige Luftdruck im Zentrum des Wirbelsturms zu Überdruck in geschlossenen Gebäuden, der diese regelrecht explodieren läßt und bei Menschen und Tieren zu Lungenrissen führen kann. Auf dem Meer lösen Stau- und Unterdruck heftigen Seegang aus, der dann im Gefolge des Hurrikans die flachen Küstengebiete als Flutwelle überschwemmt.

Doch weder Erdbeben noch Vulkanausbrüche oder Wirbelstürme konnten die Bewohner Zentralamerikas dazu bringen, ihre Länder zu verlassen. Sicherlich spielt auch der Mangel an Alternativen eine Rolle, aber im Grunde sind die Landschaften zu schön, die Vegetation zu artenreich, das Klima angenehm bis erträglich. Und deshalb kennzeichnet die meisten Menschen im südlichen Zentralamerika große Lebensfreude und nahezu unerschütterlicher Optimismus.

Costa Rica, der Vulkan Irazú im gleichnamigen Nationalpark

Tips für Urwald-Trips

In den Nationalparks der Länder Zentralamerikas finden wir nur in den seltensten Fällen sogenannte **Primärwälder,** d. h. ungestörte, zusammenhängende Urwaldgebiete. Meist sind Teile durch menschlichen Eingriff zerstört worden, was ebenso wie gutgemeinte Wiederaufforstungsprogramme zu anderen Pflanzengemeinschaften führte. In diesen Fällen, auch wenn der sie besuchende Laie von ihrer grünen Üppigkeit fasziniert ist, spricht man von **Sekundärwäldern.** Welchen Regenwaldtyp man auch besucht, ob man aus der ›grünen Hölle‹ sicher und unversehrt zurückkehrt, hat man (zu 99 %) selbst in der Hand.

Die **Kleidung** ist ein wesentliches Element für das Wohlbefinden im feucht-heißen Regenwald. Sie sollte atmungsaktiv und aus Schweiß aufsaugendem Baumwollgewebe sein, nicht eng anliegen, sondern luftig weit und wegen der Moskitos langärmlig sein. Außerdem ist eine Kopfbedeckung, am besten ein breitkrempiger Hut, von Nutzen (wegen herabfallender Zecken und Blutegel). Immer sollte man einen Regenumhang dabei haben. Wegen des feuchten, oft morastigen Bodens sind wasserfeste, hochgeschlossene **Schuhe** mit dicken Profilsohlen am besten geeignet: Sie schützen vor Nässe, Dreck, Ungeziefer und Dornen.

Auf das **Baden** in Urwaldseen sollte man wegen möglicher Wurmerkrankungen verzichten. Ist die Uferzone mit Pflanzen bedeckt, könnten sich außerdem Tiere (z. B. Krokodile) darin aufhalten.

Um sich vor Malaria und juckenden Stichen zu schützen, ist das Einreiben mit einem **Moskitoschutzmittel** an allen unbedeckten Körperteilen unbedingt anzuraten. Daran sollte man nicht sparen. Übernachtet man in einer Lodge mitten im Urwald, sollte ein Moskito-Netz nicht fehlen.

In der Regel bewegt man sich auf ausgeschilderten Wegen oder Pfaden, den sogenannten *trails,* durch den Wald oder folgt dem *guide.* Abseits dieser Wege gibt es keine **Orientierungshilfen!** Hat man sich doch verlaufen, hilft oft nur eine Trillerpfeife, um die Gruppe zurückzuholen.

Am meisten Angst haben Urwaldbesucher vor **Schlangen.** Aber nur wenige Schlangen sind giftig, und nur diese können tatsächlich eine Gefahr darstellen. Außerdem sind Schlangen geräusch- und erschütterungsempfindlich und ergreifen meist die Flucht, bevor man ihnen zu nahe kommt.

Nach der Rückkehr von einer Urwaldwanderung empfiehlt es sich, alle Kratzer, Blasen oder Schürfungen mit Jod oder einem anderen **Desinfektionsmittel** zu versorgen.

In den Tropen gibt es nur ganz kurze Dämmerungszeiten. Da Tag und Nacht fast nahtlos ineinander übergehen, sollte man immer eine Taschenlampe dabeihaben, wenn man sich am Nachmittag in den Urwald begibt oder die Lodge am Abend auch nur kurz verläßt.

Die Tierwelt

Die unglaubliche Artenvielfalt der Tier- und Pflanzenwelt auf der schmalen Landbrücke Mittelamerikas läßt sich nur aus deren Entstehungsgeschichte erklären. 50 Mio. Jahre lang trennte ein Meer die beiden amerikanischen Subkontinente, bis die Kontinentalplatten hier vor ca. 4 Mio. Jahren aufeinanderstießen. Unter heftigen Vulkanausbrüchen hob sich der Meeresboden und bildete jene Verbindung zwischen zwei geographischen Räumen, die sich bisher unabhängig voneinander entwickelt hatten. Jetzt konnten sich Tier- und Pflanzenarten von ihrer nördlichen Heimat nach Süden in die tropischen Regionen ausbreiten, und umgekehrt gelangten Arten aus den südlichen Breiten auf das junge zentralamerikanische Festland.

In dieser ›Schmelztiegel‹-Region bildeten sich zudem sehr unterschiedliche Landschaftsformen heraus, die vom Palmenstrand bis zu 3000 m hohen Gebirgszügen die verschiedensten Lebensräume bieten. Insgesamt leben heute im südlichen Teil der Landbrücke, d. h. in Nicaragua, Costa Rica und Panama, über 200 Säugetier-, über 250 Reptilien-, ca. 850 Vogel- und ca. 30 000 Insektenarten.

Vögeln begegnet man überall in Zentralamerika, aber für eine systematische Vogelbeobachtung, insbesondere der seltenen und sehr schönen Arten, eignet sich Costa Rica am besten. ›Bird Watching‹ steht deshalb hier ganz oben im Angebot des Ökotourismus. Zu den herausragenden Vogelarten (s. S. 158f.) zählen der Tukan mit seinem mächtigen Schnabel und der hier noch frei fliegende Ara, dessen rot-blau-gelbes Federkleid ihn bedauerlicherweise auf der

Costa Rica, Kolibri im Monteverde Naturschutzgebiet

ganzen Welt zum beliebten Käfigvogel werden ließ. Relativ selten bekommt man den wohl schönsten Vogel, den Quetzal, zu Gesicht. Häufiger dagegen schwirren winzige Kolibris mit 30–80 Flügelschlägen pro Sekunde über den Blüten herum; die Palette ihrer 50 unterschiedlichen Arten läßt keine Farbe aus. Auch die Familien der Wasser- und Wattvögel, unter denen besonders die vielen Reiherarten zu erwähnen sind, sind an den Küsten und Flußmündungen zahlreich vertreten. Zur besseren Orientierung weisen die costaricanischen Nationalparks in ihren Beschreibungen ausdrücklich auf die anzutreffenden Vogelarten hin. So beherbergt der Parque Internacional de la Amistad allein über 400 Vogelarten, ähnlich viele die Nationalparks Monteverde und Corcovado. 300 Vogelarten zählen die Nationalparks Palo Verde und Tortuguero, und in Ostional leben knapp 200 Arten, hier vor allem See- und Wasservögel.

Die einst zahlreichen einheimischen **Wildtiere** im Süden Zentralamerikas, zu denen Jaguare, Ozelote, Pumas und Tapire gehörten, haben sich heute in die Bergregionen, in entlegene Urwälder oder in die geschützten Nationalparks zurückgezogen. Am stärksten sind die Bestände dieser wildlebenden Tiere in Nicaragua zurückgegangen. Gesunken ist auch die Anzahl der Legeplätze der Meeresschildkröten, obwohl sich alle drei Länder bemühen, die *arribadas,* die weltweit größten Massenversammlungen dieser vorzeitlichen Reptilien, heute gebührend zu schützen (s. S. 182f.).

Auf **Affen** trifft man dagegen häufig. Klammeraffen hangeln sich häufig mit ihrem langen Schwanz durch die Baumkronen, Kapuzineraffen und Totenkopfäffchen kommen im Nationalpark Manuel Antonio sogar bettelnd auf die Menschen zu. Besonders lautstark melden sich die Brüllaffen in den weiten Dschungelgebieten der Karibikküste. Bei Bootsfahrten entlang der Kanäle und Lagunen von Barra de Colorado oder auf dem Río San Juan hört man das markerschütternde Geschrei dieser in Horden lebenden Tiere schon lange, bevor man sie sieht. Diese größten aller mittelamerikanischen Affen haben einen kastanienbraunen Körper sowie schwarze Gliedmaßen und ernähren sich bevorzugt von tropischen Baumblüten.

Die karibische Küste der drei Länder könnte wegen ihrer **Unterwasserwelt** und ihres großen Artenreichtums tropischer Fische und Korallen zu den schönsten Tauchrevieren der Welt zählen. Es existieren jedoch nur wenige erschlossene Tauchgebiete, so z. B. in Costa Rica die Küstenabschnitte südlich von Cahuita, in Panama die Gebiete um Portobelo und Isla Grande und in Nicaragua die Islas del Maíz, auch Corn Islands genannt.

Entlang der karibischen Küste ist **Sportfischen** groß in Mode. Marline, Hornhechte und Bonitos sind hier in reichlicher Zahl vorhanden. Ebenso groß ist der Fischreichtum im Lago de Nicaragua, dem größten Süßwassersee Zentralamerikas. Aber das allgemeine Interesse gilt hier einem besonderen Phänomen der Natur. Denn obwohl der See nur Süßwasser führt, leben hier Fischarten, die sonst nur mit Salzwasser in Verbindung gebracht werden: Torpune, Sägefische und vor allem Haie. Die im See lebenden Haie sind von stattlicher Größe und werden bis zu 100 kg schwer. Wo immer sie auftauchen, begegnet man ihnen mit Furcht. Der erste amerikanische Gesandte in Nicaragua, Ephraim Squier, notierte 1852: »Die Haie haben heute eine Badende getötet, die nur einen Steinwurf vom Strand von Granada entfernt war. Ich selbst habe von den Mauern der alten Burg gesehen, wie sie umherjagten, die Schwanzflosse weit aus dem Wasser ragend.« Auch heute noch kommt es gelegentlich zu Angriffen auf Menschen. Doch was am meisten interessierte, war die Frage,

Costa Rica, Kapuzineraffen...

wie die Meeresfische in diesen Süßwassersee gelangten, der doch vollkommen abgeschlossen und durch die Stromschnellen des Río San Juan für diese

...und Leguan
im Nationalpark Manuel Anonio

großen Fische nicht passierbar schien. Erst 1992 wurde dieses ichthyologische Rätsel gelöst. Durch Ultraschallgeräte konnte man die Wanderungen einzelner Tiere genau verfolgen und feststellen, daß die Tiere die flachen Stromschnellen doch überwinden und zwischen See und Meer hin und her pendeln.

Unter den ca. 200 **Säugetierarten** im südlichen Zentralamerika entfällt allein die Hälfte auf die verschiedenen Familien der Fledermäuse, die als nachtaktive Tiere aber kaum auszumachen sind. Häufiger wird man das größte wild lebende Säugetier unter den Urwaldbewohnern, den 300 kg schweren Tapir, erleben, besonders dann, wenn er sich in sumpfigen Seen oder Flußläufen wälzt.

Die ethnischen Gruppen im südlichen Zentralamerika

Die Wissenschaft ist sich einig, daß menschliches Leben nicht auf dem amerikanischen Doppelkontinent begann, sondern daß alle Bewohner Amerikas auf vorzeitlichen Wanderungen hierher kamen. Gegen die selbsttätige Entstehung einer amerikanischen Urbevölkerung spricht nämlich die Tatsache, daß es in Amerika weder lebende noch ausgestorbene Menschenaffen und keinerlei Funde früherer Anthropus-Entwicklungen – und sei es auch nur auf der Stufe des steinzeitlichen Neandertalers – gibt.

Die Urbesiedlung Amerikas erfolgte vor etwa 20–30 000 Jahren über die Beringstraße, die auf dem Höhepunkt der letzten Eiszeit eine begehbare Landbrücke war. Doch darf man sich diese Wanderung nicht als einmaliges Ereignis vorstellen; sie fand vielmehr über

längere Zeiträume und in Schüben statt, was die unterschiedlichen Rassen, Lebensformen und Sprachen im Gebiet zwischen Alaska und Feuerland erklärt.

Während in Mexiko und im Norden Zentralamerikas ausschließlich Angehörige der Maya lebten, siedelten im Süden der Landbrücke Ethnien aus beiden Hälften des amerikanischen Doppelkontinents nebeneinander.

Nördlicher Herkunft waren einst die alten Kulturen der **Chorotega,** denen auch die Urbewohner Nicaraguas zuzuordnen sind. Heute trifft man aber nur noch in Costa Rica auf einige wenige ihrer Nachkommen. Zu der zwischen dem südlichen Zentralamerika und Ecuador lebenden Volks- und Sprachgruppe der **Chibcha** zählen heute als deren Nachkommen u. a. die Kuna und Guaymí in Panama. Gemeinsam ist diesen Völkern im südlichen zentralamerikanischen Raum, daß sie keine Hochkulturen entwickelt haben oder vergleichbare Zeugnisse in Stein hinterließen, wie wir sie z. B. von den Maya im nördlichen Zentralamerika kennen.

Nachdem Kolumbus 1502 das Festland Zentralamerikas erreicht hatte, begann für die Ureinwohner die Versklavung, deren Grausamkeit und Maßlosigkeit die Berichte des spanischen Bischofs Bartolomé de Las Casas (1474–1566) bezeugen. Als die Spanier merkten, daß die zentralamerikanischen *indígenas* als Arbeitskräfte wenig taugten, und ihnen dank des Einsatzes von Las Casas vom spanischen Hof bescheidene Rechte eingeräumt wurden, holten sie um 1530 die ersten **afrikanischen Sklaven** in die Provinzen Zentralamerikas. Da Arbeitskräfte knapper, bzw. für die Entwicklung des neuspanischen Reichs immer unerläßlicher wurden, folgten bald unzählige Transporte schwarzer Sklaven über den Atlantik. Zusammen mit den weißen Spaniern stellen sie die zweite Welle der zentralamerikanischen Besiedlung dar.

Die **heutige Bevölkerung** setzt sich zu etwa einem Drittel aus direkten Nachkommen der erwähnten Bevölkerungsgruppen – der weißen Spanier, der schwarzen Sklaven und der indigenen Ureinwohner – zusammen. Die anderen zwei Drittel stammen aus den verschiedensten Verbindungen dieser drei Gruppen und sind größtenteils Mestizen und Mulatten. Doch ist der jeweilige Anteil der einen oder anderen Bevölkerungsgruppe von Staat zu Staat sehr unterschiedlich: In Costa Rica z. B. beträgt der weiße Bevölkerungsanteil ca. 80 %, in Panama dagegen weniger als 10 %. Und auch hinsichtlich der jeweiligen ethnischen Gruppen von Nachkommen indigener Ureinwohner, die heute meist in besonders geschützten Siedlungsbereichen leben, unterscheiden sich die einzelnen Länder sehr stark.

Nicaragua: Leben auf der Isla del Maíz Grande

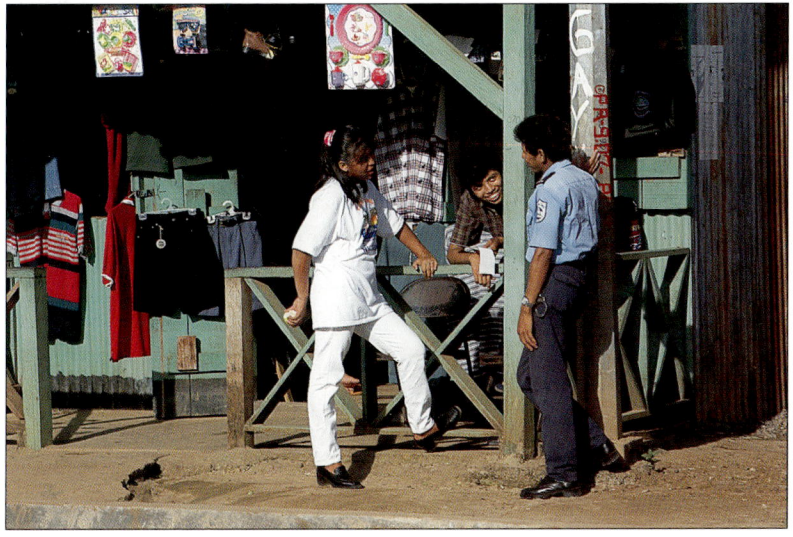

Indígenas in Nicaragua

Die **Mísquito**, ein Volk mit stark afrokaribischem Einschlag, siedeln heute an der Atlantikküste Nicaraguas, vor allem im Gebiet zwischen Cabo Gracias a Dios und Laguna de Perlas sowie um die Minenstädte von Zelaya Norte. Ihre Ethnie umfaßt ca. 120 000 Menschen, deren Sprache entfernt mit der Chibcha-Sprachfamilie Mittel- und Südamerikas verwandt ist. Die Mísquito sind Brandrodungsbauern (vor allem Maniok), Viehzüchter und Sammler von wildwachsenden Früchten. Im 18. Jh. verbündeten sie sich mit den Briten gegen die Spanier, weshalb es unter ihnen viele Protestanten, aber nur wenige Katholiken gibt.

Jenseits der Grenzen Nicaraguas, im Osten von Honduras, leben gleichfalls Mísquito, zu denen verwandtschaftliche Beziehungen bestehen. In den militärischen Auseinandersetzungen zwischen Sandinisten und Contra rekrutierten letztere die Mehrzahl ihrer Söldner aus den Reihen der nach Honduras geflohenen Mísquito. Viele Mísquito hatten Nicaragua während des Kriegs verlassen und lebten in honduranischen Flüchtlingslagern, um den von der sandinistischen Regierung angeordneten Zwangsumsiedlungen zu entgehen (s. S. 65).

Das Gebiet zwischen Bluefields Bay und der Küste des Patuca-Flusses in Honduras wurde ehemals von den aus Südamerika eingewanderten **Sumo** bevölkert. Die Mísquito – von den britischen Kolonialherren bewaffnet – versklavten die Sumo, verdrängten sie aus ihrem Land und übertrugen den Begriff *sumo* (›unzivilisierte Indios‹), auf alle *indígenas*, die nicht zur Ethnie der Mísquito gehörten. Drei Gruppen lassen sich unterscheiden: die Twanka, die entlang des Río Bocáy in Jinotega leben,

die Ulua, die sich in entlegenen Siedlungen des Río Grande niederließen, und die Panamanka, die in den Minengebieten von Zelaya Norte siedeln. Die Sumo konnten ihre Traditionen bis heute bewahren. Noch immer heiraten sie nur unter Blutsverwandten und sind daher die ›reinste‹ ethnische Gruppe in Nicaragua.

Die kleinste indigene Ethnie im Gebiet der nicaraguanischen Atlantikküste sind die **Rama**. Sie sprechen ebenfalls eine Chibcha-Sprache, die jedoch in jüngster Zeit nahezu völlig in Vergessenheit geraten ist. Große Epidemien und die Unterjochung durch die Mísquito haben sie nahezu ausgerottet. Die wenigen Überlebenden sind hauptsächlich auf Rama Cay zu finden, einer kleinen Insel in der Bahía de Bluefields, außerdem in Punta Mona (Monkey Point) und Punta Gorda im Süden.

Aus der Verbindung von Afrikanern mit den karibischen *indígenas* der Kleinen Antillen ging die eigenständige ethnische Gruppe der **Garífuna** hervor. Eine relativ große Gruppe kam im 19. Jh. nach Nicaragua und ließ sich an den Ufern der Laguna de Perlas nieder. Heute leben noch ca. 60–70 000 Garífuna entlang der Küste, vor allem in Belize, aber auch in Nicaragua. Während sie landwirtschaftlich überwiegend für den Verkauf produzieren (Maniok, Reis, Mais und Bananen), dient der Fischfang dem Eigenbedarf. Viele Garífuna schlagen sich auch als Gelegenheits- oder Wanderarbeiter in den USA durch. Offiziell sind sie Katholiken, in der Praxis hängen jedoch viele verschiedenen Geisterkulten an, die dem haitianischen Voodoo-Kult ähneln. Ihre franko-karibische Kreolsprache wird kaum noch gesprochen, aber ihre Kultur bewahrt viele Charakteristika der afrikanischen Herkunft.

Indígenas in Costa Rica

Als Kolumbus die pazifische Küste Zentralamerikas entlangsegelte, existierten im Gebiet des heutigen Costa Rica bereits drei unterschiedliche Kulturen.

In den Trockenwaldgebieten der nördlichen Pazifikregion (heute: Provinz Guanacaste) lebten die **Chorotega.** Der Name dieser Ethnie ist mit ihrem Ursprungsland verbunden, dem (heute mexikanischen) Cholula. Auch die indigenen Worte *cholol* (laufen, fliehen) und *teca* (Leute, Volk) kommen in diesem Namen vor. Danach wären sie das fliehende Volk – möglicherweise vor den Olmeken. Diese aus dem südlichen Mexiko eingewanderten Nachkommen der Azteken und Maya bildeten die am höchsten entwickelte der drei Kulturen. Ihre Hauptanbaupflanze war der Mais, aber sie kannten auch Bohnen und Tabak. In ihren Dörfern gruppierten sie ihre Häuser um einen großen Platz herum. Sie fertigten dunkelbraune Keramikgegenstände an, kannten Jadeschmuck und färbten ihre Baumwollkleidung mit pflanzlichen Substanzen. Behauene Steintische *(metates)* mit Steinrollen dienten zum Mahlen des Mais. Land und Ernte waren Gemeinschaftseigentum aller Chorotega und wurden später an die einzelnen Familien verteilt. Die Gesellschaft der Chorotega bestand aus drei Klassen: den Priestern und Kriegern, dem Volk, d. h. den Bauern, und schließlich den Sklaven oder Kriegsgefangenen. An ihrer Spitze stand ein Ältestenrat. Im Kriegsfall wurde der Anführer von der Kaste der Krieger und Priester gewählt.

In den Regenwäldern der mittleren und südlichen Pazifikregion (heute: Provinz Puntarenas) lebten die **Brunca.** Ethnologisch werden sie den Völkern der südamerikanischen Chibcha zuge-

Costa Rica, Frauenfigur (7–11 Jh.) im Museo de Jade von San José

ordnet, die aus den Anden und aus Kolumbiens einwanderten. Sie bauten ebenfalls Mais an, waren aber auch Jäger und Fischer. Ihre Familien lebten in Rundhäusern, mehrere Familien bildeten eine Sippe, an deren Spitze ein Häuptling *(kazike)* stand. Das Land gehörte der Sippe, die Ernte wurde unter den Sippenmitgliedern geteilt. Den Kaziken oblag die Sicherheit des Stamms. Auch Frauen nahmen am Kriegsgeschehen teil. Die Brunca beließen ihre außerordentlich schönen Keramiken in der Farbe des Tons und entwickelten besonders anspruchsvolle Goldverarbeitungstechniken. Mit Vorliebe bildeten sie Menschen und Tiere nach, schufen aber auch Hals- und Brustschmuckstücke. Die Brunca waren auch Meister der Steinmetzkunst, behauten Steine und Felsen zu kreisrunden Kugeln, deren Durchmesser von wenigen Zentimetern bis zu zwei Metern reichten. Bis heute ist der Verwendungszweck dieser Kugeln allerdings ein Rätsel (s. S. 197).

Die dritte Volksgruppe breitete sich im tropischen Regenwald der Atlantikküste, aber auch im heutigen Valle Central aus. Sie war die größte, aber auch die am geringsten entwickelte und mit Ethnien des südamerikanischen Amazonasgebiets verwandt. Ihre Angehörigen nannten sich **Huetar**. Im Gegensatz zu den Chorotega und den Brunca waren sie keine Ackerbauern, sondern halbnomadische Sammler und Jäger. Sie wohnten in kegelförmigen Hütten an Flußufern und beteten die Sonne und den Mond an. Bei ihnen war das Amt des Kaziken erblich. Ihre Keramikfiguren, in der Regel Tier- und Menschendarstellungen, sind sehr einfach, es sind aber auch *metates* von über 1 m Länge erhalten.

Die Ankunft der Spanier bedeutete für die meisten Ureinwohner eine tödliche Konfrontation. Costa Rica war zu Beginn des 16. Jh. sehr dünn besiedelt, und der Widerstand der Chorotega-Häuptlinge Nicoya und Diría sowie des Huetar-Anführers Gorabito endete mit der nahezu vollständigen Ausrottung ihrer Ethnien.

Heute kümmert sich die CONAI *(Comisión Nacional de Asuntos Indígenas)* um den Schutz verbliebener indigener Minderheiten, die seit 1977 dank eines Gesetzes *(Ley Indígena)* in abgegrenzten Reservaten leben. Es sind weniger als 1 % der costaricanischen Gesamtbevölkerung, die als indigene Ureinwohner bis heute Teile einer eigenen Kultur und Sprache bewahrten. Die CONAI setzte durch, daß der ihnen übereignete Grund und Boden in den 23 Reservaten nicht an Käufer von außerhalb veräußert werden darf, denn immer wieder versuchen Siedler oder aber auch einige Holzfirmen, diese Gebiete zu erwerben.

Die meisten **Reservate** befinden sich im Süden Costa Ricas. Hier sind es etwa 5000 Cabécar und eine gleich große Eth-nie der Bribi, die an den karibischen Steilhängen der Cordillera de Talamanca leben. Sie sind entfernte Verwandte der Huetar. Etwa 4000 der Brunca-Nachkommen, die sich heute nach ihrer Sprache Boruca nennen, leben in Reservaten an der pazifischen Seite der südlichen Talamanca-Kordilleren an den Ufern des Flusses Térraba. Ihre Vorfahren wurden seit 1650 erfolgreich missioniert, weshalb sie in vielen Lebensbereichen den *ticos* sehr nahestehen. Allerdings halten sie an ihrer Boruca-Sprache fest, die auch offiziell in den Grundschulen des Reservats gelehrt wird. Fertigten ihre Vorfahren noch ausgefallenen Goldschmuck an, der heute im Museo de Oro in San José zu bestaunen ist, so spezialisieren sie sich jetzt marktorientiert auf Webarbeiten und Holzfiguren. Zum Jahresende feiern sie die *Fiesta de los Diablitos*, bei der sie sich mit Säcken und Holzmasken als Teufelchen verkleiden. Gemeinsam kämpfen sie dann gegen einen Stier, der die spanische *conquista* symbolisiert, und schlagen ihn – in Umkehrung der Geschichte(!) – in die Flucht.

Des weiteren hat eine Gruppe von etwa 5000 **Guaymí** – größere Guaymí-Ethnien leben im benachbarten Panama – Siedlungsgebiete bei Golfito und auf der Halbinsel Osa erhalten, und noch etwa 1000 Nachkommen der Chorotega leben heute in dem Ort Guaitíl auf der Halbinsel Nicoya. In ihrer Kleidung unterscheidet sich die Mehrzahl der *indígenas* nicht von ärmeren costaricanischen Bauern. Nur die Guaymí, die in Aussehen und Statur gerne mit den Ureinwohnern des Amazonasgebiets verglichen werden, haben zwei auffällige ›Schönheits‹-Traditionen nicht aufgegeben: Die Frauen lassen ihre Zähne feilen und bemalen bei feierlichen Angelegenheiten ihre Gesichter.

Die *indígenas* in den Reservaten bilden die mit Abstand ärmste Minderheit der costaricanischen Gesellschaft, weil selbst in den größten Reservaten der Dschungelgebiete Talamancas die traditionelle Subsistenzwirtschaft nicht mehr gewährleistet ist. Die Reservatsbewohner sind daher gezwungen, am Wirtschaftskreislauf außerhalb des Reservats teilzunehmen. Hier sind sie aber einer Konkurrenz ausgesetzt, die – wollen sie Schritt halten – zur Zerstörung ihrer Produktions- und Lebenszusammenhänge führt.

Im Bewußtsein der weißen Bevölkerungsmehrheit existieren diese ethnischen Minderheiten kaum. Kommt es zu Kontakten, werden die *indígenas* meist wie Menschen dritter Klasse behandelt. Nur als Produzenten von Kunsthandwerksartikeln erfahren sie einen Teil jener Anerkennung, die ihnen ansonsten nur von in- und ausländischen Menschenrechtsaktivisten entgegengebracht wird.

Indígenas in Panama

Die ca. 150 000 Ureinwohner Panamas gehören bis auf die kleinen Gruppen der Bokota (ca. 1500 am Golfo de los Mosquitos), der Chocó (ca. 800 im Darién) und der Terribe (ca. 10 000 in Bocas del Toro) zwei großen Ethnien an: den Guayamí (zwei Drittel) und den Kuna (ein Drittel). Beide leben in zweifacher Hinsicht am Rand der panamaischen Gesellschaft: ökonomisch, da sie Subsistenzwirtschaft betreiben, und geographisch, da die Guayamí an der West-, die Kuna an der Nordostgrenze des Landes leben.

Die **Guayamí,** die ein autonomes Gebiet mit eigener Verwaltung im Nordwesten Panamas anstreben, werden der Ethnie der Talamanca zugeordnet. Ihre patriarchalisch organisierten Familienverbände pflegen nur wenig Kontakte mit den Nachbarsippen; Brautpaare werden von den Eltern bestimmt. Die Talamanca verfügten bei Ankunft der Spanier über ein hierarchisch gegliedertes Staatswesen und leisteten der *conquista* erbitterten Widerstand. Aber sie konnten sich der Versklavung und der Umsiedlungsmaßnahmen nicht erwehren. Die, die der spanischen Ausrottung entkamen, zogen sich in die Bergregionen auch jenseits der heutigen Grenze zu Costa Rica zurück oder fristeten ihr Dasein als bäuerliche Unterschicht, die später große Teile ihres Landes an die US-amerikanischen Bananengesellschaften verlor. Heute arbeiten die meisten in schlechtbezahlten Positionen, z. B. als *peones* (Knechte) in den Kaffeeplantagen oder auf den Weiden.

Die **Kuna,** die sich selbst Tulé nennen, haben sich 1930 nach mehreren Aufständen wieder ein eigenes Territorium erkämpft, das sie als Comarca San Blas selbst verwalten und in ihrer Sprache als ›Kuna Yala‹ bezeichnen. Etwa 3000 von ihnen leben an der Nordküste des Darién und über 25 000 auf den Inseln des San Blas-Archipels, wohin sie sich auf der Flucht – zuerst vor den spanischen Konquistadoren, dann vor britischen Piraten und zuletzt vor nationalen Regierungen – zurückgezogen haben. Aufgrund ihrer relativen Autonomie und Abgeschiedenheit konnten sie ihre Kultur bis heute noch weitgehend wahren. Der Einfluß der traditionellen Würdenträger (Häuptling und Medizinmann) ist ungebrochen. Die Kuna arbeiten als Fischer und Bauern; die Felder sind Privatbesitz der Männer. In der Kolonialzeit verbündeten sich die Kuna mit Piraten und Hugenotten gegen die Spanier. Anfang des 20. Jh. erfolgte die Eingliede-

rung ihres Gebiets in den Staat Panama. 1925 erhoben sie sich mit geheimer Unterstützung der USA und proklamierten die unabhängige Republik Tulé. 1980 kam es zu einem Friedensvertrag mit dem panamaischen Staat, der dem Archipel die Autonomie garantierte. Ihre ›Unabhängigkeit‹ demonstrierten die Kuna zuletzt 1977, als sie gegen die vertragliche Übergabe des Kanals an Panama stimmten.

Noch vor wenigen Jahren lebten die Kuna hauptsächlich vom Fischfang und vom Anbau der Kokosnüsse. Heute ist der Verkauf von Souvenirs, (insbesondere ihrer Stickereien und *molas* s. S. 264f.), die wichtigste Einnahmequelle und garantiert seit Aufkommen des Kreuzfahrt-Tourismus ein einträgliches Geschäft. Denn wer die Kuna-Frauen in ihren bunten Wickelröcken, ihren kunstvoll bestickten Blusen und ihren farbenfohen Kopftüchern auf einem Zwischenstopp nach der Durchquerung des Kanals auf einer der Inseln fotografieren möchte, muß gut dafür bezahlen.

Die geschäftstüchtigen Kuna machen sich diese Einkünfte zunutze, aber ihre Zukunft – sollten die Kreuzfahrtschiffe eines Tages an ihren Inseln vorbeifahren – hängt nicht davon ab. Ihre selbstverwaltete Gemeindeorganisation sicherte auch früher allen Mitgliedern ein Auskommen. 1991 stellte die Weltgesundheitsorganisation der UN in einem Bericht fest: »Die Kuna haben die Berührung mit der Zivilisation allem Anschein nach verkraftet. Sie leiden nicht an eingeschleppten Krankheiten und sind nicht (wie z. B. Stämme in Brasilien) vom Aussterben bedroht.«

Geschichte im südlichen Zentralamerika

Die Länder Zentralamerikas haben neben vielen anderen auch eine wesentliche kulturgeographische Gemeinsamkeit: In jedem Land existieren hochentwickelte Zentren mit einer bereits zur spanischen Kolonialzeit beträchtlichen Bevölkerungsdichte, denen breite Randgebiete mit wesentlich geringerer Entwicklung gegenüberstehen. Diesen Kontrast zwischen Zentrum und Peripherie hat keines der Länder bis heute überwunden, und vielfach hat er sich in jüngster Zeit noch verstärkt.

Als die spanische *conquista* im 16. Jh. das Generalkapitanat Guatemala schuf, gliederte sie dieses noch weithin unbe-

kannte Territorium zwischen Mexiko und Kolumbien in Provinzen, die sich im wesentlichen mit bestehenden indigenen Stammesgebieten deckten. Nur in Panama fehlte eine zusammenhängende Besiedlung, und so ließen sich die Spanier auf der Landenge nieder.

Diese Bindung der spanischen Siedlungskerne an die indigenen Stammesgebiete erklärt sich aus den Wesensmerkmalen der spanischen Kolonisierung mit ihrer brüchigen Interessengemeinschaft aus Kirche, Krone und Konquistadoren.

Im Gegensatz zu den anderen Kolonialmächten Europas vollzogen die Armeen der spanischen Krone die Eroberungen nicht selbst, vielmehr ermächtigte der spanische König private Entdek-

Panama: Kuna-Frauen auf den Inseln des San Blas-Archipels

kungsunternehmer, bestimmte Gebiete in seinem Namen zu erobern. Die Tribute in Form von Arbeit und Agrarerzeugnissen, welche die Urbevölkerung ihren eigenen Herrschern vor Ankunft der Spanier zollte, trat die spanische Krone als deren Rechtsnachfolgerin an die einzelnen Konquistadoren ab. Als Gegenleistung mußten diese neue Städte gründen, sich dort niederlassen, für die Christianisierung der einheimischen Bevölkerung sorgen und der Krone militärisch für neue Eroberungen zur Verfügung stehen. Die an kriegerischen Eroberungen und Gebietsannexion orientierten Konquistadoren hatten daher in hierarchisch organisierten indigenen Stammesgebieten die größten Erfolge, scheiterten aber an den mobilen Familienverbänden, die sich jeweils in abgelegene Gebiete zurückziehen konnten.

Entscheidend für die Erfolge der Konquistadoren waren natürlich auch ihre Truppen und modernen Waffen, aber im Grunde waren sie bei all ihren Grausamkeiten auf Dauer nur mit den Unterworfenen und nicht gegen sie erfolgreich. Deshalb wurde stets die politische Führungsspitze ausgeschaltet, um dann mit den mittleren und unteren Führungsfamilien der örtlichen Kaziken zu kollaborieren bzw. diese gegeneinander auszuspielen. Krone und *conquista* errangen deshalb bei den zentralisierten Hochkulturen Mexikos und der Anden die größten Erfolge, während sie in den dünner besiedelten Provinzen Zentralamerikas auf massivere Probleme stießen. Hier ging es den Konquistadoren mangels großer Edelmetallvorkommen in erster Linie darum, sich langfristig auszubreiten und ihren Landesbesitz sowie ihr persönliches Einkommen zu sichern, was aber nicht im Interesse der spanischen Krone lag. Da dieses Ziel außerdem nur über die rücksichtslose Aus-

beutung der Urbevölkerung zu erreichen war, sah der Klerus wiederum seinen Missionsauftrag bedroht und schaltete die Krone gegen die Konquistadoren ein. Unter dem Deckmantel der moralischen Argumentation des Klerus konnte diese dann einzelne unliebsame, weil zu mächtig gewordene Konquistadoren schrittweise entmachten und vor Ort den Klerus gegen die *conquista* ausspielen.

Inzwischen war aber gegen Ende des 17. Jh. die zentralamerikanische Urbevölkerung durch Versklavung (allein 400 000 wurden über Panama nach Peru verschifft) und eingeschleppte Krankheiten bereits derart dezimiert, daß die spanischen Siedlungen in den zentralamerikanischen Provinzen mit der bloßen Sicherung ihrer Existenz ausreichend beschäftigt waren und keineswegs mehr als reich und mächtig eingestuft werden konnten. Hinzu kam mangels verläßlicher Verkehrswege die Isolation der einzelnen Provinzen und ihrer von einzelnen Familien dominierten Städte. So kam es zu keiner Erschließung der jeweiligen Randgebiete. Die von Spanien nicht kontrollierte karibische Tieflandregion wurde seit der Mitte des 17. Jh. zu einem Rückzugsgebiet für Piraten, Freibeuter und entlaufene Sklaven. Diese Isolation der Provinzen und ihre wirtschaftliche Bedeutungslosigkeit für die spanische Krone waren Voraussetzungen für ihre eigenständige Weiterentwicklung. Sozialstruktur, Besitzverhältnisse und Bevölkerungszusammensetzung der einzelnen Provinzen wiesen deshalb schon beträchtliche Unterschiede auf, bevor sie 1821 von Spanien unabhängig wurden.

Im Zug der napoleonischen Kriege in Europa war es nur eine Frage der Zeit, bis Spanien seine Vormachtstellung als Kolonialmacht verlieren würde. Zu

Vasco Núñez de Balboa, der spanische Konquistador (Holzstich aus Thomas Louis ›Buch der denkwürdigen Entdeckungen‹)

lange waren die kreolischen Eliten in den zentralamerikanischen Provinzen von allen Ämtern in Kirche, Staat und Verwaltung ferngehalten worden, und zu lange waren Teile der von ihnen erwirtschafteten Profite an ihnen vorbei nach Spanien geflossen. Um in ihren Provinzen an die Stelle der Spanier treten zu können, mußten sie sich aber zuerst von Spanien lösen.

Nachdem am 24. Februar 1821 unter der Führung von Augustín de Iturbide die Unabhängigkeit Mexikos gemäß dem mit den Spaniern ausgehandelten Plan von Iguala beschlossene Sache war, unterzeichneten letztere am 15. September 1821 in Guatemala eine gleichlautende Erklärung der **Souverä-**

nität Mittelamerikas. Als diese Unabhängigkeitserklärung in den Provinzen bekannt wurde, bildeten sich sofort zwei politische Lager, die sich in der Frage der zukünftigen Gestaltung unversöhnlich gegenüberstanden. Eine konservative, mehr zentralistisch denkende Fraktion, zu der ehemalige Kolonialbeamte, der gehobene Klerus und die Aristokratie zählten, beabsichtigte, die Provinzen zu einem Zentralstaat unter guatemaltekischer Führung zu vereinen. Ihnen gegenüber stand eine auf Autonomie setzende, liberale Fraktion, die die Zukunft ihrer Provinzen nur in größtmöglicher Selbständigkeit verwirklicht sah.

Inmitten dieser Auseinandersetzung beschloß Iturbide 1822, Mittelamerika an das Königreich Mexiko anzugliedern. Von Mexiko aus wurde daraufhin die Capitanía General aufgelöst und Mittelamerika in drei, Mexiko unterstellte, Kommandanturen unterteilt. Gegen die Zwangsvereinigung kam es u. a. in Nicaragua zu Aufständen, die Iturbide, der sich inzwischen zum Kaiser Agustín I. hatte ausrufen lassen, niederschlug.

Als Mexiko nach dem Sturz Iturbides Anfang 1823 zur Republik geworden war, veranstalteten die alten Provinzgouverneure im Sommer einen Kongreß der mittelamerikanischen Provinzen, wo erstmals von einer Föderation, den ›**Provincias Unidas del Centro de América**‹ die Rede war. Dieser föderale Staatenbund wurde am 1. 8. 1824 von der Republik Mexiko anerkannt und gab sich noch im gleichen Jahr eine Verfassung nach dem Vorbild der USA. Da man sich auf keine Bundeshauptstadt einigen konnte, blieb Guatemala vorübergehend Sitz der Bundesregierung.

Erster Präsident der Konföderation wurde 1825 Manuel José Arce, der sich auf die guatemaltekische Aristokratie stützte. Er verbot Sklaverei und Sklavenhandel, hielt sich ansonsten jedoch nur begrenzt an die Föderationsverfassung. Im Dezember 1826 kam es daher zu Aufständen liberaler Kräfte in El Salvador, denen sich Honduras, Nicaragua und Costa Rica anschlossen. Der honduranische General Francisco Morazán, der die Liberalen anführte, eroberte zuerst San Salvador und später Guatemala-Stadt.

1830 übernahm Morazán die Präsidentschaft der Föderation in Guatemala. Er ließ viele Klöster schließen, kirchlichen Besitz verstaatlichen, das Erziehungswesen ausbauen und das Land für Einwanderer öffnen. 1835 wurde San Salvador Hauptstadt der Föderation.

Doch die Föderation blieb weiterhin nicht von Unruhen und Aufständen verschont, insbesondere die Mestizen machten der kreolischen Führungsschicht die Herrschaft streitig. Bürgerkriege waren die Folge, woraufhin auch die guatemaltekische Oberschicht die Separatismuskonzeption befürwortete, weil sie in einer Union unter Leitung der liberalen Südprovinzen eine ständige Bedrohung ihrer Macht sah. So ging die junge Föderation am Konflikt zwischen liberalen und konservativen Kräften zugrunde.

Am 18. Mai 1838 entschied man, daß jede der fünf Provinzen ihre Regierungsform frei wählen dürfe. Einer vollkommenen **Unabhängigkeit** der einzelnen Staaten war damit der Weg bereitet. Noch während der Präsidentschaft Morazáns traten Nicaragua, später Honduras, Costa Rica und Guatemala aus der Föderation aus. Morazán versuchte 1842 noch einmal mit militärischer Gewalt als Präsident von Costa Rica eine mittelamerikanische Föderation nach dem Vorbild von 1823 zu etablieren. Doch sein Tod im September 1842 setzte seinen Bemühungen um ein geeintes, föderatives Zentralamerika ein jähes Ende.

Die nun folgenden nationalen Entwicklungen wurden in erster Linie von den alten Machtkämpfen zwischen konservativ-klerikalen und liberal-antiklerikalen Gruppierungen bestimmt, sowohl in den einzelnen Staaten als auch über die Staatsgrenzen hinweg. Immer wieder kam es dabei auch zu Föderationen, denn der Gedanke einer *Grande Patria Centroamericana* flammte stets von neuem auf. Doch er wurde nie verwirklicht, weil die Staaten Zentralamerikas seit Mitte des 19. Jh. zunehmend unter den Einfluß US-imperialer Interessen gerieten.

Zeittafel zur Geschichte

ca. 9000 v. Chr.	Erste menschliche Spuren am Ufer des Río Chagres in Panama *(Cultura de Macapale)* und Migrationsbewegungen von Kleingruppen im Gebiet des heutigen Costa Rica.
ca. 5000–2000 v. Chr.	Erste Spuren seßhafter Jäger und Sammler am Cerro Mangote (Halbinsel Azuero, Panama).
ca. 3000 v. Chr.	Chorotega und Nicarao aus dem heutigen Mexiko lassen sich an der nicaraguanischen Pazifikküste nieder, an der Atlantikküste siedeln sich aus dem Süden stammende Vorfahren der Sumu an.
ca. 1000 v. Chr.	Olmeken kommen auf der Suche nach Jade aus dem heutigen Mexiko nach Costa Rica.
ca. 1000 v. Chr.– 500 n. Chr.	Im heutigen Panama und Costa Rica entwickeln sich Kulturen mit komplexen hierarchischen Sozialstrukturen.
1492	Kolumbus landet auf der Suche nach einem westlichen Seeweg nach Indien auf der Insel Guanahaní (Bahamas).
1493	Papst Alexander VI. bestätigt den spanischen Königen das Besitzrecht über die entdeckten und noch zu entdeckenden Länder und teilt die überseeischen Gebiete in spanische und portugiesische Zonen.
1494	Im Vertrag von Tordesillas einigen sich Spanien und Portugal auf den 46. Grad westlicher Länge als Trennungslinie ihrer überseeischen Interessensgebiete. Portugal erhält somit Anteil am amerikanischen Kontinent (das heutige Brasilien).
1502–04	Kolumbus erkundet auf seiner vierten und letzten Reise die karibische Küste Zentralamerikas.
1513	Überquerung des panamaischen Isthmus durch Vasco Núñez de Balboa und Francisco Pizarro; ›Entdeckung‹ des Pazifischen Ozeans, verstärkte Besiedlung Panamas unter Pedro Arias de Avila.
1519	Schaffung eines Landwegs (Camino Real) zwischen der Ciudad de Panamá am Pazifik und Nombre de Dios am Atlantik.
1519–30	Die Spanier Hernán Ponde de León und Juan de Castaneda beginnen mit der Eroberung Costa Ricas; Widerstand der Ureinwohner.
1524	Madrid wird Sitz des Indienrats (›Consejo Real y Supremo de Indias‹), der obersten, direkt der Krone unterstellten Verwaltungsbehörde und Rechtsprechungsinstanz für die überseeischen Gebiete.
1526–35	Aufstand des Kaziken Urracá im heutigen Panama gegen die spanische Kolonialmacht.

*Nicaragua, Iglesia
La Recolección in León,
ein Relikt spanischer
Kolonialarchitektur*

1527   Das erste Schiff mit afrikanischen Sklaven erreicht Zentralamerika (Panama).

1535   Errichtung des Vizekönigreichs Neu-Spanien mit der Hauptstadt Mexiko; Beginn des systematischen Ausbaus der überseeischen Kolonialverwaltung. Alle zentralamerikanischen Provinzen unterstehen innerhalb dieses Vizekönigreichs dem Generalkapitanat Guatemala, nur die ›Real Audiencia Panamá‹ wird dem spanischen Vizekönigreich Peru zugeordnet.

1542   Karl V. erläßt u. a. auf Drängen von Bartolomé de Las Casas die ›Neuen Gesetze‹ *(Leyes Nuevas)* zum Schutz der Urbevölkerung, in denen die Verfügungsgewalt der *encomenderos* über die zugeteilten *indígenas* eingeschränkt wird; deren Zahl hatte sich nach Schätzungen von ca. 20 Mio. auf weniger als 3 Mio. dezimiert.

1566	Der erste Gouverneur Costa Ricas, Juan Vásquez de Coronado, der Verhandlungen mit den *indígenas* führte und eine Befriedungsstrategie verfolgte, stirbt; sein Nachfolger Diego de Ribero setzt auf Gewalt, Zwangsmissionierung und Versklavung der einheimischen Bevölkerung.
1572–96	Überfälle und Plünderungen entlang der Karibikküste durch den britischen Freibeuter Francis Drake.
1633	Landung britischer Schiffe an der Atlantikküste Nicaraguas; die Mísquito unterstützen die Engländer gegen die spanische Kolonialmacht.
1671	Der britische Seeräuber Henry Morgan überfällt das panamaische Portobelo und zerstört Panama-Stadt.
1811	Die Schwächung Spaniens durch die napoleonischen Angriffe in Europa erleichtert Unabhängigkeitsbestrebungen in Lateinamerika.
1821	Mexiko und die Provinzen des Generalkapitanats Guatemala erklären ihre Unabhängigkeit am 15.9., Panama am 28.11. Iturbide will Zentralamerika Mexiko angliedern, dem Costa Rica und Nicaragua bis 1823 angehören.
1822	Handelsbündnis Panamas mit der ›Großkolumbianischen Republik‹, dem alten Vizekönigreich Nueva Granada.
1823	Im Sommer Proklamation der ›Provincias Unidas del Centro de America‹, denen auch Costa Rica und Nicaragua unter Beibehaltung einer gewissen Eigenständigkeit beitreten; endgültige Unabhängigkeit Zentralamerikas von Mexiko.
1823–63	Kriegerische Auseinandersetzungen zwischen Liberalen und Konservativen in Nicaragua.
1826	Kolumbien und Panama schließen sich zur ›República de Nueva Granada‹ zusammen.
1838–41	Die Zentralamerikanische Konföderation zerfällt nach 15 Jahren in die 5 selbständigen Staaten Guatemala, El Salvador, Honduras, Nicaragua und Costa Rica.
1846	Bidlack-Mallarino-Vertrag: Die USA sichern sich durch einen Vertrag mit Kolumbien die unbeschränkte Nutzung des panamaischen Isthmus.
1855	Panama löst sich ansatzweise von Kolumbien.
1889	Die Kanalgesellschaft von Ferdinand Lesseps geht in Konkurs. Erste demokratische Wahlen in Costa Rica.
1903	Panama wird auf Drängen der USA am 3.11. unabhängig; erster Präsident wird Manuel Amador. Die USA sichern sich mit dem Hay-Bunau-Varilla-Vertrag Bau und ›ewiges‹ Nutzungsrecht des Kanals.
1914	Eröffnung des Panamakanals.
1925	Erste Arbeiterstreiks und -aufstände in Panama, die unter Mithilfe der US-Soldaten aus der Kanalzone niedergeschlagen werden.

Die Contra

Als Somoza 1979 in die USA floh, setzten sich viele Mitglieder seiner Nationalgarde mit ihren Waffen in honduranische Dörfer nahe der Grenze ab. Nur gewohnt und fähig, das Militärhandwerk auszuüben, hatten diese Männer in Nicaragua keine Perspektive. Ihre einstigen Vorgesetzten, die jetzt in Tegucigalpa und Miami saßen und große Teile ihres Vermögens schon vorher außer Landes geschafft hatten, waren da besser dran.

Aus den geflohenen Nationalgardisten eine organisierte konterrevolutionäre Einheitsfront geschaffen zu haben, ist das Verdienst der USA, die 1982 zum ersten Mal 21 Mio. US-$ für den Aufbau einer Opposition zur Verfügung stellten. Dadurch konnte der CIA alle im Grenzgebiet versprengten Gruppen der Nationalgarde zusammenführen, ihnen Sold zahlen, sie neu bewaffnen und durch Militärberater zur antisandinistischen ›Fuerza Democrática Nicaraguense‹ (FDN) aufbauen, die sich selbst als Konterrevolution *(La Contra)* bezeichnete. Um die FDN in den Augen der Öffentlichkeit aufzuwerten, wurde die politische Führung Zivilisten übertragen, die nicht unmittelbar mit Somoza zusammengearbeitet hatten, wie z. B. dem früheren Direktor der nicaraguanischen Coca Cola-Werke, Adolfo Calero. Aber die militärische Führung der ca. 7000 Söldner lag von Anfang an in Händen ehemaliger Nationalgardisten, und bis 1990 stand mit Enrique Bermudez ein Offizier Somozas an ihrer Spitze.

Die Liste der Greueltaten der FDN überschritt bei weitem selbst das Ausmaß der Gewalt, das damals in den meisten zentralamerikanischen Ländern herrschte. Die Contra konnte deshalb

1927–33	Nationaler Befreiungskrieg in Nicaragua unter Führung von General Augusto César Sandino.
1933	Friedensvertrag zwischen Sandino und dem neuen Präsidenten Juan Batista Sacasa; Abzug der US-Besatzungstruppen aus Nicaragua; Gründung der Nationalgarde (Befehlshaber: Anastasio ›Tacho‹ Somoza).
1934	Somoza läßt Sandino und viele seiner Anhänger ermorden.
1936	Putsch und Absetzung des nicaraguanischen Präsidenten Sacasa, Beginn der Diktatur der Somozas.
1940–44	Soziale Reformen in Costa Rica unter Präsident Rafael Angel Calderón Guardia (z. B. Sozialversicherungsgesetz, Einführung des Wahlrechts für Frauen, Gründung der Universidad de Costa Rica).

     Die Contra

38

nie mit der Unterstützung der Zivil-
bevölkerung rechnen, und sie bemühte
sich auch nicht darum. Die FDN
schreckte nicht einmal vor der Ermordung ausländischer Entwicklungshelfer
oder mit Nicaragua sympathisierender
US-Amerikaner zurück.

Im Gegensatz zu den Befreiungs-
bewegungen in den Nachbarländern
baute die Contra nicht auf der gewach-
senen Volkskultur auf. Sie war eine
Truppe kulturell entwurzelter Söldner,
deren brutales Vorgehen durch den
Deckmantel des antikommunistischen
Freiheitskampfes eine ideologische
Rechtfertigung erhielt und die von den
USA bezahlt wurde.

Zur Contra, aber in Gegnerschaft zur
FDN, gehörte auch die ARDE (›Alianza
Revolucionaria Democrática‹), die 1982
von Edén Pastora, dem ehemaligen
FSLN-Guerillero, gegründet wurde und
vier Jahre lang von Costa Rica aus ope-
rierte. Pastora hatte sich bis zuletzt
geweigert, sich vom CIA finanzieren zu
lassen und mit der FDN zusammenzu-
arbeiten. Aus Mangel an großen militärischen Erfolgen geriet er dennoch
mehr und mehr in US-Abhängigkeit.
1986 wurde er Opfer eines CIA-Atten-

tats auf einer von ihm arrangierten
Pressekonferenz, auf der er seinen
Rückzug aus der Contra bekanntgeben
wollte. Er überlebte schwer verletzt,
löste die ARDE auf und ersuchte Costa
Rica um politisches Asyl. 1989 kehrte er
im Zug der Amnestie nach Nicaragua
zurück.

Die Unterzeichnung des Friedensver-
trags von Esquipulas fiel zeitlich zusammen mit der Erkenntnis in der politischen Führungsschicht der USA, daß
die Contra ihrem Image mehr schade
als nütze. Der neue Präsident Bush
rückte 1989 erstmals öffentlich von
einer militärischen Lösung des Nicara-
gua-Problems mit Hilfe der Contra ab.
Einigkeit über deren Entwaffnung und
Auflösung erreichten die fünf Präsidenten Mittelamerikas auf ihrem Gipfeltref-
fen im August 1989 in Tela (Honduras).

Zwei Wochen vor den Wahlen im
Februar 1990 amnestierte Daniel Ortega
alle Contra, die in nicaraguanischen
Gefängnissen einsaßen. Der größte Teil
der Contra hat sich heute in das soziale
und politische Leben des Landes integriert. Ein kleiner Teil versucht allerdings als ›Re-Contra‹, die Politik weiter
nach rechts zu drängen.

Nicaragua, Denkmal für die Märtyrer der Revolution

1979 Beginn der Revolution in Nicaragua unter Führung des FSLN; Costa Rica wird Rückzugsgebiet der nicaraguanischen Contra; Flucht der Somoza-Familie, Einzug der Sandinisten in Managua.

1981 Ermordung des nicaraguanischen Ex-Diktators Anastasio Somoza in Paraguay; Tod des panamaischen Präsidenten Torrijos bei einem mysteriösen Flugzeugabsturz.

1983 Präsident Luis Alberto Monge erklärt die ›unbewaffnete Neutralität‹ Costa Ricas.

1984 Der FSLN gewinnt Parlaments- und Präsidentschaftswahlen, Daniel Ortega wird neuer Staatspräsident Nicaraguas.

1985 Wirtschaftsembargo gegen Nicaragua durch die US-Regierung; Verhängung des Ausnahmezustands; Contra-Führer bilden im Exil die nicaraguanische Oppositionseinheit ›UNO‹.

1986 Internationaler Gerichtshof in Den Haag verurteilt USA wegen Unterstützung der nicaraguanischen Contras (Iran-Contra-Affäre).

1987 Friedensabkommen von Esquipulas; Guatemala, El Salvador, Honduras, Costa Rica und Nicaragua treffen Vereinbarungen für ein Ende der Bürgerkriege in Zentralamerika. Der costaricanische Präsident Arías Sanchez erhält für seine Bemühungen um Frieden in der Region den Friedensnobelpreis. Panamas Diktator Noriega wird in den USA wegen verschiedener Drogendelikte angeklagt; die USA verhängen ein Wirtschaftsembargo gegen Panama.

1988 Aufhebung des Ausnahmezustands in Nicaragua; 60tägiger Waffenstillstand zwischen Regierung und Contras.

1989	Putschversuch von Teilen des panamaischen Militärs gegen Noriega scheitert; am 20.12. US-Invasion in Panama, Endara wird von den USA als Präsident eingesetzt.
1990	Im Januar Verhaftung Noriegas in der päpstlichen Nuntiatur in Panama-Stadt.
	Unter dem Druck der Vereinten Nationen und der Weltöffentlichkeit hören nach dem Ende des Kalten Kriegs die Bürgerkriege in den Nachbarstaaten El Salvador, Guatemala und Honduras auf. Zivile, aus freien Wahlen hervorgegangene Regierungen lösen Anfang der 90er Jahre die Militärs bzw. von ihnen gestützte Regierungen ab. Überraschende Niederlage des FSLN bei Wahlen in Nicaragua. Aufhebung des Wirtschaftsembargos durch die USA. Entwaffnung der Contras.
1991	Noriega wird in Miami zu 40 Jahren Gefängnis verurteilt.
1993	Die EU beschließt die Verordnung 404/93, die den Import von Bananen aus Zentralamerika durch Einfuhrquoten und Zollaufschläge begrenzen soll.
1996	Bundespräsident Herzog besucht Nicaragua.
1997	Die Welthandelsorganisation WTO hebt die EU-Einfuhrbeschränkung für Bananen aus Zentralamerika als ›unvereinbar mit dem freien Welthandel‹ auf.
1998	Die Präsidentschaftswahlen in Costa Rica gewinnt Miguel Angel Rodriguez vom konservativen PUSC.

Nicaragua, umgestürzte Reiterfigur des Tyrannen Somoza in Panama-City

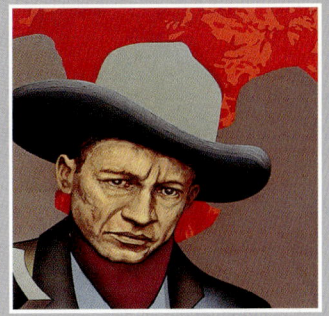

Reisen im südlichen Zentral- amerika

Nicaragua

Nicaragua im Schnelldurchgang

Fläche: 130 000 km²
Einwohner: 4,3 Mio.
Hauptstadt: Managua
Amtssprache: Spanisch
Währung: Córdoba (C$)
Zeit: MEZ – 7 Std. (während der europäischen Sommerzeit – 8 Std.)

Geographie: Nicaragua ist einer der größten Staaten Mittelamerikas. Zieht man die großen Binnenseen ab, verbleiben noch 120 000 km² Landfläche, die jedoch wegen der Gebirge und unzugänglichen Regenwälder nur zu einem guten Drittel genutzt werden kann. Im Norden grenzt Nicaragua an Honduras, im Süden an Costa Rica. Über mehr als 500 km erstreckt sich die karibische Küstenlinie, die Pazifikküste ist 350 km lang. Geographisch gliedert sich das Land in drei Hauptgebiete: das pazifische Flachland im Westen, das bergige Gebiet der Cordillera Isabela im Nordwesten und das atlantische Flachland im Osten.

Die pazifische Küstenebene erstreckt sich vom Golf von Fonseca im Norden bis zur Grenze mit Costa Rica. In dieser Ebene liegen die beiden größten Binnengewässer des Landes, nördlich der ca. 1100 km² große Managua-See und südlich, bis zur costaricanischen Grenze, der 8500 km² große Nicaragua-See. Beide Gewässer sind durch den Río Tipitapa miteinander verbunden. In diesem pazifischen Küstenraum mit seinen fruchtbaren Tälern und Ebenen befindet sich der größte Teil des spanischen Kulturerbes, die großen Städte Granada und León und die Hauptstadt Managua. Hier sind 90 % der Industrie und über die Hälfte der Bevölkerung angesiedelt.

Aus diesem flachen Küstenraum erhebt sich im Nordwesten die Cordillera los Maribios, eine Gebirgskette mit 25 Vulkankegeln. Überhaupt gilt der Westen Nicaraguas als Region geologischer Instabilität, als Gebiet der Vulkane und Erdbeben mit über 40 feuerspeienden Bergen. Die Eruptionen bringen Tod und Verderben über das umliegende Land, aber gleichzeitig auch die segensreiche Vulkanasche, der die pazifischen Küstenebene ihre Fruchtbarkeit verdankt. Managua lag allein im 20. Jh. zweimal (1931 und 1972) in Schutt und Asche.

Hinter dem schwer zugänglichen Hochland (höchste Erhebung Nicaraguas ist mit 2107 m der Mogotón) mit Wäldern und Kaffeeplantagen fällt das Land zur karibischen Küste hin ab. Savannenvegetation und tropischer Regenwald dominieren in dieser 56 % des Staatsterritoriums umfassenden, aber so gut wie unerschlossenen, Atlantik-Region.

Staat und Politik: Seit dem Sturz des Diktators Somoza ist Nicaraguas Staatsform eine präsidiale Demokratie mit einer starken Exekutive und einer parlamentarischen, zählenden Nationalversammlung als legislativem Gegengewicht. Die 1987 von den Sandinisten verabschiedete und 1995 unter Chamorro reformierte Verfassung beruht

◁ *Nicaragua, politische Wandmalerei in Managua*

auf den Prinzipien des Pluralismus und der Blockfreiheit. Sie kann nur mit einer 60 %-Mehrheit der 92 Mitglieder der Nationalversammlung geändert werden.

Die Amtszeit des Präsidenten, dessen Wiederwahl ausgeschlossen ist, beträgt fünf Jahre. Erhält kein Kandidat im ersten Wahlgang 45 % der Stimmen, kommt es zur Stichwahl. Für den korrekten Ablauf von Wahlen ist ein unabhängiger Wahlrat als vierte Staatsgewalt zuständig. In Anwesenheit von ca. 1000 Wahlbeobachtern aus dem Ausland fanden am 20. Oktober 1996 die zweiten Wahlen nach dem Esquipulas-Friedensabkommen statt. Sie führten im Januar 1997 zum zweiten Mal zu einem friedlichen Regierungswechsel.

Das Parteienwesen in Nicaragua ist – mit Ausnahme des linksgerichteten FSLN – von Spaltungen und häufigen Neugründungen geprägt. 1989 formierten sich insgesamt 14 konservative und antisandinistische Parteien zum siegreichen Wahlbündnis UNO (›Unión Nacional Opositora‹), das Violeta Chamorro ins Präsidentenamt brachte. 1994 verließen vier Parteien dieses Bündnis, das sich danach APO (›Alianza Política Opositora‹) nannte. Bei den Wahlen 1996 schlossen sich die gleichen Gruppierungen dann als ›Alianza Liberal‹ zusammen, und ihr Kandidat Arnoldo Alemán siegte. Aber auch im linken Lager gibt es jenseits des FSLN mehrere Gruppierungen, die selten eine Legislaturperiode überdauern.

Verwaltungstechnisch gliedert sich Nicaragua in 15 Provinzen *(departamentos)* und zwei autonome Regionen, untergliedert in zusammen 154 Kreise *(municípios)*. Die Provinzen und Regionen werden zwei großen Zonen zugeordnet: der Pazifischen Zone (Boaco, Carazo, Chinandega, Chontales, Estelí, Granada, Jinotega, León, Madriz, Managua, Masaya, Matagalpa, Nueva Segovia und Rivas) und der Atlantischen Zone, zu der die Provinz Río San Juan und die beiden autonomen Regionen der Atlantikküste (im Norden ›Región Autónoma del Atlantico Norte‹ mit der Hauptstadt Puerto Cabezas, im Süden: ›Región Autónoma del Atlantico Sur‹ mit der Hauptstadt Bluefields) gehören.

Wirtschaft: Zum Erbe der Somoza-Diktatur gehörten auf ökonomischem Gebiet die durch den Bürgerkrieg zerstörten Infrastruktureinrichtungen, 4 Mrd. US-$ Auslandsschulden und eine auf die Interessen einiger Industrienationen zugeschnittene und von diesen Ländern extrem abhängige Wirtschaftsstruktur. Diese Abhängigkeit verursachte – wie in fast allen Staaten Mittelamerikas – eine Unterentwicklung, die dadurch aufrechterhalten wurde, daß Nicaragua billige Rohstoffe wie z. B. Kaffee und Baumwolle exportieren und Industriegüter importieren mußte.

Die fehlende industrielle Entwicklung konnte auch die sandinistische Regierung nicht aufholen. Im Gegenteil: Unter den Bedingungen des Contra-Kriegs, des US-Wirtschaftsboykotts, der Kapitalflucht und des Investitionsstopps oppositioneller Unternehmer stand der Industriesektor Nicaraguas, der 10 % der erwerbstätigen Bevölkerung beschäftigt, 1990 vor dem Ruin.

Anders verlief die Entwicklung auf dem Agrarsektor. Die Agrarreform der Sandinisten verhalf weit über 100 000 Familien zu Landbesitz. Grundnahrungsmittel wie Mais, Reis, Bohnen und Zucker gab es seither genügend.

Nach dem Sturz Somozas widmete sich die neue Regierung auch dem Aufbau eines sozialen Netzes: kostenlose Gesundheitsversorgung, Nahrungsmittelsubvention und die Alphabetisierungskampagne verschlangen neben Zinsen und Tilgung der ›geerbten‹ Auslandsschulden erhebliche finanzielle Mittel, so daß der produktive Sektor zwangsläufig vernachlässigt wurde. Die Erzeugung der wichtigsten Exportgüter Kaffee und Baumwolle sowie der Nahrungsmittel lag wie Handel und Handwerk mehrheitlich in privater Hand. Großgrundbesitzer und Handelsbürgertum verfügten nach wie vor über ein beträchtliches Vermögen. Der politischen Herrschaft des FSLN, der durch Wirtschaftsreformen mehr Gleichheit und soziale Gerechtigkeit durchsetzen wollte, stand die ökonomische Macht des privaten Unternehmertums gegenüber, was immer wieder zu Spannungen und Versorgungsengpässen führte.

Nicaraguas Deviseneinnahmen beschränkten sich ausschließlich auf den Verkauf von Baumwolle, Kaffee, Zucker und Fleisch, denn die Sandinisten konnten weder die vorgefundenen Produktionsstrukturen noch die außenwirtschaftlichen Abhängigkeiten ändern. Notgedrungen konzentrierten sich ihre Exportbemühungen nach dem US-Boykott auf die Länder der EG und des Ostblocks. Am Ende der sandinistischen Regierungszeit betrugen die Auslandsschulden 10 Mrd. US-$.

Nach den Wahlen von 1990 setzte die neue, bürgerlich-konservative Regierung ausschließlich auf privates Unternehmertum und leitete große Privatisierungsmaßnahmen ein. Unter Chamorro etablierten sich wieder klassische Kapitalismusstrukturen: Die öffentliche Infrastruktur im Gesundheits-, Bildungs- und Verkehrswesen wurde abgebaut, fast alle staatlichen Sozialprogramme gestrichen, die Landreform zurückgenommen, ausländische Investitionen und private Produktionsneugründungen gefördert. Dieser wirtschaftspolitische Systemwechsel führte zur Steigerung von Bruttoinlandsprodukt, Produktivität, Außenhandel und Investitionen aus dem Ausland. Gleichzeitig stieg jedoch die Arbeitslosigkeit auf über 55 % (1996), die Auslandsverschuldung auf 12 Mrd. US-$, und die Reallöhne sanken. Die Regierung Alemán will diese neoliberale Wirtschaftspolitik sogar noch verstärken. Private Großinvestitionen im Konsumsektor wie Ladengalerien und Supermärkte ›verschönern‹ bereits die Hauptstadt, in der die Kluft zwischen Arm und Reich wächst. Laut Weltbank leben 80 % der Bevölkerung in Armut, davon 20 % in extremer Armut. Mit 420 US-$ Jahreseinkommen pro Kopf ist Nicaragua heute nach Haiti das zweitärmste Land Amerikas. Da allein der Auslandsschuldenberg ca. drei Viertel der Exporterlöse verschlingt, bleibt kein Geld für staatliche Infrastrukturprogramme und soziale Fürsorge übrig. Die ›neuen Reichen‹ des Landes brauchen Derartiges auch nicht, aber ihr Fehlen wirkt sich verheerend auf die Lebensqualität der Armen aus.

Deutschland ist für Nicaragua ein wichtiger Handelspartner. Die Bundesrepublik gehört zu den zehn wichtigsten Abnehmerländern nicaraguanischer Waren (hauptsächlich Bananen und Kaffee), Nicaragua dagegen nimmt nur 0,003 % des deutschen Gesamtexports auf.

Erinnerungen an Bürgerkriegswirren und eine unzureichende Hotelinfrastruktur erschweren die Bemühungen des Landes um Devisen aus dem Tourismusgeschäft; 1997 betrugen die Gesamteinnahmen 77 Mio. US-$. Die Anzahl deutscher Besucher wird auf unter 5000 pro Jahr geschätzt.

Bevölkerung: Angaben über die Gesamtbevölkerung Nicaraguas schwanken zwischen 4 und 4,6 Mio. Einwohnern; amtliche Broschüren sprechen von 4,3 Mio. Die Schwankungen erklären sich aus dem starken, mit 3,6 % höchsten Bevölkerungswachstum Mittelamerikas.

Auf dem Markt in Masaya

Drei Viertel der Bewohner sind Mestizen, weniger als 15 % Weiße und ca. 10 % Schwarze. Kleine ethnische Minderheiten gibt es nur an der Atlantikküste. Zwei Drittel der Einwohner wohnen in der sogenannten Pazifikzone, die nur 15 % der Gesamtfläche des Landes ausmacht, während in der Atlantikzone, die über die Hälfte des Staatsgebiets einnimmt, knapp 10 % der Bevölkerung leben.

Nicaraguas Bevölkerung ist jung; mehr als die Hälfte ist jünger als 15 Jahre, die durchschnittliche Lebenserwartung beträgt 63 Jahre. 60 % der Nicaraguaner leben in Städten, mehr als 1 Mio. allein in der Hauptstadt Managua.

Religion: Die Verfassung garantiert Religionsfreiheit, der politische Einfluß der katholischen Kirche ist jedoch erheblich. Formal sind 90 % der Bevölkerung katholisch, aber zunehmend machen sich die Einflüsse US-amerikanischer Sekten bemerkbar. An der Atlantikküste gibt es aus historischen Gründen größere protestantische Gruppen, in Managua auch eine kleine jüdische Gemeinde.

Klima und Reisezeit: Nicaragua liegt zwischen dem 11. und 15. Grad nördlicher Breite und unterscheidet sich bezüglich seines Klimas nur unwesentlich von anderen mittelamerikanischen Staaten. Auf den Hochebenen und in den Bergtälern oberhalb 750 m ist es beständig frühlingshaft bis angenehm warm; die Tagestemperaturen liegen bei 20–25 °C. Die Küstenregionen bestimmt tropisches Klima, wobei die pazifische Westküste trockener und heißer (Jahresdurchschnitt 28 °C, Regenmenge 1500 mm), die karibische Osthälfte des Landes dagegen feuchtheiß (Jahresdurchschnitt 26 °C, 3000 mm) ist. Zudem verteilen sich die Niederschläge ganzjährig an der regenreicheren Karibikküste, im restlichen Land nur auf die ›Regenzeit‹ von Mai bis November. Beste Reisezeit ist der mittelamerikanische ›Sommer‹, d. h. die trockenen Monate Dezember bis April. Die regenreichsten Monate sind Juni und Oktober, die wärmsten März bis Mai; letztere bevorzugen viele Nicaraguaner für einen Urlaub an der Küste.

In Nicaragua wird Geschichte groß geschrieben

In präkolumbischer Zeit lebten im heutigen Gebiet von Nicaragua indigene Völker. Aus dem nördlich gelegenen Mexiko wanderten vor ca. 3000 Jahren die Chorotega und die (nach einem ihrer Führer benannten) Nicarao ein. Sie ließen sich in den Ebenen der Pazifikküste nieder. Etwa zur gleichen Zeit kamen aus Südamerika die Vorfahren der Sumo, die vereinzelt in die Atlantikregion zogen. Diese indigenen Völker hatten untereinander keine Verbindungen und lebten als Jäger und Sammler (s. S. 26).

1522–1821 war das heutige Nicaragua **spanische Kolonie.** Von Panama aus drangen 1522 die Spanier unter Gil Gonzalez Davilla zum ersten Mal in das Gebiet des heutigen Nicaragua vor. Ein Jahr später gründete Hernandez de Córdoba die Städte Granada und León (1610 wurde León nach einem Erdbeben 50 km weiter westlich neu gegründet). Politisch unterstand die Provinz der Capitanía General Guatemala. Opfer der spanischen Eroberungen war wieder einmal die Urbevölkerung. Krieg, eingeschleppte Krankheiten und vor allem ihre Versklavung führten zum Genozid. Von über 1 Mio. Einwohnern (1527) sank die Zahl binnen 20 Jahren auf 12 000, allein 400 000 *indígenas* wurden über Panama nach Peru verschifft. Nach der wenig erfolgreichen Goldsuche verlegten sich die Eroberer in Nicaragua mit Hilfe indigener Zwangsarbeiter auf den Export landwirtschaftlicher Produkte wie Kakao, Fleisch und Käse in die benachbarten spanischen Kolonien.

Ungeachtet dessen, daß sich die Spanier an der Westküste bereits niedergelassen hatten, landeten 1633 Briten an der Atlantikküste. Sie gewannen die hier siedelnde Urbevölkerung als Verbündete gegen die Spanier. Britische Seeräuber griffen unter indigenem Schutz 1645 Matagalpa an und brandschatzten 1654 Nueva Segovia. 1665 gelang ihnen sogar ein Vordringen über den Río San Juan und den Nicaragua-See bis nach Granada. Obwohl man nicht von einer gezielten Kolonialisierung der Atlantikküste durch Großbritannien sprechen kann, dominierte London durch seine engen Beziehungen zu den Mísquito den Osten Nicaraguas. Dank dieser Politik hielt England die Spanier über 200 Jahre von der nicaraguanischen Atlantikküste fern und sicherte seinen Einfluß in der Karibik.

Die Kunde vom Sieg Napoleons über das spanische Mutterland drang schnell bis Nicaragua vor. 1811 erhoben sich in León erstmalig die kreolischen Bürger gegen die Kolonialherren. Königlich-spanische Truppen aus Guatemala bereiteten dem Aufstand nach sechs Monaten ein Ende.

Als Mexiko seine **Unabhängigkeit** erklärte, lösten sich auch die anderen Kolonien Mittelamerikas von Spanien. Der Streit um die Zukunft des Landes führte am 1. Juli 1823 zum **Bürgerkrieg** zwischen den *democráticos* in León und den *legitimistas* in Granada, der immer wieder aufflammte, auch nach Nicaraguas Austritt aus der Zentralamerikanischen Föderation am 13. April 1838. Nicaragua verpaßte durch diesen 40 Jahre währenden Krieg die Entwicklung zum großflächigen Kaffeeanbau und damit den wirtschaftlichen Aufschwung.

Blick auf den Nicaragua-See

Zugleich riefen diese internen Auseinandersetzungen die Großmächte England und USA auf den Plan. Am Neujahrstag 1848 eroberte der Mosquitía-König mit Unterstützung englischer Truppen San Juan del Norte, das fortan Greytown hieß. Nicaraguas Versuch, das Gebiet zurückzuerobern, scheiterte. In einem Vertrag mit Großbritannien, das sich so auch die Kontrolle über einen eventuellen Kanal zum Pazifik sichern wollte, mußte Nicaragua die Hoheitsrechte über die Moskito-Küste abtreten. Die britischen Erfolge alarmierten die USA, die ihre eigenen Pläne zur Verwirklichung eines interamerikanischen Kanals durch Nicaragua nie aufgegeben hatten. 1850 kam es überraschend zum Clayton-Bulwer-Vertrag, in dem die USA den Briten die Nutzung ihres (zukünftigen) Kanals zusicherten. Nicaragua wurde an den Verhandlungen nicht beteiligt.

Von 1855–57 wurde Nicaragua von dem US-amerikanischen Söldnerführer **William Walker** besetzt, der sich 1856 selbst zum Präsidenten des Landes ernannte, die Sklaverei wieder einführte und Englisch zur Landessprache machte. Mit Hilfe zentralamerikanischer Truppen wurde Walker 1857 letztendlich aus Nicaragua vertrieben.

1857 begann für Nicaragua eine längere Phase politischer Stabilität. Es konnte sich eine neue wirtschaftliche Oberschicht etablieren, die ihren Reichtum dem Kaffeeanbau verdankte. Die neuen ›Kaffeebarone‹ *(cafetaleros)* brachten 1893 den liberalen José Santos Zelaya ins Präsidentenamt, der 1894 durch die vertragliche Wiedereingliederung der Atlantikküste nationales Ansehen erlangte. Nachdem sich die USA für den Bau des interamerikanischen Kanals auf panamaischem Territorium entschieden hatten, bot Zelaya anderen Mächten

(u. a. Japan und Deutschland) die Rechte für einen Kanalbau in Nicaragua an. Das wollten die USA verhindern und unterstützten militärische Aufstände bis zu seinem Sturz 1910. Den neuen, von ihnen eingesetzten Präsidenten Adolfo Díaz mußten die USA 1912 mit ihren Marineeinheiten militärisch und politisch stützen. Die US-Amerikaner blieben bis 1925 im Land. Unter Präsident Díaz kam es am 5. April 1914 zum Bryan-Chamorro-Vertrag, der gegen Zahlung von 3 Mio. US-$ ›auf ewig nur die USA‹ berechtigte, einen Kanal auf nicaraguanischem Territorium zu bauen; außerdem sollten den USA für 99 Jahre Militärstützpunkte im Golf von Fonseca und auf den Corn Islands überlassen werden. Ende 1926 mußte Díaz erneut die USA ins Land rufen, nachdem die Liberalen die Hälfte des Territoriums erobert hatten. Im Mai 1927 kam es auf Druck der USA zu einem Friedensschluß, bekannt als **Vertrag von Tipitapa,** in dem

Aufstände unter Sandino gegen die erneute militärische Besetzung Nicaraguas (1927–33)

die USA dem Heerführer der Liberalen, General Moncada, das Amt des Präsidenten und sich selbst genügend Einflußmöglichkeiten zusicherten.

Alle liberalen Generäle stimmten dem Vertrag zu, nur einer nicht: General Augusto César Sandino. Er setzte den Krieg in erster Linie gegen die US-Marines fort und wandelte so den Bürgerkrieg zwischen den nicaraguanischen Handels- und Grundbesitzer-Cliquen in einen **nationalen Befreiungskrieg** gegen die

USA um. 1933 versprachen die USA ihren Abzug unter der Bedingung, daß die Nationalgarde, die neue, von ihnen geschaffene Truppe aus Nicaraguanern erhalten bliebe. Sandino schloß daraufhin einen Friedensvertrag und entwaffnete sein Heer. Inzwischen hatten die USA Anastasio Somoza als Kommandanten der Nationalgarde eingesetzt, der 1934 Sandino und seine Anhänger umbringen ließ (s. S. 102f.).

Mit der Berufung von Anastasio (›Tacho‹) Somoza García zum Oberbefehlshaber *(Jefe Director)* der Nationalgarde begann in Nicaragua eine fast 50jährige **Diktatur** der Familie Somoza. Die von den USA aufgebaute, trainierte und finanzierte Nationalgarde hatte seit 1933 die gesamte militärische Gewalt inne, und Somoza nutzte sie als entscheidendes Machtinstrument für seine Ambitionen. Im Mai 1936 setzte Somoza den amtierenden Präsidenten Sacasa einfach ab und machte sich selbst nach manipulierten Wahlen am 1. Januar 1937 zum Präsidenten. Von Anfang an regierte er mit Hilfe von Korruption, Repression und Patronage, wenngleich hinter formaldemokratischer Fassade. Dabei bereicherte er sich und seine Familie in unglaublicher Weise. Den USA war er ein immer ergebener, stets verläßlicher Verbündeter; sie bauten Nicaragua unter Somoza als Ordnungshüter ihrer Interessen in Zentralamerika auf.

Während des **Zweiten Weltkriegs** stand Nicaragua auf der Seite der USA. Diese bauten Corinto zum Kriegshafen und Puerto Cabezas zum Luftwaffenstützpunkt aus. Das Eigentum der Kriegsgegner, z. B. die Kaffeeplantagen von Deutschen und Italienern, wurde

Gioconda Belli –
eine nicaraguanische Biographie

Als sie noch auf der Seite der Sandinisten stand, nannten diese sie liebevoll ›La Compañera Gioconda‹.

Mit 22 Jahren schreibt Gioconda Belli 1970 ihre ersten erotischen Gedichte und wird dafür im erzkatholischen, somozistischen Nicaragua öffentlich von der feinen Gesellschaft, aus der sie stammt, beschimpft. Ihr Ehemann verbietet ihr, weiterzuschreiben. Sie schließt sich ohne sein Wissen dem Frente Sandinista an, flieht 1974 nach einer FSLN-Kommandoaktion mit ihren beiden Töchtern nach Costa Rica, dichtet und schreibt dort unermüdlich über ihre sinnlichen und politischen Gefühle und Gedanken. 1979 kehrt sie zurück und feiert in Managua mit dem Frente den Sieg über Somoza.

Sie, die Schriftstellerin, Freiheitskämpferin, Lyrikerin, Mutter und Ehefrau aus gutbürgerlichem Haus, gehört mit Ernesto Cardenal, dem Dichter und Geistlichen, sowie dem beachteten Schriftsteller Sergio Ramirez zu jenen Intellektuellen der sandinistischen Revolution, die weltweit die Sympathie für das neue ›Nicaragua Libre‹ förderten. Ihre Gedichte und Verse, die radikales politisches Engagement und weibliche Sinnlichkeit verbinden, erreichen schnell hohe Auflagen.

Ihr erster, 1988 erschienener Roman, ›Die Bewohnte Frau‹, wird 1989 zum ›Politischen Buch des Jahres‹ gekürt. Er liest sich über weite Strecken wie eine Autobiographie der *compañera* Gioconda Belli: Die Heldin Lavinia wächst im Widerstand gegen eine Diktatur auf und muß sich zugleich in einer von Männern beherrschten Gesellschaft durchsetzen.

1990 ist für die Belli ein Jahr tiefer Enttäuschung. Nach den zermürbenden Kämpfen gegen die antisandinistische Contra unterliegt der Frente in demokratischen Wahlen der konservativen, katholischen Violeta Chamorro. Gioconda Belli verläßt Nicaragua, zieht mit ihrem zweiten Mann, einem amerikanischen Journalisten, und ihren Kindern nach Washington. Alljährlich aber kehrt sie für einige Monate nach Nicaragua zurück. Hier avancierte ihr Bruder Humberto Belli inzwischen zum Erziehungsminister und krempelte als Mitglied des ›Opus Dei‹ das sandinistische Schulwesen total um. Politisch bekämpfen sich beide bis aufs Messer, aber als Geschwister haben sie eine Vereinbarung getroffen: wenn sie sich zu Hause, bei Eltern oder Verwandten treffen, wird nicht über Politik geredet.

1994 verläßt sie mit vielen anderen Intellektuellen den Frente, ohne ihre politischen Ziele aufzugeben. Der Bruch fällt ihr schwer, denn der Frente war ein Teil ihrer sandinistischen Identität. »Der Frente war für mich nie Selbstzweck. Ich war dabei, um die Lebensbedingungen des Volks zu verbessern«, erklärte sie ihr Verhalten, »wenn der Frente diese Interessen unter Daniel Ortega nicht mehr vertritt, warum soll ich dann bleiben!«

Ihr kritisches politisches Engagement hat sich auch auf ihr literarisches Schaffen produktiv ausgewirkt. 1994 erschien ›Die Werkstatt der Schmetterlinge‹, eine nachdenkliche Version der Schöpfungsgeschichte aus lateinamerikanischer Sicht. Und weil diese verspielten Gedichte zudem wunderschön illustriert wurden, fanden sie auch in Deutschland reißenden Absatz. In ihrem neuen Roman ›Waslala‹ beschreibt sie visionär in einer Mischung aus Fantasie, Mythologie und revolutionären Visionen die Suche eines Paars nach jenem Ort Waslala, an dem weder Macht noch Herrschaft die Beziehungen der Liebenden belasten.

Ihr erster Roman ›La Muyer Habitada‹ (Die Bewohnte Frau, Hammer Verlag, 1988) schließt mit visionären Versen über ihr Land:

»Niemand wird ihn besitzen,
diesen Körper aus Seen und Vulkanen.
Sie wird in unser Volk zurückkehren,
diese Mischung der Rassen,
die Geschichte gesenkter Lanzen.
Zu unserem Volk, das den Mais liebt
und die Feste im Vollmondschein,
unserem Volk der Lieder
und der buntgewebten Stoffe ...

Wir sind zur Erde zurückgekehrt, auf der wir zu neuem Leben entstehen werden. Mit wohlschmeckenden Früchten werden wir die Luft neuer Zeiten bevölkern. Gemeinsam werden wir in der Dämmerung der Freude leben und in den Gärten, in der Morgenröte. Bald werden wir den Tag voller Glückseligkeit sehen und die Schiffe der Eroberer, die für immer davonsegeln.«

beschlagnahmt und Mitgliedern der Somoza-Familie überschrieben.

Mit Ausnahme der Jahre 1947–50 blieb ›Tacho‹ Somoza bis zu seinem Tod Präsident. Am 21. September 1956 wurde er von dem jungen nicaraguanischen Dichter Rigoberto López Pérez erschossen. Doch sein Tod hinterließ kein Machtvakuum. Sein ältester Sohn Luís Somoza Debayle, übernahm sofort das Präsidentenamt, dessen jüngerer Bruder das Oberkommando über die Nationalgarde.

Mit dem Sturz des Diktators Batista in Cuba 1959 durch Fidel Castro begannen die Schwierigkeiten für die Familie Somoza, denn die politische Auflehnung gegen Diktatoren machte auch vor dem ›Hinterhof der USA‹ nicht halt. 1961 gründeten drei junge, antisomozistische Nicaraguaner im Gedenken an Sandino den FSLN in Tegucigalpa (Honduras).

Nachdem die erste Amtsperiode für Luís Somoza Debayle 1963 zu Ende gegangen war, machte die Familie ihren Privatsekretär René Schick Guitiérrez zum Präsidenten. Wahlbeobachter der OAS ließen die Somozas nicht zu, was die USA nicht davon abhielt, die Familie weiterhin zu unterstützen. 1966 starb Schick. Nach offenem Wahlbetrug übernahm Anastasio Tachito Somoza Debayle 1976 das Präsidentenamt; er war der Bruder des bis 1963 regierenden Luís Somoza. Dank Nationalgarde und US-amerikanischer Unterstützung konnten die Somozas ihre Diktatur wieder stabilisieren, denn die bürgerliche Opposition war schwach und gespalten, und die FSLN-Guerilla konnte sich noch nicht auf offene militärische Auseinandersetzungen mit der Nationalgarde einlassen.

Am 23. Dezember 1972 zerstörte ein gewaltiges Erdbeben Managua: 20 000 Tote, 30 000 Verletzte und ca. 500 000 Obdachlose waren die traurige Bilanz.

Kriegssymbol: Panzer bei Selva Negra

Dieses Beben, dessen Spuren noch heute in Managua zu sehen sind, führte indirekt auch zum Sturz der Somoza-Dynastie, da die Familie große Teile der Millionenbeträge an Spenden aus aller Welt in die eigene Tasche bzw. auf Schweizer Konten fließen ließ. Angesichts dieser schamlosen Bereicherung rückte auch das Bürgertum von Somoza ab. Unter der Führung des Verlegers der oppositionellen Tageszeitung La Prensa, Pedro Joaquín Chamorro, formierte sich ein breites Bündnis aus verschiedenen politischen Gruppierungen und Gewerkschaften zur Institutionalisierung der verfassungsmäßigen Demokratie, die UDEL (›Unión Democrático de Liberación‹). Dennoch sicherte sich Somoza 1974 durch Wahlbetrug erneut das Präsidentenamt.

Nach der ›**Oktober-Offensive**‹ von 1977 zeigte sich endlich die Verwundbarkeit des Regimes. Jetzt begannen auch die Basisgemeinden offen den FSLN zu unterstützen, die katholische Amtskirche wandte sich gegen die Menschenrechtsverletzungen Somozas, und in den USA wurde nach dem Regierungsantritt Carters die Militärhilfe für Somoza öffentlich in Frage gestellt. Am 10. Januar 1978 ließ Somoza Chamorro von Nationalgardisten ermorden. Sein Tod löste einen wochenlangen Generalstreik aus, dem sich die Unternehmer mit einem Boykott anschlossen. Die eigentliche Führung dieses Widerstands lag aber beim FSLN.

Den Auftakt zum **Sturz der Somozas** bildete 1978 ein Aufstand in Monimbo, einem Stadtviertel von Masaya, 30 km südöstlich von Managua. Eine Woche lang bombardierte die Nationalgarde daraufhin das Viertel und beschoß die Bevölkerung mit Artillerie. Im ganzen Land begannen jetzt antisomozistische Aufstände; im Juli 1978 gelang dem

FSLN unter Führung Edén Pastoras die spektakuläre Besetzung des Nationalpalasts in Managua. Um den FSLN zur Freilassung der Geiseln zu bewegen, mußte Somoza 10 Mio. US-$ zahlen und 80 politischen Gefangenen freien Abzug per Flugzeug nach Cuba gewähren.

Nach diesem öffentlichkeitswirksamen Erfolg seiner Gegner ließ Somoza ganze Städte bombardieren, doch das Ende war nur noch eine Frage der Zeit. Am 17. Juli 1979 floh Somoza nach Miami, und zwei Tage darauf, am 19. Juli, zogen die Sandinisten in Managua ein.

Der Befreiungskampf und die Taktik der ›verbrannten Erde‹ der somozistischen Nationalgarde hat schätzungsweise 50 000 Menschenleben gefordert und mehr als doppelt so viele Schwerverletzte hinterlassen. 150 000 Nicaraguaner waren aus ihren Wohnungen geflohen, 40 000 Kriegswaisen zu versorgen. Die materiellen Schäden lagen bei 500 Mio. US-$. Auf ein vielfach Höheres, nämlich 3 Mrd. US-$, stufte man die private Kapitalflucht ein.

Drei Tage nach dem Einmarsch der sandinistischen Revolutionsarmee in Managua wurde am 22. 7. 1979 im ›befreiten Nicaragua‹ (›Nicaragua Libre‹) der gesamte somozistische Staatsapparat zusammen mit der Nationalgarde aufgelöst. Eine kollektive Führung, die ›Junta de Gobierno de Reconstrucción Nacional‹ (Regierung des nationalen Wiederaufbaus, JGRN), trat an dessen Stelle. Sie verstaatlichte den gesamten Besitz des Somoza-Clans, die Banken und den Außenhandel, schaffte die Todesstrafe ab, führte kostenlosen Schulunterricht ein und verkündete die bürgerlichen Freiheitsrechte. Der Neuaufbau des Landes stieß auf gewaltige Probleme, nicht zuletzt dadurch, daß ein Volk, das jahrhundertelang in Armut

und politischer Unmündigkeit gehalten worden war, über Nacht selbstverantwortlich ein neues Gemeinwesen aufzubauen hatte.

Die größte Bedrohung für die nicaraguanische Revolution aber kam aus den USA. Diese lehnten die neue Regierung von Anfang an aus ideologischen Gründen ab und trugen aktiv zum Aufbau der **Contra** bei (s. S. 38f.), um die sandinistische Regierung stürzen zu können.

Im März 1982 verhängte die sandinistische Regierung angesichts der Contra-Überfälle den Ausnahmezustand. Die in dieser Phase ergriffenen Maßnahmen führten zur Behinderung der oppositionellen Kräfte, aber brutale Menschenrechtsverletzungen, wie sie in den Nachbarländern El Salvador, Guatemala oder Honduras tagtäglich geschahen, gab es in Nicaragua nicht. Nach 1985 zeichnete sich ab, daß die Contra trotz massiver Unterstützung der USA keinen militärischen Erfolg haben würde. Allerdings konnten die Sandinisten angesichts der Contra-Bedrohung und der amerikanischen Kriegs- und Konfliktführung auf unterschwelliger Ebene

Die erfolgreichste Alphabetisierungs-kampagne der Welt – Bildung und Erziehung in Nicaragua

Die grundlegende Verbesserung der Schulbildung war eines der wichtigsten Anliegen des FSLN nach 1979. Zwar gab es bereits im Nicaragua Somozas – wie in den meisten lateinamerikanischen Ländern – eine sechsjährige Grundschule *(primaria)*, die nach Absolvierung der anschließenden sechsjährigen Sekundarschule *(secundaria)* zu Berufen insbesondere im Handels- und Verwaltungsbereich oder in Militärakademien sowie zum Hochschulstudium berechtigten. Aber nur ein Drittel aller nicaraguanischen

Kinder besuchte damals diese Grund-schule, und auf dem Land erreichten nur 5 % einen ordnungsgemäßen *primaria*-Abschluß. Die hohe Abbruch-quote ließ sich in erster Linie auf die Mittellosigkeit großer Teile der Bevölke-rung zurückführen, deren Kinder zum Lebensunterhalt ihrer Familie beitragen mußten. Die *secundaria* besuchten noch weniger Jugendliche; sie kamen meist aus den Städten und als Kinder von bessergestellten Verwaltungs-beamten, Militärs oder Ärzten ging fast die Hälfte von ihnen auf Privat-schulen.

Da die *secundaria*-Schulzentren meist in den Städten lagen, waren sie für Landkinder schwer erreichbar und ohnehin viel zu teuer. Die Bildungs-benachteiligung der Landbevölkerung gegenüber den Stadtbewohnern wurde immer größer. An den zwei Universi-täten des Landes studierten ungefähr 2 % der Jugendlichen, fast ausschließ-lich aus reichen Familien, deren Kinder sonst ihr Studium an Hochschulen im Ausland absolvierten.

Somoza gab für das Erziehungswe-sen nur halb so viel Geld aus wie für seine Nationalgarde. Er hinterließ im Juli 1979 ein sozial völlig unterentwik-keltes Land, dessen Bevölkerungs-mehrheit weder lesen noch schreiben konnte. In den ländlichen Gebieten und in der Atlantikregion betrug die Analphabetenrate 80 %.

Der FSLN hatte von jeher Unwissenheit und Analphabetentum als entscheidende Faktoren bei der Aufrechterhaltung von Unterdrückung und Ausbeutung gebrandmarkt und startete deshalb als erste Maßnahme nach Regierungsantritt eine nationale Alphabetisierungskampagne, ›Kreuzzug gegen die Ignoranz‹ genannt. 1980 zogen etwa 100 000 in Brigaden organisierte Jugendliche in die entlegensten Dörfer und unterrichteten deren Bewohner in kleinen Gruppen bis zu 4 Std. am Tag. Grundlage der Lese- und Schreibübungen waren landeseinheitlich zwei Bücher, die die konkrete Lebenserfahrung der Lernenden berücksichtigten. Jeweils fünf Monate lebten die jugendlichen ›Lehrer‹ in einem Dorf, und binnen zwei Jahren war die Analphabetenquote von 65 auf 12 % gesunken.

Nicaraguas Armut stellte die neuen Bildungsbemühungen vor schier unüberwindliche Probleme. Um trotz des Mangels an geeigneten Räumen allen Schülern den Besuch der sechsjährigen Grundschule zu ermöglichen, wurde in drei Schichten unterrichtet. Die meisten Lehrer waren *empíricos,* d. h. Autodidakten, dafür mit großem Engagement und praktischer Erfahrung. Auch die wenigsten Hochschullehrer verfügten über eine abgeschlossene akademische Ausbildung. Seit 1985 unterstützte die bundesdeutsche Gewerkschaft Erziehung und Wissenschaft (GEW) die nicaraguanische Lehrergewerkschaft ANDEN finanziell sowie durch mehr als 30 Schulpartnerschaften. Andere Länder, insbesondere Spanien, Cuba und die DDR, taten dies in ähnlicher Weise.

Mit dem Regierungswechsel ließ die Euphorie für Bildung nach. Präsidentin Chamorro ließ als erstes die Schulbücher austauschen und ernannte Monsignore Humberto Belli aus dem ultra-konservativen katholischen Orden Opus Dei als Dank für die Wahlunterstützung der katholischen Kirche zum Erziehungsminister. Der ersetzte alle ›atheistischen‹ Schulleiter (obwohl Nicaragua laut Verfassung weltanschaulich neutral ist) und ließ seit 1991 die Mittel für den Bildungsbereich einschneidend kürzen. Gelder für die Alphabetisierung wurden ebenfalls gestrichen, aber Neugründungen von katholischen Privatschulen staatlicherseits subventioniert.

Nicaragua bewegt sich auf dem Bildungssektor zurück zu den Mißständen vor der Revolution. Etwa ein Drittel der Jugendlichen im schulpflichtigen Alter – also 800 000 Kinder! – besuchen keine Schule mehr. Sie tragen arbeitend oder bettelnd zum Familieneinkommen bei. Bei einem Monatslohn von umgerechnet 80,– DM kehren außerdem 2000 Lehrer pro Jahr der Schule den Rücken. Seit 1995 zeichnet sich das nicaraguanische Bildungssystem wieder durch zunehmende Ungleichheit der Bildungschancen aus. Nur die Hälfte der Schüler verlassen die *primaria* mit einem Abschluß, der Besuch der *secundaria* kostet Geld, der zweisprachige Unterricht in der Atlantikregion ist abgeschafft, und die Analphabetenquote wird in UNO-Statistiken bereits wieder mit 30 % angegeben.

Auf politischer Ebene scheint die Demokratie in Nicaragua so gefestigt wie in den meisten westlichen Ländern. Auch die Presse- und Versammlungsfreiheit wird gewährleistet. Doch was ist dies wert, fragte der Schriftsteller Sergio Ramirez 1996 im Wahlkampf, wenn große Teile der Bevölkerung nicht mehr in die Lage versetzt werden, ihre individuellen und gesellschaftlichen Rechte lesend und schreibend wahrzunehmen?

(low intensity warfare) keine Verbesserung der wirtschaftlichen Situation vorweisen.

Im August 1987 kam es zur Unterzeichnung des Abkommens **Esquipulas II.** Nicaragua erreichte in den Folgeverhandlungen mit den fünf zentralamerikanischen Präsidenten, daß die Contra nahezu aufgelöst wurde. Krieg und Boykott gegen die sandinistische Regierung hatten in Nicaragua zu Milliardenverlusten geführt. 1989 stand die Wirtschaft vor dem Zusammenbruch, die Arbeitslosigkeit war hoch, der Lebensstandard niedrig. Andererseits ließen sich die Erfolge im Bildungs- und Gesundheitswesen nicht verleugnen, suchten Landreform und politische Beteiligung der Bevölkerung ihresgleichen in Zentralamerika.

Nach fünf Jahrzehnten der Somoza-Diktatur und einem Jahrzehnt des Contra-Kriegs gegen die linksgerichtete sandinistische Regierung unterlag der Kandidat des FSLN Daniel Ortega überraschend mit nur 41 % der Stimmen in den Präsidentschaftswahlen vom 25. 2. 1990. Sieger war das konservative Wahlbündnis UNO (›Union Nacional Opositora‹) mit Violeta Chamorro, der Witwe des ermordeten La Prensa-Herausgebers, an der Spitze. Als ihr großes politisches Verdienst gilt die militärische Demobilisierung, sowohl der Contra als auch der staatlichen Armee. Wirtschaftspolitisch setzte sie auf Reprivatisierung und Neoliberalismus.

Auch bei den jüngsten Wahlen im Oktober 1996 unterlag die einstige Revolutionspartei mit knapp 38 % für Daniel Ortega. In der Nationalversammlung verlor sie ihre Mehrheit an die Partei des rechtskonservativen Wahlsiegers und neuen Präsidenten Arnoldo Alemán, der seinen Wahlkampf in erster Linie mit neoliberalen Wirtschaftsver-

sprechen und antisandinistischen Kampagnen bestritt.

Einer der wesentlichen Gründe für diese zweite Niederlage des FSLN war, neben den Querelen innerhalb der Partei, die nach der ersten Wahlniederlage bekannt gewordene Kluft zwischen Theorie und Praxis führender Funktionäre, die zu einem breiten Vertrauensentzug führte. Die Wahlniederlage im Februar 1990 kam vollkommen unerwartet und traf die Regierung Ortega unvorbereitet. Der Frente war sich seines Sieges so sicher, daß er selbst Eigentumsübertragungen, die bereits vor 11 Jahren nach dem Sturz Somozas vollzogen worden waren, in den Grundbüchern nicht rechtsverbindlich während seiner Regierungszeit gesichert hatte.

Um noch zu retten, was schon lange hätte gesichert werden müssen, wurden schnell in den zwei Monaten zwischen Wahlniederlage und Amtsübergabe eine Anzahl Grundstücke grundbuchrechtlich überschrieben. Dabei ist es auch zu Übertragungen von staatlichen Vermögenswerten und einzelnen Betrieben an die Partei gekommen. Um Aufklärung des ganzen Ausmaßes dieser *piñata*-Affaire (*piñata ist eine* mit Süßigkeiten gefüllte Figur aus Pappmaché, deren Inhalt unter den geladenen Gästen verteilt wird), die auch innerhalb des FSLN zu einer tiefen Vertrauenskrise führte, hat sich die Partei immer gedrückt, obwohl es sich schätzungsweise um unter 200 Fälle handelt. Da dank der Revolution kein Volk Zentralamerikas derart politisiert ist wie das nicaraguanische und es einen ausgeprägten Sinn für soziale Gerechtigkeit besitzt, hat die *piñata*-Auseinandersetzung wesentlich dazu beigetragen, daß der FSLN zuerst die Glaubwürdigkeit und 1996 dann erneut die Wahlen verlor.

›Nicaragua libre‹ – mehr als Revolution und Unterdrückung

»Bienvenido a Nicaragua«, begrüßt der Grenzbeamte den Neuankömmling lächelnd am Flughafen von Managua, der noch immer den Namen Augusto César Sandino trägt. Der freundliche Herr wirft nur einen kurzen Blick in den Paß, an der Gepäckkontrolle wird man regelrecht durchgewunken. Die Einreise ist heute wirklich problemlos. Doch draußen am Taxistand wird man schnell von der Geschichte eingeholt. Ein klappriger Lada mit dem alten Nummernschild ›Nicaragua libre‹ bietet seine Dienste an. Und wie ehedem kurvt der Fahrer sicher um die vielen Schlaglöcher der Carretera Norte, die alle Besucher in die Innenstadt führt.

Wer heute nach Nicaragua reist, hat irgendeinen Bezug zu diesem Land. Denn obwohl das Tourismusministerium sich größte Mühe gibt, das Land touristisch zu vermarkten, und nicht müde wird, auf das im Vergleich zu seinen Nachbarländern weitaus größere Potential Nicaraguas hinzuweisen, ist das Land noch immer nicht in den Blick des Urlaubstourismus gerückt.

Dabei besitzt Nicaragua all das, was man von einem Urlaub in Zentralamerika erwartet: kolonialzeitliche Städte, exotische Tiere, Strände, Seen, Regenwald und Vulkane. Und es schrieb Geschichte mit dem Versuch, nach dem erfolgreichen Sturz einer Diktatur eine freie sozialistische Gesellschaft vor der Tür der USA schaffen zu wollen. Auch wenn dieses Experiment von den Wählern 1990 unerwartet abgebrochen wurde, Nicaragua wird nie wieder so sein wie früher. Denn die Revolution hat Spuren hinterlassen, mit denen man im Land tagtäglich konfrontiert wird. Im Sommer 1997 herrschte z. B. in weiten Teilen des Landes helle Empörung darüber, daß die in den USA lebende Familie des 1979 gestürzten Diktators Somoza ankündigte, ihre Besitztümer in Nicaragua gerichtlich zurückerstreiten zu wollen. Gleichzeitig formierten sich in den USA jene Kräfte, die nach dem Sieg der sandinistischen Revolution mit den Somozas in die USA geflohen waren und heute einen US-Paß besitzen. Sie wollten Präsident Clinton zwingen, die Nicaragua seit 1990 zuteil werdenden Hilfeleistungen der USA mit ihren Entschädigungen zu verbinden.

Überhaupt spielte das Ausland in Nicaraguas jüngster Vergangenheit eine wichtige Rolle. Erst bei den Wahlen im Oktober 1996 gab es so gut wie keine internationale Unterstützung mehr für den Comandante Daniel Ortega und seinen FSLN. Noch am Wahltag des 25. Februar 1990 hatte die Solidaritätsbewegung darauf gehofft, daß wenigstens im fernen Nicaragua die Geschichte einen anderen Verlauf nehmen würde. Aber

diesen Projektionen persönlicher Revolutionsträume bereiteten die nicaraguanischen Wähler ein Ende. Die internationale Solidaritätsbewegung verschwand als politischer Faktor und mußte selbstkritisch eingestehen, vor lauter Sympathie für die Sandinisten nicht mehr darüber nachgedacht zu haben, welche Entbehrungen einem Volk zugemutet werden können bzw. vor lauter Engagement über die Realitäten im sandinistischen Nicaragua hinweggesehen zu haben. Da nach 1990 auch die Sandinisten ihren Frieden mit den USA und der kapitalistischen Privatwirtschaft geschlossen hatten, flossen 1996 auch keine Tränen mehr nach ihrer Wahlniederlage.

An den Kreuzungen der Avenida Bolívar belagern heute Kinder die bei Rot wartenden Autos. Die einen betteln mit einem Geschwisterchen auf dem Arm um Geld, die anderen versuchen die Windschutzscheiben zu reinigen,

Nicaragua hat mehr zu bieten als Unterdrückung und Revolution: Traumhafte Strände, imposante Bauwerke – hier die Kathedrale in León –...

...oder wilde Flüsse, eingebettet in üppige Vegetation, wie am Río San Juan, zeichnen ein vielfältiges Landschaftsbild

dritte bieten Zigaretten, Zeitungen oder Süßigkeiten zum Kauf an. »Unter den Sandinisten hat es so etwas nicht gegeben. Damals mußte keiner hungern, und die Kinder gingen zur Schule«, erläutern die Taxifahrer ihren Gästen diese beschämende Seite Nicaraguas.

Die neue Armut läßt sich kaum übersehen. Je weiter man sich allerdings von den großen Städten entfernt und durchs Land reist, um so mehr wird man von der Schönheit der Landschaft, den Silhouetten der Vulkane und den reizvollen Stränden abgelenkt. Der große Nicaragua-See mit seinen Inseln gehört zu den schönsten Natur-Sehenswürdigkeiten des Landes, und die Region des Río San Juan ist in ihrer ökologischen Ursprünglichkeit nicht zu übertreffen. Aber selbst im abseits gelegenen Archipel von Solentiname begegnet man wieder den Spuren der sandinistischen Revolution, denn die gastfreundlichen Inselbewohner trauern heute noch dem sandi-

nistischen Kulturminister Ernesto Cardenal nach, der ihren naiven Malereien als Symbol des ›neuen Nicaragua‹ zu weltweitem Ansehen und profitablem Absatz verhalf. Mangels ausländischer Besucher finden ihre schönen Bilder diesen Zuspruch heute nicht mehr.

In den 80er Jahren noch war Nicaragua ein beliebtes Reiseziel junger, linksorientierter Touristen. Heute fehlt diese Besucherklientel, und eine neue Zielgruppe hat das Land noch nicht gefunden. Auf den schönen Plätzen vor den Kathedralen in León und Granada trifft man kaum fremde Besucher, dem Kunsthandwerksmarkt von Masaya mangelt es an ausländischen Kunden, die Strände von Montelimar oder Poneloya sind leer, und am Santiago-Krater des Masaya-Vulkans steht man meistens alleine. Nicaragua ist ein gastfreundliches Land, und so lange noch so wenige Besucher kommen, gilt ihnen die ungeteilte Aufmerksamkeit.

Reisen in Nicaragua

Die Hauptstadt Managua

▉ (s. S. 288ff.) Ohne Zweifel ist Managua wirtschaftliches und politisches Zentrum des Landes. Hier werden alle wesentlichen Entscheidungen gefällt, hier treffen sämtliche Verkehrsanbindungen zusammen, und im Großraum Managua wohnt ein Drittel der gesamten Bevölkerung Nicaraguas. Städteplanerisch ist die Stadt am südwestlichen Ufer des Managua-Sees jedoch ›eine Absurdität‹. »Das Wachstum Manguas« sei »in anarchischer Form vor sich gegangen«, schrieb der nicaraguanische Schriftsteller Fernando Cordillo bereits 1965, »denn obwohl es eine wunderschöne Lage hat, wurde bei seiner Entwicklung die natürliche Umgebung ignoriert. Managua ist in der Tat eine Stadt, die ihrer Landschaft den Rücken zukehrt.« Sieben Jahre später verhinderte ein Erdbeben und weitere sieben Jahre später dessen politisches Nachbeben jeglichen Ansatz geordneter städtebaulicher Entwicklung.

Managua ist daher heute eine Stadt ohne Zentrum, die sich am ehesten als eine großräumige Ansammlung von Dritte-Welt-Vorstädten beschreiben läßt, deren *barrios* sich im Halbkreis um das Seeufer des Lago de Managua gruppieren. Die Landflucht der 70er und die kriegerischen Auseinandersetzungen der 80er Jahre haben zum weiteren unkontrollierten Anwachsen und zur weiteren räumlichen Ausdehnung geführt. Es gibt deshalb nur wenige sozial abgegrenzte Stadtteile, oft stehen Villen neben Holzhütten, und gesichtslose Büro- und Industriegebäude findet man über die ganze Stadt verteilt. Die ganz Reichen wohnen allerdings nicht an dem langen, schönen Seeufer, das die Stadt

Managua und der Managua-See

im Norden begrenzt, sondern sie haben sich auf den südlichen Hügeln oder an der Peripherie niedergelassen.

Auf der Suche nach einem Zentrum stößt man auf Stahlbetonskelette, zerstörte Hochhäuser und vereinzelte Neubauten. Dazwischen dehnen sich Grünflächen mit grasenden Kühen aus. Zwischen den Ufern des Managua-Sees und der Anhöhe der Laguna Tiscapa, zu beiden Seiten der Avenida Bolívar, gab es einmal eine Art Zentrum, das 1972 – wie schon zuvor 1931 – von einem furchtbaren Erdbeben gänzlich zerstört wurde. Nur wenige Gebäude überstanden die Naturkatastrophe, z. B. der pyramidenförmige Bau des Hotels Intercontinental, das schlanke Hochhaus der Banco de América und der Nationalpalast. Den Wiederaufbau verhinderte vor allem die damals regierende Somoza-

Sippe, die den Wert ihrer Grundstücke in den äußeren Stadtbezirken in die Höhe treiben wollte. Erst die 1979 an die Macht gekommene sandinistische Regierung ließ den Schutt entfernen und begann im Rahmen ihrer bescheidenen ökonomischen Möglichkeiten mit einer schrittweisen Neubebauung; damals entstand z. B. das Olof-Palme-Convention-Center.

Dem Besucher präsentiert sich Managua somit als Stadt mit großen Entfernungen, schlechten Verkehrsverbindungen und nur wenigen, städtebaulich markanten Orientierungspunkten. Man braucht viel Improvisationstalent, um sich als Fremder zurechtzufinden, denn Managua ist die einzige Hauptstadt der Welt, in der nur ganz wenige Straßen einen Namen tragen. Nur die drei großen Ausfallstraßen werden vor Ort beim Namen genannt: die nach Osten und Norden führende Carretera Norte, die nach Westen und Süden führende Carretera Sur sowie die nach Masaya (d. h. auch nach Süden) führende Carretera Masaya. Auf die Frage nach einem bestimmten Ziel wird ein allgemein bekanntes Objekt genannt (z. B. Kino, Hotel, Kirche, Ort eines stadtbekannten Ereignisses) und dann hinzugefügt, wie viele *cuadras* (Blocks) man von dort aus in welche Richtung zu gehen hat. Allerdings wird nur der Süden als solcher, *al sur,* bezeichnet, der Norden hingegen mit *al lago* (Richtung See), der Westen mit *abajo* (unten, gemeint ist, ›wo die Sonne untergeht‹) und entsprechend der Osten mit *arriba* (›oben‹ auf den Hü - geln, hinter denen die Sonne aufgeht) umschrieben.

Die ersten Spuren einer Besiedlung an den Ufern des Managua-Sees sind ca. 6000 Jahre alt – und bekunden die Vernichtung dieser Siedlung durch eine Naturkatastrophe. Vermutlich handelte

es sich um einen Ausbruch des Masaya-Vulkans, der Ascheregen über die Behausungen urzeitlicher Jäger am Ufer des Xolotlán (so der Name des Sees in der Nahuatl-Sprache der Ureinwohner) niedergehen ließ und Mensch und Tier zur Flucht über den See veranlaßte, wobei sich die Füße der Flüchtenden tief in das weiche Sediment des Uferschlamms eingruben. Schließlich legte sich die Asche konservierend über die Fußabdrücke, die 1874 beim Abtragen von Bausteinen entdeckt wurden. Diese *huellas* (Spuren) *de Acahualinca,* so benannt nach dem Stadtteil Acahualinca im äußersten Nordwesten Managuas, bilden heute den Mittelpunkt des kleinen Archäologischen Museums gleichen Namens.

Als die Spanier 1522 erstmals in die Region vordrangen, stießen sie südöstlich der heutigen Hauptstadt auf eine Siedlung. Die hier lebenden *indígenas* sprachen Nahuatl, und aus ihrem Wort *anahuac* (›nahe dem Wasser‹) entstand der heutige Stadtname Managua.

1528 berichtete ein spanischer Chronist von einer Siedlung, wo 40 000 *indígenas* am Ufer des Xolotlán ihre Häuser errichtet hätten, um im Falle eines Vulkanausbruchs in Booten aufs Wasser flüchten zu können. 1751 lebten hier nur noch ca. 4400 Menschen. Laut Berichten des Mönchs Bartolomé de Las Casas wurden Zehntausende von ihnen umgebracht, andere als Arbeitssklaven nach Panama deportiert.

1817, also vier Jahre bevor Nicaragua seine Unabhängigkeit erlangte, erhielt das spanische Dorf namens Managua vom spanischen Herrscher Ferdinand VII. die Marktrechte. Unter der Interimsregierung José María Sandrés kamen 1846 die Stadtrechte hinzu. Um zwischen den zwei rivalisierenden historischen Zentren León und Granada keine

Entscheidung treffen zu müssen, wurde 1858 Managua zur Hauptstadt erkoren.

Der erste Kaffeeboom brachte die in Managua lebenden Plantagenbesitzer dazu, die Kleinbauern des Umlands zu vertreiben, um selbst neue Anbauflächen zu gewinnen. Dank dieser ersten Landflucht stieg die Einwohnerzahl Managuas seit 1841 kontinuierlich. Ende des 19. Jh. lebten bereits 15 000 Menschen in der Stadt.

Auf über 100 000 Einwohner wuchs Managua erst um 1950 als Folge eines Baumwollbooms, der abermals neue Anbauflächen im Umland erforderlich machte und die nächste Welle von Landbewohnern in die Stadt führte. Die Einwohnerzahl stieg bis 1970 auf 400 000 und im Revolutionsjahr 1979 auf 600 000. Inzwischen hat sie etwa 1,5 Mio. erreicht. Diese explosionsartige Steigerung resultiert einerseits aus dem Contra-Krieg, der viele Bewohner aus ländlichen Gebieten im Norden und Osten in die Hauptstadt vertrieb. Andererseits ließ sich damals wie heute im wuchernden informellen Sektor des Straßenhandels und der Tagelöhnerei der Metropole wesentlich leichter ein Einkommen erzielen als mit landwirtschaftlicher Arbeit. Auf diese Weise wuchs Managua zu einem Moloch, der nahezu die Hälfte der Nahrungsmittel Nicaraguas aufzehrt. Um dieser Entwicklung entgegenzusteuern, wurden brachliegende Flächen innerhalb des Stadtgebiets für die landwirtschaftliche Nutzung erschlossen.

Ungewollt förderte die sandinistische Stadtverwaltung das Chaos, das mit dem schnellen Wachstum Managuas verbunden war. Sie wies den ankommenden Flüchtlingen großzügig Siedlungsland zu und installierte dort schnell und unbürokratisch die Strom- und Wasserzufuhr. Diese ›Spontansiedlungen‹ waren wesentlich menschenwürdiger als die Elendsviertel anderer lateinamerikanischer Metropolen. Gleichzeitig führten sie jedoch zu einer völligen Überlastung der alten infrastrukturellen Anlagen, die zudem wegen der schwierigen Ersatzteilbeschaffung aufgrund des Wirtschaftsboykotts der USA nur unzulänglich repariert werden konnten. Daher bricht dort mitunter sogar heute noch die Stromversorgung zusammen, die Wasserzufuhr wird regelmäßig unterbrochen, und die Kanalisation kann die Abwässer zur Regenzeit nicht mehr aufnehmen.

Mit dem Antritt der Regierung Chamorro übernahm ihr Parteifreund Arnoldo Alemán das Bürgermeisteramt. Er bereicherte das Stadtbild um große Einkaufszentren, unter denen das Metrocentro am Beginn der Carretera Masaya besonders herausragt. Alemán weihte auch die neue Kathedrale ein, ließ die Uferpromenade neu pflastern und die meisten Wandmalereien aus der sandinistischen Zeit entfernen. Bei seiner ›Verschönerung‹ der Stadt verschwand auch der überdimensionale FSLN-Schriftzug, mit dem die Sandinisten die Ankommenden von einem Stadtrandhügel begrüßten. Dafür lächeln jetzt auf gigantischen Werbeplakaten entlang der großer Einfallstraßen die Models von Computerfirmen und Zigarettenrauchende Cowboys. Inzwischen ist Alemán Regierungschef, aber für einen Wiederaufbau des zerstörten Zentrums setzt sich in Managua immer noch keiner ein. Nach dem Erdbeben von 1931 hatte die Stadt hierzu noch Kraft und öffentliche Mittel. Beides fehlt heute. Mit UNO-Geldern entsteht statt dessen zwischen dem Nationalpalast und dem Olof-Palme-Kongreßzentrum ein großer Parque de la Paz, und südlich des Hotels Intercontinental werden bald

Zur Orientierung in Managua

Eine Adresse *(dirección)* in Managua zu finden, gleicht einem Abenteuer. Nur gut, wenn man die ungefähre Lage *(barrio)* in der Innenstadt, *reparto* weiter außerhalb, und einen besonders markanten Punkt *(landmark)* kennt! Von diesem bewegt man sich suchend in die jeweils angegebene Himmelsrichtung (die entweder mit ihrem spanischen Namen oder aber in stadteigenen Symbolen, z. B. *al lago* = Richtung See = Norden, bezeichnet wird) und achtet dabei jeweils auf die vorgegebene Entfernung (die ganz selten in Metern, sondern meist in Blocks angegeben wird). Manchmal werden als markante Punkte nicht mehr existierende Gebäude oder Ruinen (z. B. das Gran Hotel) angegeben, deren (ehemalige) Lage aber fast jeder kennt. Kurz: Man muß Managua kennen, um sich gezielt zurechtzufinden.

Das Orientierungsvokabular:

al lago/al norte	nach Norden
a la montaña/al sur	nach Süden
abajo/al oeste	nach Westen
arriba/al este	nach Osten
una cuadra/100 varas	1 Block (100 span. Ellen)
casa	Haus
barrio/reparto	Nachbarschaft
colonia	Stadtteil
pista	Boulevard

(s. auch die allgemeinen Abkürzungen S. 274)

Kaum zu glauben aber wahr:
Die Originaladressen-Angaben eines Krankenhauses und einer Apotheke mit 24 Std.-Dienst aus dem Telefonbuch von Managua:
– Hospital Alemán Nicaragüense, *Siemens 3 c al Sur,* ☏ *2 49 07 01.*
Aufschlüsselung: Vom Siemensgebäude, dem Ausgangspunkt, geht man 3 Blocks *(cuadras)* nach Süden.
– Farmacia Guerrero, *Plaza el Sol, 300 vrs arriba,* ☏ *2 78 20 22.* Vom Platz El Sol geht man 3 Blocks *(300 varas)* nach Osten.

zwei weitere große, klimatisierte Einkaufszentren für die neue städtische Mittelschicht ihre Tore öffnen.

»Man muß Managua entweder lieben oder hassen. Doch gleichgültig läßt sich Nicaraguas Hauptstadt nicht erleben«, resümierte die Lateinamerika-Korrespondentin einer angesehenen deutschen Tageszeitung ihre Eindrücke zur Jahreswende 1996/97. Seither hat sich in der Stadt kaum etwas verändert. Auch der Versuch in der Ära Chamorro, den Straßen Managuas Namen zu geben oder sie zu numerieren, hat sich bis auf wenige Ausnahmen nicht durchgesetzt.

In Managua ist es ganzjährig sehr warm, tagsüber selten unter 25 °C und im April und Mai sogar über 30 °C. Da sich die Stadt aber an den Ufern des Ma-

nagua-Sees in einer nur leicht ansteigenden Ebene ausdehnt, streicht meist
ein leichter Wind über das niedrige, sich
endlos hinziehende Häusermeer und er-
spart der Stadt die Folgen ihrer Luftver-
schmutzung.

Wegen der Hitze und der großen
Distanzen ist von einer Erkundung der
Stadt zu Fuß abzuraten. Nur in der ehe-
maligen Stadtmitte, im Centro Histórico,
und seinem Umfeld zwischen See, El
Inter (wie das Hotel Intercontinental
meist genannt wird) und der Plaza
España eignen sich Spaziergänge zum
Kennenlernen der Stadt.

Ein Rundgang durch das Centro Histórico

Der große, zentrale Platz Managuas ist
die **Plaza de la República** 1, die unter
den Sandinisten noch Plaza de la
Revolución hieß. Der quadratische,
baumlose Platz wurde seit jeher für Aufmärsche, Demonstrationen und Darbietungen genutzt; sonntags waschen hier
die Taxifahrer ihre Autos. Er wird umrahmt von der Kathedrale, dem Nationalpalast, dem Rubén-Darío-Theater
und dem Parque Central mit einem
Denkmal für Carlos Fonseca.

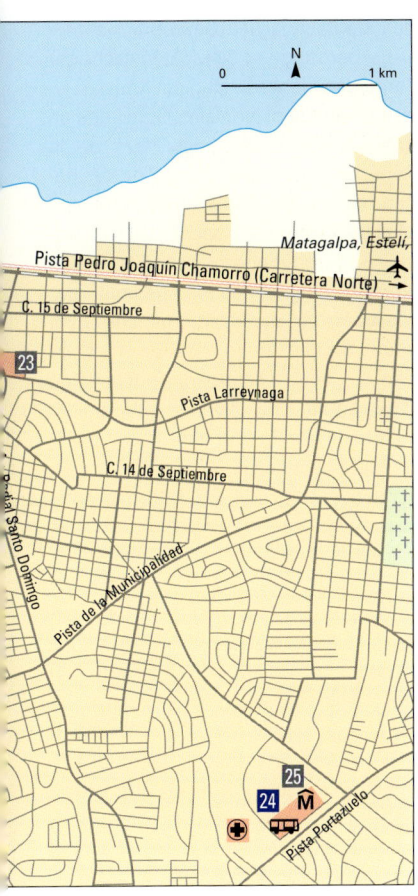

Managua: *1 Plaza de la República
2 Catedral   3 Palacio Nacional   4 Centro
Cultural de Managua   5 Parque Central
6 Teatro Nacional Rubén Darío
7 Malecón   8 Hauptpostamt   9 Revolutionsdenkmal   10 Asamblea Nacional
11 Presidencia   12 Banco Central de
Nicaragua   13 Centro de Convenciones
Olof Palme   14 Parque Velásquez
15 Loma   16 Rotonda del Alcalde
17 Catedral Metropolitana de la
Purísima Concepción   18 Universidad
Centroamericana   19 Plaza España
20 Deutsche Botschaft
21 Martha Quezada   22 Museo de la
Alfabetización   23 Mercado Oriental
24 Mercado Humberto Huembes
25 Museo de la Revolución
26 Mercado Israel Lewites*

Obando y Bravo, für ihren Wiederaufbau, um dem gegenüberliegenden Palacio de los Héroes de la Revolución (so
hieß der Nationalpalast damals) und
dem Fonseca-Grabmal das Gegengewicht zu erhalten. Aufgrund der enormen Kosten hierfür entschied sich der
Klerus dann aber doch für einen Neubau
an der Carretera Masaya (s. S. 73).

Der **Palacio Nacional** 3 ist eins der
letzten Relikte kolonialzeitlicher Architektur mit großen Innenhöfen und mit
Treppenaufgängen, deren Wände lateinamerikanische Künstler mit Fresken
schmückten. 1978 erstürmte ein Kommando des Frente Sandinista das Gebäude inmitten der Stadt, nahm mehrere Mitglieder von Somozas Parlament
als Geisel und erzwang so die Freilassung politischer Gefangener. Im Gedenken an diese ›Helden‹ nannten die Sandinisten ihn Palacio de los Héroes de la
Revolución. Nachdem das Parlament
eine neue Bleibe gefunden hatte, beherbergte der Palast zwischenzeitlich mehrere Behörden, war aber immer für Besucher offen, so daß man sich bei einem

An der Ostseite der Plaza steht die
mächtige, neoklassizistische **Catedral**
2 aus dem 19. Jh., oder besser, was von
ihr nach dem Erdbeben von 1972 noch
übrig blieb: eine stimmungsvolle, fen-
sterlose Ruine ohne Dach, deren Inneres
von tropischer Vegetation erobert
wurde. Inzwischen hat ein katholischer
Förderverein sich ihrer angenommen
und den Fußboden instandgesetzt, so
daß man wenigstens sicher in der Ruine
umherlaufen kann. Des Nachts beeindruckt die angeleuchtete Fassade. Während der Sandinisten-Ära sammelte
der Erzbischof von Managua, Kardinal

Rundgang einen Eindruck von den Gepflogenheiten der örtlichen Bürokratie verschaffen konnte. 1996 wurde der Palast vollkommen restauriert, zum **Museo Nacional** umgestaltet und in **Palacio Nacional de la Cultura** umbenannt. Direkt hinter dem Palacio Nacional steht an der Ost-West-Durchgangsstraße Dupla Norte das ehemalige **Gran Hotel,** vor seiner Zerstörung durch das Erdbeben einziges 5-Sterne-Hotel der Stadt. Heute ist der Bau umgeben von ärmlichsten Holz- und Wellblechbaracken. Auf dem Weg parallel zum See Richtung Bahnhof spürt man den Kontrast besonders stark. Der Bahnhof selbst ist geschlossen, und ein Plakat am hohen Zaun verkündet, dies sei ein ›Eisenbahnmuseum‹ – aber ohne Besuchsmöglichkeit. Die sandinistische Regierung errichtete in den Überresten des Gran Hotels ein Kulturzentrum, das **Centro Cultural Managua** 4. Es vereint vieles unter einem Dach, darunter ein Café, einen Buchladen und mehrere Geschäfte. Im Innenhof werden häufig Werke zeitgenössischer Maler ausgestellt, und tagsüber kann man mitunter eine Ballettprobe oder dergleichen beobachten. Abends finden in den Ruinas del Gran Hotel, wie das Kulturzentrum auch genannt wird, manchmal Autorenlesungen und Konzerte statt.

An die Westseite der Plaza de la República grenzt der **Parque Central** 5, in dem sich das **Grabmal Carlos Fonsecas** erhebt, des Gründers des Frente Sandinista, über dem beharrlich die schwarz-rote FSLN-Flagge weht. An der seenahen Seite des Parque Central steht ein Denkmal zu Ehren des Nationaldichters **Rubén Darío,** und die Westseite des Platzes wird von dem **Teatro Nacional Rubén Darío** 6 begrenzt. Beide haben das Erdbeben von 1972 überstanden, sind eindrucksvolle Beispiele für

den städtebaulichen Geschmack somozistischer Prägung der späten sechziger Jahre und stehen in starkem Kontrast zu den beiden neokolonialen Gebäuden an den anderen Seiten der Plaza de la República. Im Rubén Darío-Theater finden bis heute alle großen Theater- und Musikaufführungen sowie alle offiziellen Kulturereignisse Managuas statt. Nördlich des Theaters beginnt der **Malecón** 7, die Seepromenade. Eine neue Bepflasterung, weißgestrichene Bänke, neue Laternen, aufwendige Papierkörbe und diverse Imbißbuden sollen ein wenig von dem Flair zurückbringen, den diese Promenade vor dem Erdbeben und vor der katastrophalen Wasserverschmutzung hatte.

Einmal im Jahr herrscht am Ufer des Managua-Sees und auf dem Malecón Hochbetrieb. Vom 1. bis 10. August feiert man den Geburtstag des Schutzpatrons der Stadt Santo Domingo. Das Ausmaß dieses zehntägigen Festes läßt sich nur aus der Vielzahl der Widrigkeiten erklären, von denen die Stadt in ihrer Geschichte heimgesucht wurde und vor denen sie der Heilige in Zukunft beschützen soll. Am ersten und letzten Tag der Feierlichkeiten wird in der Stadt offiziell nicht gearbeitet. Kirchliche Prozessionen, karnevalsähnliche Umzüge, viel Musik und Marketenderei, Feuerwerk und Pferderennen gehören ebenso zu diesem größten Fest der Stadt wie die Scharen von Betrunkenen, die allabendlich im Krankenwagen vom Seeufer abtransportiert werden.

Etwas weiter im Westen der Uferpromenade befindet sich vor einem großen, freien Platz eine Tribünenanlage, die den Sandinisten an hohen Revolutionsfeiertagen für Massenkundgebungen diente und die heute von christlichen Organisationen für Versammlungen und Predigten genutzt wird. Kehrt

Managuas Nationalpalast wird heute als Kulturzentrum genutzt

man dem See den Rücken zu und blickt die Avenida Simón Bolívar hinauf zum ›El Inter‹, sieht man zunächst nur Grasflächen und dahinter das einsam aufragende und einst mit bunten Fassadenmalereien geschmückte Gebäude des **Hauptpostamtes** 8.

Folgt man der breiten, zum Hotel Intercontinental hinaufführenden Avenida Simón Bolívar, steht rechter Hand jenes **Revolutionsdenkmal** 9, das die Sandinisten noch immer verehren und das Arnoldo Alemán sich nicht traute abzureißen zu lassen. Es zeigt in realsozialistischer Darstellungsweise einen Guerillero, der seinen muskulösen Arm samt Kalaschnikow in den Himmel streckt. Den Sockel der überdimensionalen Statue schmückt das Sandino-Zitat: »Nur die Arbeiter und Bauern werden bis zum Ende durchhalten.« Daß diese Worte bei der Jugend nicht mehr hoch

im Kurs stehen, mag man daran erkennen, daß der bronzene Guerillero immer wieder mit bunter Farbe und frechen Graffiti besprüht wird.

Dieser Teil des Centro Histórico wird durch die mehrspurige Verlängerung der Pista Pedro Joaquín Chamorro, die Dupla Norte, vom nach Süden ansteigenden Hügelland abgetrennt. Im Grunde wirkt das ehemalige Zentrum wie ein einziger Park. Die neuen, breiten Straßen sind zu Alleen geworden, breite Flächen gemähten Rasens mit Bänken laden zur Rast ein. Nur einige Hochhausruinen, im selben Zustand wie nach dem Erdbeben, ragen gespenstisch empor. Es ist hart, aber nachdem – wortwörtlich – Gras über das Ganze gewachsen ist, wohnen in diesen offenen Bauruinen obdachlose Familien.

Jenseits der Straße, bis hinauf zur Laguna Tiscapa, erstrecken sich mehrere

Der Managua-See –
Abfalleimer der Stadt

Gewässer in Entwicklungsländern sind oftmals noch stärker als jene in Industrieländern durch die Zivilisation in Mitleidenschaft gezogen. Natürlicher Reichtum an Trinkwasser, Nahrung oder Bademöglichkeiten sind in Entwicklungsländern aber so gut wie unersetzbar.

Der Managua-See, jahrhundertelang ein wunderschöner Binnensee und für die Bewohner Managuas ein Stück Lebensqualität, ist zur Mülldeponie verkommen. Der See ist heute derart verdreckt, daß er nach ökologischen Maßstäben bereits umgekippt ist. Fische gibt es keine mehr, Schwimmen ist gesundheitsgefährdend, und Trinkwasser darf nicht mehr entnommen werden.

Seit eh und je werden alle Haushalts- und Industrieabwässer der Stadt ungeklärt in den See geleitet. Gegen eine 50 %ige Beteiligung von Mitgliedern des Somoza-Clans konnten ausländische Investoren zur Zeit Somozas sogar ohne jedwede Umweltauflage Industriebetriebe an den Ufern errichten. Diese sind noch immer die Hauptverschmutzer des Sees. Zur Umrüstung dieser Anlagen auf eine umweltfreundlichere Technologie fehlt es den neuen Eigentümern oder dem Staat an Devisen, und manchmal ist die Produktion solcher Betriebe lebensnotwendig: so stellt z. B. der gefährlichste Seeverschmutzer jenes Chlor her, ohne das die Trinkwasserversorgung Nicaraguas zusammenbrechen würde.

Unmittelbar nach ihrem Sieg beauftragte die sandinistische Regierung 1979 ein unabhängiges Institut, die tatsächliche Belastung des Sees festzustellen und Maßnahmen zu seiner Rettung vorzubereiten. Das Ergebnis war niederschmetternd: Tausende von Tonnen teils hochgiftiger Chemikalien (z. B. Chlor, Stickstoff oder Phosphor) werden jährlich in den See geleitet. Hinzu kommen Millionen von Kubikmetern ungereinigter Stadtabwässer.

Zwar wurde die Uferpromenade unterhalb des Rubén Darío-Theaters neu gepflastert und die Bänke weiß gestrichen, aber die Besucher, die wegen des schönen Blicks über den See hier spazierengehen, müssen an windstillen Tagen unangenehme Gerüche in Kauf nehmen. Zur Verbesserung der Wasserqualität gibt es bis heute nur Pläne. Ihre Realisierung würde mehr als 5 Mrd. US-$ kosten, so die Studien von 1979; was ca. 50 % der heutigen Auslandsschulden Nicaraguas entspricht.

Als Bundespräsident Herzog im Mai 1996 Nicaragua besuchte, sagte er Staatspräsidentin Chamorro zu, daß sich die Bundesrepublik mit 50 Mio. DM an der Sanierung des Managua-Sees beteiligen werde. Ein großes Schild am Seeufer informiert bereits jetzt die Bevölkerung über diese ›großzügige Spende des großen Freundes des nicaraguanischen Volkes‹ – wie Chamorro den Bundespräsidenten bezeichnete.

Regierungsneubauten, darunter die **Asamblea Nacional** ⑩, das Parlamentsgebäude, und die **Presidencia** ⑪, der Verwaltungsbau für die Präsidentenbüros. Das höchste Gebäude dieses von Rasenflächen durchzogenen Bereichs ist jenes der **Banco Central de Nicaragua** ⑫, der staatlichen Zentralbank. Obwohl er modern aussieht, ist der Wolkenkratzer über 30 Jahre alt und hat das Erdbeben von 1972 als einziges Hochhaus (damals im Besitz der Banco de América) unbeschadet überstanden. Östlich davon stand vor dem Erdbeben eine Kirche, über deren Grundmauern 1987 ein gigantisches Kongreßzentrum, das **Centro de Convenciones Olof Palme** ⑬, errichtet wurde. Unter den Sandinisten fanden in dem nach dem ermordeten schwedischen Sozialdemokraten benannten Zentrum große internationale Versammlungen statt, auf denen u. a. Fidel Castro oder die Guatemaltekin und spätere Friedensnobelpreisträgerin Rigoberta Menchú zu Gast waren. Nach dem Regierungswechsel fehlt es an solchen Ereignissen, heute mieten es begüterte Familien für Hochzeiten oder andere Festlichkeiten.

An der Avenida Simón Bolívar liegt linker Hand der **Parque Velásquez** ⑭. Hier wucherten lange Jahre Unkraut und Gebüsch über den Trümmern ehemaliger Innenstadtgassen, bis der Platz, auf dem sich heute Grünanlagen und Sportplätze aneinanderreihen, terrassiert wurde. Dahinter steigt die Avenida Simón Bolívar leicht an. An der Ampel vor dem Hotel Intercontinental muß man links abbiegen, wenn man die Hügelkuppe **Loma** ⑮ umrunden möchte. In einem riesigen Bunker, der gut getarnt unter der Erde verborgen liegt, residierte einst Somoza mit seinen Militärs. Loma war das Hauptquartier der Diktatur. Auf eben diesem Bunker, in dessen Zellen viele politische Gefangene gefoltert wurden, steht seit 1990 eine 10 m hohe Statue des Augusto César Sandino. Es ist die bekannte, scherenschnitthafte Silhouette des Generals mit dem breiten Sombrero, der hier oben über die Stadt wacht. Heute wird der Komplex gemeinsam von Verteidigungs- und Innenministerium genutzt und beherbergt u. a. das zentrale Militärlazarett, weshalb das gesamte ehemalige Somoza-Gebäude für Besucher nicht zugänglich ist.

Zu den städtebaulichen ›Denkmälern‹ der nachsandinistischen Ära gehört ein großer Verkehrskreisel an der Carretera Masaya hinter der Laguna Tiscapa. Mit der **Rotonda del Alcalde** ⑯, dem Kreisel des Bürgermeisters, wie er allgemein genannt wird, gab Alemán die Richtung an, in der ein neues Stadtzentrum entstehen könnte. Denn gar nicht weit entfernt steht die (neue) Kathedrale Managuas, die **Catedral Metropolitana de la Purísima Concepción** ⑰. Viele Hütten und Gartengrundstücke mußten weichen, nicht nur an der Baustelle, sondern auch im weiten Umkreis wurde die Armut vertrieben. Sie sollte von weitem sichtbar sein, die letzte in diesem Jahrtausend errichtete Kathedrale der Christenheit, rechtfertigte Bischof Obando y Bravo dieses sozialpolitisch bedenkliche Resultat seiner Abwägung zwischen Prestigebau und biblischem Auftrag in der Eröffnungsmesse im September 1993. Über das Aussehen des 5 Mio US-$ teuren Gotteshauses streiten sich die Geister. Die einen vergleichen den Bau des mexikanischen Architekten Legorreta mit einem Atommeiler, die anderen mit einer Moschee, was durch die 4000 um den Bau gepflanzten Palmen bekräftigt wird. Die Hauptkuppe bildet ein Kubus, auf dessen Dach sich 63 kleine, pyrami-

*Managua, Catedral
Metropolitana
de la Purísima
Concepción*

denförmige Kuppeln anordnen. Diese ungewöhnliche, insgesamt 250 Tonnen schwere Dachkonstruktion wird von vier mächtigen Pfeilern getragen. Der hochragende Glockenturm am Eingang der Kathedrale fällt durch kargen Beton und seine Dreiecksform auf. Die Farben im Kirchenschiff reichen von hellem Gelb über kräftiges Pink bis zu zartem Violett.

Innerstädtisches Leben pulsiert nicht in der Nähe der weit draußen errichteten, neuen Kathedrale. Wer dies sucht, muß zurück ins ehemalige Zentrum entlang der Avenida Bolívar. Von der Ampel an der Avenida Bolívar unterhalb des Hotels Intercontinental führt eine Straße im großen Bogen Richtung Nordosten zum Mercado Oriental. Von ihr zweigt hinter dem rechteckigen Zementkoloß der Staatskanzlei eine leicht ansteigende Gasse ab, die zur Lagune von Tiscapa an der Rückseite der Loma führt. Kehrt man in das auf dem Hügel gelegene Restaurant Mirador Tiscapa ein, hat man einen schönen Ausblick auf die Loma und die Lagune. Die Straße setzt sich entlang der Lagune nach rechts fort. Richtung Süden kann man hinter den Maisfeldern eines der im Stadtgebiet angelegten landwirtschaftlichen Produktionszentren und die Anlage der **Universidad Centroamericana** (UCA) **18** am Horizont erkennen. Ein Besuch der Universität lohnt sich für politisch Interessierte, die Spanisch beherrschen. In der mit sehenswerten Graffiti geschmückten Cafeteria lassen sich schnell Gesprächspartner finden.

Nachdem man die Lagune umrundet hat, geht es zunächst etwas bergauf bis zum Eingang des Militärhospitals und dann bergab nach Westen, bis zur **Plaza España 19**. Von dieser führt die Straße in Richtung See zur **Deutschen Botschaft 20**. Sie und die US-Botschaft sind heute die einzigen ausländischen Vertretungen in der Stadt mit zusätzlichem Stacheldraht auf den sie umgebenden Mauern. Dieser wurde jedoch nicht zum Schutz vor Übergriffen der Nicaraguaner angebracht, sondern weil hier zu Zeiten der Sandinisten regelmäßig deutsche und US-amerikanische Entwicklungs- und Aufbauhelfer gegen die antisandinistische Politik ihrer Heimatländer demonstrierten. Obwohl es seit dem Regierungswechsel keine derartigen Demonstrationen mehr gibt, haben die beiden Botschaften den Stacheldrahtzaun behalten.

Auf der Höhe des Cine Dorado (ein Kino, das häufig als Orientierungspunkt dient) geht es rechts in Richtung Osten ins Stadtviertel **Martha Quezada 21**.

›Barrio M. Q.‹, wie es unter Rucksackreisenden verkürzt genannt wird bzw. ›Gringolandia‹, wie es die Einheimischen spöttelnd nennen, ist ein Viertel mit zahlreichen preiswerten Gasthäusern *(comedores)* und Pensionen *(hospedajes), aber* auch gehobenen Restaurants, noblen Villen und ebenso vielen Wellblechhütten, ein Managua *en miniature.* Westlich des Cine Dorada liegt das **Museo de la Alfabetización** 22, in dem die Alphabetisierungskampagne der Sandinisten ausführlich dokumentiert wird (seit Jan. 1998 geschlossen). Durchquert man Barrio M. Q. Richtung Osten, trifft man am Hotel Intercontinental wieder auf die Avenida Bolívar. Hier lädt die Terrasse des Restaurants Los Antojitos mit ihren Papageien-Käfigen zum Verweilen ein. Wer nach einem solchen Rundgang einen Eindruck von der Stadt vor dem Erdbeben gewinnen möchte, kann hier im Inneren des Restaurants eine Galerie herrlicher, alter Fotos bewundern.

Eine Besichtigung Managuas sollte unbedingt einen Marktbesuch einschließen, denn die Märkte garantieren nicht nur einen wesentlichen Teil der Versorgung der Stadt, sondern sie sind auch Treffpunkt, Börse für Neuigkeiten, Ort der Unterhaltung und Knotenpunkt des innerstädtischen Verkehrs. Managua besitzt fünf große Märkte, von denen die meisten zwei Namen besitzen: einen aus der Zeit der Sandinisten und einen (weniger bekannten) neuen.

Als relativ zentral gelegen bietet sich der **Mercado Oriental** 23 an, der sich zum Zentrum für alles nur Erdenkliche entwickelt hat. Er liegt am östlichen Ende der Innenstadt. In dem wesentlich größeren, neueren **Mercado Roberto Huembes** 24 (bzw. Mercado Central), der etwas außerhalb, im Südosten der Stadt an der Pista Portozuelo (die früher

Managua, Hängematten-Verkauf im Mercado Central

Pista de la Solidaridad hieß) liegt, gibt es eine empfehlenswerte Kunsthandwerkssektion. Außerdem befindet sich hier die größte Busstation der Stadt und, am Westrand des Marktes, das **Museo de la Revolución** 25. Es bot einen aufschlußreichen Überblick über die jüngere Geschichte Nicaraguas, bevor es nach dem Regierungswechsel geschlossen wurde. Im Hof stehen noch immer vereinzelte Exponate, z. B. jene gepanzerten Kampffahrzeuge, mit denen Somoza seinen Sturz verhindern wollte.

Ein dritter Markt liegt auch etwas außerhalb im Südwesten der Stadt an der Ringstraße Pista de la Municipalidad (die frühere Pista de la Resistencia hieß), der **Mercado Israel Lewites** 26 (bzw. Mercado Boer). Auch er besitzt einen großen Busbahnhof. Auf allen Märkten muß man handeln. Es gibt keine festen Preise, bezahlt wird immer in Córdobas. Träger und Autowächter, die hier ihre Dienste anbieten, sind vertrauenswürdig und leicht auszumachen, die vielen Taschendiebe dagegen nicht.

Eine neue Mitte, ein neues Zentrum der Hauptstadt ist nicht in Sicht. Wenn man vom Flughafen kommend über viele Kilometer die Carretera Norte, die jetzt Pista Pedro Joaquin Chamorro heißt, in die Stadt hineinfährt, passiert man Getränkeabfüllanlagen, Fabriken, Matratzenhändler und heruntergekommene Gebäude, bis man schließlich auf jene weiten Rasenflächen stößt, die sich heute anstelle eines städtischen Mittelpunktes ausdehnen. Entlang der zweiten großen Ausfallstraße, der Carretera Masaya, hat sich dagegen viel getan. Hier gibt es jetzt ein großes Angebot an Restaurants, Nachtclubs, Kinos und Einkaufszentren, deren aufwendige Leuchtreklamen ebenso beeindrucken wie die Vielzahl der hier parkenden Mittelklassewagen.

Der Süden Nicaraguas

Von Managua zum Lago de Nicaragua und entlang dem Río San Juan

Auf der Carretera Masaya verläßt man Managua in Richtung Südosten. Bevor man über diese meistbefahrene Straße des Landes Masaya – die erste Stadt auf der insgesamt ca. 400 km langen Land-, See- und Flußreise zum Atlantikhafen San Juan del Norte – erreicht, liegt bei km 23 rechter Hand die Einfahrt zum **Parque Nacional Volcán Masaya** 1 (s. S. 296). 1975 wurde er als erstes Naturschutzgebiet des Landes eröffnet.

Das Vulkanmassiv des Masaya besteht aus den insgesamt fünf Kratern Nindiri, San Pedro, San Fernando, San Juan und Santiago, von denen aber nur noch letzterer aktiv ist. Die ca. 6 km lange asphaltierte Straße führt durch Lavafelder hinauf zum 400 m hoch gelegenen Santiago-Krater, der neben dem Nyiragongo in Zentralafrika und dem Kilauea auf Hawai zu den wenigen Kratern der Erde zählt, die einen Lavasee bilden. Der Santiago-Krater, den die Spanier Boca del Inferno (Höllenschlund) nannten, hat einen Durchmesser von 500 m und ist 180 m tief. An seinem oberen Rand hatten bereits die Spanier ein weithin sichtbares Holzkreuz aufgestellt, dessen Nachbildung heute noch dort steht. Seit der Mitte des 19. Jh. füllt sich der Krater nur noch alle 10–15 Jahre für einige Monate mit Lava, die dann langsam in den Zufuhrkanal zurückfließt. Normalerweise verhüllen dichte Gasschwaden den Kraterschlund und geben nur selten einen Blick auf das Magma frei.

1772 und 1852 kam es zu Vulkanausbrüchen, die dem Santiago-Krater seine heutige Form gaben. Dann brach er

Masaya, Festzug an San Jerónimo

1932, 1946, 1959, 1965 und zuletzt 1985 erneut aus; jedesmal blieb ein Lava-See. 1987 beendete ein weiteres Absinken des Magmas dieses Schauspiel. Durch ein Erdbeben stürzte ein Teil der Kraterwand in sich zusammen, was eine mehrmonatige Schließung des Nationalparks zur Folge hatte. Falls sich der Masaya an seinen bisherigen Zyklus hält, ist in den nächsten Jahren mit einem neuerlichen ›Auftauchen‹ des Lavasees zu rechnen.

Um den Santiago-Krater ranken sich viele phantastische Legenden, aber es gibt auch grauenvolle Tatsachen. So wurden während der letzten Jahre der Somoza-Diktatur viele Gefangene – tot oder lebendig – aus Helikoptern in den Lavasee des Vulkans geworfen, um sie so spurlos verschwinden zu lassen. An der Auffahrt zum Vulkan befindet sich seit 1988 ein Museum, in dem alles Wissenswerte über Vulkane dokumentiert wird.

Vom Park sind es nur wenige Kilometer bis nach **Masaya** 2 (s. S. 291f.). Die ›Stadt der Blumen‹ hat sich als traditionelle Stätte des Handwerks und des Kunstgewerbes landesweit einen Ruf erworben. Die architektonisch schlichten Häuser in Monimbó, dem noch ursprünglichsten Stadtteil, stehen im Gegensatz zu den vielen bunten Malereien an ihren Fassaden. Mit dem Aufstand in Monimbó begann 1978 die Endphase der Revolution, die ein Jahr darauf zum Sturz Somozas führte. In dieser blutigen Schlußoffensive wurde hier vieles zerstört.

Zentrum Masayas ist der Parque 17 de Octobre. Sein Name erinnert an den Widerstand der Bevölkerung Masayas gegen das Somoza-Regime, der von dem berühmten Sohn der Stadt, dem FSLN-Führer Israel Lewites geführt wurde. Um den Park gruppieren sich die Catedral de Nuestra Señora de la Asunción aus dem Jahr 1835, viele Restau-

rants und die Hauptpost. Vom Zentrum in westlicher Richtung, vorbei an der alten Iglesia de San Juan, erreicht man den Malecón, die Uferpromenade an der Laguna de Masaya. Vom Baden im See ist wegen der Wasserverschmutzung abzuraten, aber der Blick über das blaue Wasser mit dem Masaya-Vulkan im Hintergrund entschädigt ein wenig. Am Südzipfel des Malecón befindet sich die staatlich geförderte Kunsthandwerks-Kooperative CECAPI, in der Herstellung und Verkauf von Kunsthand-

werk und Hängematten unter einem Dach erfolgen.

Vom Parque 17 de Octobre führt die Calle San Jerónimo in Richtung Norden zur Iglesia de San Jerónimo, die durch ihre prächtige helle Barockfassade, die allerdings von Spuren des Verfalls gezeichnet ist, beeindruckt. Seit Mitte der 90er Jahre findet der Mercado Artesania wieder im alten, festungsähnlichen Marktgebäude statt.

Masaya ist die Stadt mit den meisten lokalen Festen Nicaraguas. Wichtigste

Der Süden Nicaraguas

Feiertage sind der 30. September, an dem die Stadt ihres Stadtpatrons Jerónimo gedenkt, und der 16. März, der Tag der Virgen de Masaya (s. S. 298).

Außerhalb der Stadt, auf der Kuppe des 350 m hohen Cerro de Coyotepe, wurde zu Beginn des 20. Jh. die Festung **Fuerte El Coyotepe** 3 im mittelalterlichen Stil erbaut. 1912 war sie Hauptquartier des Generals Benjamin Zeledón, der eine patriotische Volkserhebung gegen den Diktator Adolfo Díaz und die von diesem zu Hilfe gerufenen US-Truppen anführte. Bei der Verteidigung des Forts fiel Zeledón, und sein Leichnam wurde zur Abschreckung von den *marines* durch die Dörfer der Gegend geschleift. Dieses brutale Schauspiel soll auch ein junger Mann namens Augusto C. Sandino gesehen und sich dabei geschworen haben, eines Tages für die Befreiung Nicaraguas von den *yankees* zu kämpfen. Das Fort war unter Somoza als Gefängnis und Folterstätte gefürchtet und wurde 1992 zu einem Museum umgestaltet. Von den Zinnentürmen hat man eine prächtige Aussicht auf die umliegenden Vulkane, Kraterseen und Ortschaften.

Von Masaya braucht man über die Nationalstraße 4 nur eine Viertelstunde bis Granada. Bei km 37 zweigt eine Straße zur **Laguna de Apoyo** 4 ab. Dieser fast kreisrunde See ist mit 21 km^2 Fläche die größte Lagune und mit 200 m der tiefste Kratersee Nicaraguas. Das Wasser ist sehr sauber und fischreich, aber leicht salzhaltig. Am Ufer stehen viele ältere Wochenenddomizile; man muß meist suchen bis man Zugang zum Wasser findet. Insbesondere an Wochenenden ist die Lagune ein beliebtes Ausflugsziel.

Man kann die Laguna de Apoyo von Masaya in Richtung Granada aber auch südlich umfahren. Dann gelangt man zuerst in den höher gelegenen Ort **Catarina** 5, von dessen ›Mirador de Cata-

rina‹ man einen Blick auf den Kratersee mit seinen grünen Hängen und hinüber zur Stadt Granada und zum Nicaragua-See hat. Die Fahrt führt dann nach **San Juan de Oriente** 6, einem Ort mit großem Töpferwarenangebot, und weiter nach **Diriá** 7 mit der 1650 erbauten, aber mehrmals durch Erdbeben zerstörten Kirche Parroquia San Pedro. Hinter der Ortschaft Diriomo stößt man nach 5 km auf die Straße nach Granada.

Granada

Granada 8 (s. S. 284f.), von seinen historisch bewußten Einwohnern als ›eigentliches Herz Spanisch-Amerikas‹ bezeichnet, liegt am Ufer des Nicaragua-Sees und zu Füßen des 1363 m hohen, erloschenen Vulkans Mombacho. Die Stadt gehört zu den ältesten historischen Zentren Mittelamerikas und kann (wie León) auf eine lange und bewegte Geschichte zurückblicken. Keine andere Stadt Nicaraguas weist heute noch so viele koloniale Reminiszenzen auf. Granada wurde später die Hochburg der

Kunsthandwerk in Catarina

konservativen Partei, die sich aus Grundbesitzern und Händlern rekrutierte und stets eng mit dem hohen Klerus verbunden war. Andererseits existierten in Granada schon sehr früh aktive intellektuelle Zirkel, und viele bedeutende Schriftsteller stammen aus dieser Stadt, so Caranel Urtecho, Ernesto Cardenal und Fernando Silva.

Auf dem Boden der alten indianischen Siedlung Pueblos Xaltera wurde Granada 1524 vom Konquistador Francisco Hernández de Córdoba gegründet, der den Ort nach seiner spanischen Geburtsstadt benannte. Damit ist Granada älter als Antigua Guatemala, das spätere Zentrum des Capitanats und die älteste von Spaniern gegründete Stadt in Zentralamerika, die ihren Standort nicht wechseln mußte. Granada war seit seiner Gründung ein bedeutendes Handelszentrum. Viele für das Mutterreich bestimmte Waren aus den nördlichen Regionen um Guatemala gelangten auf dem Landweg hierher, um dann per Schiff über den Gran Lago und den Río San Juan zu den Atlantikhäfen Portobelo und Cartagena de Indias transportiert zu werden. Deshalb war Granada auch ein bevorzugtes Angriffsziel englischer Piraten. Allein zwischen 1655 und 1685 wurde die Stadt fünfmal – u. a. von Henry Morgan und William Dampier – überfallen, geplündert und in Brand gesteckt.

Nach dem Rückzug der Spanier aus Amerika und der Unabhängigkeit Nicaraguas 1821 verschärfte sich die Rivalität zwischen den Konservativen Granadas und den Liberalen in León. Als der aus Granada stammende Präsident Chamorro León belagern ließ, riefen die Liberalen den nordamerikanischen Abenteurer William Walker zu Hilfe, der am 13. Oktober 1855 mit einem Söldnerheer Granada besetzte und sich später zum

Granada, Kathedrale und Parque Central

Präsidenten Nicaraguas ausrufen ließ. Als Walker ein Jahr später den vereinigten zentralamerikanischen Heeren weichen mußte, gab er vor seinem Abzug am 2. Oktober 1856 noch den Befehl, die Stadt niederzubrennen. Darauf geht die in Nicaragua volkstümliche Redewendung zurück: ›*Nada es eso para lo que pasó en Granada*‹ (Das ist nichts, verglichen mit dem, was in Granada geschah). Viele der kolonialen Gebäude wurden nach dieser Zerstörung wieder aufgebaut.

Das Zentrum der Stadt bildet der Parque Central mit dem benachbarten Markt. Von hier gelangt man Richtung Osten zum Seehafen, an den sich eine weitläufige Uferpromenade mit Cafés und Restaurants anschließt.

Granada besitzt den schönsten **Parque Central** Nicaraguas mit hohen Palmen, Bänken und Brunnen. Er ist umrahmt von historischen Bauwerken, und an der westlichen Straßenseite warten rote Pferdekutschen vor dem Hotel Alhambra auf Gäste. Auf der gegenüberliegenden Seite steht die **Kathedrale** aus dem 16. Jh., deren Wiederaufbau nach der Zerstörung durch William Walker erst 1910 abgeschlossen wurde. Wenige Schritte nördlich liegt das Kulturzentrum **Casa de Leones,** benannt nach den beiden Löwen, die das Portal flankieren. Das eindrucksvolle Herrenhaus wurde vom ersten spanischen Gouverneur, Juan Vásquez Coronado, erbaut und 1720 von Don Diego de Montiel, dem letzten Gouverneur Costa Ricas, auf seine heutigen Ausmaße erweitert, bevor es von William Walker gebrandschatzt wurde. 1920 erwarb Don Julio Cardenal Arguello das Gebäude, und Ernesto Cardenal, der bedeutendste zeitgenössische Dichter des Landes und erste Kulturminister des nachsomozistischen Nicaragua, wuchs in diesem Haus auf. In den letzten Jahren drohte es vollständig zu verfallen. Auf Initiative von Ernesto Cardenal und dem deutschen Schauspieler Dietmar Schönherr wurde

es 1987 der Stiftung ›Casa de los tres Mundos‹ (Haus der drei Welten) übertragen und zum internationalen Kulturzentrum ausgebaut. Heute ist es der Kultur-Szene-Treff der Stadt mit einem Café, Proberäumen, einem Theater und einer großen Bibliothek. Die **Plazuela de los Leones,** der Platz vor der Casa de los Leones, ist eine weiträumige, mit Bänken und Bäumen ausgestattete Fußgängerzone.

Die **Iglesia de San Francisco** im gleichnamigen, weiter nördlich gelegenen Stadtteil steht heute an der Stelle, an der Hernandez de Córdoba bei der Gründung der Stadt 1529 eine Holzkapelle erbauen ließ. In dieser Klosterkirche predigte Bartolomé de Las Casas, der als erster Kleriker seine Stimme gegen den von den Spaniern im Namen Christi verübten Massenmord an den *indígenas* erhob. Die mehrmals erweiterte Kirche wurde im 17. Jh. zweimal von Piraten in Brand gesteckt, diente im 18. Jh. als Militärfestung und wurde

Stadtplan Granada

1856 schwer beschädigt. Nur die dreizehnstufige Freitreppe und die Vorhalle sind im ursprünglichen Stil wieder aufgebaut. In den Höfen der Kirche werden heute im **Museo de Idolos de Zapatera** 28 präkolumbische Skulpturen ausgestellt, die 1970 von der Insel Zapatera im Gran Lago hierhergebracht wurden.

Westlich des Parque Central steht in der Calle Real Ecke Calle 14 de Septembre, die 1753 errichtete und nach der Zerstörung durch William Walker 1780 wiederaufgebaute **Iglesia de la Merced.** Obwohl die Innenausstattung der Kirche noch Beschädigungen aufweist, beeindrucken die drei Statuen Jesús del Gran Poder, Virgen Dolorosa und Virgen del Carmen, die die Brandschatzung überlebten.

Die Straßen in Richtung See führen an schönen alten Häusern vorbei. Durch die meist geöffneten, schweren Holztüren sieht man die hohen Wohnräume, an die sich meist ein schöner Garten anschließt. Auf den von Ziegeldächern überragten Veranden sitzen häufig ältere Leute in Schaukelstühlen und tragen so zu dem Ruf Granadas als ›Stadt der Schaukelstühle‹ bei. Auf der Avenida La Calzada passiert man gegenüber dem Hotel Granada die neoklassizistische **Iglesia de Guadalupe,** in der sich Walker vor seinem Rückzug aus Granada verbarrikadiert hatte. Unmittelbar am Kai stößt man auf das Denkmal von Hernández de Córdoba. Vom Steg des benachbarten alten Zollgebäudes an der Plaza España fahren die Schiffe nach Ometepe und nach San Carlos ab. Am Südende der Uferpromenade beginnt der **Complejo Turístico,** ein großes Freizeitgelände mit Restaurants und Bademöglichkeiten.

Granada ist die touristisch attraktivste Stadt Nicaraguas – nicht zuletzt wegen seiner Lage am Nicaragua-See und den Ausflugsmöglichkeiten, die dieser mit seinen Inseln und seiner Umgebung bietet. Zur besonderen Attraktität Granadas trägt auch der **Volcán Mombacho** 9 bei, der südlich von Granada in unmittelbarer Nähe zum See steht. Die Hänge des 1345 m hohen Vulkans sind vollständig von dichtem Urwald mit hundertjährigen Bäumen und seltenen Orchideenarten bewachsen. Für den Aufstieg empfiehlt sich festes Schuhwerk. Vom Gipfel, der allerdings häufig in Nebel gehüllt ist, bietet sich an sonnigen Tagen ein herrlicher Rundblick auf Granada, den See und seine Inseln.

Der Nicaragua-See und seine Inseln

Im Lago de Nicaragua, der vor Ort Gran Lago genannt wird und den die Chorotega Cocibolca (›Süßwassermeer‹) nannten, befinden sich etwa 350 Inseln mit subtropischer Vegetation, von denen sich einige um die Halbinsel Asese südlich von Granada gruppieren. Manche dieser Isletas sind von Kleinbauern und Fischern bewohnt, auf einigen gibt es kleine Gaststätten (z. B. auf Nasate oder Coyolito), und auf der Isleta San Pablo steht die 1860 errichtete und 1974 aufwendig restaurierte Festung San Pablo, die Granada vor Angriffen vom See her schützen sollte. Auf der 15 km von Granada entfernten **Isla el Morro** 10 befindet sich der Freizeitpark Nicarao Lake Ressort, den man in ca. 15 Min. Bootsfahrt von **Puerto de Asese** 11, einer Bootsanlegestelle 3 km südlich von Granada, erreichen kann. In Puerto de Asese legen auch die Fähren zu den anderen Isletas ab. In dem kleinen Örtchen wurde 1987 ein US-amerikanischer Film über den Söldnerführer William Walker gedreht. Die Filmkulissen blieben zurück und sind nun ein beliebtes Ausflugsziel.

William Walker in Nicaragua

Im Jahr 1849 vergab die Regierung in Granada die Konzession für eine Transportroute durch Nicaragua an den US-Amerikaner Cornelius Vanderbilt. Der riesige Profit der Reederei Vanderbilt, die die Verkehrsverbindungen von der Ost- zur Westküste Nicaraguas kontrollierte, veranlaßte deren Mitarbeiter Garrison, hinter Vanderbilts Rücken Kontakt zur Bürgerkriegspartei der Liberalen in León aufzunehmen. Für eine Unterstützung versprachen die Liberalen ihm im Falle des Sieges die Transitkonzessionen. Garrison heuerte den Söldnerführer William Walker an. Dieser stellte eine Armee (die ›Phalanx of American Immortals‹) zusammen, die gegen Land- und Geldversprechungen an der Seite der Liberalen kämpfte.

Nach dem schnellen Sieg über die Regierungstruppen Granadas übernahm Walker das Kommando über die Armee, nominierte Patricio Rivas im November 1855 zum Präsidenten und beherrschte so indirekt Nicaragua. Im März 1856 erklärten die vier zentralamerikanischen Staaten unter der Führung Costa Ricas Walker den Krieg. Doch dieser ernannte sich selbst im Juli 1856 zum Präsidenten von Nicaragua, wurde sofort von der US-Regierung anerkannt, führte die Sklaverei wieder ein, erklärte Englisch zur offiziellen Landessprache und kündigte die Transitkonzession von Vanderbilt, um sie nunmehr an seinen Geldgeber Garrison zu vergeben.

Doch die zentralamerikanische Armee, die britische Marine und das Geld Vanderbilts bereiteten dem Abenteurer ein schnelles Ende. Im Mai 1857 flohen er und der Rest seiner Söldnertruppen außer Landes. Zuvor aber hatte er Granada niederbrennen lassen und in den Trümmern das Schild ›Here was Granada‹ aufgestellt. Bei seinem zweiten militärischen Vorstoß in Zentralamerika 1860 wurde er in Honduras erschossen.

Gut 20 km südöstlich von Granada liegt die **Isla Zapatera** 12, auf der etwa 500 Kleinbauern und Fischer leben. Die Insel war eine bedeutende Kultstätte der indigenen Urbevölkerung. Hier fand der US-Diplomat und Forscher Edward G. Squier 1849 die Überreste eines Pyramidentempels sowie aus schwarzem Basalt gehauene Tier- und Götterstatuen. Zwei davon werden heute im Smithsonian Institute in Washington aufbewahrt, die anderen auf dem Gelände der Iglesia de San Francisco in Granada. Auf der zum Zapatera-Archipel gehörenden Isla del Muerto wurden Felsmalereien und -gravierungen freigelegt.

Die größte Insel im Gran Lago ist die **Isla de Ometepe,** die man am schnellsten von San Jorge aus (s. S. 89) erreicht.

Um zu den 36 Inselchen des **Archipiélago de Solentiname** 13 (s. S. 296) zu gelangen, sollte man sich in Granada um eine Schiffspassage bemühen. Mit diesen Inseln am südlichen Ende des Gran Lago assoziiert man in Nicaragua Volkskunst und den Namen Ernesto Cardenal, der die hiesige naive Malerei über die Landesgrenzen hinaus berühmt machte. Cardenal lebte hier in den 60er Jahren als Priester und gründete 1967 auf der Isla de Moncarrón eine Kooperative, in der Arbeit und Kunst sich verbanden. Die Fischer von Solentiname waren nämlich nicht nur Fischer, sondern auch talentierte Holzschnitzer und Maler, die ihre Lebenswelt und die sie umgebende Natur sehr ausdrucksstark in Bildern festhielten und ihre häuslichen Gebrauchsgegenstände aus Jicaroholz bemalten. Die Kunst der ca. 300 Inselbewohner, die in einfachen Hütten inmitten der exotischen Flora und Fauna lebten, wurde im Kontext der sandinistischen Revolution als Ausdrucksform der neuen politischen Freiheit interpretiert und verbreitet. Die naive Schönheit und Exotik der in Holz oder auf Leinwand geschaffenen Werke erzielte dank Ernesto Cardenal im Ausland bald höchste Anerkennung und ist noch heute sehr begehrt.

Im äußersten Süden des Nicaragua-Sees, dort, wo der Río San Juan in den See mündet, liegt **San Carlos** 14 (s. S. 295), das man per Boot oder auf einer Straße über Juigalpa erreicht. Die Stadt mit ihren ca. 15 000 Einwohnern ist das Zentrum der unterentwickeltsten Region Nicaraguas und trotz einiger Entwicklungsprojekte ein trostloser Ort. Das war nicht immer so. Hier, nahe der costaricanischen Grenze, stehen noch die Ruinen des Castillo San Carlos de Austria, einer Festung aus dem 17. Jh. Sie war für die spanischen Kolonisatoren zur Abwehr britischer Piraten, die allein zwischen 1665 und 1685 sechsmal

bis San Carlos vordrangen, von großer strategischer Bedeutung. Als man Mitte des 19. Jh. in Kalifornien Gold fand und der schnellste und sicherste Weg von der Ost- zur Westküste der USA durch Nicaragua führte, wurde die Stadt auch außerhalb des Landes bekannt. Die Route der Goldsucher verlief zunächst auf dem Seeweg bis nach San Juan del Norte, der Atlantikmündung des Río San Juan, dann den Fluß hinauf nach San Carlos und von dort weiter über den Gran Lago zu dessen Westufer. Von hier erfolgte der Transport mit Pferdewagen und in späteren Jahren mit der Eisenbahn über die nur 25 km breite Landbrücke zum Pazifikhafen San Juan del Sur, wo wiederum Schiffe für die Weiterfahrt nach Kalifornien bereitstanden. Die Transportgesellschaft des US-Amerikaners Cornelius Vanderbilt ersann und organisierte diese Route und legte damit den Grundstock für das spätere Familienvermögen.

1866 befand sich auch der 31jährige Mark Twain unter den 400 Passagieren, die die Reise von Kalifornien zur US-amerikanischen Ostküste über Nicaragua antraten. Er landete in San Juan del Sur, überquerte den Isthmus per Postkutsche, bestieg in La Virgen am Ufer des Nicaragua-Sees das Dampfschiff ›San Francisco‹ und fuhr mit diesem nach San Carlos und weiter nach San Juan del Norte, das damals Greytown hieß. Von hier brachte ihn ein größeres Schiff weiter nach New York. Ein Jahr später veröffentlichte er seine Erlebnisse auf dieser Reise in seinem Essay ›Der berühmte Springfrosch der Provinz Calaveras‹.

Mit der Fertigstellung der Eisenbahnverbindung zwischen Atlantik und Pazifik in Panama begann die nicaraguanische Route an Bedeutung zu verlieren, und schon 1870 wurde die Schiffsroute

Blick vom Castillo de la Concepción auf den Río San Juan

San Juan del Norte – Lago de Nicaragua eingestellt. Nach dem Bau des Panamakanals sank die Region Río San Juan restlos in die Bedeutungslosigkeit. Lange Zeit verirrten sich hierher nur Kautschuksammler und einige betuchte Touristen, die Jagd auf die Süßwasserhaie im Gran Lago machten. Heute lebt San Carlos von diesen Erinnerungen. Im ehemaligen Hafenviertel der Stadt stand das Haus des Stadtkommandanten, bei dem Alexander von Humboldt während seiner großen Lateinamerikareise zu Gast war. Humboldt berichtete in seinen Aufzeichnungen, er habe von diesem Platz aus die Krokodile am anderen Ufer des Río San Juan beobachten können.

Von San Carlos sind es ca. 180 km entlang des Río San Juan bis zur Atlantikmündung San Juan del Norte. Ca. 60 km von San Carlos liegt in einer Biegung am Südufer der sehr malerische Ort **El Castillo** 15. Er verdankt seinen Namen dem quadratischen Festungsbau Castillo de la Inmaculada Concepción, der auf einem Hügel über dem Fluß thront und 1675 von den Spaniern zum Schutz vor Piraten und britischen Eroberern errichtet wurde. An dieser Festung scheiterte Henry Morgan, als er mit 46 Schiffen und 1800 Soldaten den Río San Juan hinauffuhr, sowie 1780 der junge Lord Horatio Nelson, dessen Angriff auf El Castillo auf einem Gemälde im British Museum in London festgehalten ist. Von den restaurierten Mauern, die heute ein Museum bergen, hat man einen herrlichen Blick über weite Strecken des Flusses. Der Ort, der von den wenigen Passagieren, die den Río San Juan befahren, lebt, besteht heute aus einem Dutzend wellblechgedeckter Häuser und Schuppen, die Straßen sind asphaltiert und beleuchtet.

Der Río San Juan, der hinter El Castillo die Grenze zu Costa Rica bildet, führt durch dichte Vegetation. Die Fahrt auf ihm hinterläßt nachhaltige Erinnerungen, weil man die unberührte Natur fern jeglicher Zivilisation ganz unmittelbar erleben kann. Inzwischen gibt es auch naturnahe Übernachtungsmöglichkeiten am Rand des Nationalparks **Reserva Biológica de los Ríos Indio y Maíz** 16, z. B. dort, wo der Bartola in den Río San Juan mündet oder an der

Rangerstation an der Mündung des Río San Carlos, an der die Schiffe von und nach San Juan del Norte für die Nacht anlegen. 1994 haben Costa Rica und Nicaragua einen Vertrag geschlossen, der entlang des Río San Juan eine ›sanfte Tourismusentwicklung zum Wohle beider Staaten‹ einleiten soll.

San Juan del Norte 17, die ehemalige Hafenstadt an der atlantischen Mündung des Río San Juan, zählt heute noch 200 Einwohner. Zu Zeiten des kalifornischen Goldrauschs boomte der Ort, und auf der Reede lagen die großen Dampfer, die nach New York fuhren. 1529 hatte der Spanier Machuca den Weg durch den Nicaragua-See über den Río San Juan zur Atlantikküste entdeckt. Machuca wollte an der Mündung des Río San Juan eine Stadt gründen, wurde aber von Granada daran gehindert. Erst 1796 erkannte die spanische Krone San Juan del Norte offiziell als Hafenstadt an, nachdem sie zuvor den Flußlauf mit mehreren Festungen gesichert hatte.

Während des Krieges gegen die Contra flohen die Bewohner 1983 nach Costa Rica, und San Juan del Norte wurde vollständig zerstört. Erst nach dem Friedensschluß kehrten 1990 einige der ehemaligen Bewohner zurück. Sie begannen, ihren Ort etwas flußeinwärts neu aufzubauen, aber vom Glanz des alten Greytown blieb nichts übrig. Heute ist San Juan del Norte ein verlassenes Fischernest, in das sich vereinzelt Hochseeangler aus dem costaricanischen Barra del Colorado verirren. Verbindungen zu anderen Orten, z. B. nach Bluefields, sind nur per Schiff möglich.

Von Managua entlang der Panamericana nach Costa Rica

s. Karte S. 78/79

Von der Hauptstadt Nicaraguas bis zur costaricanischen Grenze sind es knapp 150 km.

Die Panamericana verläßt Managua als Carretera Sur nach Süden, steigt in den Bergen der Sierra de Managua auf 900 m Höhe an, bevor sie die Hochebene von **El Crucero** 18 durchquert. An klaren Tagen kann man von der Hochebene gen Westen bis zum Pazifik gen Norden bis zum Lago de Managua und gen Südosten bis zum Lago de Nicaragua schauen. Seit die erstmals um die Jahrhundertwende einsetzende Gas-Emission des Masaya-Vulkans die Kaffeekulturen auf dem Hochplateau vernichteten wachsen hier nur noch widerstandsfähige Gräser. Entlang der Straße stehen die Ruinen ehemaliger Gutshäuser.

Hinter dem Ort El Crucero biegt bei Las Conchitas eine Straße nach Westen ab, auf der man San Rafael del Sur passierend zuerst den Badeort **Playa Masachapa** 19 und zwei Kilometer nördlich davon **Montelimar** 20 erreicht. Monteli-

mar ist der bekannteste und bestorganisierte Badeort an der pazifischen Küste. An diesem schönen Strandabschnitt besaß Diktator Anastasio Somoza eine prächtige Sommerresidenz, die unter der sandinistischen Regierung zu einer großen Bungalow-Ferienanlage ausgebaut wurde. Die spanische Hotelkette Barceló hat diese übernommen und betreibt sie heute als *all-inclusive*-Hotel. Seit Frühjahr 1998 besitzt der nur 60 km von Managua entfernte Badeort eine neue Landepiste, die die umständliche Anreise (ca. 2 Std.) auf der Straße ersetzen kann. Südlich von Masachapa liegt der bevorzugt von Einheimischen frequentierte Badeort **Pochomil** 21 mit preiswerten Unterkünften. **Diriamba** 22 (s. S. 283), 42 km von Managua entfernt, ist mit ca. 30 000 Einwohnern die erste größere Stadt und liegt in 760 m Höhe inmitten eines Kaffeeanbaugebiets. Der Name der Stadt geht auf den Kaziken Diriangén zurück, dessen Krieger sich 1522 den spanischen Eroberern tapfer entgegenstellten und sie zum vorläufigen Rückzug zwangen.

Diriamba gilt als Stadt der Volkstänze, unter denen sich El Gigante, El Toro und besonders El Güegüense großer Beliebtheit erfreuen. Um sie zu erleben, kommen viele Besucher am 20. Januar (Namenstag des hl. Sebastian) und am 25. Juli (Namenstag des hl. Jakobus) in die Stadt.

In Diriamba zweigt eine asphaltierte Straße zur Pazifikküste ab, auf der man nach 42 km **La Boquita** 23 erreicht. Der Badeort besitzt einen schönen, breiten Strand, eine gepflasterte Strandpromenade, mehrere Restaurants und eine ansprechende Hotelanlage.

Nur wenige Kilometer hinter Diriamba liegt **Jinotepe** 24, das Zentrum der Kaffeeanbauregion Meseta de Carazo. In der Stadtmitte steht die neoklassizisti-

Mehr als in La Boquita ist im nördlich gelegenen Pochomil los; hier kehren die Fischer mit ihrem Fang nach Hause zurück

sche Iglesia Santiago mit modernen Glasfenstern und einer nicht zu übersehenden Uhr an der Außenfassade. Auch hier wird der 25. Juli ausgiebig gefeiert.

Kurz vor Nandaime trifft die Straße von Granada auf die Panamericana, die jetzt bereits die tiefergelegene Landbrücke zwischen Pazifik und Nicaragua-See erreicht hat. **Nandaime** 25 gehört zu jenen Orten, die mehrfach von Naturkatastrophen vernichtet und woanders wieder aufgebaut wurden. Heute hat sich die Kleinstadt zu einem Verwaltungs- und Handelszentrum für die ländliche Umgebung entwickelt. Sehenswert sind die beiden aus der zweiten Hälfte des 19. Jh. stammenden Kirchen El Calvario und La Parroquia.

Auf halber Strecke zwischen Nandaime und Rivas weist ein Schild zum Refugio de Vida Silvestre Chacocente. Auf dieser Piste erreicht man nach ca. 40 km den küstennahen Ort **Las Salinas** 26, in dem man nach Norden abbiegt, um zum Fischerort **El Astrillero** 27 zu gelangen. Hier wohnen die Betreiber der

inmitten der nahen **Reserva Biológica Chacocente** 28 gelegenen Station zum Schutz der Schildkröten, die dort zwischen September und Oktober ihre Eier ablegen. Wer länger in El Astrillero bleiben möchte, muß alles für seinen Aufenthalt (Hängematte, Verpflegung etc.) mitbringen.

Die letzte größere Stadt vor der Grenze ist das 40 000 Einwohner zählende **Rivas** 29 (s. S. 294f.). Hier starb 1856 der costaricanische Nationalheld Juan Santamaria, als er ein Gebäude in Brand steckte, in dem sich William Walker aufhielt. Rivas ist ein angenehmer Aufenthaltsort vor der Weiterreise nach Costa Rica. Am Parque Central steht die Catedral de Rivas, deren allegorisch überladene Fresken vom Kampf des Katholizismus gegen den Kommunismus zeugen.

Unweit des heutigen Rivas residierte am Ufer des Gran Lago, in **San Jorge** 30, der Kazike Nicarao, der sich 1522 dem Konquistador Don Gonzales unterwarf und taufen ließ. Ein Denkmal an der Straße von Rivas nach San Jorge würdigt dieses Ereignis. Im kleinen Hafen von San Jorge legen heute die Schiffe zur Isla Ometepe ab.

Die ca. 10 km vom Ufer entfernte **Isla de Ometepe** 31 (›Insel mit den zwei Bergen‹, s. S. 293f.) ist mit 276 km² die größte Insel im Gran Lago und strahlt wegen ihrer hochragenden Zwillingsvulkane Concepción (1611 m) und Madera (1345 m) schon vom Ufer her Faszination aus. Die beiden Vulkane bilden den jeweiligen Mittelpunkt der beiden Inselhälften, die durch eine flache Landbrücke miteinander verbunden sind. Wegen der besonders fruchtbaren Vulkanböden mit ausreichend Süßwasser wurde Ometepe bereits vor der Ankunft der Spanier von den Niquirano besiedelt, was Felszeichnungen und Ausgrabungsfunde von Keramiken belegen. Nach 1600 wurde die Insel von spanischen Franziskanern aufgesucht, denen landsuchende Bauern folgten. Bis heute

hat sich auf Ometepe diese Agrarstruktur bäuerlichen Kleinbesitzes gehalten, und die Bewohner erfreuen sich dank des Anbaus von Baumwolle, Tabak und vieler Gemüsearten eines bescheidenen Wohlstands, den sie durch gut organisierten Fischfang noch zu mehren wissen. Auf Ometepe leben heute ca. 25 000 Menschen, davon allein ca. 10 000 in Moyogalpa an der Nordwestküste. In der nächstgrößeren Stadt Altagracia an der Nordostküste leben nur ca. 6000 Menschen. Sehenswert ist hier die kleine, alte Kirche mit ihren Steinskulpturen von der Insel Zapatera. Um die beiden Vulkane führt entlang des Seeufers jeweils eine Ringstraße, an der alle Orte und Strände liegen. Der schönste Strand, Playa Santo Domingo, liegt an der östlichen Seite der Landbrücke.

Beide Vulkane können bestiegen werden, wobei der erloschene Madera die üppigere Vegetation, die sehr schönen Lagunen Charco Verde und Charco Azul

Der Vulkan Concepción auf der Omotepe-Insel

und eine Lodge für Naturliebhaber besitzt.

Wegen seiner makellosen Kegelform und seiner bewaldeten Abhänge ist der noch aktive Concepción besonders beeindruckend. Der Aufstieg zu seinem Krater beginnt in Cuatro Cuadros, 2 km von Altagracia, und dauert etwa 5 Stunden. Von seiner Spitze kann man bei schönem Wetter die beiden Weltmeere erblicken.

Kurz hinter Rivas biegt von der Panamericana eine Straße ins 15 km westlich gelegene **San Juan del Sur** 32 (s. S. 295) ab. In dem pazifischen Hafen- und Badeort bestiegen einst die aus dem Osten der USA quer durch Nicaragua reisenden Goldsucher abermals das Schiff, um den letzten Teil des Wegs nach Kalifornien zurückzulegen. Aus dieser Zeit des Cornelius Vanderbilt und seiner ›Accessory Transit Company‹ ist heute nichts mehr in der Stadt zu finden. San Juan del Sur kann jedoch stolz auf die schönsten Sandstrände der nicaraguanischen Pazifikküste verweisen. Gut zugänglich sind zahlreiche malerische Buchten am nördlichen Ende, schwieriger zu erreichen sind Playa del Coco und Playa del Tamarindo südlich von San Juan del Sur Richtung El Ostional.

Sapoá 33, 36 km hinter Rivas und nahe dem Ufer des Gran Lago, ist der letzte Ort vor der Grenze. Er wurde bei einem Contra-Überfall zerstört und mit großem Aufwand wiederaufgebaut. Hier schloß die sandinistische Regierung 1988 das erste Friedensabkommen mit der Contra. Im ehemaligen Verhandlungsgebäude befindet sich heute ein Duty-free-Shop.

Das nur 3 km entfernte **Peñas Blancas** 34 ist die einzige Grenzstation zwischen den beiden Ländern, die an einer Straße liegt. Die Grenze ist von 9–12 und 13–18 Uhr geöffnet, zwischen Rivas und

Der Bananenanbau ist auf der Omotepe-Insel die größte Einnahmequelle

der Grenze verkehren zwischen 7 und 16 Uhr stündlich Busse. Die Abfertigung verläuft auf der nicaraguanischen Seite schnell und unproblematisch, auf der costaricanischen aufgrund genauer Kontrollen wesentlich zeitraubender.

Von Managua zur Atlantikküste

s. Karte S. 78/79

Die mehr als die Hälfte des gesamten Staatsgebiets einnehmende karibische Küstenregion wird vereinfachend als Costa Atlántica oder als Región Atlántica bezeichnet. Sie ist seit 1987 in die autonomen Verwaltungsbereiche Región Autónoma del Atlántico Norte (abgekürzt RAAN) und Región Autónoma del Atlántico Sur (RAAS) unterteilt. Hier

Die politische Entwicklung der nicaraguanischen Atlantikküste

Nur 10 % der Bevölkerung Nicaraguas leben in der Atlantik-Region. Die größte hiesige Ethnie bilden die Mísquito (ca. 120 000), während die Sumo (ca. 15 000) und Rama (ca. 1000) am stärksten bedroht sind.

Dem 1894 erzwungenen Anschluß an den Staat Nicaragua folgte keine wirtschaftliche, soziale, kulturelle und sprachliche Integration. Die getrennte historische Entwicklung des nicaraguanischen Ostens setzte sich zu Beginn des 20. Jh. und später unter Somoza fort, weshalb die Bewohner der Atlantikküste große Hoffnungen an den Sieg der sandinistischen Revolution knüpften.

Vertreter aus den über 250 Dorfgemeinschaften kamen am 11. September 1979 zusammen, um in Anwesenheit des FSLN-Vertreters Daniel Ortega die indigene Selbstverwaltungsorganisation MISURASATA zu gründen. Der Name stand für ein Programm: ›Mísquito, Sumo, Rama – gemeinsam mit den Sandinisten.‹ Nach großen Anfangserfolgen in der Alphabetisierungskampagne grenzten sich aber die Führer von MISURASATA, ausnahmslos Mísquito, mehr und mehr von den Sandinisten ab, weil sie z. B. wie Brooklyn Rivera mehr Autonomie für die indigene Bevölkerung forderten oder wie Steadman Fagoth enger mit den rechtsorientierten Parteien und der Oppositionszeitung La Prensa zusammenarbeiteten. Anfang 1981 spitzte sich die Auseinandersetzung zu: Die Sandinisten erklärten Spanisch zur Staatssprache und verboten nach wochenlangen Demonstrationen im Sommer 1981 die MISURASATA. Tausende von Mísquito flohen daraufhin über den Río Coco ins benachbarte Honduras. Unter Führung von Steadman Fagoth bildeten sie in den Flüchtlingslagern unter dem Namen MISURA bewaffnete Verbände und kehrten als MISURA-Kämpfer an der Seite der Contra nach Nicaragua zurück. Die Kämpfe nahmen zu, immer mehr Mísquito flohen über die Grenze, woraufhin im Januar 1982 die sandinistische Regierung die umstrittene Entscheidung traf, alle Mísquito-Dörfer am Río Coco zu evakuieren. Die Regierung erklärte, die Umsiedlung in das 80 km südlich gelegene Gebiet von Tasba Pri (›Freies Land‹) geschehe aus Gründen nationaler Sicherheit, die Gegner sprachen von Zwangsumsiedlungen in Konzentrationslager (so US-Präsident Reagan).

Nur ca. 8000 Mísquito nahmen das Umsiedlungsangebot der Regierung an. Ihre alten Dörfer und Ernten wurden zerstört, um MISURA und Contra keine intakte Infrastruktur zu überlassen. Man versprach ihnen die Möglichkeit zurückzukehren, sobald Ruhe am Río Coco eingekehrt sei. In den Neusiedlungen von Tasba Pri gab es Schulen, Gesundheitszentren und Landzuweisungen für eine bescheidene Subsistenzwirtschaft. Aber über 20 000 nicaraguanische Mísquito flohen 1982 nach Honduras.

Mit Hilfe der USA überfielen Fagoth und seine Guerillaverbände 1983 und 1984 zahlreiche Regierungsinstitutionen an der Atlantikküste. Rivera hingegen versuchte seit 1983, in Costa Rica die alte Organisation MISURASATA wiederaufzubauen, und kämpfte mit seinen Truppen an der Seite Edén Pastoras.

Nach drei aufreibenden Kriegsjahren erkannten die Sandinisten, daß sie diesen Konflikt nicht mit Waffen entscheiden konnten. Sie boten Verhandlungen an, zumal ihre Mísquito-Politik für die USA ein willkommenes Propagandamittel war, um die Unterstützung der Contra und den Sturz der Sandinisten zu rechtfertigen. Mitte 1985 kam es zu einem Waffenstillstandsabkommen. Als der sandinistische Innenminister Borge zur gleichen Zeit noch ein Amnestiegesetz erließ, gelang es Rivera, MISURASATA und MISURA in einer neuen Organisation mit Namen YATAMA zusammenzuführen und in Verhandlungen mit der Regierung zu treten.

1987 verabschiedete die nicaraguanische Nationalversammlung unter Führung der Sandinisten ein Autonomiegesetz, welches den ethnischen Minderheiten der Atlantikküste verfassungsmäßig die Anerkennung ihrer historischen Rechte und die Förderung ihrer Sprachen und Kulturen zusichert. Das Gesetz, das noch heute in Kraft ist, garantiert je eine autonom gewählte Regierung für die nördliche und die südliche Atlantikzone, die in Fragen der regionalen Entwicklung mitbestimmen kann.

Auf die Flüchtlingswelle folgte jetzt die Rückkehrwelle. Etwa 15 000 Mísquito kamen bis Anfang 1989 mit UN-Hilfe nach Nicaragua zurück, unter ihnen auch Rivera und Fagoth, die bei den Wahlen 1990 das anti-sandinistische Wahlbündnis UNO und Violeta Chamorro unterstützten. Nicaragua galt in dieser Zeit als Vorbild eines konstruktiven Verhältnisses zwischen Regierung und indigenen Minderheiten. Dennoch verlor der FSLN 1990 auch in dieser Region die Wahlen.

Jene, die einst geschickt die Ethnien der Atlantikregion gegen die sandinistische Revolution einzusetzen vermochten, stellten den Autonomiestatus der Region nach ihrem Wahlsieg als erstes in Frage. Gelder zur Alphabetisierung und zum Aufbau eines zweisprachigen Schulwesens wurden derart gekürzt, daß heute im Grunde nur noch zwei private Entwicklungsorganisationen sich des Bildungswesens in der Region annehmen. Auch wurden von der Zentralregierung seit 1992 mehreren ausländischen Unternehmen ohne Absprache mit den Regionalparlamenten wirtschaftliche Nutzungskonzessionen erteilt. Ein Urteilsspruch des obersten Gerichtshofs erklärte dies im Mai 1996 als klaren Verstoß gegen das Autonomiegesetz von 1987. Im Einklang mit den Forderungen der Weltbank will der neue Präsident Alemán das dem ›freien Markt‹ nicht zugängliche Autonomiegebiet deshalb zur Durchsetzung von Privatisierung radikal verkleinern. Als Alemán am 4. Mai 1997 Puerto Cabezas besuchte, empfingen ihn die Bewohner daher mit der historischen Fahne der Mosquitía, die im 19. Jh. über der Atlantikküste wehte, als diese noch britisches Protektorat war und noch nicht zu Nicaragua gehörte.

Erbost ließ Alemán die Flagge vom Mast holen, reiste wütend ab und versprach, in der Region für ›Ordnung‹ zu sorgen.

leben nur ca. 10 % der Gesamtbevölkerung des Landes, die sich zudem dadurch von den restlichen 90 % unterscheiden, daß sie indigener oder afrikanischer Herkunft sind, Englisch sprechen und mehrheitlich nicht katholisch sind. Das erklärt sich aus der Geschichte.

Diese tropische Tiefebene wurde nämlich – genau wie die angrenzende honduranische Küstenregion – nie von den Spaniern kolonisiert. Zwar ›entdeckte‹ Kolumbus diesen Teil des Landes und segelte entlang der über 500 km langen Küste bis zum nördlichsten Kap des heutigen Nicaragua, das er aus ›Dankbarkeit‹ Cabo Gracias a Díos nannte, aber die Spanier konzentrierten sich auf den pazifischen Teil Nicaraguas und überließen der aufkommenden Seemacht Großbritannien dieses Gebiet. Die Briten verbündeten sich mit den Kaziken der hier lebenden Mísquito, verliehen diesen den Titel ›König‹ und schufen das Britische Protektorat ›Moskito Kingdom‹. Dieses staatsrechtliche Konstrukt existierte über 200 Jahre lang, bis Präsident Zelaya das Gebiet 1894 als ›Provinz Zelaya‹ Nicaragua angliederte. Es dauerte ein weiteres Jahrhundert, bis die nicaraguanische Zentralregierung die Atlantikregion politisch ›entdeckte‹ und ihr nach heftigen Auseinandersetzungen und Vertreibungen 1987 weitgehende Selbstverwaltungsrechte zusprach.

Die beiden Verwaltungsregionen sind infrastrukturell vollkommen unterentwickelt, die Hauptstädte Bluefields (RAAS) und Puerto Cabezas (RAAN) nur zu Luft oder zu Wasser zu erreichen. Aber gerade weil er zu den letzten großen unzugänglichen Gebieten Zentralamerikas gehört, hat dieser Teil Nicaraguas seinen besonderen Reiz.

Die 400 km lange Land- und Flußreise von der Hauptstadt nach Bluefields ko-

stet Zeit und Mühe. Man verläßt Managua Richtung Norden, vorbei am Flughafen und entlang des Südufers des Lago de Managua, passiert das Centro Turístico el Trapiche und erreicht Tipitapa. Nach weiteren 15 km verläßt man die Panamericana und biegt in San Benito nach Osten auf den Atlantic Highway Richtung Rama ab. Hinter dem Örtchen Teustepe biegt vom Highway eine asphaltierte Straße in Richtung Nordosten nach Boaco ab. **Boaco** 35 ist die Hauptstadt des Departments gleichen Namens, das sich landesweit mit seinen Milch- und Käseprodukten einen Namen gemacht hat.

Der Atlantic Highway passiert nach 140 km das 30 000 Einwohner zählende **Juigalpa** 36 (s. S. 286), das Verwaltungszentrum des Departments Chontales, in dem auf großen Haciendas sehr erfolgreich Rinder gezüchtet werden. 1879 wurde in der benachbarten Cordillera de América Gold gefunden. Dies löste einen Ansturm von Goldsuchern aus, der binnen kurzer Zeit die Einwohnerzahl so stark ansteigen ließ, daß Juigalpa schon damals die Stadtrechte erhielt. Im archäologischen Museo Gregorio Aguilar Borea unweit des Parque Central sind präkolumbische Fundstücke zu bewundern.

In den Bergen oberhalb Juigalpas liegen in 600 m Höhe die Goldgräbersiedlungen La Libertad und Santo Domingo. **La Libertad** 37 ist der Geburtsort der Brüder Ortega und des Kardinals Obando y Bravo. Rund um **Santo Domingo** 38 graben heute *pequeños mineros* (kleine Minenarbeiter) nach goldhaltiger Erde.

Hinter Juigalpa wird der Atlantic Highway zu einer schmalen Straße voller Schlaglöcher. Man passiert Santo Tomás, La Gateada und den Río Mico und erreicht nach knapp 300 km **Rama**

39 (s. S. 294), wo die asphaltierte Straße endet. Ab hier dient der Río Escondido als ›Straße‹ zur Atlantikküste. Nur der Name der heute 35 000 Einwohner zählenden Stadt erinnert an die *indígenas* von der Ethnie der Rama, die ursprünglich hier lebten. Sie wurden von mestizischen Bauern verdrängt, die ihren Boden im Westen Nicaraguas an Großgrundbesitzer verloren hatten. Der Ort wurde Ende des 19. Jh. von der ›Cuyamel Fruit Company‹ gegründet. In den 40er Jahren gab der Konzern die Plantagen in der Region auf, da die ›Bananenpest‹ Sigatoko sich an der gesamten Karibikküste Zentralamerikas ausgebreitet hatte. Die brachliegenden Ländereien wurden großenteils von Offizieren und Angehörigen des Somoza-Clans requiriert. Die sandinistische Regierung versuchte, die verstreut im Urwald lebenden Subsistenzbauern in kooperativ arbeitenden, kleinbäuerlichen Betrieben in und um Rama anzusiedeln, sie konnten das Vertrauen der Mísquito jedoch nicht gewinnen.

1988 zerstörten der Hurrikan Joana und das damit verbundene Hochwasser die gesamte Gegend um Rama und mähten auch Teile des tropischen Regenwaldes nieder. Die Folgen dieser Katastrophe sind heute noch überall sichtbar: abgebrochene Palmenstämme ragen kahl aus der sich erholenden, grünen Bodenvegetation, und starke Regenfälle führen stets zu Überschwemmungen, da der das Wasser aufsaugende Regenwald fehlt.

In Rama ist die Zeit stehengeblieben: Das Leben spielt sich in dem kleinen Hafen am Río Escondido ab, dessen träge dahinfließendes Wasser von der Erde der abgeschwemmten Uferböschung hellbraun gefärbt ist. Das Be- und Entladen der Boote und kleinen Schiffe erledigen Menschen, keine Schiffskräne. Kinder und Frauen schauen vom Ufer aus zu, das mangels einer Kaimauer mit Brettern befestigt ist. Bei Regen droht alles Leben im Schlamm zu versinken. Die größte Abwechslung bringt die Ankunft des Passagierschiffes aus Bluefields.

Die Flußfahrt von Rama ins knapp 100 km entfernte Bluefields dauert mit dem Bluefields Express, der ca. 200 Passagiere und ebenso viele Haustiere an Bord nimmt, 7 Stunden. Da die Ufer

Schnellboot nach Bluefields auf dem Río Escondido

In den Straßen von Bluefields

landwirtschaftlich genutzt werden und somit wenig Abwechslung bieten, beschränkt sich der Unterhaltungswert der Reise auf das Treiben an Bord. Wer schneller nach Bluefields gelangen will, nimmt eines der vielen Schnellboote *(panga).*

Bluefields 40 (s. S. 282) ist mit 35 000 Einwohnern die größte und kulturell wie wirtschaftlich bedeutendste Stadt an der nicaraguanischen Atlantikküste. Die um 1600 errichtete Siedlung soll zuerst den Namen des niederländischen Piraten Abraham Blauwveld getragen haben, woraus unter den Briten Bluefields wurde. Besiedelt wurde der in einer Lagune liegende Ort nicht vom nicaraguanischen Festland her, sondern seine ersten Bewohner kamen von den karibischen Inseln. Daher überwiegen hier noch immer die englischsprechenden, dunkelhäutigen Nachkommen der aus Afrika in die Neue Welt verschleppten Sklaven und ihre karibische Kultur. Unter dem Schutz der Briten faßte die

protestantisch-mährische (sowie deren nordamerikanischer Ableger, die moravische) Kirche Fuß, der fast alle Bewohner dieser Region angehören. Dies gilt insbesondere für die Mísquito, deren Siedlungszentrum allerdings weiter nördlich liegt.

Auch Bluefields wurde im Oktober 1988 vom Hurrikan Joana vollständig zerstört. Der Wiederaufbau ist dank ausländischer Hilfslieferungen weitgehend abgeschlossen, wobei die Zerstörungen vieler Palmen außerhalb der Stadt noch heute vom Flugzeug aus, aber auch bei der Anreise mit dem Schiff zu sehen sind. Die durch den Hurrikan plattgemachte Stadt bestand fast ausschließlich aus Holzhäusern, teils in der karibischen Variante des Kolonialstils, teils im New Orleans-Stil. Die meisten Gebäude waren um die Jahrhundertwende, einer damaligen Mode entsprechend, in Fertigteilen aus New Orleans importiert worden. Heute säumen die schachbrettartig angelegten Straßen auch wieder

Holzhäuser, aber von bescheidenem Aussehen. Im Zentrum steht die Moravian Church am Malecón nahe der Mole; ihr gegenüber liegt das South Atlantic Hotel II, das erste Haus am Platz.

Seinen Reiz schöpft Bluefields aus der gelassenen Atmosphäre eines karibischen Hafenstädtchens, in dessen Bucht sich viele Schiffswracks rostend zur Ruhe gelegt haben. Außer Fischfang gibt es keine Arbeit. Alles Leben spielt sich in den Straßen ab, und fürs Vergnügen ist Flor de Caña, der einheimische Rum, zuständig. Die größte Attraktion bildet das alljährlich zu Beginn der Regenzeit Anfang Mai stattfindende, mehrtägige *Palo de Mayo* – ein Fest schwarzafrikanischen Ursprungs. Zu Reggae-Klängen wird von früh bis spät um den *palo de mayo* (Maibaum) getanzt.

Die Strände in Bluefields sind zum Baden nicht geeignet. Wer deshalb an die Costa Atlántica gefahren ist, muß noch ein Stück weiter hinaus.

Offiziell heißen sie **Islas del Maíz** `41` (s. S. 285f.), aber die englischsprechende Bevölkerung nennt die zwei 80 km vor ihrer Küste gelegenen Inseln Corn Islands. Sie sind ein wahres tropisches Paradies mit üppigem Grün, kristallklarem Wasser und einsamen weißen Palmenstränden. Insgesamt gibt es ca. 2000 ›Corn Islanders‹, von denen fast alle auf der 6 km² großen Isla Grande del Maíz (Great Corn Island) leben und nur 200 auf der 15 km entfernten, kleineren Isla Pequeña del Maiz (Little Corn Island). Zum Baden, Tauchen und Schnorcheln sind beide gleichermaßen ideal, wobei Übernachtungsmöglichkeiten nur auf der größeren Insel existieren.

Die Inseln standen bis 1894 unter britischem Schutz. Über Jahrhunderte dienten sie britischen, niederländischen und französischen Piraten als Versteck vor der spanischen Flotte, weshalb Tau-

cher vor der Küste immer wieder nach untergegangenen Schiffen suchen. Nur 2 km südwestlich der Isla Grande hat man 1985 in 22 m Tiefe die Reste einer spanischen Galeone – leider ohne bedeutende Schätze – entdeckt. Die Experten mutmaßen, daß hier noch viele Schiffwracks zu entdecken sind.

Die Inselbewohner leben in erster Linie vom Fischfang, einige auch vom Schmuggel (z. B. US-amerikanischen Whiskys aus Costa Rica) und nur wenige vom Tourismus. Denn noch sind Touristen eine Seltenheit. Das Inselparadies, dessen größere Insel auch vom Hurrikan Joana heimgesucht wurde, liegt abseits der bekannten Routen und ist nur schwer zu erreichen. Aber glaubt man den Plänen des Tourismusministeriums, ist es damit 1999 vorbei: Dann soll ein 100-Betten-Hotel eröffnen und die US-amerikanische Militärflugpiste als ziviler Flughafen dieses Paradies für viele erschließen.

Auf der Isla Grande del Maíz können sogar die Kühe die Strandnähe genießen

Der Norden Nicaraguas

Beim Blättern in den Prospekten der staatlichen Tourismuswerbung fällt auf, daß das nördliche Bergland kaum in Erscheinung tritt. Dies liegt vor allem daran, daß das Zentrum die nördlichen Provinzen Estelí, Matagalpa, Jinotega und Nueva Segovia schon immer vernachlässigt hat und daß die politischen Gegensätze hier am stärksten aufeinanderprallen. Im Norden wurde am härtesten gegen die somozistische Diktatur gekämpft, und noch immer gibt es einige bewaffnete Anhänger beider Lager.

Entlang der Panamericana nach Honduras

Von Managua bis Matagalpa

Die Panamericana ist die Hauptverkehrsader dieser nördlichen Bergregion. Sie ist durchgängig asphaltiert, und erreicht ca. 200 km nördlich von Managua den 1200 m hoch gelegenen Grenzübergang El Espino. Auch der zweite, etwas östlich davon gelegene Grenzort Las Manos ist über eine Abzweigung von der Panamericana leicht zu erreichen. Der Norden ist ein hügeliges Gebiet, in dem Landwirtschaft und Kaffeeanbau dominieren. Die Wälder und Berge sind angenehm kühl und geradezu ideal für Wanderungen und Erholungssuche geeignet, was auch für die von der Panamericana nach Nordosten abzweigende Route gilt, an der die Städte Matagalpa und Jinotega liegen.

Managua verläßt man gen Osten auf der Carretera Norte, die um das südliche Ufer des Managua-Sees herumführt und nach 20 km Tipitapa an der Panamericana erreicht. An der Mündung

Der Norden Nicaraguas

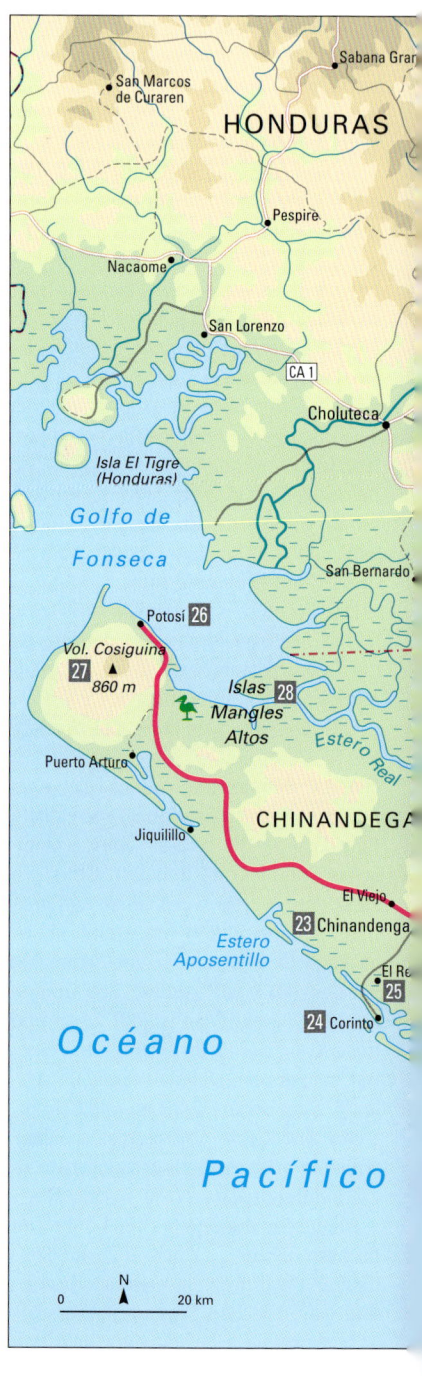

Das Hochland bei Jinotega

des gleichnamigen Flusses in den Managua-See befinden sich schwefelhaltige Thermalquellen, die in große Becken geleitet werden und sich als **Balneario El Trapiche** ▮1 großer Beliebtheit bei den Hauptstadtbewohnern erfreuen.

Tipitapa ▮2, das drei Kilometer vom Seeufer entfernt liegt, ist heute für seine fortschrittlich geführte Strafanstalt bekannt, in der bis zu ihrer Amnestie ehemalige somozistische Nationalgardisten einsaßen. Mitte Januar feiert die Kleinstadt drei Tage lang die landesweit bekannte *Fiesta El Señor de Esquipulas.*

Hinter Tipitapa beginnt die grüne Hügellandschaft, die zunächst allerdings durch eine weite Ebene führt. Die nächste größere Stadt an der nach Norden führenden Panamericana ist **Ciudad Darío** ▮3 (s. S. 283). Der Geburtsort des nicaraguanischen Nationaldichters Rubén Darío (1867–1916) liegt 90 km von Managua entfernt und hieß ursprünglich Metapa. Daríos Geburtshaus wurde zu einem kleinen Museum umge-

staltet, in dessen Innenhof neben einer Darío-Statue ein kleines Amphitheater untergebracht ist. Hier findet alljährlich zwischen dem 18. Januar und dem 6. Februar (dem Geburts- bzw. Todestag des Dichters) ein Poeten-Marathon statt: Viele bekannte und unbekannte Lyriker des Landes kommen, um von früh bis spät ihre Verse vorzutragen.

Hinter Ciudad Darío zweigt in Sébaco die Nationalstraße 3 nach Matagalpa ab.

Matagalpa

Das in 700 m Höhe gelegene, von Bergen umgebene Matagalpa ▮4 (s. S. 292f.) wurde 1613 gegründet, hat ca. 40 000 Einwohner und gehört seit 100 Jahren zu den wichtigsten Kaffeeanbaugebieten Nicaraguas. Die Stadt ist der Geburtsort des Gründers des Frente Sandinista, Carlos Fonseca Amador, dem Sohn eines Verwalters von Somoza-Gütern, und wurde als eines der Zentren des antisomozistischen Befreiungskampfs 1978/79 stark zerstört.

In Fonsecas Geburtshaus befindet sich das kleine **Museo Casa Cuna Carlos Fonseca** mit vielen interessanten historischen Fotos. Sehenswert ist auch die im Kolonialstil erbaute **Kathedrale** am Parque Mayor, die alljährlich am 24. September, dem Tag der *Virgen de las Mercedes,* im Zentrum aller Feierlichkeiten steht. Auf dem **Friedhof** von Matagalpa liegen viele Tote der Kämpfe gegen Somoza und die Contra. Ein Grab verdient besondere Aufmerksamkeit: das des beliebten US-Amerikaners Ben Linder, der als pazifistischer Kosmopolit durchs Land zog und mit seinen Auftritten Kinder erfreute. Er starb während einer solchen Darbietung bei einem Contra-Angriff in seinem Clown-Kostüm, und seine Beerdigungsfeier ging weltweit durch die Presse. Auf einem Hügel im Norden Matagalpas liegt der kleine Privatpark und Zoo **Las Tejas** mit typischen Tier- und Pflanzenarten der Region.

Stadtplan Matagalpa

Von Matagalpa bis zur honduranischen Grenze
Knapp 10 km hinter Matagalpa liegt an der Straße nach Jinotega die **Kaffeeplantage La Hammonia 5** (s. S. 292f.), die von deutschen Einwanderern um die Jahrhundertwende angelegt wurde und die heute wegen ihres Hotels Selva Negra unter Touristen die bekannteste Anlaufstelle im nördlichen Bergland ist. Auf La Hammonia wird nämlich nicht nur ökologisch angebauter, exzellenter La Hammonia-Kaffee zu Schwarzwälder Kirschtorte angeboten, sondern auch Führungen durch die Plantage und die Kaffeeverarbeitungsanlagen. Als Name für die Wälder dieser Bergregion hat sich Selva Negra (Schwarzer Wald) durchgesetzt. Auch wenn sie kaum Ähnlichkeit mit dem deutschen Schwarzwald aufweisen, stehen sie ihm an Schönheit in nichts nach. An Artenreichtum von Vögeln, Schmetterlingen und Pflanzen übertreffen sie ihn jedenfalls haushoch.

Hinter Matagalpa steigt die Straße bis auf 1600 m an. Von hier blickt man hinab auf das 1000 m hoch gelegene **Jinotega 6**, dessen weißes Häusermeer sich an die Hänge des grünen Tals schmiegt. Die Stadt hat 20 000 Einwohner und ist die letzte größere Siedlung vor Nicaraguas ›wildem Norden‹. Sie ist das Handelszentrum für die bäuerliche Bevölkerung des Umlands und verfügt über keine nennenswerten Attraktionen, sieht man von der 1805 erbauten Kirche am Parque Central ab. In Jinotega werden Keramikarbeiten aus schwarzem Ton hergestellt, die auf dem zentralen Markt angeboten werden.

Man muß historisch sehr interessiert sein, um die Strapaze einer Weiterfahrt nach **San Rafael del Norte 7** auf sich zu nehmen. Den 28 km nordwestlich von Jinotega liegenden Ort erreicht man

Sandino

Jeder kennt ihn in Nicaragua. Selbst nach zwei erbittert geführten Wahlkämpfen und nach dem zweiten Wahlsieg der antisandinistischen Parteien im Oktober 1996 wacht Sandinos Denkmal vom Tiscapa-Hügel über Managua. Auf ihn berufen sich eben viele.

Augusto César Sandino wurde am 18. Mai 1895 als uneheliches Kind einer Kaffeepflückerin im Dorf Niquinohomo geboren. Sein Vater war Besitzer der Plantage, auf der seine Mutter arbeitete. In Nicaragua war es damals üblich, Landarbeitern bei Arbeitsantritt einen Lohnvorschuß zu geben, den sie abzu-

arbeiten hatten. Gelang ihnen das nicht, so konnte der Grundbesitzer sie ins Gefängnis werfen lassen. Sandino war gerade neun Jahre alt und arbeitete schon auf dem Feld seines Vaters mit, als seine Mutter wegen eines solchen Schuldenrückstands ins Gefängnis kam und dort starb.

Als Arbeiter einer nordamerikanischen Ölfirma in Mexiko erfuhr Sandino 1926 vom Einmarsch US-amerikanischer Truppen in seine Heimat. Er kehrte nach Nicaragua zurück mit dem Vorsatz, Widerstand gegen die US-Truppen zu leisten. Bereits Ende 1926 kommandierte er eine kleine Freiwilligentruppe, die er auf eigene Kosten von seinem in Mexiko verdienten Geld mit Gewehren versorgte. Zugleich schloß er sich den Liberalen an, in der Annahme, daß ihr Widerstand gegen die konservative Regierung auch ein Kampf zur Befreiung Nicaraguas von US-Truppen sei. Doch Liberale und Konservative einigten sich auf den von den USA entworfenen Friedensplan von Tipitapa, der von 1928 an General Moncada, dem Anführer der Liberalen, das Präsidentenamt sicherte.

Am 1. Juli 1927 veröffentlichte Sandino ein politisches Manifest, in dem er seine Ablehnung des Vertrags begründete und Moncada einen Verräter an der nicaraguanischen Sache nannte. Seine ›Verteidigungsarmee‹ (›Ejército Defensor de la Soberanía Nacional‹) kämpfte von nun an fünfeinhalb Jahre lang im – wie er ihn später nannte – ersten antiimperialistischen Guerillakrieg Mittelamerikas gegen die USA.

Sandino plante eine grundlegende, sozialistische Veränderung der nicaraguanischen Gesellschaft. Seine Ziele konnte er damals nur in den ›befreiten Gebieten‹ verwirklichen, aus denen sich die Regierungstruppen und der alte Verwaltungsapparat zurückziehen mußten. Zudem zögerten die US-Truppen nicht, mit Bombenangriffen nicaraguanische Städte (z. B. Ocotal) zu zerstören, in denen sie Sympathisanten von Sandino vermuteten. Nachdem die US-Marine 1933 Nicaragua verlassen hatte, legte auch Sandino die Waffen nieder. Der neue Präsident, der Liberale Juan Batista Sacasa, war früher Kommandeur unter Sandino und übereignete ihm 40 km² Land in Segovia. Auf diesem gründete Sandino mit seinen Anhängern eine landwirtschaftliche Kooperative.

Seit 1932, d. h. vor dem Abzug der USA aus Nicaragua, kommandierte ein ergebener US-Sympathisant und entfernter Verwandter Sacasas die nicaraguanische Nationalgarde: Anastasio Somoza García, landesweit bekannt als ›Tacho‹. Ihn hatten die USA durchgesetzt, um sich nach ihrem Abzug der politischen Loyalität Nicaraguas sicher zu sein.

Somoza sah in Sandino seinen größten Widersacher, weil dieser die Auflösung der mit der Verfassung nicht zu vereinbarenden Nationalgarde zugunsten eines Volksheers forderte. Die Spannungen steigerten sich nach der Ermordung einiger Freunde Sandinos durch Nationalgardisten derart, daß Präsident Sacasa Sandino im Februar 1934 nach Managua einlud, um den Waffenstillstand von 1933 nicht zu gefährden und weiteres Blutvergießen zu vermeiden. Sacasas Bemühungen hatten nur einen kurzen Erfolg. Sandino versprach, nicht wieder die Waffen zu erheben, aber am Abend des 21. Februar 1934 ließ Somoza Sandino sowie zwei seiner Generäle von der Nationalgarde verhaften und erschießen. Nur wenige von Sandinos Männern konnten sich in die Berge retten. Von nun an herrschte Somoza uneingeschränkt in Nicaragua.

30 Jahre später wurde unter Führung von Carlos Fonseca Amador im Beisein von Überlebenden der ehemaligen Verteidigungsarmee Sandinos der ›Frente Sandinista de Liberación Nacional‹ (FSLN) gegründet. Der Mythos um Sandino wurde zur Mobilisierungswaffe gegen die Somoza-Diktatur, und noch immer beruft sich die ›Sandinistische Front der nationalen Befreiung‹ auf die Grundideen Sandinos: nationale Würde, nationale Souveränität, nationale Befreiung!

nämlich nur über eine staubige Piste. In diesem Bergdorf hatte General Sandino während des Befreiungskrieges gegen die US-Besatzungstruppen jahrelang sein Hauptquartier. Im Mai 1927 heiratete er in der örtlichen Kirche Elanca Araúz, die Telegraphin von San Rafael. Das Haus, in dem der ›General der freien Menschen‹ damals lebte und arbeitete, ist heute ein kleines Museum.

Leider gibt es keine asphaltierte Straße von San Rafael del Norte oder Jinotega nach Westen zur Panamericana, so daß man zurück nach Sébaco muß, um die Fahrt nach **Estelí** 8 (s. S. 283f.) fortzusetzen. Die Stadt, in 839 m Höhe gelegen, war die erste Hochburg der Sandinisten und ein Zentrum des Widerstands gegen die Somoza-Diktatur. An diese Kämpfe erinnert anschaulich

eine als Mahnmal aufgestellte Bombe an der Hauptstraße Calle Prinzipal, die offiziell Gran Vía Bolívar heißt. An dieser Straße liegen der Parque Central mit der Kathedrale und die Galería de los Héroes y Martires, ein Museum mit Bildern und Ausstellungsstücken jener Menschen aus der Region, die ihr Leben im Kampf gegen Somoza verloren haben. Unweit davon befindet sich die Casa de Cultura, noch heute ein Zentrum für politische Diskussionen und Musik.

Zwei weitere Sehenswürdigkeiten Estelís liegen im Umland. Der **Salto de la Estanzuela** 9, ein imposanter, 25 m hoher Wasserfall, 5 km südlich der Stadt, der sich in ein natürliches Becken ergießt, das von üppiger Vegetation umgeben ist. Nordwestlich von Estelí, 25 km von der Panamericana entfernt,

Vieles erinnert in Nicaragua noch an den Widerstand der Sandinisten gegen die Somoza-Diktatur: Wandmalerei in Estelí

erreicht man die archäologische Ausgrabungsstätte **El Bosque** ⑩. Hier wurden einige der frühesten Spuren menschlichen Lebens auf der zentralamerikanischen Landbrücke, nämlich 40 000 Jahre alte Steinäxte und Speerspitzen sowie Knochen getöteter Tiere, gefunden.

Hinter Estelí biegt die Panamericana in Yalagüina gen Westen nach **Somoto** ⑪, der Hauptstadt von Madriz, ab. Im Ort, in dessen Zentrum eine alte Kirche steht, kann man zum letzten Mal auf nicaraguanischem Boden übernachten bzw. sich versorgen, bevor man im Grenzort **El Espino** ⑫ nach Honduras ausreist. Die Grenze ist hier täglich von 8–17 Uhr geöffnet.

Wählt man in Yalagüina die Abzweigung in nördlicher Richtung, erreicht man **Ocotal** ⑬ (s. S. 293), die Hauptstadt von Nueva Segovia. Ocotal ist eine typische zentralamerikanische Kleinstadt, deren Reiz nicht in Sehenswürdigkeiten, sondern in ihrem beschaulichen Alltagsleben zu suchen ist. An den Ausfallstraßen, die in die Berge führen, stehen einstöckige Wohnhäuser mit liebevoll gepflegten Vorgärten.

Das Umland ist Kaffee- und Tabakanbaugebiet. Von Ocotal aus führt die Straße zum honduranischen Grenzübergang **Las Manos** ⑭, der nur von 8 bis 12 und von 14 bis 16 Uhr geöffnet ist.

Die nördliche Pazifikküste

Von Managua bis León
s. Karte S. 98/99

Die Fahrt in die nördliche Pazifikregion Nicaraguas beginnt in Managua beim Park Las Piedrecitas an der Carretera Viejo León. Diese Straße, die auch Pacific Highway heißt, führt zunächst am Westufer des Lago de Managua entlang und erreicht nach etwa 60 km das Dorf La Paz Centro. Hier zweigt eine unbefestigte, 15 km lange Straße zum Momotombo und nach León Viejo ab. Eine zweite Straße, die Carretera Nueva León, führt von Managua südwestlich im Bogen über Santa Rita nach León. Von ihr kann man die Küstenorte El Tránsito und Puerto Sandino erreichen. 30 km vor León treffen beide Straßen zusammen.

Der 1280 m hohe **Vulkan Momotombo** ⑮ mit seiner nahezu perfekt anmutenden Kegelform ist am Nordwestufer des Managua-Sees schon von weitem sichtbar. An einem seiner Hänge wurde ein 35 Megawatt-Elektrizitätskraftwerk gebaut, das sich von einem 8 km entfernten, inaktiven Vulkan speist, dessen heiße Wasser- und Dampfvorräte aus der Magmakammer auf Turbinen geleitet werden. Nicaragua deckt heute 30 % seines Strombedarfs aus Vulkanenergie.

Die unmittelbare Umgebung des Kraftwerks ist Sperrgebiet, aber der anstrengende Aufstieg zum Krater ist mit Zustimmung des Kraftwerkspersonals möglich. Der Weg hinauf ist sehr mühsam und wegen der steil abfallenden Schlackehalden nicht ungefährlich. Da am Krater tagsüber eine extreme Hitze herrscht, sollte die Tour nur in den frühen Morgenstunden unternommen werden.

Am Seeufer außerhalb des kleinen, stimmungsvollen Orts **Momotombo** ⑯ endete früher die vom Hafen Corinto herabführende Eisenbahnlinie. Die weitere Verbindung nach Managua erfolgte über den See.

Gleich neben der heutigen Ortschaft Momotombo ließ der spanische Erobe

Chinandega

Chinandega

San Felipe

6 C. Norte

Ehemaliger Bahnhof

2 C. Norte

Mercado Nuevo

Av. Central Noreste

Av. 1 Noreste

Av. Santiago Argüello

Av. Ctte. Pedro Aráuz

Mercado San Juan

3 C. Norte

Centro Popular de Cultura

La Recolección

La Merced

1 C. Norte

San Francisco

Catedral

Subtiava, Poneloya, El Fortín

C. Central Rubén Darío

Metropolitana

El Calvario

C. Sur

Mercado Central

Museo Archivo Rubén Darío

Parque Jérez

3 C. Sur

El Veinte Uno Garrison

Av. Central

Av. 1 Poniente

Av. 2 Poniente

Av. 1 Oriente

Av. 14 de julio

Circunvalación

Guadalupe

Carretera

Managua

Stadtplan León

rer Hernández de Córdoba 1528 auf Anordnung des Gouverneurs Pedrarias Dávila an der Stelle der Choroteken-Siedlung Imabite die erste Hauptstadt Nicaraguas, **León Viejo** 17 (s. S. 288), errichten. Leóns Grundriß und Gestaltung ähnelte der erst 11 Jahre später von Francisco Pizarro gegründeten Stadt Lima in Peru. ›Alt-León‹ wurde allerdings nicht alt. Die Stadt sank nach einem Erdbeben am 31. Dezember 1609 in Trümmer, und ein mehrtägiger Ascheregen aus dem gleichzeitig ausbrechenden Momotombo deckte die Ruinen vollständig zu. Seit 1979 will man die Überreste des ehemaligen Stadtkerns freilegen, aber die Arbeiten gehen mangels Geld nur langsam voran. Ausgegraben wurden bisher Teile der Kathedrale von 1528, der Kirche La Merced von 1530, in der Pedrarias Dávila begraben wurde, und mehrere Häuser, darunter die 1544 erbaute Casa de la Fundación.

León

Die überlebenden Bewohner León Viejos gründeten ein neues **León** 18 (s. S. 287f.) ca. 30 km nordwestlich, in der von Vulkanen umgebenen, fruchtbaren pazifischen Küstenebene. Bis 1855 war es Hauptstadt Nicaraguas und Hochburg der Liberalen Partei, deren Anhänger und Parteigänger als neureiche Handwerker und Grundbesitzer engagiert für die Unabhängigkeit von Spanien eintraten. 1804 wurde in León eine der ersten Universitäten Zentralamerikas eröffnet, und hier verbrachte der Dichter Rubén Darío nach langen Jahren des Exils seinen Lebensabend, bis er 1916 starb. In den letzten Jahren der Somoza-Herrschaft stand León im Zentrum der Auseinandersetzungen. 1978 und 79 wurde die Stadt mehrfach angegriffen, weil sie eine Hochburg des FSLN war. Noch heute erinnern Wandmalereien an vielen Häusern an diese Zeit.

Das Zentrum der heute 150 000 Einwohner zählenden Stadt hat seinen kolonialzeitlichen Charakter bewahren können. Aber trotz seiner großen Vergangenheit wirkt León weniger kolonial geprägt als Granada. Der reizvoll gestaltete Stadtkern um den Parque Central, der jetzt **Parque Jeréz** heißt, die engen Straßen und einige im Kolonialstil erbaute Häuser mit schmiedeeisernen Balkonen und holzgeschnitzten Fensterläden bestimmen die Atmosphäre in der Stadt.

Die **Catedral Metropolitana** an der Ostseite des Parks gilt als einer der bedeutendsten Sakralbauten Mittelamerikas. Mit dem Bau wurde 1747 begonnen, aber die Arbeiten an den Türmen und der Fassade wurden erst 1825 beendet. Im Inneren der Kirche, in der ein von Philipp II. gestifteter, edelsteinbesetzter Tabernakel von 1,50 m Höhe steht, befinden sich außerdem eine Christus-Statue aus Elfenbein, die große, bronzene Christusfigur von Esquipulas sowie Statuen der zwölf Apostel, zu deren Füßen Rubén Darío begraben liegt – das **Wohnhaus des Dichters** in der Calle Rubén Darío wurde zu einem Museum ausgebaut.

León ist die Stadt der Kirchen. Allein zehn sind während der Kolonialzeit errichtet worden, darunter **La Merced** in der Nähe der Kathedrale und die dahinter liegende **La Recolección,** die **Iglesia el Calvario** im Westen der Stadt und die **Iglesia San Francisco** in der Calle Rubén Darío, die alle im 16. und 17. Jh. erbaut wurden. Erhalten sind von diesen Kirchen die aufwendigen Fassaden, die Glockentürme sowie Teile der Außenmauern. Die Kirchenschiffe, Decken und Inneneinrichtungen sind mehrfach erneuert worden, weil sie entweder Opfer von Feuersbrünsten wurden oder unter dem allgemeinen Verfall nicht mehr erhalten werden konnten. Heute sind ihre Fassaden im Zuge eines großen städtischen Renovierungsprogramms hell überstrichen, aber man erkennt, daß dem Land Mittel für eine substanzerhaltende Denkmalpflege fehlen.

Die älteste Kirche Leóns, die noch vor der Stadtgründung 1530 erbaute **Iglesia San Juan Bautista de Subtiava,** liegt ca. 1 km vom Zentrum entfernt im Westen der Stadt, in ihr predigte Bartolomé de Las Casas. Das mit spanischer Unterstützung 1982 renovierte Gotteshaus besitzt eine prächtige Fassade, einen der schönsten kolonialzeitlichen Altäre des Landes und an den Innenwänden ausdrucksvolle Darstellungen indigener Naturmotive, einschließlich eines besonders auffallenden Sonnengemäldes. In österlichen der *Semana Santa* sind die Kirche und der Stadtteil Subtiava stets das Zentrum großer Prozessionen und religiöser Feierlichkeiten. Am 30. September, dem

In León kann man gute Lederwaren erstehen: Hier sieht man, wie die gegerbten Häute zum Trocknen aufgezogen werden

Fest des Heiligen Hieronymus, beginnt hier die Prozession zur Kathedrale. Südlich der Kirche steht **El Tamarindó,** ein uralter Baum, vor dem die Spanier Gericht abhielten und anschließend an seinen Ästen die zum Tode Verurteilten hängten. In Subtiava befindet sich auch das Kulturzentrum der Stadt, die **Casa de Cultura,** mit politischen Wandmalereien.

León besitzt auch historische Denkmäler, die an die Ereignisse der jüngsten Geschichte erinnern. **El Veinte Uno Garrison,** das zerstörte Gebäude der 21. Garnison der Nationalgarde, steht heute in einem Park, in dem das Denkmal des *Combatiente Desconocido* an die vielen namenlosen Somoza-Opfer erinnert. 1 km südlich von Subtiava erhebt sich **El Fortin,** die alte Somoza-Festung, deren Gefängnisse man besichtigen kann. Vom Fort, das man nur über einen unbefestigten Weg erreicht, hat man einen herrlichen Blick auf León, über die roten Ziegeldächer seiner Häuser bis zur hellen Kathedrale und bei schönem Wetter sogar bis zum blauen Pazifik.

Von León nach Norden

Von León ist der Pazifik gut zu erreichen. Eine asphaltierte Straße führt in den nur 20 km entfernten Badeort **Poneloya** **19** (s. S. 294), in dem viele Wochenendhäuser wohlhabender Bürger Leóns stehen. Am langen breiten dunklen Sandstrands trifft man zur Zeit noch wenige Touristen, obwohl die (bescheidene) Infrastruktur des Ortes zu den besten der nicaraguanischen Badeorte zählt. Wegen der niedrigen Wellen und des Restaurantangebots eignet sich der südlich gelegene Strandabschnitt Las Peñitas am besten zum Baden. Von Poneloya kann man, zwischen September und Ja-

nuar, organisierte Ausflüge zu einem der Strände des Schildkröten schützenden Naturreservats **Isla Juan Venado** **20** unternehmen.

Die Fahrt von León nach Norden führt durch das Zuckerrohrgebiet von **Chichigalpa** **21**, dem Ort, in dem der ›Flor de Caña‹-Rum hergestellt wird. Die größte Zuckerrohrfabrik im benachbarten **Ingenio San Antonio** **22** ist mit Chichigalpa durch einen Gleisanschluß verbunden, auf dem täglich mehrere mit Zuckerrohr beladene Züge verkehren. Auf dem Etikett aller ›Flor de Cana‹-Flaschen prangt übrigens ein solcher ›Zuckerrohrzug‹ vor der Kulisse eines Vulkans.

Die heißeste Stadt Nicaraguas liegt 35 km nördlich von León und heißt **Chinandega** **23** (s. S. 283). Hier steht das Thermometer im Sommer auf 40 °C. Mit über 100 000 Einwohnern zählt sie zu den großen Städten des Landes. Chinandega ist das Zentrum des Baumwollanbaugebiets und der wichtigste Verkehrsknotenpunkt in der nördlichen Pazifikebene. Von hier erreicht man in Richtung Westen das nur 20 km entfernte Hafenstädtchen Corinto, Richtung Norden den Fischerort Potosí am Golf von Fonseca, von dem man nach El Salvador übersetzen kann, und in Richtung Nordosten durch das nicaraguanische Bergland das Städtchen Somotillo und den Grenzort Guasaule, über den man nach Honduras gelangt.

Die pazifische Hafenstadt **Corinto** **24** (s. S. 283) besitzt noch immer den attraktivsten Hafen des Landes. Corinto ist der Hauptumschlagplatz aller Schiffstransporte von und nach Nicaragua. Die beschauliche Kleinstadt besitzt keine besonderen Attraktionen, aber lange Sandstrände. Weithin sichtbar sind die Ruinen der von den USA während des Contra-Krieges in Brand geschossenen Erdöltanklager. Auf dem Weg zum

Am Strand von Poneloya

Hafen und der hier angesiedelten Fischindustrie passiert man am alten Bahnhof das Haus des deutschen Honorarkonsuls.

Corinto wurde 1875 als Ersatzhafen für das innerhalb der Bucht südlich gelegene **El Realejo** 25 gegründet, das den Anforderungen großer Exportmengen, z. B. von Kaffee und Baumwolle, nicht mehr genügte. Das letzte historisch bedeutsame Ereignis steht in Zusammenhang mit William Walker, der hier 1855 mit seinen Söldnern zum ersten Mal nicaraguanischen Boden betrat.

Fährt man von Chinandega Richtung Norden, gelangt man auf einer Schotterstraße, vorbei an Bananen-, Zuckerrohr- und Baumwollplantagen, in den äußersten Nordwesten Nicaraguas, an den Golf von Fonseca. Neben der Ortschaft **Potosí** 26 erhebt sich der ursprünglich über 3000 m aufragende und heute nur noch 850 m hohe **Vulkan Cosigüina** 27. Seine Größe büßte er beim letzten Ausbruch 1835 ein. Ein gewaltiger

Ascheregen verdunkelte damals zwei Tage lang im Umkreis von 50 km den Himmel und erreichte sogar die weit über 100 km entfernte honduranische Hauptstadt Tegucigalpa und San Salvador. Kurz darauf, in der Nacht zum 23. Januar, flog plötzlich der größte Teil des Berges explosionsartig in die Luft. Die Detonation war sogar in Mexiko und Jamaika zu vernehmen.

Am östlichen Fuß des Vulkans, der auch bestiegen werden kann, unmittelbar am südlichen Rand der Bucht von Fonseca, befindet sich das ausgedehnte Naturschutzgebiet **Islas Mangles Altos** 28, das durch besonders hochragende Mangrovenwälder beeindruckt. Von Chinandega führt die Straße in nordöstlicher Richtung zum Städtchen Somotillo und weiter nach **Guasaule** 29. Hier, 200 km von Managua entfernt, befindet sich mitten in den Bergen ein Grenzübergang nach Honduras, auf dem man Tegucigalpa und El Salvador am schnellsten erreicht.

Costa Rica

Costa Rica im Schnelldurchgang

Fläche: 51 200 km^2
Einwohner: 3,5 Mio.
Hauptstadt: San José
Amtssprache: Spanisch
Währung: Colón (C)
Zeit: MEZ – 7 Std. (während der europäischen Sommerzeit –8 Std.)

Geographie: Costa Rica ist nach Belize und El Salvador der drittkleinste Staat Zentralamerikas und etwa so groß wie Hessen und Rheinland-Pfalz zusammen. Unmittelbare Anrainer sind im Norden Nicaragua, im Süden Panama. Dazwischen liegen 460 km Nord-Süd-Distanz. Im Osten bildet die 200 km lange Karibikküste eine natürliche Grenze. Die westliche Begrenzung durch den Pazifik ist mit 1200 km wesentlich länger. An seiner schmalsten Stelle trennen die zwei Weltmeere 125 km, an seiner breitesten ca. 300 km.

»Ein Garten zwischen zwei Ozeanen« – dieses Bild trifft ins Schwarze: tropische Natur, eine breit gefächerte Fauna und Flora, viele Nationalparks und Schutzgebiete in unterschiedlichen Vegetations- und Klimazonen, außerdem riesige Anbaugebiete für Kaffee und Bananen – und Blumen über Blumen.

Wie ein Rückgrat durchzieht parallel zur Pazifikküste ein hügeliger Bergrücken das Land, an dessen beiden Seiten sich zu den Ozeanen hin das atlantische und das pazifische Tiefland ausdehnen. Dieser sich über fast 500 km erstreckende Gebirgszug ist vulkanischen Ursprungs. Er nennt sich im nördlichen Bereich Cordillera de Guanacaste und Cordillera de Tilarán. Diese Teilabschnitte sind niedriger (höchste Erhebung: Volcán Miravalles, 2028 m) als die sich südlich anschließenden Höhenzüge der Cordillera Central (Volcán Irazu, 3432 m) und der Cordillera de Talamanca (Cerro Chirripó, 3820 m); letztere erstrecken sich bis nach Panama hinein.

Entlang dem Kordilleren-Bergrückens, der vereinzelt von Tälern durchschnitten wird, liegen mehrere, teils noch aktive Vulkane. Die dadurch entstandenen Hochebenen und Hochbecken gehören seit frühester Zeit wegen ihres Klimas und der fruchtbaren vulkanischen Aschenböden zu den bevorzugten Siedlungs- und Anbaugebieten des Landes. Die bedeutendste dieser Hochebenen ist die 20 km breite und 50 km lange Meseta Central, auch Valle Central genannt, die sich vor der Cordillera Central ausbreitet. In ihrem östlichen Teil liegen die heutige Hauptstadt San José und die ehemalige Hauptstadt Cartago.

Vulkane sind das geographische Kennzeichen Costa Ricas. Der höchste Berg des Landes, der Chirripó, ist vulkanischen Ursprungs, ebenso wie der Poás (2704 m) und der Irazú im Valle Central, die beide gerne bestiegen werden. Auch als erloschen geltende Vulkane, wie der 1633 m hohe Volcán Arenal, können plötzlich wieder ausbrechen.

◁ *Costa Rica, das zentrale Hochland*

Im Irazú-Nationalpark

Der flache karibische Küstenstreifen ist insbesondere zwischen Puerto Limón und Nicaragua sumpfig und unwirtlich. Die lange, buchtenreiche Pazifikküste zeichnet sich durch landschaftliche Vielseitigkeit und die zwei großen Halbinseln Nicoya und Osa aus. Während Nicoya wegen seiner Strände Touristen anzieht, besitzt Osa die artenreichste Fauna und Flora des ganzen Landes.

Costa Rica zählt zu denjenigen Ländern, in denen der Wald erschreckend dezimiert wurde. Waren 1940 noch drei Viertel der Gesamtfläche mit Wald bedeckt, so war dieser Anteil bis 1990 auf ein Viertel geschrumpft. Doch versucht Costa Rica mit einer neuen Naturschutzpolitik dieser ökologischen Selbstzerstörung entgegenzuwirken: Heute werden bereits 25 % der Gesamtfläche geschützt, und 12 % des Landes sind zu Nationalparks erklärt worden.

Staat und Politik: Costa Rica ist seit 1949 eine repräsentative, pluralistische Präsidialdemokratie. Alle vier Jahre werden der Präsident und die 57 Abgeordneten *(diputados)* des Kongresses direkt gewählt. Die Wahlbezirke entsprechen den 7 Provinzen Costa Ricas: Guanacaste, Alajuela, Heredia, San José, Cartago, Puntarenas, Limón. Über Vorbereitung und Ablauf der Wahl wacht ein unabhängiges Gremium mit weitreichenden Befugnissen.

Die Kongreßabgeordneten werden von den Parteien auf Listen nominiert. Über ihr Mandat entscheidet der Wähler in Verhältniswahl. Um persönliche Verbindungen zu unterbinden, dürfen Abgeordnete in aufeinanderfolgenden Legislaturperioden nicht kandidieren. Präsidenten sind generell von jeder Wiederwahl ausgeschlossen. Ihre Wahl erfolgt nach relativem Mehrheitswahlrecht, doch benötigt der Sieger mindestens 40 % der gültigen Stimmen, notfalls in einer Stichwahl zwei Monate nach dem ersten Wahlgang.

In den letzten Jahrzehnten festigten sich zusehends zwei politische Lager: Dem aus dem Bürgerkrieg hervorgegangenen ›Partido de Liberación Nacional‹ (PLN), einer sozialdemokratisch orientierten Mitgliederpartei, steht der eher rechts angesiedelte ›Partido Unidad Social Christiana‹ (PSUC) gegenüber. Die ideologischen Unterschiede dieser etwa gleich starken Parteien sind in erster Linie wirtschaftspolitischer Natur: während sich beide zu einer marktwirtschaftlichen Ökonomie bekennen, setzt der PLN auf staatliche Rahmenvorgaben und Investitionsprojekte, der PSUC dagegen auf Privatisierung und neoliberale Marktorientierung. Mehrere Kleinparteien, darunter auch der sozialistische ›Pueblo Unido‹, erreichen zusammen weniger als 5 %.

Wirtschaft: Der Mangel an Rohstoffen sowie der niedrige indigene Bevölkerungsanteil, der während der spanischen Kolonialherrschaft billige Sklavenbewirtschaftung verhinderte, ließen in Costa Rica über Jahrhunderte einen relativ homogenen bäuerlichen Kleinbesitz entstehen. Diese Sozialstruktur veränderte sich zwar gegen Ende des 19. Jh. mit dem Aufkommen der exportorientierten Kaffee- und Bananen-Plantagenwirtschaft, aber dank des stabilen, relativ demokratischen Regierungssystems kam es nicht zu sozialen Umwälzungen.

Bis zur Mitte des 20. Jh. funktionierte das System, überschüssige Agrarprodukte aus- und sämtliche Industrieerzeugnisse einzuführen. Die Versorgung mit Grundnahrungsmitteln war stets gesichert. In den 50er Jahren setzte eine staatlich unterstützte Industrialisierung ein, die die hohen Preissteigerungen der Importe und insbesondere von Rohöl Anfang der 70er Jahre aber nur teilweise auffangen konnte. Da gleichzeitig die Weltmarktpreise für Costa Ricas Exportgüter über Jahre hinweg sanken, mußte sich das Land im Ausland verschulden, zumal es das hohe Niveau seiner sozialstaatlichen Leistungen halten wollte. So wuchs der Schuldenberg gegen Mitte der 80er Jahre fast bis zur Zahlungsunfähigkeit. Mit massiver Kredit- und Wirtschaftshilfe aus dem Westen, die unverhohlen politische Ziele hatte, konnte das Land seine Ökonomie wieder beleben. Dennoch hat Costa Rica seinen Schuldenberg bis heute (über 4 Mrd. US-$) nicht abbauen können.

Die großen Ausfuhrgüter des Landes sind Kaffee und Bananen. Sie machen allein 50 % aller Exporte aus, sind aber gleichzeitig den größten Preisschwankungen am Weltmarkt ausgesetzt. Weltweit ist Costa Rica der größte Bananenexporteur. Daneben werden Zucker, Rindfleisch, Ananas, Frischfisch und Holz exportiert. Die Industrialisierungsbemühungen der letzten Jahre führten zu Ausfuhrerlösen aus Textilien und Arzneimitteln. Unter den Devisenbringern nimmt der Tourismus die zweite Stelle ein. Dank der Pflege und der umsichtigen Erweiterung der Naturparks sowie finanzkräftiger ausländischer Investoren wird dieser Wirtschaftszweig weiter anwachsen.

Wichtigster Handelspartner Costa Ricas sind die USA. Sie nehmen ca. 40 % des gesamten Exports ab. Auch ca. 40 % der Importe Costa Ricas stammen aus den USA, ca. 30 % aus Europa, vor allem aus der Bundesrepublik, die damit den vierten Platz unter den Wirtschaftspartnern des Landes einnimmt.

Nach dem Ende der zentralamerikanischen Bürgerkriege steht Costa Rica vor großen wirtschaftlichen Herausforderungen, da sich in den Nachbarstaaten eine kompromißlose und rasche Liberalisierungspolitik abzeichnet, die das hohe Lohnniveau und die sozialen Absicherungen in Costa Rica ins Wanken geraten läßt. Der Frieden in der Region wird der Schweiz Mittelamerikas nicht nur Vorteile bringen.

Bevölkerung: Als einziges Land Zentralamerikas hat Costa Rica eine weiße Bevölkerungsmehrheit (80 %) meist spanischer Abstammung. Die übrige Einwohnerschaft setzt sich aus Mestizen, Schwarzen, Mulatten und Asiaten zusammen. Die wenigen Nachkommen der indigenen Urbevölkerung leben in Reservaten. Die Lebenserwartung, die höchste Lateinamerikas, liegt für Männer bei 72, für Frauen bei 76 Jahren. Bei einer Geburtenrate von 2,3 % wird das Land im Jahr 2000 die 4 Mio.-Grenze überschreiten. Mit 66 Einwohnern pro km² ist das Land keineswegs dicht besiedelt, aber die Bevölkerung verteilt sich regional sehr ungleichmäßig. Mehr als die Hälfte der Costaricaner lebt im Valle Central, allein in San José und Umgebung ein Drittel. Die Verstädterung im Agrarland Costa Rica hat in den letzten Jahren zugenommen. 40 % der Bewohner leben heute in Städten, während die feuchten und heißen Gebiete an der karibischen Küste nur sehr dünn besiedelt sind. Mit unter 5 % hat das Land die niedrigste Analphabetenrate aller amerikanischer Staaten!

Religion: Neun von zehn Costaricanern sind römisch-katholisch. Kleinere protestantische Gemeinden – zumeist Methodisten, Baptisten oder Adventisten – gibt es nur an der Karibikküste und in der Hauptstadt.

Klima und Reisezeit: Costa Rica liegt zwischen dem 8. und dem 10. nördlichen Breitengrad, also inmitten der Tropen. Man unterscheidet eine Trockenzeit (Dez.–März), die die Costaricaner ›Sommer‹ nennen, und eine Regenzeit (April–Nov.). Auch in der Regenzeit scheint die Sonne viel, nur nachmittags muß mit Schauern gerechnet werden. Abends ist es dann meist wieder trocken und angenehm frisch. Die Temperaturen sind das

ganze Jahr über mild und warm, weshalb sich das Land, das ganzjährig Saison hat, gerne als ›Land des ewigen Frühlings‹ bezeichnet. Größere klimatische Unterschiede bestehen aber je nach Höhenlage. Da man in höhere, gemäßigte bis kühle Regionen ausweichen kann, sind die Lebensbedingungen hier angenehmer als in Panama oder Nicaragua. Tropische Schwüle herrscht besonders an der atlantischen Seite, während die pazifische eher warm und trocken ist. Allerdings ist es auch hier von Juni–Okt. feucht-heiß. Die Wassertemperaturen liegen an beiden Küsten konstant bei 24 °C. Im hochgelegenen San José ist der Januar mit 23 °C der kühlste, der Mai mit 27 °C der wärmste Monat des Jahres; pro Jahr fallen hier etwa 2000 mm Regen. In Puerto Limón am Atlantik schwankt die Temperatur zwischen 27 °C (Dez.) und 31 °C (Juni). Hier regnet es das ganze Jahr über, im ›trockenen‹ September ca. 150 mm, im ›feuchten‹ Dezember 600 mm und im Jahresdurchschnitt ca. 4000 mm.

Costa Rica gehört zu den zehn regenreichsten Ländern der Erde. Die Tourismusindustrie bezeichnet die Regenzeit inzwischen als ›Grüne Jahreszeit‹, um sie europäischen Besuchern schmackhafter zu machen, und würdigt damit ein wesentliches Merkmal dieser Jahreszeit: Die gesamte Natur erstrahlt in prachtvollen Variationen satten Grüns.

Die Geschichte der ›Reichen Küste‹

Mit der Vorstellung vom großen Reichtum, der in der Neuen Welt zu finden sei, erreichte **Kolumbus** auf seiner vierten und letzten Reise die karibische Küste Zentralamerikas und ging am 25. September 1502 vor der Insel Uvita im heute costaricanischen Puerto Limón vor Anker. Er gab dieser Region den Namen Costa Rica, ›Reiche Küste‹, wozu ihn der Gedanke an Gold ebenso inspiriert haben mag wie die faszinierende, üppig grüne Küstenlandschaft, die sich den Entdeckern bot. Zwar erfüllten sich die Hoffnungen auf Reichtum weder für Kolumbus noch für die nach ihm kommenden Spanier, doch der Name blieb erhalten.

Da im Gebiet des späteren Costa Rica keine Edelmetalle gefunden wurden und das Land, weil es nur sehr dünn besiedelt war, kein zu versklavendes Arbeitskräftepotential besaß, sahen die Spanier keinen Anlaß für eine systematische Eroberung. Erst 1561 drangen sie, nicht von den Küsten, sondern aus dem Gebiet des nördlich gelegenen Nicaragua kommend, in die fruchtbare und klimatisch günstige Hochebene des Valle Central vor und gründeten hier 1563 Cartago als Hauptstadt des seit 1568 dem Generalkapitanat Guatemala unterstellten Costa Rica.

Von Cartago aus, das bis zum Ende der Kolonialzeit der einzige Ort des Landes mit einem größeren städtischen Kern blieb, erfolgte schrittweise die Besiedlung der Hochebene. Da ausschließlich reiche Adlige als Kavalleristen zum Militärdienst der Krone herangezogen wurden und nur sie weiteren Landbesitz und indigene Arbeitskräfte als Lohn für ihre siegreichen Dienste erhielten, hatten die in die Provinz eingewanderten spanischen Siedler, die nur als Fußsoldaten dienen durften und ihren Boden selbst bzw. mit geliehenen Sklaven bestellen mußten, wenig Interesse an Eroberungs- und Christianisierungsfeldzügen. Ihre wenigen Agrarüberschüsse verkauften sie vorwiegend in Panama, denn für eine Reise nach Guatemala benötigte man über 50 Tage, auf dem ›Mauleselpfad‹ nach Panama weniger als die Hälfte.

Am Ende des 18. Jh. waren nur ca. 2 % der gesamten Fläche landwirtschaftlich erschlossen. Es wurde so wenig produziert, daß die von Guatemala nach Cartago entsandten Gouverneure aus Einnahmen der Provinz Nicaragua besoldet werden mußten. Zu Beginn des 19. Jh. verbesserte sich die ökonomische Lage leicht. Zwar standen der sich ausdehnende Tabakanbau und seine Absatzwege formal unter der Kontrolle des spanischen Vizekönigs bzw. der nachgeordneten Capitanía General in Guatemala, aber zumindest für das 1737 gegründete San José führte der Tabak zum wirtschaftlichen Aufschwung. 1808 brachte ein costaricanischer Tabakhändler eine Kaffeepflanze aus Cuba mit; zum ersten Mal wurde jetzt auf dem lateinamerikanischen Festland Kaffee angebaut. Als sich Spanien 1821 aus seinen amerikanischen Besitzungen zurückzog, bildeten sich in Costa Rica zwei Lager: Noch im selben Jahr kam es zu **Auseinandersetzungen** zwischen den costaricanischen Monarchisten, die den Anschluß an das neue Königreich Mexiko festschreiben wollten, und den Republikanern, die sich für einen unabhängigen, liberalen Staatenbund einsetzten.

Nach dem Sieg der Republikaner wurde deren Zentrum San José anstelle der Monarchisten-Hochburg Cartago zur Hauptstadt erklärt. Bis 1838 gehörte Costa Rica dieser zentralamerikanischen Föderation an.

Bereits 1824 wurde der erste costaricanische Präsident, Juan Mora Fernández, auf der Grundlage einer neuen Verfassung gewählt. Zunächst dominierten in der Innenpolitik liberale Ideen. 1882 wurde die Todesstrafe abgeschafft, 1886 der (kostenlose) Schulbesuch formal zur Pflicht. Nach der Wahl José Joaquín Rodríguez' 1890 zum Präsidenten folgten – ganz im Gegensatz zu den Nachbarstaaten – Jahrzehnte der politischen Stabilität. 1914 wurde Alfredo González Flores als erster Präsident eines zentralamerikanischen Landes auf der Grundlage eines freien, geheimen, allgemeinen und direkten Wahlrechts, das allerdings damals nur den Männern zustand, gewählt.

Nach dem Zusammenbruch des Außenhandels im **Ersten Weltkrieg** führte González 1916 eine Einkommens- und Grundsteuer ein, um die sozialen Folgen der Wirtschaftskrise für den Staat auffangen zu können. Costa Rica entschied sich damit für sozialstaatliche Strukturen.

Nach Jahren friedlicher Entwicklung sollte ein **Bürgerkrieg** 1948 darüber entscheiden, ob die eher sozialistisch wohlfahrtsstaatlichen Vorstellungen eines ›Don Pepe‹ Figueres oder die eher liberal marktorientierten eines Calderón Guardia die Zukunft Costa Ricas prägen sollten. Der Sieger Figueres setzte grundlegende **Reformen**, so z. B. das neue Wahlsystem, die Sozialpflicht des Staats und die Abschaffung der Armee, durch, die in der neuen Verfassung von 1949 festgeschrieben wurden. Diese prägte die politische Entwicklung der nächsten Jahrzehnte, auf ihrer Grundlage entwickelte sich Costa Rica zur ›**Schweiz Zentralamerikas**‹. Eine präsidiale Demokratie nach dem Vorbild der USA, aber ohne Armee, sicherte dem Land von nun an stets friedliche Regierungswechsel, in denen sich die beiden großen politischen Parteien oft nach nur einer Legislaturperiode ablösen. Nach den Wahlen von 1994 regierte José Maria Figueres, der Sohn von ›Don Pepe‹, bis er Anfang 1998 von Miguel Angel Rodriguez vom PUSC abgelöst wurde.

Zwischen Skylla und Charybdis – von der Verträglichkeit von Ökologie und Tourismus

Costa Rica setzt auf Tourismus, aber es will die Fehler anderer Länder nicht wiederholen. 1971 definierte man zum ersten Mal Naturschutz als politische Aufgabe, und in 25 Jahren kam man diesem Ziel ein großes Stück näher. Heute sind fast ein Viertel des Landes als Nationalparks, biologische Schutzzonen oder private Reservate dem menschlichen Zugriff entzogen. Welch großen Schritt dies bedeutet, wird einem klar, wenn man bedenkt, daß in den USA nur 3 % der Landfläche unter Naturschutz stehen. (Auch wenn diese 3 % naturgeschütztes Territorium sechsmal so groß sind wie ganz Costa Rica).

Söhne und Väter – die ›Schweiz‹ Zentralamerikas und ihre Präsidenten

Costa Rica ist heute eine demokratische Republik, nicht zuletzt dank einer gefestigten Gewaltenteilung und einer geachteten Gerichtsbarkeit. Regierungswechsel vollziehen sich seit Jahrzehnten absolut demokratisch und friedlich. Für lateinamerikanische Verhältnisse ist dies ein höchst beachtenswertes Zeichen politischer Kultur.

Unter den Präsidenten Costa Ricas gibt es herausragende Persönlichkeiten. Der hierzulande bekannteste war Oscar Arías Sanchez, der Costa Rica von 1986 bis 1990 regierte und 1987 für seine Bemühungen um ein Ende der zentralamerikanischen Bürgerkriege den Friedensnobelpreis erhielt. Präsident wird in Costa Rica nur, wer einer bekannten Familie angehört. Arías Sanchez, der Kandidat des sozialdemokratischen PLN, gehörte zu den großen Landbesitzerfamilien, aber seine Familie zählte bisher nicht zu den politisch einflußreichen.

Da können Rafael Angel Calderón, sein Nachfolger als Kandidat des konservativen PUSC und Präsident von 1990–94, sowie dessen Nachfolger José María Figueres, als Kandidat des PLN von 1994–98) im Amt, auf andere Familientraditionen verweisen. Denn die beiden politischen Rivalen sind Söhne zweier berühmter Präsidenten, die sich vor Jahrzehnten ebenso engagiert bekämpften wie ihre Söhne heute.

Rafael Angel Calderón Guardia, eine charismatische Führerpersönlichkeit aus dem konservativen Lager, regierte

Costa Rica von 1940–44. Bei den Wahlen von 1948 kandidierte er wieder, unterlag jedoch. Sein Freund und Vorgänger im Amt, Picado, versuchte, Calderón durch Wahlmanipulation ins Amt zu bringen.

Zentralfigur des Widerstands gegen Calderón wurde 1948 José María Figueres Ferrer. Figueres war kein Unbekannter in der Oppositionsszene: 1942 war der Kaffeeplantagenbesitzer mit dem Beinamen ›Don Pepe‹ nach einem Rundfunkinterview, in dem er zum Sturz von Diktatoren in den Karibikstaaten aufrief, von Calderón des Landes verwiesen worden.

Im März 1948 begann der von Figueres als ›Krieg der nationalen Befreiung‹ bezeichnete Aufstand gegen Calderón. Wegen seiner sozialistischen Vorstellungen schlossen sich ihm Bauern, Arbeiter und Intellektuelle an. Auch der Erzbischof von San José unterstützte Figueres. Daher nützte es Calderón nichts, daß er nicaraguanische Verstärkung ins Land holte. Seine Regierungstruppen wurden binnen eines Monats bei Puerto Limón vernichtend geschlagen. Am 19. April 1948 war der Bürgerkrieg, der 2000 Costaricaner das Leben gekostet hatte, zu Ende.

Figueres wurde Präsident und zeigte sich als Sieger staatsmännisch. Anstelle von Strafmaßnahmen erließ er eine Generalamnestie und setzte grundlegende Reformen durch, die in der neuen Verfassung von 1949 festgeschrieben wurden: das neue Wahlsystem, die Sozialpflicht des Staates und die Abschaffung der Armee. Nachdem er mit Hilfe der Organisation der Amerikanischen Staaten (OAS) Grenzüberschreitungen von Truppen des Diktators Somoza aus Nicaragua abgewehrt hatte, übergab Figueres noch 1949 die Regierungsgeschäfte dem PLN-Wahlsieger von 1948 Otilo Ulate Blanco. 1953 trat Figueres wieder zur Wahl an, siegte und übernahm erneut das Präsidentenamt. Zwei Jahre später versuchte der Sohn des früheren costaricanischen Präsidenten Picado (Amtszeit 1944/48), der eine Karriere als Sekretär des nicaraguanischen Diktators Somoza hinter sich hatte, zusammen mit alten Anhängern Calderóns von Nicaragua aus Figueres zu stürzen. Zur Unterstützung bombardierte die Luftwaffe Somozas sogar San José und andere Städte. Obwohl Costa Rica keine bewaffneten Streitkräfte unterhielt, kam es dank des öffentlichkeitswirksamen Eingreifens der OAS sehr schnell zu einer friedlichen Lösung des Konflikts.

Als José María Figueres als Kandidat des PLN am 6. Februar 1994 mit 51,4 % der Stimmen die Wahl um das Präsidialamt gewonnen hatte, kündigte er eine neue »Politik der sozialen Gerechtigkeit« an. Im Wahlkampf hatte er nämlich vor allem den neoliberalen Wirtschaftskurs des damals amtierenden Präsidenten Rafael Angel Calderón angegriffen. Seinen Erfolg, so schrieben die costaricanischen Zeitungen nach der Wahl, verdanke der 39jährige Figueres »nicht zuletzt seinem berühmten Namen, dem des 1990 verstorbenen Don Pepe, dem Begründer der costaricanischen Demokratie, dem Sieger des Bürgerkriegs von 1948 und dem dreimal gewählten Präsidenten José Figueres Ferrer«.

Zunächst wies in Costa Rica vieles in eine entgegengesetzte Richtung. Noch 1985 zählte die ›Reiche Küste‹ zu den Ländern mit der höchsten Abholzungsrate weltweit, denn damals versprach man sich Wohlstand von Weideland und Anbauflächen. Aber noch rechtzeitig besannen sich die führenden Köpfe eines besseren, und seit 1990 lautet die Zauberformel ›Ökotourismus‹. Anstelle des *all-inclusive*-Strandurlaubers à la Dominikanische Republik setzt man auf den naturinteressierten Individualtouristen, der sich die exklusive Begegnung mit tropischer Vegetation etwas kosten läßt.

1994 kamen 750 000 Touristen, doppelt so viele wie 1990. 1997 besuchten 580 000 Gäste das Land, davon die Hälfte aus den USA und 25 000 aus Deutschland. Costa Rica würde gerne mehr Touristen aufnehmen, aber inzwischen haben auch die Nachbarstaaten dieses lukrative Segment entdeckt. Da diese wegen geringerer Sozialleistungen billigere Angebote unterbreiten können, steht Costa Rica vor neuen Herausforderungen. Es klingt makaber, aber der Frieden in der Region verdirbt Costa Rica das Geschäft. Noch ist der Optimismus in der ›Schweiz Amerikas‹ jedoch ungebrochen: *Pura vida* heißt die viel beschworene Formel für ein unbeschwertes, schönes Leben in einem Land, in dem Natur ganz groß geschrieben wird.

Costa Rica ist arm an Kulturschätzen, – das hat die costaricanische Sonderentwicklung innerhalb des spanischen Kolonialreichs mit sich gebracht – und es ist arm an aufregender Geschichte. Seine ›Kathedralen‹ sind keine architektonischen Prachtbauten, sondern Naturschönheiten – der Regenwald, die Vulkane, die Strände und die Vogelwelt. So lernen es die Reiseleiter auf ihren Schulungen. Und es stimmt.

In Werbebroschüren für den Tourismus lobt sich das Land als ›Insel des Friedens und Verteidiger der Natur‹. Da Kaffee, Bananen und Rindfleisch kein sicheres Geschäft mehr sind, spielen Natur und Tourismus eine immer größere Rolle, und ihre gegenseitigen Abhängigkeiten werden zum innenpolitischen Thema. In Zeitungen, im Fernsehen und in Wahlkämpfen wird zunehmend die Frage diskutiert, wie viele Touristen die noch verbliebene Natur eigentlich verkraften könne. Denn dessen sind sich die Costaricaner bewußt: Mit den Touristen kommen zwar Mittel und Motivation, um das wertvolle Gut zu erhalten, aber gleichzeitig bedeuten sie eine Gefahr für die Natur. Bis heute fällt ihnen als Lösung nur die bisher bewährte Formel ein: Öko- statt Massentourismus.

Dabei kommt Costa Rica entgegen, daß sich Wachstum, Beschäftigung und Geldwert des Landes im Vergleich mit seinen Nachbarstaaten als ausgesprochen stabil erweisen. Für lateinamerikanische Verhältnisse ist Costa Rica ein untypischer demokratischer Sozialstaat ohne Guerilla-Bewegungen und mit niedriger Kriminalitätsrate. Wenn tatsächlich einmal ein Mord oder eine Geiselnahme stattfindet, dann können die Täter doch eigentlich keine *ticos* oder *ticas* – wie sich die Einheimischen gern bezeichnen – gewesen sein, sondern kommen bestimmt, so das gängige Vorurteil, aus Nicaragua: Im Fall der Entführung einer deutschen Touristin und ihrer Schweizer Reisebegleiterin im Sommer 1995 bestätigte sich dies zufällig. Aber diese Geiselnahme war die große Ausnahme, und sie hat dem Land zu Unrecht sehr geschadet. Im Sommerloch der Berichterstattung wurde der Fall

journalistisch aufgebauscht und Costa Rica fälschlicherweise als unsicher eingestuft. Prompt kamen 1996 200 000 Touristen weniger als in den beiden vorhergehenden Jahren.

Inzwischen assoziiert man mit dem Landesnamen, Gott sei Dank, wieder jenen Reichtum an Natur, den kennenzulernen ein unwiederbringliches Erlebnis darstellt. Trotz allem ist Costa Rica noch lange nicht gegen die finanzstarken Versuchungen neuer Großprojekte gefeit. Zwar gilt der bereits 1970 eingerichtete Nationalpark von Tortuguero an der Karibikküste als erfolgreiches Modell für die Integration von Artenschutz, nachhaltiger Entwicklung und blühendem Ökotourismus, aber immer wieder versuchen Tourismus-Multis gigantische Hotelanlagen in Strandnähe zu plazieren.

Eines dieser noch nicht aufgegebenen Großprojekte ist die Bucht von Papagayo, in der in den nächsten zehn Jahren bis zu 20 000 Hotelbetten an 17 Stränden entstehen sollen, glaubt man den Plänen der 1994 abgewählten Regierung Calderón. Die Regierung Figueres leitete eine neue Prüfungsphase ein und ließ das Projekt ruhen. Doch seit 1998 regiert wieder ein Parteifreund Calderóns und es ist mit einer Wiederaufnahme der Pläne zu rechnen. Im Namen einer langfristigen Entwicklung Costa Ricas plädiert die englischsprachige Wochenzeitung ›The Tico Times‹ seit Jahren massiv für eine Verhinderung dieses Projekts und prophezeit: »Die einzige Chance Costa Ricas ist ein *hardcore*-Ökotourismus – klein, fein, individuell.« Von Beschränkung zu profitieren, davon müssen viele Costaricaner angesichts der Verlockungen milliardenschwerer Investitionen aus dem Ausland noch überzeugt werden. Und das ist keine leichte Aufgabe!

Am Strand von Cahuita

Reisen in Costa Rica

Die Hauptstadt San José

(s. S. 321) Inmitten des Valle Central liegt in 1150 m Höhe San José, die Hauptstadt Costa Ricas. Obwohl heute in ihrem Einzugsbereich mehr als 1 Mio. Einwohner leben, ist San José keine Stadt mit großer Vergangenheit; Hauptstadt wurde sie erst 1823. Heute aber ist sie der unumstrittene Mittelpunkt des Landes: Die wichtigsten Verkehrsrouten führen durch San José, hier haben alle wesentlichen Institutionen der Politik, der Wirtschaft und der Kultur ihren Sitz, und jedes Jahr kommen ca. 1 Mio. Touristen, um in dieser modernen, aber überschaubaren Großstadt einzukaufen (wie z. B. Besucher aus anderen zentralamerikanischen Staaten) oder um von hier aus zu den Küsten und Naturparks des Landes zu reisen (wie z. B. die 40 000 deutschen Touristen).

Diese zentrale Funktion San Josés erklärt sich aus seiner Geschichte: Um den ca. 2000 Bewohnern des westlichen Valle Central den weiten, beschwerlichen Weg zur Kathedrale in der damaligen Hauptstadt Cartago zu ersparen, ließ der Bischof in dem kleinen Dorf La Boca de Monte 1737 eine Kirche bauen, die er dem Heiligen Josef weihte. Diese (heute nicht mehr existierende) kleine Kapelle stand etwa 400 m von der heutigen Kathedrale entfernt. 1761 zählte der Ort San José de la Boca de Monte elf Häuser und 15 strohgedeckte Hütten, ca. 400 Familien lebten auf den Höfen im weiteren Umkreis. 1755 wurden die im Gemeindebesitz befindlichen Felder *(ejidos)* unter den spanischen Siedlern aufgeteilt, welche unter Androhung von Strafen vom Gouverneur Tomás López del Corral aufgefordert wurden, sich im Ort niederzulassen.

1760 hatte sich die bäuerliche Bevölkerung von San José de la Boca de Monte dem Anbau von Tabak zugewandt, und der Ort wurde in den Akten als Villa Nueva – im Gegensatz zur Villa Vieja Heredia – geführt. Dank des erfolgreichen Tabakanbaus und des Ansiedlungsdekrets wurden 1783 bereits 970 Häuser und 5000 Einwohner registriert. Damit hatte sich San José neben Heredia und Alajuela zum dritten kleinstädtischen Zentrum im westlichen Talbecken entwickelt. 1813 ersuchte Pater Florencio del Castillo den Hohen Gerichtshof im spanischen Cadiz, San José die Stadtrechte zu verleihen. Im bald folgenden Antwortschreiben gewährte man der ›Hermosa Población de San José‹ mit den Stadtrechten auch die Eigenverwaltung. 1815 ergab die erste eigene Volkszählung für San José bereits 12 000 Einwohner.

Mit der Einführung von Kaffee überschlugen sich die Ereignisse. 1820 vergaben die Stadtherren von Cartago und von San José öffentliche Ländereien an jene Siedler, die sich zum Anbau von Kaffee entschlossen. Auch die Kaffeesetzlinge erhielten diese Bauern gratis. Innerhalb weniger Jahre breitete sich der Kaffeeanbau unter den kleinen und mittleren bäuerlichen Betrieben der beiden Städte aus.

Mit der 1821 von Mexiko erkämpften Unabhängigkeit von Spanien fiel den zentralamerikanischen Staaten mehr oder weniger ohne großes eigenes Zutun die Unabhängigkeit in den Schoß. Allerdings wollte jetzt Mexiko unter Iturbide diese Staaten einem mexikani-

San José, fröhlich und ausgelassen geht es auf den Paraden der Reiterfeste zu

schen Königreich einverleiben, so wie bisher alle Verwaltungsstrukturen auf Mexiko als Sitz des spanischen Vizekönigreichs ausgerichtet waren. Die traditionellen Herrschaftseliten in der Hauptstadt Cartago und in Heredia sympathisierten mit diesen monarchistischen Plänen, aber das Bürgertum von San José und Alajuela setzte sich für einen republikanischen, unabhängigen Staat ein. So kam es 1823 zum offenen Schlagabtausch zwischen den Republikanern des Landes unter der Führung von San José und den Monarchisten von Cartago. Dahinter standen übrigens auch lokale Rivalitäten, denn dank des Kaffees hatte San José inzwischen mehr Einwohner als Cartago. Die Armeen von San José und Alajuela siegten im ersten costaricanischen Bürgerkrieg, und die Hauptstadt Costa Ricas hieß von nun an San José.

Doch das neugewonnene Prestige sollte noch einmal in Frage gestellt werden. 1833 verabschiedete Präsident José Rafael Gallegos ein Gesetz, demzufolge die Hauptstadt alle vier Jahre zwischen den Städten Alajuela, Cartago, Heredia und San José rotieren sollte. Sein Nachfolger, Braulio Carrillo, zog dieses Gesetz aber noch vor dem ersten Wechsel zurück. Wieder kam es zu kriegerischen Auseinandersetzungen wegen der Hauptstadt-Frage. Carrillo siegte und erklärte San José ›unwiderruflich‹ zur Hauptstadt.

Die postkoloniale Entwicklung San Josés und die Überflügelung seiner Nachbarstädte hing wiederum eng mit dem Kaffee zusammen. Die Kaffee-Exporte brachten Reichtum und Wohlstand ins Land, und in der Hauptstadt entstand binnen weniger Jahrzehnte eine politisch den Ton angebende *aristocracia cafetalera*. Auch die ausländischen Händler und Kaffeeunternehmer, in erster Linie Franzosen und Engländer, aber auch einige Deutsche, ließen sich in der neuen Hauptstadt nieder, die von nun an unaufhaltsam zum heutigen

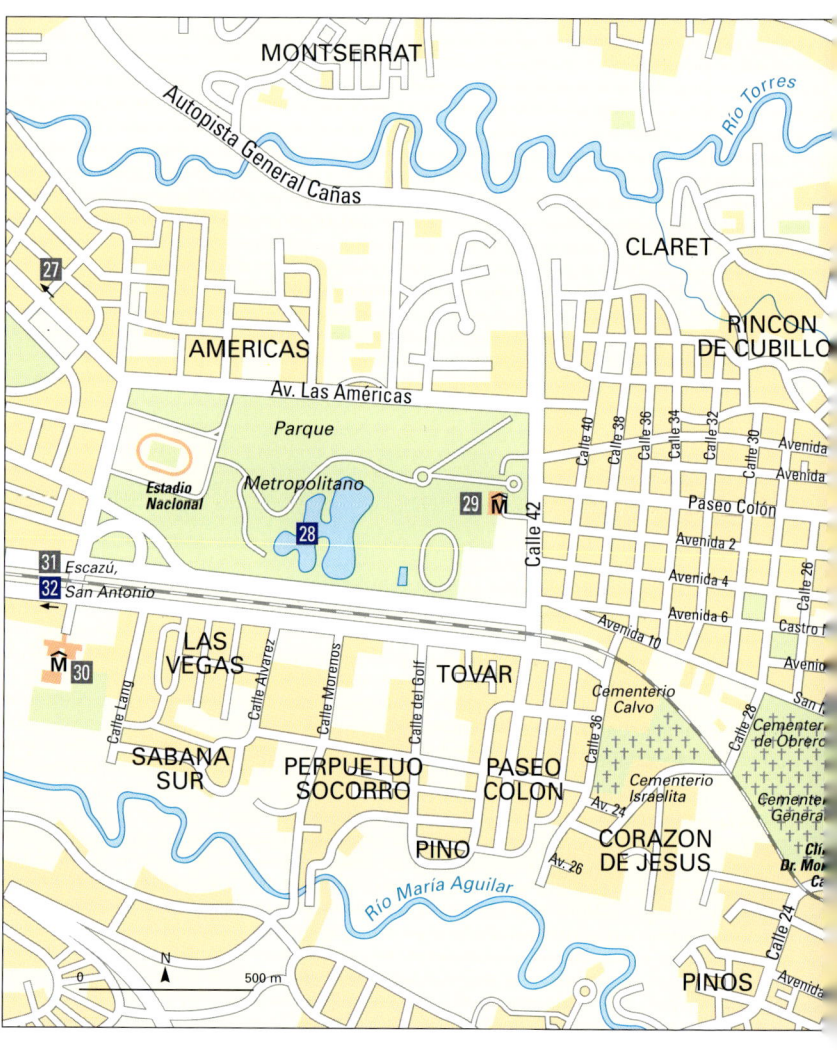

Handels- und Verwaltungszentrum heranwuchs.

Diese historische Entwicklung führte dazu, daß heute knapp die Hälfte aller Costaricaner im Valle Central leben und insgesamt ein Drittel der Gesamtbevölkerung des Landes allein in der Hauptstadt. Allerdings sollte man der verwaltungspolitischen Korrektheit halber unterscheiden zwischen der ›Provincia San José‹, die ca. 5000 km² groß ist, 1,2 Mio. Einwohner hat und weit in den Süden bis San Isidro reicht, und dem ›Canton San José‹, dem historischen Kern der Stadt, der nur 45 km² umfaßt; in diesem engeren Kernbereich leben allein 320 000 Einwohner (1995). Doch die Stadt hat sich längst nahtlos in die Nachbarprovinzen Alajuela und Heredia ausgedehnt, so daß eine Einwohnerzahl

San José

1 Plaza de la Democracia   2 Fuerte Buenavista   3 Parque Nacional
4 Biblioteca Nacional   5 Palacio Azul   6 Museo Nacional de Ferrocarril
7 Centro Nacional de la Cultura (CENAC)   8 Parque España   9 Casa Amarilla
10 Museo de Jade   11 Parque Morazan   12 Escuela Metálica   13 Serpentario
14 Parque Zoológico Simon Bolívar   15 Correos Central   16 Mercado Central
17 Parque de la Merced   18 Iglesia la Merced   19 Teatro Melico Salazar
20 Parque Central   21 La Catedral Metropolitana   22 Plaza de la Cultura
23 Gran Hotel Costa Rica   24 Teatro Nacional   25 Museo del Oro Precolombino
26 Museo de Niños   27 Pueblo Antiguo   28 Parque Metropolitano la Sabana Grande
29 Museo de Arte Costarricense   30 Museo de Ciencias Naturales
31 Escazu   32 San Antonio

von mehr als 1 Mio. für die Hauptstadt als realistisch angesehen werden kann.

Der nach strengem Schachbrettgrundriß angelegte Kernbereich San Josés konnte mit der Ausdehnung und der Eingemeindung der umliegenden Dörfer nicht durchgehalten werden. Der für weite Bevölkerungsschichten traditionelle Hang zu eigenem, wenn auch kleinem Landbesitz hat entscheidend zum Flächenwachstum der *area metropolitana* beigetragen. Moderne Hochhäuser kann man im Stadtgebiet bis heute an zwei Händen abzählen. Wenn man sich der Stadt bei Dunkelheit mit dem Flugzeug nähert, wird diese kilometerlange Ausdehnung besonders gut sichtbar.

Die Straßenverkehrsverhältnisse in San José sind unerfreulich. Mitten durch die Stadt führt die Panamericana. Die seit Jahrzehnten geplante Ringstraße, die die Innenstadt vom Durchgangs- und Fernverkehr entlasten sollte, ist nur im Süden der Stadt fertiggestellt. In der Innenstadt erlebt man nur Staus, woran nicht nur die schmalen Stadtstraßen, sondern auch verwirrende Einbahnstraßenregelungen schuld sind. Es empfiehlt sich deshalb, im alten Innenstadtbereich zu Fuß zu gehen.

Die große Ost-West-Verbindung ist der Paseo Colón, der in Höhe des Krankenhauses Hospital San Juan de Dios als Avenida Central weitergeführt wird. Nach dem Schachbrettmuster vieler zentralamerikanischer Städte verlaufen die *avenidas* in Ost-West-, die *calles* in Nord-Süd-Richtung und tragen in den meisten Fällen keine Namen, sondern Nummern – die *avenidas* nördlich von Paseo Colón und Avenida Central die ungeraden, südlich davon die geraden. Bei den *calles* gilt das gleiche Prinzip: östlich der Calle Central ungerade Straßennummern, westlich davon gerade. Die Entfernung zwischen zwei *calles* oder *avenidas*, also zwischen zwei *cuadros*, beträgt ca. 100 m. Zentrum der Stadt ist nicht – wie man vermuten könnte – die Kreuzung von Avenida Central und Calle Central, sondern die Plaza de la Cultura, das *cuadro* zwischen den Avenidas 2 und 4 und den Calles Central und 2.

Nach San José fährt man nicht großer und berühmter Kulturdenkmäler wegen; vielmehr lockt die quirlig-freundliche Atmosphäre, das mittelständisch orientierte Warenangebot, das Flair einer mittelamerikanischen Hauptstadt, die Anonymität bisher vermeiden konnte. Deshalb lohnt sich besonders der Aufenthalt in den Straßen und Parks, auf den Märkten oder in den Sodas und Cafés. Und weil es doch einiges zu sehen gibt, sollte man sich für einen Stadtbummel mindestens einen, besser drei Tage Zeit nehmen.

Rundgang durch die Stadt

Direkt an der Avenida Central liegt im Osten der Innenstadt ein neuer großer Platz, die **Plaza de la Democracia** **1**, ein beliebter Ort für politische Kundgebungen und Aufmärsche aller Art: Hier demonstriert z. B. die Feuerwehr an einem Sonntagmorgen ihre Leistungsfähigkeit mit einer Parade und anschließendem Probelöschen, oder der Bürgermeister beschwört am 1. Mai die Errungenschaften des costaricanischen Sozialstaats. Unter der Woche ist der Platz mit seinen Stufenbänken leer, aber an seiner Westseite befindet sich ein ständiger Markt mit einem großen Angebot an Kunsthandwerksartikeln. Die Plaza de la Democracia steigt langsam nach Osten an bis zu den Mauern der Festungsanlage.

Neutralität dank Demokratie und Frieden – Der Friedensnobelpreis für Oscar Arías Sanchez

In den Zeiten des Kalten Kriegs war großes politisches Geschick nötig, um die politische Maxime Costa Ricas, als demokratischer Staat auf der Seite des Westens zu stehen, aber außenpolitisch neutral zu sein, durchzuhalten. Nur so jedoch konnte es seine relative Unabhängigkeit im politischen ›Hinterhof der USA‹ bewahren.

In den frühen 70er Jahren formierte sich in Nicaragua der bewaffnete Kampf gegen den von den USA gestützten Diktator Somoza. Nicaraguaner, die gegen Somoza zu kämpfen bereit waren, fanden in Costa Rica schon immer offene Türen. Der seit 1974 regierende Präsident Daniel Oduber Quiros war wie sein Vorgänger Figueres ein erklärter Gegner Somozas. Ohne die Hilfe Costa Ricas hätte die Sandinistische Befreiungsfront, der FSLN (s. S. 55), kaum gegen Somoza gewinnen können. So aber wurden die Sandinisten bei ihrem triumphierenden Einzug in Managua am 19. 7. 1979 von Regierungsmitgliedern aus San José begleitet.

Doch die Aktivitäten der USA gegen die neue sandinistische Regierung brachten für Costa Rica politische und folglich auch wirtschaftliche Schwierigkeiten. Rezession und Abhängigkeit von den schwankenden Weltmarktpreisen für Kaffee und Bananen gefährdeten das costaricanische Sozialsystem. 1982 mußte sich die Regierung den Auflagen des Internationalen Währungsfonds unterwerfen, die Staatsausgaben radikal kürzen und die immensen Auslandsschulden zu tilgen versuchen.

Dabei hatte Costa Rica jedoch großes Glück, denn die USA standen inzwischen in politischer Gegnerschaft zu Nicaragua. »Die *comandantes* in Managua wurden zur indirekten Rettung«, bemerkte damals ein US-Magazin ironisch, »die Sandinisten« avancierten zur »ersten Industrie« Costa Ricas. Denn wegen des sozialistischen Regimes in Nicaragua unterstützte der Westen Costa Rica jetzt als einzigen demokratischen Staat Mittelamerikas finanziell. Natürlich hatte dieses Wohlwollen seinen Preis: Die Kämpfer des anti-sandinistischen Contra-Anführers Edén Pastora gingen im nördlichen Costa Rica ein und aus. San José verwandelte sich zu einem zentralamerikanischen Casablanca, einem beliebten Ort für Geheimdienste und politische Komplotte.

Am 17. November 1983 proklamierte der damalige Präsident Luís Alberto Monge Alvarez überraschend die »permanente, aktive und unbewaffnete Neutralität«. Costa Rica vermittelte so der Region überdeutlich, daß es mit dem Krieg in Nicaragua nichts mehr zu tun haben, sondern sich auf den wirtschaftlichen Aufbau des Landeskonzentrieren wollte. Ein Attentat auf den mit einer Costaricanerin verheirateten Edén Pastora, der sich inzwischen aus der Contra-Bewegung zurückgezogen hatte, kam Costa Rica als Rechtfertigung für seine ›Neutralitäts-Politik‹ entgegen.

Im Februar 1986 übernahm Oscar Arías Sanchez das Präsidentenamt. Hatte sein Vorgänger Monge noch heimlich US-Militärberater zur Unterstützung der Contra ins Land gelassen, so sprach sich Arías deutlich gegen die Aktivitäten der USA in Nicaragua aus. Er bestärkte mit großem Engagement alle Bemühungen in der Region, die eigenen Konflikte ohne fremde Einmischung zu lösen.

Arías Sanchez hielt die Beendigung der regionalen Konflikte und eine Verbesserung der sozio-ökonomischen Verhältnisse nur auf der Grundlage von Demokratie und Frieden für möglich. Auf seine Initiative hin unterzeichneten die Präsidenten von El Salvador, Guatemala, Honduras, Nicaragua und Costa Rica am 7. August 1987 im guatemaltekischen Esquipulas jenes ›Friedensabkommen‹, das in den Ländern Mittelamerikas nach Jahrzehnten von Diktaturen und Bürgerkriegen zu Frieden und demokratischen Verhältnissen führte.

Dem ›Architekten‹ dieses Abkommens, Oscar Arías Sanchez, wurde 1987 der Friedensnobelpreis verliehen. Die damit verbundenen 600 000 DM übergab Arías einer costaricanischen Sozialstiftung, um den Preis, wie er sagte, mit seinem Volk zu teilen.

Diese 1887 auf einer Anhöhe errichtete **Fuerte Buenavista** 2 beherbergte bis 1948 das Hauptquartier der Armee. Heute ist sie Teil des wichtigsten Museums des Landes, des **Museo Nacional.** Wer hier seinen Rundgang durch San José beginnt, findet hervorragendes Informationsmaterial zur Geschichte des Landes: von Sammlungen präkolumbischer Funde über Objekte aus der Kolonialzeit bis zu illustrativen Schaukästen zu Stationen der nationalen Geschichte (z. B. Verleihung des Friedensnobelpreises an Präsident Arías Sanchez). Im Erdgeschoß befinden sich Ausstellungsräume zu Fauna und Flora, im schönen Garten des Innenhofs kann man zum ersten Mal jene mysteriösen Granitkugeln der Brunca bestaunen, deren Anfertigung und Bedeutung bis heute ein Rätsel sind (s. S. 197); der größte ›sky ball‹ des Museums hat einen Durchmesser von 1,20 m. Von den Festungsmauern mit ihren Kanonen und Schießscharten hat man einen schönen Blick über die östlich gelegenen Stadtteile San Pedro und zu den nördlich angrenzenden Höhen der Vororte.

Einen Straßenblock nördlich der Festung erstreckt sich an der Avenida 1 ein angenehmer Park mit Bänken und hohen, schattenspendenden Bäumen, der **Parque Nacional** 3. Mitten im Park erinnert ein Bronzedenkmal des französischen Bildhauers Auguste Rodin an die bedeutenden Schlachten von Santa Rosa und Rivas, in denen die Heere der fünf zentralamerikanischen Staaten 1856 den US-Söldnerführer William Walker besiegten. Der Park wird im Norden durch die **Biblioteca Nacional** 4 begrenzt. An der Südseite des Parks ließ der Kaffeebaron Máximo Fernández 1912 ein großes herrschaftliches Haus bauen und blau anstreichen. Dieser **Palacio Azul** 5 sollte ihm als Residenz und Amtssitz als Präsident dienen. Nachdem er die Wahl aber verlor, stellte

San José, vor dem Centro Nacional de la Cultura

er das Haus nachfolgenden Präsidenten zur Verfügung. Seit 1948 befinden sich hier die Büros des Kongresses.

Verläßt man den Nationalpark an seiner östlichen Seite, stößt man einen Block weiter auf den Bahnhof der ehemaligen Atlantikbahn, die die Kaffeeernte des Valle Central von San José zum Atlantikhafen Puerto Limón transportierte. Das 1908 fertiggestellte Bahnhofsgebäude dient heute als **Museo Nacional de Ferrocarril** 6, Eisenbahnmuseum. Anhand alter Fotografien wird die abwechslungsreiche Geschichte dieses *jungle train* erzählt, der die Wirtschaft des Landes massiv veränderte, bevor er 1990 wegen ›Unrentabilität‹ der von Erdbeben häufig tagelang unterbrochenen Strecke eingestellt wurde. Zudem sind natürlich ausrangierte Wagen und Lokomotiven zu sehen.

Vom Atlantikbahnhof führt die Avenida 3 wieder zurück in den engeren Innenstadtbereich. Man passiert rechter Hand den größten Gebäudekomplex der 1856 gegründeten Fabrica Nacional de Licores, die, 1994 aufwendig renoviert, heute als **Centro Nacional de la Cul-**tura 7 (CENAC) verschiedene Kulturinstitutionen (z. B. die Teatro Compañia Nacional und die Compañia Nacional de Danza) sowie das Museo de Arte y Diseño Contemporáneo beherbergt. Alte Destillierkessel im Innenhof erinnern an die ehemalige Funktion des Gebäudes.

Hinter dem CENAC dehnt sich der **Parque España** 8 aus. An seiner Nordseite befinden sich zwei architektonisch bedeutsame Gebäude: Eine prachtvolle, 1912 erbaute, gelbe Villa im Besitz des Außenministeriums mit Namen **Casa Amarilla** 9, in deren schönem Garten ein Stück Berliner Mauer als Geschenk der Bundesrepublik peinlich fehl am Platz ist, und ein wegen seiner Höhe nicht zu übersehendes Gebäude, das Hochhaus der staatlichen Versicherungsgesellschaft INS, in dessen 11. Stockwerk sich das **Museo de Jade** 10 befindet. Dieses Museum ist nach dem Goldmuseum (s. S. 133) das wichtigste Museum präkolumbischer Schätze. Ausgestellt werden erlesene Jadestücke, die die enorme Kunstfertigkeit der präkolonialen Kulturen in der Region dokumentieren, prachtvolle Tonfi-

San José, Casa Amarilla

guren und besonders aufwendig behauene *metates* (Steintische), aber auch Jade- und Goldschmuck der spanischen Kolonialepoche. Zudem genießt man von hier einen herrlichen Blick über die Stadt und das Valle Central.

Vom INS durchquert man noch einmal den Spanischen Park, um in den östlich angrenzenden, größten Park der Innenstadt zu gelangen, den **Parque Morazan** 11. Der Park und das gleichnamige Nobelviertel, in dem er sich über vier Straßenzüge ausdehnt, tragen den Namen Francisco Morazáns, der 1842 als Präsident Costa Ricas den Versuch unternahm, eine Föderation der mittelamerikanischen Staaten zu etablieren. Der baumbestandene Park beherbergt einige Denkmäler (z. B. Simón Bolívars). Zu seinen Attraktionen zählt auch der **Templo de la Musica,** ein dem Pariser Trianon nachempfundener Bühnenpavillon, der Costa Rica vom nicaraguanischen Diktator Somoza gestiftet wurde

und in dem sonntagvormittags Folklorekonzerte, meist mit Kunstausstellungen, dargeboten werden.

An der Nordseite des Parks stößt man auf eine architektonische Besonderheit: die **Escuela Metálica** 12, ein hellgelbes Gebäude französischer Ingenieurkunst aus der Wende zum 20. Jh. Dieses neoklassizistische Bauwerk besteht ausschließlich aus Eisenträgern und Stahlplatten. In Frankreich entworfen, in Belgien hergestellt und in seine Teile zerlegt, wurde es 1890 in San José aufgebaut und bot 800 Schülerinnen Platz. Noch heute werden zwei Stockwerke der Escuela Metálica für Unterrichtszwecke genutzt.

Im Südosten des Parks kann man im Radamida-Gebäude an der Avenida 1 das **Serpentario** 13 besuchen. Da man von den vielen Schlangen- und Froscharten Costa Ricas selbst in den Nationalparks kaum alle zu sehen bekommt, lohnt sich der Besuch dieser Schlangenausstellung. Sachkundiges Personal klärt (auch auf Englisch!) über die Harmlosigkeit – bzw. in ganz seltenen Fällen, wie bei der Lanzenschlange, Gefährlichkeit – der Tiere auf. Von einem Besuch des nördlich des Parque España im Stadtteil Otoya gelegenen **Parque Zoológico Simón Bolívar** 14 ist übrigens abzuraten, da die Tiere hier – abweichend von den Naturschutzbemühungen des Landes – keineswegs artgerecht gehalten werden.

Auf der Avenida 1 erreicht man in westlicher Richtung nach etwa 1 km an der Ecke zur Calle 2 das wohl schönste, zumindest das am meisten fotografierte Gebäude der Stadt, der **Correos Central** 15. In der weißen, prächtigen, 1917 eröffneten Hauptpost befindet sich eine Sammlerabteilung für Philatelisten, in der auch costaricanische Sondermarken erworben werden können.

Westlich der Post, vorbei am Warenhaus La Gloria, trifft man zwischen Avenida 1 und Avenida Central auf die Großmarkthalle der Stadt, den bunten und lebendigen **Mercado Central 16**. Hier werden zwar in erster Linie Obst und Gemüse verkauft, aber auch lebende Hühner und Leguane, Blumen, Heilkräuter und Wundsalben gehören zum Angebot. In den Hallen befinden sich auch kleine Sodas und Souvenirgeschäfte mit Töpfer- und Lederwaren. Zudem drängen die Stände des Mercado Central über die Halle hinaus in die umliegenden Straßen, wo das Warenangebot noch umfassender und das Gedränge noch dichter wird.

Zwei Blocks südlich des Marktes, jenseits der Avenida 2, liegt in westlicher Richtung der **Parque la Merced 17**, an dessen Ostseite die kleine, neogotische **Iglesia la Merced 18** aus dem Jahr 1894 steht. Der Hauptaltar im lichtdurchfluteten Innenschiff wird von einer Marienstatue dominiert. Der Stolz der gut erhaltenen Kirche mit ihrer eindrucksvollen Holzdecke und dem geschnitzten Chorgestühl aber ist ihre Orgel, die mit 67 Registern und vier Manualen zu den größten Mittelamerikas zählt.

Über die Avenida 2, die geschäftigste Straße der Stadt, führt der Weg zurück ins Zentrum. Auf ihrer linken Seite passiert man an der Ecke Calle Central den unübersehbaren, klassizistischen Bau des **Teatro Melico Salazar 19**. Das Theater wurde Ende der 80er Jahre vollständig renoviert. Um seinen mit Samt, Stuck und Gold überladenen Innenraum zu besichtigen, lohnt der Besuch einer Vorstellung; es ist aber auch tagsüber für Interessierte zugänglich.

Jenseits der Avenida 2 liegt der **Parque Central 20** mit einem aufwendig großen Musikpavillon. An der Ostseite des Parks steht die streng klassizistische

San José, im Parque Morazan

San José, Teatro
Melico Salazar

Catedral Metropolitana 21. Diese größte katholische Kirche San Josés wurde 1875 mit feierlichem Gottesdienst eröffnet. Die tonnengewölbte Holzdecke des Kreuzbaus wird von zwei Reihen aus je zwölf Säulen getragen, Wände und Glasfenster zeigen Bibelszenen im Nazarener-Stil. Die Marienstatue am Hauptaltar wird nicht von Kerzen, sondern von Neonsternen ins rechte Licht gerückt.

Das heutige Zentrum San Josés ist die **Plaza de la Cultura** 22 schräg gegenüber der Kathedrale, auf der nördli-

chen Seite der Avenida 2. In der Mitte des baumlosen, betonierten Platzes, der sich heute als Fußgängerzone zwischen den Avenidas 2 und Central und den Calles 1 und 5 erstreckt, trifft man auf fliegende Händler. Zwei der bekanntesten Häuser der Stadt, das Gran Hotel und das Nationaltheater, liegen an der südlichen Seite der Plaza, während sich das ebenfalls besuchenswerte Goldmuseum auf einer Ebene unterhalb des Platzes befindet.

Das in den 30er Jahren errichtete **Gran Hotel Costa Rica** 23 hat trotz seines neuen, hellgelben Anstrichs vieles von seinem Glanz und seiner Bedeutung eingebüßt. Dennoch wird sein Terrassencafé besonders am Morgen gerne von ausländischen Besuchern als Treffpunkt gewählt; vom Dach mit dem (z. Z. geschlossenen) Restaurant hat man eine eindrucksvolle Aussicht.

Das **Teatro Nacional** 24 aus dem Jahr 1897 gilt zu Recht als das bedeutendste Bauwerk der Stadt. Nach den Plänen der Pariser Oper von italienischen und costaricanischen Architekten und Handwerkern erbaut, ist es noch immer das prächtigste Theater Zentralamerikas: Marmor in Hülle und Fülle, Statuen aus Alabaster, venezianische Spiegel, Fresken und Wandmalereien – ein sehr gepflegtes und behütetes Kleinod des Neobarock. Das Treppenhausgemälde des italienischen Malers Aleardo Villa ›Una Alegoria‹ zeigt costaricanisches Leben zur Zeit des Kaffeebooms und diente als Vorlage für den Fünf-Colones-Schein. Den Anlaß für den Bau dieses Theaters – so die Überlieferung – bot die einst bekannteste Sängerin der europäischen Opernszene, die italienische Sopranistin Adelina Patti, die sich 1890 weigerte, in San José aufzutreten, weil ein entsprechendes Theater fehlte. Um dem abzuhelfen, spendeten die Kaffeebarone pro exportiertem Sack Kaffee fünf Cent. In nur acht Jahren erbrachte die selbstauferlegte Steuer die Bausumme, und am 19. Oktober 1897 eröffneten sie ihr Theater mit Gounods Oper ›Faust‹; alle Sängerinnen und Sänger waren für die Premiere eigens aus Europa angereist. Das Theater wurde, nachdem das Erdbeben von 1991 einen Teil des Inneren zerstört hatte, von Grund auf restauriert und begeistert seit 1996 wieder mit großen Inszenierungen und Gastspielen, mit Konzerten, Ballettaufführungen und Musicals. Wer keine Vorstellung besuchen kann, sollte den Innenraum wenigstens tagsüber besichtigen.

Die wertvollsten historischen Schätze Costa Ricas werden im **Museo del Oro Precolombino** 25, im Goldmuseum unter der Plaza de la Cultura ausgestellt. Es sind über 1500 präkolumbische Schmuck- und Kultgegenstände aus purem Gold, die die Zentralbank hier zusammengetragen hat; zusammen haben sie ein Gewicht von über 20 000 Unzen. Erläuterungen und Skizzen geben Auskunft über Bedeutung, Wert und Herstellungsmethode der einzelnen Stücke. In der letzten Vitrine liegen mehrere jener wertlosen Glasperlenketten, die die Spanier den Ureinwohnern zum Tausch gegen Gold und Schmuck anboten.

Um den Kreis der präkolumbischen Geschichte Costa Ricas zu schließen, der im Nationalmuseum mit den ›sky balls‹ der Brunca begann, sei noch erwähnt, daß schräg hinter dem Nationaltheater, vor dem Hochhaus der ›Seguro Social‹, die größte prähistorische Granitkugel der Stadt liegt, ihr Durchmesser beträgt 1,80 m.

Sehenswertes am Rand der Stadt

Auf dem Paseo Colón verläßt man das Zentrum gen Westen. Im Gegensatz zur Avenida Central, seiner Verlängerung durch die Innenstadt, und zur Ausfallstraße gen Osten haben sich entlang des Paseo Colón zwischen Villen und Restaurants mittelständische Handwerksbetriebe (z. B. Kfz-Werkstätten in Höhe der Calle 36 bis 40) niedergelassen, die diesem vierspurigen Boulevard mit den hohen Bäumen zu beiden Seiten einen eher volksnahen Charakter verleihen. Der Paseo Colón endet direkt an der

Tips für Kids

Es gibt wenige Museen, deren Zielgruppe Kinder sind. Das **Museo de Niños** 26 nördlich des Río Torres ist ein solches. Bereits das Gebäude beflügelt Kinderphantasien. Es befindet sich nämlich im ehemaligen Gefängnis der Stadt, das einer Festung gleicht. Drinnen ist das ›Anfassen-Dürfen‹ oberstes Prinzip. Anhand kindgerechter Exponate wird die Entwicklung der Technik derart verständlich vorgestellt, daß selbst Erwachsene ›mitspielen‹. Zur Geschichte des Wohnens wurden ein präkolumbisches Hüttendorf, zwei karibische Holzhäuser und eine typische modern möblierte Wohnung rekonstruiert. Selbstverständlich können die jungen Besucher in den Zimmern und Häusern herumlaufen und sogar in den Betten probeliegen.

Wer sich auf umfassendere Weise zurück in die Geschichte versetzen lassen möchte, der kann **Pueblo Antiguo** 27, das antike Dorf am westlichen Stadtrand San Josés, besuchen, ein costaricanisches Disneyland mit Restaurants, Aufführungen und viel Animation. In nachgebauten Häusern des 19. Jh. erwacht das Alltagsleben der Kaffeebarone. Schauspieler arbeiten als Bauern auf den Feldern, Frauen knüpfen Hängematten, und Kinder versorgen die Tiere. Sonntags werden hinter und vor den Kulissen *fiestas* gefeiert, die gerne von costaricanischen Familien besucht werden.

Calle 42, die als Autopista General Cañas Richtung Norden zum Flughafen führt. An dieser Kreuzung befindet sich der Zugang zur größten städtischen Parkanlage, dem **Parque Metropolitano la Sabana Grande** 28. Er ist nicht nur der größte, sondern auch der meistbesuchte Park der Stadt. Als Erholungs- und Vergnügungspark mit Sportanlagen, einem großen Schwimmbad und dem nationalen Fußballstadion ist er am Wochenende Anziehungspunkt für viele Josefinos. Auf dem heutigewn Parkgelände befand sich bis 1972 der Flughafen San Josés, und in der alten Abflughalle mit dem unübersehbaren Tower befindet sich heute das **Museo de Arte Costarricense** 29, ein Kunst-handwerksmuseum, in dem Skulpturen, Kunstgegenstände und Gemälde costaricanischer Künstler des 19. und 20. Jh. ausgestellt werden. Im Salon Dorado im ersten Stock der ehemaligen Flughalle erzählt ein überdimensional großes, umlaufendes Wandrelief des Franzosen Luis Ferrón die Geschichte des Landes in Stuck und Farbe. Am südlichen Rand des ehemaligen Flughafens befand sich das La Salle-Gymnasium. Heute ist das Gebäude in den Park integriert und beherbergt das **Museo de Ciencias Naturales** 30, ein naturwissenschaftliches Museum mit über 1500 ausgestopften Tieren.

Hinter dem Park durchfährt man in südwestlicher Richtung den elegante-

*In der Umgebung
von San José,
Museo de Arte
Costarricense*

ren Teil der Hauptstadt und erreicht nach 9 km **Escazu** 31. Am Parque Central dieses kleinen Kolonialstädtchens steht die schöne Iglesia San Rafael, deren Portal unterhalb des Turms Statuen der Erzengel Gabriel, Michael und Rafael schmücken. Der Überlieferung nach soll mit dem Bau bereits 1799 begonnen worden sein, Erdbeben verzögerten seine Fertigstellung aber bis 1907. Das Gebiet um Escazu ist – ungeachtet seiner Lage unmittelbar am Rand der Hauptstadt – ein landwirtschaftliches Paradies. Der Boden ist hier so fruchtbar, daß nahezu jeder Zipfel zum Anbau von Kaffee, Obst, Getreide oder Blumen genutzt wird. Infolgedessen grünt, blüht und reift es allerorten, und auf den satten Weiden grasen schwarzweiße Kühe. Die alte Dorfkirche ist von Adobe-Häusern umgeben. Escazu gehört zu den wenigen Orten, in denen diese über 100 Jahre alten Lehmziegelbauten erhalten wurden. Ihre Herstellung war sehr aufwendig: Adobe wurde aus Lehm, Stroh, Pferdemist, Ochsenblut, Eiweiß und Zitronensaft angerührt und dann in Holzrahmen zu Ziegeln geformt, die in der Sonne trockneten. Das viereckige Haus deckte man mit Ziegeln, die Wände strich man mit Kalk und ummalte sie außen mit einem blauen Band. Das über 150 Jahre alte Chavez-Haus in Escazu ist ein besonders schönes Beispiel für diese traditionelle Technik.

Etwas weiter südwestlich und höher in den Bergen liegt der Ort **San Antonio** 32. Auch er besitzt eine schöne alte Kirche, die Iglesia San Antonio Escazu, in der jedes Jahr am 25. Dezember ein aufwendiges Figurenspiel aufgeführt wird. Oberhalb von San Antonio wird man von Hollywood eingeholt: Im eleganten Tara Resort Hotel bewegt man sich wie im Film ›Vom Winde verweht‹. Die Anlage gleicht einem Südstaaten-Anwesen mit breiter Auffahrt, Räume und Salons sind im eleganten Louisiana-Stil eingerichtet, von den Wänden grüßen Scarlett O'Hara und Rhett Butler in Großformat, und vor dem herrschaftlichen Eingang steht abfahrbereit die weiße Kalesche der Belle Whatling. Auf der ›Ashley‹-Terrasse frühstückt man hervorragend, und das Restaurant Atlanta Dining Gallery zählt zu den besten der Stadt. Von beiden hat man einen einmalig schönen Blick auf San José und das Valle Central, am Abend wegen des Lichtermeers sogar einen unvergeßlichen.

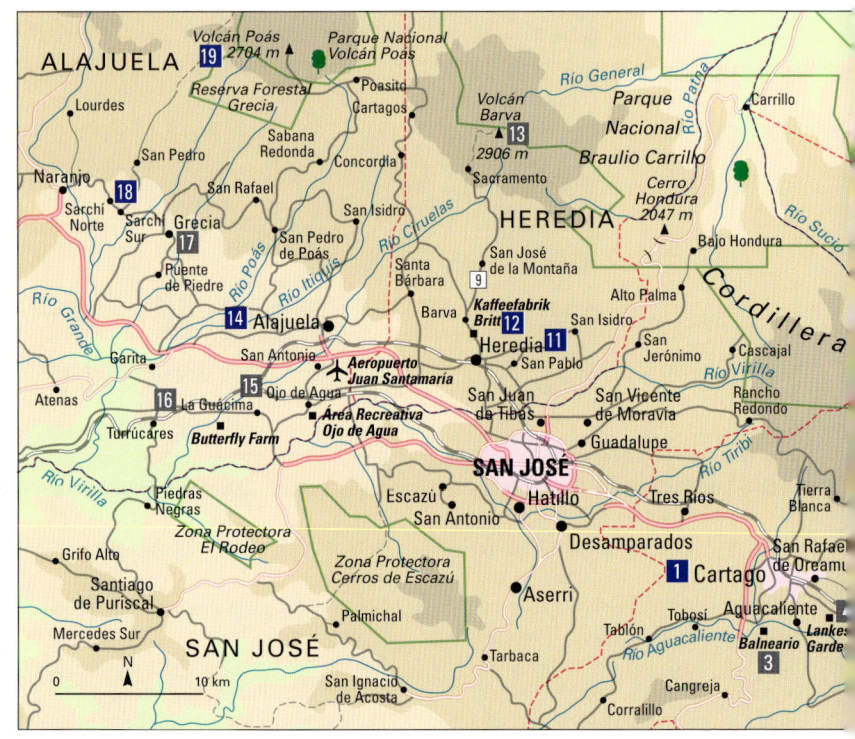

Das zentrale Hochland

Die gängige Bezeichnung ›Valle Central‹ für das zentrale Hochland Costa Ricas führt genaugenommen in die Irre, denn es ist kein Tal, sondern eine Hochebene von ca. 50 km Länge und 20 km Breite, weshalb der geographische Fachterminus *Meseta Central* auch der korrektere ist. Man darf sich jedoch auch keine flache Hochebene vorstellen, sondern eine Region voller Täler und Höhen, die nur über kurven- und steigungsreiche Straßen überwunden werden können.

Dieses zentrale Hochland war die Wiege Costa Ricas und ist heute das Zentrum des Landes. Hier siedelten sich die spanischen Vorfahren der Costaricaner als einfache, aber freie Bauern

zuerst an, und hier verhalf der Kaffee dem Land seit Mitte des 19. Jh. zu beachtlichem Reichtum. Vier der sieben Provinzhauptstädte liegen deshalb auf dieser Hochebene, und fast die Hälfte der Bevölkerung lebt und arbeitet hier.

Auch wenn es viele Besucher Costa Ricas vor allem an die Küsten von Atlantik und Pazifik zieht – hier im Hochland erfahren sie am meisten über das Land, seine Geschichte, Bewohner und Vulkane. San José ist der geeignete Ausgangspunkt, um das zentrale Hochland zu erkunden. Die Entfernungen sind nicht groß, der klaren Luft wegen lohnt es sich, früh aufzubrechen. Drei größere Ausflüge in unterschiedliche Himmelsrichtungen bieten sich an: Richtung Osten nach Cartago und zum Vulkan Irazú, Richtung Nordwesten nach Here-

chen Namens ist, mehr als 100 000 Einwohner. Die Stadt hat ein angenehm mildes Klima mit einer Durchschnittstemperatur von 20 °C, Regenzeit ist von Mai bis Dezember. Eine vierspurige gebührenpflichtige Autobahn verbindet die Stadt mit San José.

Um 1550 drangen die Spanier ins zentrale Hochland vor, und der spanische Gouverneur Juan Vásquez de Coronado gründete hier 1563 Cartago. Nur 100 Einwohner zählte damals die erste Stadt und spätere Hauptstadt der spanischen Provinz Costa Rica, die zur ›Audiencia Guatemala‹ gehörte. Von Cartago aus begann die Erschließung Costa Ricas durch die spanische *conquista*.

Nach mehrmaligen Überflutungen verlegte Gouverneur Anguciana de Gamboa die Stadt aus dem Bereich der Flüsse Coris und Purires. Dennoch blieb Cartago weiterhin von Erdbeben oder Vulkanausbrüchen bedroht und wurde 1841 und 1910 völlig verwüstet, aber immer wieder aufgebaut. Obwohl Cartago über 200 Jahre lang Regierungs- und Bischofssitz war, findet man daher heute keine Bauwerke mehr aus der Kolonialzeit. 1823 verlor Cartago seine Hauptstadtfunktion an San José, blieb aber religiöses Zentrum des Landes.

Das Zentrum des schachbrettartig angelegten Cartago ist die **Plaza Central,** eine quadratische, heute ›pflegeleicht‹ betonierte Anlage mit wenigen Bäumen an der Kreuzung von Avenida Central und Calle Central. An ihrer Ostseite stand die einst mächtige Kirche **La Parroquia,** von der nur noch die Außenmauern zu sehen sind. Sie wurde 1575 zu Ehren des Apostels Jakobus (Santiago) errichtet, mehrmals durch Erdbeben zerstört (so z. B. 1656, 1718, 1822,

Cartago

137

dia und zum Vulkan Barva, Richtung Westen nach Alajuela und zum Vulkan Poás. Jede der drei historischen Städte ist zugleich Hauptstadt einer Provinz, die den gleichen Namen trägt und in deren Umgebung es außer den Vulkanen noch weitere interessante Ziele gibt.

Cartago

Der östliche Teil der zentralen Hochebene gleicht einem weiten Tal; die Meseta Central wird weiträumiger und steigt leicht an. Nur 22 km von San José entfernt liegt hier in 1439 m Höhe am Fuß des Vulkans Irazú die ehemalige Hauptstadt **Cartago 1** (s. S. 306) Heute leben in Cartago, das zugleich Hauptstadt der 3000 km² großen Provinz glei-

1841), aber stets von neuem wiederaufgebaut bzw. instandgesetzt. Nach dem Erdbeben von 1910 gaben die Bürger auf und entschlossen sich, die Reste des Granitbauwerks in einen Park zu integrieren. Künstler stellen in der Anlage sonntags ihre Bilder aus.

Die bedeutendste Kirche der Stadt liegt aber im Osten, am Ende der Avenida 2: Die **Basílica de Nuestra Señora de los Angeles** zählt zu den großen katholischen Marien-Wallfahrtskirchen. Alljährlich am 2. August wird hier die Madonna von Cartago volksfestähnlich gefeiert. *La Negrita,* die schwarze, edelsteingeschmückte, 15 cm kleine Marienstatue mit indianischen Gesichtszügen, die das ganze Jahr über im Inneren der Basilika steht, wird dann in einer Prozession zu den Kirchen der Stadt getragen. Die Legende berichtet,

daß die kleine Statue einst von einem armen Mädchen als Puppe benutzt wurde, aber immer, wenn das Kind sie weggetragen hatte, kehrte sie an denselben Platz – den Standort der heutigen Basilika – zurück! Die große Kirche mit ihrer stuckverzierten Fassade beeindruckt innen durch schöne Holztäfelungen. Zur Linken des goldenen Hauptaltars führt die Treppe hinunter zum Ort der Marienerscheinung und zum Schrein der *Negrita.* Er steht auf einem schwarzen Fels, der von den vorbeiziehenden, auf Wunder hoffenden Gläubigen berührt wird. Eine eigene Kapelle in der Basilika dient den *ex votos,* den Tausenden von Gaben jener, die mit Briefen, Pokalen, silbernen Anhängern und Figuren ihren Dank für die Erfüllung ihres Wallfahrtsanliegens dokumentierten. Beim Bau der Basilika hat man auch

Stadtplan Cartago

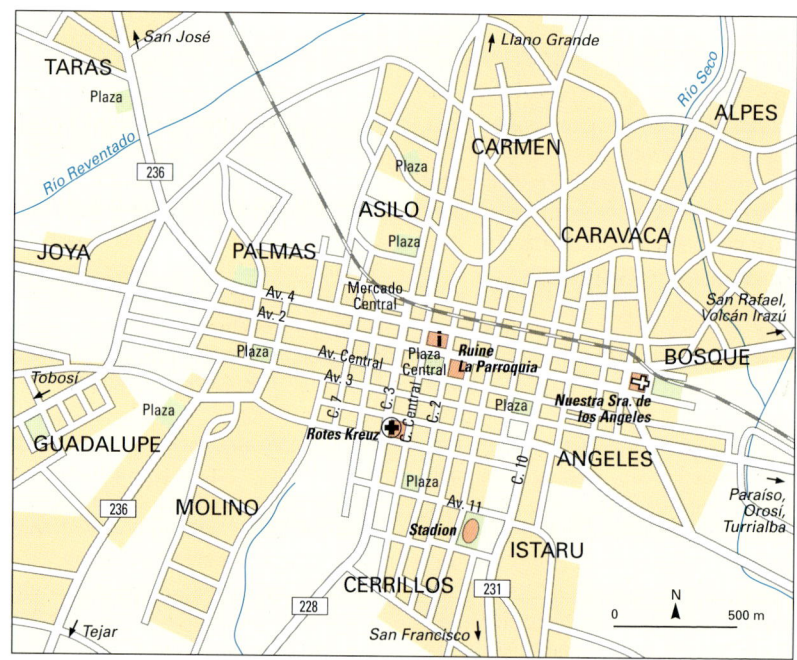

Cartago, Basílica Nuestra Señora de los Angeles

an das irdische Wohl gedacht. Hinter der Kirche befindet sich ein großer Park-, Freizeit- und Picknickplatz mit umfangreichem Devotionalienangebot.

Der Osten: Ausflüge von Cartago und der Vulkan Irazú

Zu den touristischen Hauptattraktionen des Landes gehört der 3432 m hohe **Volcán Irazú 2** (s. S. 309) mit seinem kreisrunden Hauptkrater von 1000 m Durchmesser. Von Cartago führt eine Serpentinenstraße (35 km) bis unterhalb des Kraterrands. Von den *miradores* (Aussichtspunkten) entlang der Strecke blickt man in das intensiv landwirtschaftlich genutzte Valle Central. Auf halber Strecke beginnt der für diese Höhe typische Nebelwald; jenseits der

Baumgrenze erwartet einen nur noch Geröll und Asche.

Das kahle Kratergebiet ist Teil des 2300 ha großen **Parque Nacional Volcan Irazú** und touristisch erschlossen (Park-, Zelt- und Picknickplätze, Toiletten, Lehrpfad etc.). Auf dem Gipfel des Irazú gibt es vier Krater: den Haupt- oder Westkrater, den Diego de la Haya und zwei kleine Krater, einer südöstlich, einer nordwestlich des Hauptkraters. Ständig strömt schwefliger Dampf aus dem ca. 250 m tiefen Diego de la Haya; das Wasser seines Sees ist vom Schwefel milchig-gelb (bei bestimmten Lichtverhältnissen manchmal auch milchig-grün) gefärbt. Gegen Mittag bilden sich regelmäßig Wolken und leichter Nebel. Der Vulkan, der mehrmals ausbrach und Cartago 1841 und 1910 verwüstete, stieß am 19. März 1963 – just am Tag des Besuchs von John F. Kennedy in

Costa Rica – zum letzten Mal größere Mengen Schlacke und Asche aus, die bis nach San José geweht wurden. Aufgrund der Vulkanausbrüche hat sich die Flora am Irazú stark verändert: Heute gibt es hier lediglich strauchartige Vegetation und in tiefergelegenen Gebieten Überreste von Primärwäldern. Eine in Kraternähe wachsende Pflanze ist die Myrte. Zu den am Irazú heimischen Vögeln gehören der *junco volcanero,* eine Spechtart, die kleine Brauneule und der rote Kleiber.

Zwischen Dezember und März kann man bei schönem Wetter vom höchsten Punkt des Vulkans, vom Südrand des Cráter Playa Hermosa neben dem Fernsehturm, im Osten den Atlantik und im Westen den Pazifik sehen. (Am Krater ist es kühl und windig, Pullover nicht vergessen!)

Nur 4 km südöstlich von Cartago kann man im **Balneario Aguas Calientes** 3 im gestauten Wasser einer warmen Quelle ein Bad nehmen. Folgt man der Straße nach Paraíso, erreicht man nach

4 km **Lankester Garden**  (ausgeschildert!). Hunderte von Orchideenarten blühen hier auf dem herrlichen Zuchtgelände des britischen Orchideen-Liebhabers Lankester, der 1969 verstarb. Heute wird der Park von der Universität Costa Ricas betreut.

10 km hinter Paraíso liegt an den Ufern des künstlich angelegten Lago Cachí der verlassene Ort **Ujarras** 5. Hier befinden sich die Ruinen der 1693 fertiggestellten Kirche Nuestra Señora de la Limpia Concepción, deren erhaltene Außenmauern und Torbögen die machtvolle Wehrhaftigkeit der frühen Kolonialarchitektur zeigen. Diese Kirche beherbergte einst ein Marienbild, dem die Vertreibung des Piraten Morgan am 16. April 1666 zugeschrieben wird. Seit Ujarras 1833 wegen einer Überschwemmung aufgegeben wurde, steht das Bild in der Kirche von **Paraíso** 6 (s. S. 312), wird aber jedes Jahr am 16. April in einer feierlichen Prozession von Paraíso an seinen ursprünglichen Platz überführt.

Südlich des Staudamms des Lago Cachí liegt inmitten eines schönen, landwirtschaftlich intensiv genutzten Tals der Ort **Orosi** 7 (s. S. 311), der bereits 1561 gegründet, aber im 17. Jh. wieder aufgegeben wurde. 1743 kamen Franziskaner in das Orosi-Tal und bauten hier ein Kloster, dessen Iglesia San José heute die älteste vollständig erhaltene Kirche Costa Ricas ist. Die aus Lehmziegeln errichtete, kleine Missionskirche ist innen mit Holz vertäfelt und mit alten Ölgemälden geschmückt. Im Klostergebäude wurde ein Museum für Religionsgeschichte eingerichtet, in dem alte sakrale Gewänder und Gegenstände ausgestellt werden.

Seit der Eröffnung der Autoschnellstraße von San José nach Puerto Limón über Guápiles hat die Stadt **Turrialba** 8, 25 km nordöstlich von Cartago, als Zwischenstation auf dem Weg zur Atlantikküste an Bedeutung verloren; einst hielt hier auch der legendäre *jungle train* (s. S. 147ff.). Heute ist die 40 000 Einwohner zählende Stadt Ausgangspunkt für Besuche des 3329 m hohen **Volcán Turrialba** 9, der größten Versuchsfarm tropischer Landwirtschaft (Centro Agronómico Tropical de Investigación y Enseñanza, CATIE) und für Wildwasser-

Beeindruckend ist der Blick in den Crater Principal des Irazú-Nationalparks

fahrten in den Stromschnellen des Río Reventazón und Río Pacurare.

20 km nördlich von Turrialba, in der Nähe des Orts Guayabo, liegt an den Südhängen des Vulkans Turrialba die bedeutendste archäologische Ausgrabungsstätte des Landes, das **Monumento Nacional Guayabo** 10 (s. S. 307). Die Ausgrabungen, die seit 1968 von der Universität Costa Rica geleitet werden, legten eine präkolumbische Wohnanlage aus der Zeit zwischen 900 und 1400 frei, mit gepflasterten Straßen, einem Aquädukt, Gräbern und aus Steinen errichteten Hügeln, auf denen vermutlich Gebäude (Tempel?) standen. Guayabo ist umgeben von dichter Vegetation, so daß man davon ausgehen kann, daß der weitaus größte Teil der Anlage noch unter dem Regenwald auf seine Ausgrabung wartet. Warum die Siedlung um 1400 verlassen wurde, ist noch immer ein Rätsel. Auch die in dem kleinen Museum am Haupteingang ausgestellten Funde geben darüber keine Auskunft.

Heredia

Von San José erreicht man das nur 12 km westlich gelegene **Heredia** 11 (s. S. 308) über die vierspurige Autopista General Cañas Richtung Flughafen. Das traditionsreiche Kaffeezentrum hat heute ca. 70 000 Einwohner und ist Hauptstadt der gleichnamigen, 2600 km² großen Provinz. Die Stadt prägt ein ausgesprochen mildes Klima mit Temperaturen zwischen 21 und 25 °C. Heredia hat eine lange koloniale Tradition, wovon noch immer viele weißgekalkte Häuser mit roten Ziegeldächern, schwarzen schmiedeeisernen Fenstergittern und gepflegten Gärten zeugen. Der Ort bezeichnet sich selbst als ›Stadt der Blumen‹, und die öffentlichen Parkanlagen belegen dieses Attribut.

Der Bischof von Cartago ließ 1706 im Ort Cubujuqui eine Kapelle errichten, um den seit 1568 weit verstreut lebenden Siedlern den Kirchgang zu erleichtern. Sein Nachfolger befahl 1748 die Zerstörung mehrerer dieser Höfe, da er die Siedler zum Umzug nach Cubujuqui zwingen und so den Ausbau des Dorfes beschleunigen wollte. Der Gouverneur der spanischen Audiencia in Guatemala, Alonzo Fernández de Heredia, verlieh dem Ort als ›Villa de la Inmaculada Concepción de Cubujuqui de Heredia‹ die Stadtrechte. Heredia war eine konservative Stadt; folglich verbündete es sich 1823 mit Cartago gegen das republikanische San José. 1824 wurde Heredia, inzwischen dank Kaffeeanbau weiter gewachsen, von Juan Mora Fernández zur Provinzhauptstadt erklärt. Aus der 1915 gegründeten ›Escuela Normal de Costa Rica‹ entwickelte sich 1973 die zweite große Landesuniversität, die Universidad Nacional.

Heredias Straßen orientieren sich an dem spanischen Schachbrettmuster, deren Mittelpunkt der **Parque Central** ist, wo sich Avenida und Calle Central kreuzen. Die Parkanlage, die noch von Häu-

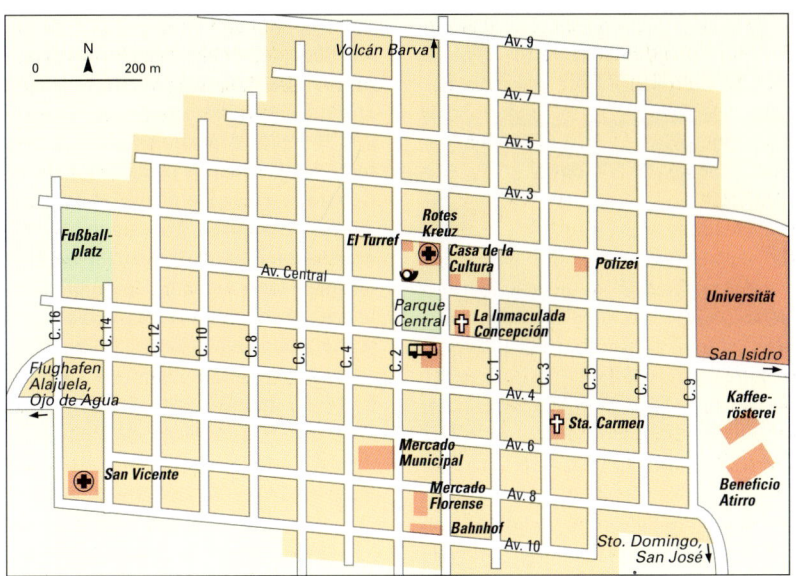

Stadtplan Heredia

sern aus dem 19. Jh. eingerahmt wird, ist abends ein beliebter Treffpunkt.

Die Ostseite des Parks wird von der mächtigen **Iglesia de la Inmaculada Concepción** eingenommen. Die dicken Mauern dieser 1797 erbauten Kolonialkirche mit ihren Außenverstärkungen und die je 15 Stützpfeiler zu beiden Seiten des Innenschiffs sind Ausdruck menschlicher Bemühungen, sich den Naturgewalten zu widersetzen. Der Bau hat bisher alle Erdbeben überstanden. Die Glocken der Kirche stammen aus dem peruanischen Cuzco.

An der nordöstlichen Ecke des Parque Central steht das Haus des ehemaligen Präsidenten Alfredo Gonzales Flores. Heute ist es die **Casa de la Cultura** und ein beliebter Kulturtreff mit wechselnden Ausstellungen. Gegenüber errichtete der einheimische Künstler Fadrique Gutiérrez den **Turref,** einen 20 m hohen Turm, dessen Schießscharten sich kuriorserweise nach außen öffnen. Südlich

des Zentrums in der Avenida 4 Ecke Calle 3 fällt die klassizistische **Iglesia de la Santa Carmen** wegen ihres Glokkenturms mit handgefertigter Uhr aus dem Jahr 1867 auf.

Der Nordwesten: Ausflüge von Heredia und der Vulkan Barva

Im Zentrum des Kaffeeanbaus empfiehlt es sich, sich anschaulich über denselben zu informieren, was in der **Kaffeefabrik** 12 des alteingesessenen, renommierten Kaffeeproduzenten Britt an der Straße nach Barva auf einer ›Café-Tour‹ durch das Unternehmensgelände leicht möglich ist. Besucher können hier der Verarbeitung des Kaffees von der frischen Bohne bis zum exportfertigen Produkt beiwohnen.

18 km nördlich von Heredia, unweit des Orts Sacramento, erhebt sich im Nationalpark Braulio Carrillo (s. S. 149) in-

Kaffeepflücken – eine mühselige Arbeit

mitten des unberührten tropischen Regenwalds der 2906 m hohe **Volcán Barva** 🔢, ein erloschener Vulkan mit mehreren Kratern und schönen Kraterseen, z. B. der Laguna de Barva (Durchmesser 200 m) und der Laguna Danta (500 m). Der Aufstieg zum Vulkan führt durch einen eindrucksvollen Nebelwald. (Anfahrt auf der N 9 über San José de la Montaña bis Sacramento, ab dort dann 3 km zu Fuß.)

Alajuela

Nur 23 km westlich von San José liegt in unmittelbarer Nähe des Flughafens das erst 1782 gegründete **Alajuela** 🔢 (s. S. 304). In 950 m Höhe herrscht ein mildes und warmes Klima. Die Tagestemperaturen schwanken zwischen 18 und 28 °C, Regen fällt von Mai bis November. Mit 150 000 Einwohnern ist Alajuela heute die zweitgrößte Stadt des Landes

und zugleich Hauptstadt der ca. 10 000 km² großen Provinz gleichen Namens.

Im Bürgerkrieg 1823 kämpfte Alajuela an der Seite von San José gegen Cartago und Heredia. Wie in allen Städten des zentralen Hochlands bildet der **Parque Central** auch heute noch das Zentrum aller Geschäftigkeit. Mit seinen hochgewachsenen Bäumen, angenehmen Sitzgelegenheiten, einem Springbrunnen und einem Musikpavillon ist er bis in den späten Abend ein beliebter Treffpunkt.

An der Westseite des Parks befindet sich ein Gebäude, in dem 1824 das erste Parlament Costa Ricas zusammentraf (heute Zweigstelle der Nationalbank). Die im 19. Jh. errichtete **Kathedrale** an der Ostseite des Parque Central beeindruckt durch die schöne Holzdecke, die grünen Fenster sowie die rote Wellblechkuppel über dem Altarraum. In ihr liegen die ehemaligen Präsidenten Tomás Guardia und León Cortés Castro begraben. Eine zweite Kirche, deren eigentlicher Name Templo del Santo Cristi de Esquipulas ist, wird von der Bevölkerung **Iglesia la Agonía** genannt. Hier fallen zwei große Wandmalereien *(murales)* in den Seitenschiffen und der schöne Glockenturm ins Auge.

In Alajuela wurde Juan Santamaria geboren, jener einfache Soldat, der in der Schlacht von Rivas am 11. April 1856 sein Leben dafür gab, ein von dem US-amerikanischen Söldnerführer William Walker besetztes Gebäude in Brand zu stecken, und damit zum Nationalheld wurde. Noch heute feiert man seinen Todestag alljährlich eine ganze Woche lang. Zudem trägt der nahe internationale Flughafen seinen Namen und ihm in der Calle 2 ein Denkmal errichtet. Santamarias Bronzestatue steht südlich der Avenida 2 auf einem Marmorsockel, zu beiden Seiten von zwei großen Originalkanonen aus der Schlacht flankiert. Das

Stadtplan Alajuela

Museo Histórico Juan Santamaria hat im ehemaligen Gefängnis der Stadt eine Bleibe gefunden. Neben Kunsthandwerk aus der Region wird hier der ›mutige Einsatz des costaricanischen Soldaten Juan Santamaria‹ nachgestellt, auf Schautafeln erläutert und mit Exponaten dokumentiert. Wer nicht in das Museum Parque Nacional de Santa Rosa kommen sollte, kann dem Nationalepos hier seine Referenz erweisen.

Der Westen: Ausflüge von Alajuela und der Vulkan Poás

Die Gegend rund um Alajuela bietet weitere Möglichkeiten, den Westen der Meseta Central und einen der bedeutendsten Vulkane, den Poás, kennenzulernen.

Eines der beliebtesten Wochenendvergnügen der Bewohner des westlichen Valle Central ist der Besuch der Freizeitanlage **Ojo de Agua** 15 (Auge des Wassers, s. S. 311). Sie liegt 6 km südlich von Alajuela in San Antonio de Belén. Höhepunkt ist ein Wasserfall, der aus einer gigantischen natürlichen Quelle (25 000 Liter pro Std.) gespeist wird und sich in mehrere große Schwimmbecken ergießt.

In **La Guácima** 16, wenige Kilometer südwestlich von Ojo de Agua, haben ein US-Amerikaner und seine costaricanische Frau 1984 die **Butterfly-Farm** eröffnet. Dabei ging es ihnen weniger um ein Spezialmuseum für Naturinteressierte, sondern sie züchteten Raupen und Schmetterlingspuppen für den Export. Allerdings bieten sie auch – quasi als Nebengeschäft – eine informative Führung und Videovorführung, bei denen man alles über Schmetterlinge erfährt und sieht. Weniger naturfreundlich geht es zwischen Dezember und April im La Guácima Autodrome zu, einer Autorennstrecke in unmittelbarer Flugplatznähe.

Nordwestlich von Alajuela liegen mehrere kleine Orte, deren Besuch sich nicht nur wegen ihrer Sehenswürdigkeiten lohnt, sondern weil damit auch eine angenehme Fahrt durch einen landschaftlich schönen Teil des Valle Central verbunden ist, in dem der Kaffeeanbau entlang der Berghänge dominiert. Einer dieser Orte ist **Grecia** 17, 28 km von Alajuela entfernt. Der Ort wurde 1828 gegründet, fällt durch seine gepflegten Parkanlagen und gekehrten Straßen auf (Grecia gewann einmal den Preis der ›saubersten Stadt des Landes‹) und besitzt als Besonderheit eine Kirche aus Metall. Sie wurde 1897 in Belgien hergestellt, hat zwei Türme und ein großes Hauptschiff und sticht durch ihren dunkelroten Anstrich, von dem sich die weißen Fenster und Türeingänge besonders abheben, ins Auge. Nur der Altar

besteht aus solidem Marmor, und Teile der Innenausstattung sind aus Holz.

Wenige Kilometer weiter liegt **Sarchí** 18, ein Städtchen, das wegen seines traditionellen Kunsthandwerks und besonders für seine Holzarbeiten bekannt ist. Aus Sarchí kommen die berühmten Ochsenkarren mit ihren buntbemalten, großen Rädern. 1903 gründete hier die Familie Chaverri eine Fabrik und ließ die Tradition der alten Holzwagen wieder aufleben. Heute ist der ganze Ort ein einziger Touristen- und Schnitzerwaren-Exportbasar. In Sarchí liebt man es farbenfroh: Die beiden Türme und die Außenwände der Kirche im Zentrum wurden rosa und hellgrün, der Giebel zwischen den Türmen hellgelb getüncht. Diese für eine Kirche ungewohnten Farben haben bei Sonnenuntergang durchaus ihren Reiz.

Von Alajuela benötigt man weniger als 1 Std. (37 km), um auf der gut ausge-

Kunsthandwerk aus Sarchí

bauten Straße den Gipfel des **Volcán Poás** [19] (s. S. 317) im gleichnamigen Nationalpark zu erreichen. Die Anreise von Alajuela führt mit herrlicher Aussicht auf das Valle Central durch eindrucksvolle Kaffeeplantagen, vorbei an den Orten San Pedro und Poasito. Die sehr kurvenreiche Straße endet ca. 500 m unterhalb des Kraters.

Das Kratergebiet ist touristisch erschlossen. Eine ständige Ausstellung im Besucherpavillon am Parkplatz gibt Auskunft über die Entstehung und die 120 Mio. Jahre alte Geschichte des Vulkans sowie über die Besonderheiten des Nationalparks. Vom Informationspavillon führt ein asphaltierter, zweispuriger Weg zu einer Besucherplattform am Kraterrand. Der 2704 m hohe Poás gehört zu den noch tätigen Vulkanen des Landes. Sein Krater hat einen Durchmesser von über 1000 m, der Kratersee ist ca. 300 m tief, sein Wasser über 50 °C heiß und vom Schwefel gelb bis milchig-grün gefärbt; ständig steigen Wasserdampf und Schwefelgeruch auf. Beim letzten großen Ausbruch 1954 wurde Asche bis weit ins Valle Central geweht; bei den leichten Eruptionen im März 1989 entstanden keine größeren Schäden.

Vom Kraterrand steigt man auf einem schattigen Fußpfad durch dichte tropische Vegetation zum 150 m höher gelegenen, alten Krater Botos hinauf (ca. 15 Min.). Er war zum letzten Mal vor 7500 Jahren aktiv, und seine Ränder sind von dichter Vegetation überzogen. Der Botoskrater hat einen Durchmesser von ca. 400 m, der nur ca. 15 m tiefe Kratersee Botos Laguna ist klar, kalt und von außerordentlicher Schönheit. Am Gipfel des Poás ziehen meistens gegen Mittag, manchmal schon ab 10 Uhr, Wolken auf. Deshalb sollte man schon frühmorgens anreisen.

Der Osten Costa Ricas und die Karibikküste

Die 200 km lange karibische Atlantikküste Costa Ricas gehört verwaltungstechnisch zur Provinz Limón. Zentrum dieser Region ist die Stadt Puerto Limón mit dem neuen Tiefseehafen Moín. Bis zum Bau der Eisenbahntrasse Ende des 19. Jh. gab es keine direkte Verbindung zwischen Karibikküste und San José oder dem Valle Central, und seitdem – bis 1970! – nur diese. Trotz der heutigen Anbindung sind Puerto Limón und die Atlantikküste bis in die Gegenwart der Hinterhof des Landes geblieben. Sie gelten als ›karibisch‹, gemeint ist ›schwarz, englischsprachig, protestantisch, peripher‹, im Gegensatz zum Valle Central, das als ›weiß, spanischsprachig, katholisch und zentral‹ charakterisiert wird. Und dabei war es doch die Atlantikküste, von der aus die ›spanische Kultur‹ in Costa Rica Fuß zu fassen begann, denn gegenüber von Puerto Limón, an der Isla Uvita, landete im September 1502 Kolumbus mit seinen Schiffen.

Die zwischen 1871 und 1890 gebaute Eisenbahn, die für die 150 km lange Strecke zwischen San José und Puerto Limón 7 bis 9 Stunden benötigte und bei Touristen als *jungle train* sehr beliebt war, fährt seit 1990 nicht mehr. Dafür sind Puerto Limón und die Karibikküste heute über zwei Straßenverbindungen zu erreichen: eine erste, 1970 eröffnete Straße führt über Cartago und Turrialba nach Siquirres und von dort weiter nach Puerto Limón. Seit 1987 gibt es auch eine Straße über Guápiles und Guácimo nach Siquirres. Die Fahrzeit verkürzt sich auf dieser neuen Strecke mit dem längsten Autobahntunnel Zentralamerikas (562 m) von 5 auf 3 Stunden. Nur von Puerto Limón aus kann man die an-

deren Orte an der Karibikküste erreichen, sieht man von einer Flußverbindung von Puerto Viejo entlang des Sarapiqui zum Río Colorado nach Barra del Colorado in der Nähe der nicaraguanischen Grenze ab.

Von San José nach Siquirres

Die Fahrt von San José auf der neuen, streckenweise sogar dreispurigen Straße nach Guápiles führt über die Berg-

Map labels:

N

0   20 km

C a r i b e

ya Bonita
ete **Puerto Limón**
5
○ *Isla Uvita*

36

an Clemente

Penshurst   *Punta*
                              Cahuita
Pandora   13 Cahuita   *Puerto*   *Refugio Nacional*
                         Vargas   *de Vida Silvestre*
le de   *Parque Nacional*   *Gandoca-Manzanillo*
trella   14 Cahuita   *Costa de*
12   *Talamanca* 16   17
         Bibri ● Puerto Viejo 15   *Punta*
LIMÓN   de Talamanca Manzanillo *Mona*
                              Gandoca
         Bratsi   *Río Sixaola*

PANAMÁ   Sixaola

straße. Denn so wichtig diese direkte Verbindung vom Valle Central hinunter zur Atlantikküste für das Land war, so durchschnitt sie doch ein Gebiet dichten Regenwalds, das zu den letzten großen zusammenhängenden Beständen des Landes gehörte und vielen Tierarten einen Lebensraum bot. Ein klassischer Konflikt zwischen Wirtschaftsinteressen und Naturschutz bahnte sich an. Zuvor hatte schon Präsident Braulio Carrillo, der von 1835–42 regierte, Pläne für eine solche Straße in Auftrag gegeben, und ihre wirtschaftliche Bedeutung war ungeachtet der Eisenbahn in den letzten 100 Jahren eher größer geworden. In Costa Rica hatte sich jedoch mittlerweile das Bewußtsein dafür geschärft, daß man dem weiteren Abholzen des tropischen Walds Einhalt gebieten müsse. Denn waren nach dem Zweiten Weltkrieg noch etwa 75 % der Gesamtfläche Costa Ricas bewaldet, so ist dieser Anteil heute auf unter 25 % geschrumpft!

Mit dem erreichten Kompromiß können alle in Costa Rica leben. Die neue Nationalstraße 32 wurde gebaut und 1989 fertiggestellt, aber fast 46 000 ha Waldgelände zu beiden Seiten der Straße zugleich als Parque Nacional Braulio Carrillo unter Naturschutz gestellt. Nur an zwei Stellen der gebührenpflichtigen Straße kann man den Nationalpark betreten: Kurz vor dem Zurqui-Tunnel und 2 km hinter der Río Sucio-Brücke. Hier befinden sich *visitor centers* der Parkverwaltung mit Informationsmaterial und Wegskizzen. Der Park gehört zu den touristisch wenig erschlossenen, da er sich entlang steiler Bergzonen erstreckt, die von dichten, immergrünen Primärwäldern bedeckt und von unzähligen Flüssen durchzogen werden. Entsprechend der Umweltbe-

kette der Cordillera Central und durch den **Parque Nacional Braulio Carrillo** 1 (s. S. 305). Dieser Park, dessen Grenzen heute nördlich der Hauptstadt beginnen, verdankt seine Gründung 1978 den Planungen für die neue Schnell-

Mit der Seilbahn durch den Regenwald

Costa Rica

150

Die Ökotourismus-Welle in Costa Rica kennt keine Grenzen – auch nicht gen Himmel. Seit 1995 können Besucher in 35 m Höhe lautlos durch die Wipfel des Urwalds schweben. Die Regenwaldseilbahn, **Teleférico de Bosque Lluvioso,** ist die Erfindung des US-amerikanischen Professors Dr. Donald Perry, eines Tropenbiologen aus Kalifornien, der seit mehr als 20 Jahren den tropischen Regenwald Costa Ricas erforscht. Perry gilt auch als der Erfinder der *canopy web explorations*‹: Um das Leben in den Baumkronen des Regenwalds zu erforschen, spannte er eine Art Baldachin aus Stahlseilen über ein 4 ha großes Gebiet primären Urwalds und bewegte sich so mit Hilfe von Rollen, Winden und Strickleitern in den Wipfeletagen. Um sich kontinuierlich in die-

sen ökologisch hochsensiblen Höhenschichten aufhalten zu können, errichtete er sogar eine baumhausähnliche Holzplattform zum Essen, Schlafen und Anfertigen seiner Aufzeichnungen.

Diese ursprünglich für die biologische Forschung entworfene, netzförmige Einrichtung im kleinen Reservat Rara Avis an der Nordostseite des Braulio Carrillo-Nationalparks hat Perry inzwischen an anderer Stelle zur neuesten Ökotourismus-Attraktion des Landes verfeinert. Zusammen mit finanzstarken Investoren kaufte er an der verkehrsgünstigen Schnellstraße von San José nach Puerto Limón ein 420 ha großes Stück Regenwald, durch das heute in 12 bis 35 m Höhe Gondeln schweben.

Entlang einer 1,5 km langen Strecke kann man so 90 Min. lang lautlos durch dichten Regenwald und an den Kronen jahrhundertealter Bäume vorbeigleiten, ohne auch nur einen Fuß auf seinen Boden zu setzen. Die 16 nach allen Seiten hin offenen Gondeln bieten Platz für je sechs Personen, den begleitenden Führer eingeschlossen. Die sonst unzugängliche und unsichtbare Artenvielfalt hat einen faszinierenden Reiz: Wilde Orchideen, Helikonien, Bromelien, Farne, Moose und unterschiedliche Schlingpflanzen bilden ohne direkte Verbindung zum Boden ein eigenes Ökosystem.

Obwohl Perry heute hauptsächlich Generalmanager seines Unternehmens ›Rain Forest Aerial Tram‹ ist und 70 Mitarbeiter beschäftigt, bescheinigen ihm Umweltorganisationen nach wie vor ökologische Motive, da sein aus engagierter Forschertätigkeit erwachsenes Projekt des ›Regenwald-Schutz-Tourismus‹ als wahrer missionarischer Kreuzzug für größeres ökologisches Bewußtsein gelten kann.

Die Schwebefahrt durch den Urwald hat freilich ihren Preis. Das Projekt hat 2,5 Mio US-$ verschlungen. Es rentiert sich erst bei 170 Besuchern pro Tag. Zur Zeit kostet eine Fahrt 47,50 (Kinder und Studenten 23,75) US-$, einschließlich der Anreise im Traktor vom Parkplatz an der Nationalstraße 32 durch den Urwald zur 1,5 km entfernten Talstation und einer ca. 30-minütigen Wanderung auf einem Lehrpfad unter fachkundiger Führung. Läßt man sich vom Hotel in San José mit dem firmeneigenen Shuttle-Bus abholen, zahlt man weitere 17 US-$ für die ca. einstündige Anfahrt durch den Braulio Carrillo-Nationalpark und bekommt gleichzeitig durch einen mitfahrenden Ökologen des Unternehmens eine hervorragende Einführung in die Lebensverhältnisse des Regenwalds.

dingungen haben sich im Park unterschiedliche Waldarten gebildet: Die Wälder mit den höchsten Bäumen und der größten Artenvielfalt befinden sich in den niedrigeren Regionen, während in den Höhenlagen die Vegetation strauchartig, die Bäume niedriger und die Artenvielfalt geringer ausfallen. Über 6000 Pflanzen- und über 300 Vogelarten, darunter auch der Quetzal, sowie viele Säugetiere, z. B. Jaguare, Pumas, Tapire und Rotwild, aber auch Schlangen und Frösche kann man im Park antreffen. Zwei erloschene Vulkane, der Cacho Negro und der Barva (s. S. 144), liegen ebenfalls im Gebiet des Parks.

Bereits während der Fahrt auf der Schnellstraße durch den Nationalpark ist man fasziniert von der Vielfalt des tropischen Regenwalds. Wer sich detailliert über die Besonderheiten und Artenvielfalt informieren und zugleich den Wald hautnah erleben möchte, sollte die Regenwaldseilbahn jenseits der Grenze des Nationalparks nicht auslassen. Zuvor aber ermöglicht eben diese neue Straße an der Río Sucio-Brücke die Beobachtung eines kontrastreichen Farbenspiels: Die lange Brücke überquert den vom Schwefel des Vulkans Irazú gelbgefärbten Río Sucio fast exakt dort, wo dieser mit dem tiefgrünen Wasser des Río La Hondura zusammenfließt.

5 km hinter der Río-Sucio-Brücke Richtung Guápiles kann man seit 1994 den Regenwald in aufregender Höhe mit der **Teleférico de Bosque Lluvioso** 2 (s. S. 16ff. und S. 305) schwebend erkunden. Und noch etwas weiter Richtung Guápiles, an der Rancho Redando, zwischen dem Río Costa Rica und dem Río Blanco, bei km 56, beginnt das 200 ha große, private Naturreservat Bosque Lluvioso, das man von hier über eine 3 km lange, ausgeschilderte Schotterpiste erreicht. Hier kann man sich sachkundi-

gen Führungen auf markierten Wanderwegen mitten durch den Urwald anschließen. In beiden Fällen unterscheidet sich die tropische Vegetation nicht von der des benachbarten Nationalparks.

Bereits vor der Stadtgrenze von Guápiles ahnt man, daß von nun an Bananen das Schicksal der Region bestimmen werden: Bananenstauden, so weit das Auge reicht, und entlang der Straße werden die Früchte von Kindern zum Kauf angeboten. Zwischen Guápiles und dem 12 km weiter Richtung Atlantik gelegenen Ort **Guácimo** 3 (s. S. 307) verläuft die neue Straße parallel zur Eisenbahntrasse. Wer Interesse an einer vorbildlichen Ausbildungsinstitution für Landwirtschaft in feuchttropischen Regionen hat, der kann hier bei EARTH *(Escuela de Aguacultura de la Región Tropical Húmeda)* wohnen und arbeiten. In Guácimo befindet sich auch Costa Flores, die größte Blumenfarm des Landes, die Besucher gerne willkommen heißt.

Jetzt wird das Land flacher, die Straße, die weiter entlang der Bahntrasse verläuft, überquert den Río Reventazón

Der Dschungelzug durchquert Regenwälder, Bananen- und Blumenplantagen

und erreicht **Siquirres** 4, das Zentrum des Bananenanbaugebiets. Hier erreicht auch die alte Straße von San José über Cartago und Turrialba das karibische Tiefland. Allein zwischen den Städten Guácimo und Siquirres hat die ›Standard Fruit Company‹ 100 km Eisenbahnschienen als Verbindung zwischen ihren Plantagen verlegt, und der Bananen-Multi ›Del Monte‹ erntet und exportiert von hier jährlich 1 Mio. t der gelben Frucht. Wohin der Blick auch schweift – nichts als in blaue Plastiksäcke gehüllte Bananenstauden, die darauf warten, abgeerntet zu werden. Die ›Verpackung‹ soll vor Vögeln und anderen Schädlingen schützen und trägt zur gewünschten Farbbildung bei.

Von Siquirres führt die asphaltierte Straße weiter an Martina vorbei ins 50 km entfernte Puerto Limón.

Puerto Limón

Puerto Limón **5** (s. S. 317) ist heute die wichtigste Hafenstadt Costa Ricas und zugleich mit seinen 60 000 Einwohnern Hauptstadt der 9000 km² großen Provinz Limón. Karibisches Flair, nette Kneipen und feuchtheißes Klima mit 30 °C Tagestemperaturen bestimmen die Atmosphäre der Stadt. Hier ist der Lebensstandard allerdings wesentlich niedriger als im Valle Central, was man unter anderem daran sehen kann, daß viele Häuser, die beim Erdbeben im April 1991 einstürzten, noch immer nicht wieder aufgebaut wurden.

Obwohl die Spanier hier im Dorf Cariari zum ersten Mal den Boden des späteren Costa Rica betraten, kam es erst 300 Jahre später zum planmäßigen Aufbau einer Stadt. Anlaß war das ökono-mische Interesse, den Kaffee aus dem Hochland leichter nach Europa verschiffen zu können, und Limón war als Endpunkt für die geplante Eisenbahnlinie vorgesehen. Bereits vor Fertigstellung der Schienenstrecke ins Hochland kam dem Hafen von Limón wegen der Bananenplantagen der Küstenregion eine bedeutende Rolle zu.

Für Eisenbahnbau und Bananenplantagen wurden Ende des 19. Jh. Zehntausende Jamaikaner als billige Arbeitskräfte ins Land geholt. Ihre Nachkommen stellen heute die schwarze Bevölkerungsmehrheit in der Region. Puerto Limón ist keine Stadt großer Sehenswürdigkeiten – das Leben und Treiben auf seinen Plätzen macht den eigentlichen Reiz dieser karibischen Hafenstadt aus. Sehenswert sind der **Parque Vargas,** der Stadtpark mit seinen alten,

Der Kaffee, die Eisenbahn und die Bananen

Das costaricanische Valle Central bietet ideale Voraussetzungen für den Kaffeeanbau: Fruchtbare Böden in 800 bis 1200 m Höhe und das ganze Jahr hindurch Temperaturen von gut 20 °C. Seit Beginn des 19. Jh. förderte die Regierung den Anbau von Kaffee massiv, was in der ersten Hälfte des 19. Jh. zur verstärkten Einwanderung nordspanischer Bauern und zu steigendem Export von Kaffee führte.

Der verstreute bäuerliche Kleinbesitz sowie der Mangel an billigen Arbeitskräften verhinderten hier jedoch die Entstehung von Großlatifundien nach brasilianischem Muster. Dank intensiver Bewirtschaftung und beständig gutem Absatz stabilisierten sich aber mittelgroße Besitzverhältnisse, die Kaffee-Haciendas Costa Ricas waren selten größer als 500 ha. Gleichzeitig brachte die dezentralisierte Kaffeeproduktion auch für das Transportgewerbe und die Verarbeitungsunternehmen gute Gewinnchancen. Während dieser Jahre gründeten einige große Kaffee-Exporteure nationale Handelshäuser und importierten ausländische Waren, die sie im Land gut absetzen konnten.

Der relative Wohlstand um die Mitte des 19. Jh. und die Existenz einer geordneten staatlichen Verwaltung ließen zunehmend ein nationalstaatliches Gebilde entstehen, das im Ausland diplomatische Anerkennung fand.

Mit der Einführung moderner Maschinen veränderten sich auch die Eigentumsverhältnisse, denn wer nicht genügend Kapital besaß, konnte bei diesen Rationalisierungen nicht mithalten und mußte sein Land verkaufen. 1849 wurde Juan Rafael Mora, ein Vertreter der Kaffeearistokratie, Präsident. Er besaß zusammen mit Vicente Aguilar das größte und mächtigste Export/ Import-Unternehmen des Landes.

Da London damals das Welthandelszentrum für Kaffee war, suchten Regierung und Kaffeeadel seit 1865 nach einer Möglichkeit, die gewinnträchtigen

Bohnen von einem Hafen an der Atlantikküste aus zu verschiffen. 1871 unterzeichneten Präsident General Tomás Guardia und ein Konsortium Londoner Banken einen Kreditvertrag über 3,5 Mio. Pfund Sterling zum Bau der Eisenbahn zwischen San José und Puerto Limón am Atlantik. Costa Rica geriet damit zum ersten Mal in finanzielle Auslandsabhängigkeit.

Guardia hatte den US-amerikanischen Eisenbahningenieur Henry Meiggs Keith mit dem Bauvorhaben beauftragt. Da es für solche Projekte in Costa Rica nicht mehr genügend Arbeitskräfte gab, heuerte dieser Tausende von Jamaikanern, Italienern und Chinesen an. Außerdem übertrug er seinem Neffen Minor Cooper Keith die Bauleitung. Dessen Aufstieg zum ›ungekrönten König Costa Ricas‹ begann mit dem Tod von Henry Meiggs Keith 1876. Minor Cooper erkannte schnell, daß das Projekt wesentlich teurer und schwieriger werden würde und die Rückzahlung des Kredits an die Briten vom Staat Costa Rica nicht mehr zu leisten war. Zugleich brachten aber die von ihm angelegten Bananenpflanzungen entlang der Trasse bei Puerto Limón große Gewinne. In dieser Situation schloß er mit dem neuen Präsidenten Bernardo Soto 1884 einen Vertrag: Er würde die britischen Schulden begleichen, neues US-Kapital besorgen und die Bahnlinie zu Ende bauen. Als Gegenleistung sicherten er und die US-Investoren sich mehr als 300 000 ha Land für neue Bananenplantagen und für 99 Jahre das Recht, die von ihnen angebauten Bananen mit der neuen Eisenbahn kostenlos zur Atlantikküste zu transportieren.

Die letzten Jahre des Eisenbahnbaus waren besonders hart, die Arbeitsbedingungen im ansteigenden Gelände wurden immer schlechter. 1888 organisierten die italienischen Arbeiter deshalb den ersten Streik auf costaricanischem Boden. 1890 war die Trasse endlich fertig; in den 19 Jahren ihrer Entstehung hatten 4000 Menschen ihr Leben gelassen. Keith gründete und kaufte weitere Bananenpflanzungen in Costa Rica und schloß sich 1894 mit der ›Boston Fruit Company‹ von Andrew Preston zusammen. Beide gründeten 1899 die ›United Fruit Company‹ (UFCO), die fortan den costaricanischen Bananenhandel vom Anbau über den Transport und die Verschiffung bis zur Vermarktung kontrollierte. ›König Keith‹, der die Tochter des Präsidenten geheiratet hatte, war der reichste Mann des Landes.

Der groß angelegte Bananenanbau zog soziale Veränderungen nach sich. Insbesondere die schwarzen Arbeitskräfte aus Jamaika, die nach der Fertigstellung der Eisenbahn im Land blieben, und die *campesinos,* die in den Zentralregionen Costa Ricas mit der Modernisierung des Kaffeeanbaus landlos geworden waren, verdingten sich in den Plantagen. ›La Yunai‹, wie die UFCO in Ableitung von ›United‹ vor Ort genannt wurde, entwickelte sich schnell zum ökonomischen, sozialen und politischen Machtfaktor Zentralamerikas. Im kleinen Costa Rica besaß sie dank Keith mehr Land als in allen anderen Nachbarstaaten, und Costa Rica avancierte 1907 zum größten Bananenproduzenten der Welt.

Diese Position als weltgrößter Bananenlieferant hat Costa Rica bis heute gehalten, und auch sein weltbekannter Kaffee steht noch immer an zweiter Stelle der Exportgüter. Aber die Eisenbahn, die 100 Jahre lang beide Güter transportiert hat, mußten ihren Dienst 1990 ›wegen Unrentabilität‹ einstellen.

Stadtplan Puerto Limón

schattenspendenden Bäumen, der sich
ideal zum Ausruhen anbietet, die **Kathedrale,** ein neokoloniales Bauwerk
mit prachtvoller Innenausstattung, und
das **Museo Etnohistórico de Limón,**
in dem man vieles über die Ankunft von
Kolumbus erfährt. Zu dessen Ehren
feiert Puerto Limón übrigens im Oktober
carneval, ein ausgelassenes Volksfest,
das die ganze Stadt eine Woche lang in
Atem hält. In Limón selbst lädt der
Strand nicht gerade zum Baden ein,
aber im alten Hafengelände gibt es das
kleine öffentliche Schwimmbad Jap-
dera. Wer unbedingt im Meer baden
möchte, kann dies an der Playa Bonita in
Portete, zwischen Puerto Limón und
Moín, tun.

In **Moín** [6], 6 km nördlich von Puerto
Limón, befindet sich auch der neue Tief-

seehafen der Stadt und endet die Straße
Richtung Norden.

Von Puerto Limón entlang der Karibikküste

Zur nicaraguanischen Grenze in Richtung Norden gibt es keine Straßenverbindung entlang der Küste, statt dessen bewegt man sich mit Booten auf
Flüssen und Kanälen fort, wobei diese
oft mehrstündigen Fahrten durch dicht
an die Wasserwege heranreichenden
Dschungel zu den Abenteuern eines
Costa Rica-Aufenthalts gehören. Da dies
aber allein nicht leicht zu bewerkstelli-
gen ist, bieten die Lodges in den Nationalparks von Tortuguero und Barra del
Colorado meist Aufenthalte inklusive
Charterflug bzw. Bootsanreise an. Das

Erdbeben vom April 1991 hat zu Landverschiebungen in der Region geführt und einige Kanäle so verändert, daß sie zu kleinen Rinnsalen wurden. Doch dank neuer Umleitungen und der vielen Regenfälle ist das alte Verkehrsnetz inzwischen fast wieder hergestellt.

Auf der Bootsfahrt nach Tortuguero fallen hinter Moín zunächst die alten Eisenbahngleise der Bananen- und Kakaoplantagen auf. Danach erobert dichte Dschungelvegetation die Ufer. In **Parismina** 7 hat man die Hälfte der Strecke zurückgelegt und kann in dem von US-amerikanischen Anglern gerne besuchten Ort einen Zwischenstopp einlegen.

Auch Parismina hat sich dank seiner dichten, immergrünen Dschungelvegetation ganz dem Ökotourismus verschrieben, setzt aber bevorzugt auf Einzelreisende, die mehrere Tage hier verweilen wollen. (Wegen der o. g. Kanalveränderungen wählen einige Reiseveranstalter die direkte Anreise von der Nationalstraße 32 über eine nur teilweise befestigte Straße, um das an der Mündung des Río Reventazón gelegene Parismina zu erreichen!).

Hinter Parismina erstreckt sich ein riesiges, von Kanälen durchzogenes Sumpfgebiet. Touristisches Zentrum dieses küstennahen Regenwaldgebiets ist **Barra de Tortuguero** 8 (s. S. 328), 80 km nördlich von Puerto Limón. Der Ortsname leitet sich aus *tortuga,* Schildkröte, ab, denn dieser Küstenabschnitt ist ein wichtiger Platz für die Eiablage der *tortuga verde,* der Grünen Seeschildkröte (›Suppenschildkröte‹), und der Karettschildkröte. Von Juni bis August legen die behäbigen Tiere ihre Eier des Nachts entlang dem 25 km langen Strand des Nationalparks ab. Ab der zweiten Septemberwoche schlüpfen dann die jungen Schildkröten und kriechen zum Meer.

Der an einem langen dunklen Sandstrand gelegene Ort besticht durch seine paradiesische Einfachheit inmitten tropischer Vegetation. Vereinzelt stößt man mitten im Ort auf große verrostete Maschinen und riesige Eisenteile, Hinterlassenschaften US-amerikanischer Unternehmen, die hier im 19. Jh. Edelhölzer schlugen, sie roh verarbeiteten und exportierten. Als sich dies nicht mehr rentierte, ließen sie die mitgebrachten Maschinen und Arbeitskräfte einfach zurück.

Die Mehrzahl der ca. 2000 Bewohner Tortugueros sind Nachkommen jener schwarzen karibischen Arbeiter. Heute leben sie vom Fischfang und vom Tourismus, zu dem der 1970 gegründete 20 000 ha große **Parque Nacional Tortuguero** 9, der artenreichste Nationalpark Costa Ricas, in erster Linie beiträgt. Wegen der märchenhaft dichten Vegetation und der Vielfalt der Tiere zählt eine Bootsexkursion durch den Nationalpark zu den Höhepunkten einer Costa Rica-Reise. Nach den großen Regenfällen – die Region gehört mit 6000 mm Niederschlag jährlich zu den regenreichsten des Landes – führen der Río Tortuguero und seine Nebenflüsse solche Wassermassen aus dem Bergland heran, daß große Teile der küstennahen Regenwälder regelmäßig überflutet werden. Im Tortuguero-Nationalpark bestimmen deshalb seit jeher die Flüsse den Lebensrhythmus, und Tiere und Menschen

Quetzales, Arakangas, Tukane –
die schönsten Vögel Costa Ricas

Costa Rica

158

Arakanga

ruf mit dem markanten Titel »Jeder Spatz ist wichtig«. und verteilte ihn mit einem beigelegten Fragebogen an die vielen ausländischen Ornithologen, die das Land jedes Jahr bereisen, ihr Wissen aber nach dem ›Bird Watching‹- Urlaub mitnehmen. Und genau dies sollten sie dem Institut nun mittels Fragebogen zur Verfügung stellen.

Im kleinen Costa Rica zählt man mehr Tierarten als in ganz Europa, darunter 859 Vogelarten. Die Spannweite reicht vom winzigen Kolibri bis zum großen Seeadler. Besonders herausragend, weil besonders schön, sind unter diesen vielen Quetzales, Arakangas und Tukane.

Der **Quetzal** galt als Vogel der Götter und war den präkolonialen Kulturen Mittelamerikas heilig. Seine Schwanzfedern zierten die Gottheit Quetzalcoatl und schmückten die Priester bei heiligen Zeremonien. Heute ist der Quetzal das Staatsemblem Guatemalas und der Name seiner Landeswährung.

Der scheue Vogel von der Größe einer Taube fällt durch seine wunderschönen grünen Schwanzfedern auf,

In Costa Rica wissen sich die Naturfreunde zu helfen. Das Institut für Biologische Vielfalt (INBIO) wollte einen neuen Atlas der einheimischen Vogelwelt herausgeben, verfügte aber nicht über genügend Forschungskapazität. Es veröffentlichte daher einen Auf-

haben sich an diese wechselvollen Lebensbedingungen angepaßt. Für selten gewordene Großsäugetiere wie den Tapir stellt der Nationalpark ein wichtiges Rückzugsgebiet dar. Aber auch Krokodile und Seekühe, Affen, Nasenbären, Leguane, Tukane und viele andere Vögel

haben hier eine Heimat gefunden, nicht zuletzt deshalb, weil man Holzfällern, Siedlern und Straßenbauern den Zugang verwehrt.

Nur 25 km nördlich von Tortuguero, nahe der Grenze zu Nicaragua an der Mündung des Río Colorado, liegt **Barra**

die die doppelte Länge seines Körpers erreichen. Quetzales bevorzugen als Lebensraum die Bergwälder Mittelamerikas. Zwischen Mexiko und Panama gibt es nur noch wenige frei lebende Brutpaare, von denen das Männchen mit seinen grün- und goldschimmernden Federn, seinem rotleuchtenden Bauch und den langen grüngoldenen, violett schimmernden Schwanzfedern besonders hervorsticht.

Die Jagd auf den schönen Vogel und die Abholzung von wilden Avocadobäumen ihres Tropenholzwerts wegen haben dazu geführt, daß auch die Quetzales vom Aussterben bedroht waren. Allerdings machten sie es ihren Jägern auch leicht. Man sieht diese tropischen Vögel immer zu zweit, und Forscher behaupten, daß sie das ganze Leben mit dem gleichen Partner verbringen. Ihre Paarungszeit beginnt zwischen Februar und März. Für den Nestbau suchen sie sich weiche Baumstämme, und die Brutaufgaben erledigen sie abwechselnd. In dieser Zeit tragen die Avocadobäume ihre fetthaltigen Früchte, die wichtigste Nahrungsquelle während der Brutzeit. Da die Baumhöhlen für die Schwanzfedernpracht der Männchen meist zu eng sind, lassen diese sie – ganz zur Freude ihrer Jäger – gut sichtbar heraushängen. Wird ein Männchen gefangen, verläßt auch das Weibchen das Nest und ihre Eier. Da es im seit Jahrzehnten geschützten Nebelwaldgebiet von Monteverde keine

Federräuber und viele wilde Avocadobäume gibt, haben sie hier einen Überlebensraum gefunden.

Der hellrote **Arakanga,** verkürzt Ara genannt, fällt sofort durch sein blau, rot und gelb leuchtendes Gefieder auf. Allerdings wurde auch ihm diese Farbenpracht zum Verhängnis. Als erster brachte Christoph Kolumbus einen Ara nach Europa mit. Später bemühten sich die Zoos der Welt um diese Papageienart, und bevor ihr Import jetzt weltweit verboten wurde, erzielten Jungvögel auf dem Schwarzmarkt Preise bis zu 3000 DM. Deshalb, und weil mit dem Fangen die Zerstörung ihres Lebensraums einherging, war der Ara vom Aussterben bedroht, doch im Reservat Carara (s. S. 190) und im Nationalpark Corcovado kann man sich ihrer erfreuen.

Die **Tukane** mit ihren imposanten bunten Schnäbeln sind glücklicherweise nicht vom Aussterben bedroht. Man trifft diesen Vogel mit seinem schwarzen Federkleid, dessen Schnabel ein Drittel seiner Gesamtgröße ausmacht, noch an vielen Orten. Tukane sind nicht nur schöne Vögel, sie faszinieren auch durch die Geschicklichkeit, mit der sie Nüsse und andere Kernfrüchte unter Zuhilfenahme ihrer Krallen zu knacken verstehen. Entsprechend den Farben ihres Schnabels wurden die Tiere benannt: Den buntesten Schnabel hat der Regenbogentukan, und der des Feuerschnabel-Arassari ist feuerrot.

de Colorado 10 (s. S. 305). Der von naturbelassenen Mangrovensümpfen umgebene Ort ist nur per Boot oder Flugzeug zu erreichen. Er hat heute ca. 1500 Einwohner und liegt am nördlichen Rand des 92 000 ha großen **Refugio Nacional de Vida Silvestre Barra del**

Colorado 11. Dieser Schutzpark umfaßt ein Moorgebiet, dessen Boden für Landwirtschaft und Viehzucht ungeeignet ist und einen von Flußläufen durchzogenen Regenwald von seltener Schönheit. Der touristische Reiz ist außerordentlich groß, weil es in diesem Gebiet einen großen Bestand an Pflanzen und Tieren gibt. Eingriffe sind hier nur den Ortsbewohnern zur Nahrungsbeschaffung erlaubt. Für Liebhaber undurchdringlicher Sümpfe und seltener Tierarten ist es geradezu ein Paradies. Die wenigen Lodges bieten Bootsfahrten durch die verzweigten Kanäle und Lagunen mit orts- und naturkundigen Führern an.

Im Gegensatz zu den Orten an der nördlichen Karibikküste sind die südlichen Küstenorte leicht zu erreichen, da die gut ausgebaute Nationalstraße CA 36 von Puerto Limón parallel zur Küste bis zur panamaischen Grenze am Río Sixaola führt. Wer Bananenplantagen des Multis ›Standard Fruit‹ besuchen möchte, kann nach etwa 25 km bei Penshurst von dieser palmengesäumten Straße ins Landesinnere nach Pandora im **Valle de Estrella** 12 abbiegen.

Zurück in Penshurst sind es noch 12 km bis nach **Cahuita** 13 (s. S. 305f.), einem kleinen Badeort wie aus dem Reiseprospekt: ein 2 km langer Sandstrand mit Palmen bis dicht ans Meer, Bambushütten-Bars, jeder Menge Reggae- und Salsa-Musik und vielen jungen Leuten. Es gibt auch einen schwarzen Strand, den Black Beach, der sich nördlich des Dorfs erstreckt. Da die Qualität der Strände vergleichbar ist, sieht ein typischer Tagesablauf hier wie folgt aus: Vormittags trifft man sich am weißen, nachmittags am schwarzen Strand und am nächsten Tag in umgekehrter Reihenfolge. An der Punta Cahuita ist ein Korallenriff vorgelagert, das einzige gut ausgebildete an der karibischen Küste Costa Ricas. Riff und Palmenstrand werden als Teile des **Parque Nacional Cahuita** 14 besonders geschützt. Der Zugang zum Riff und zum Nationalpark empfiehlt sich von Puerto Vargas, 5 km südlich von Cahuita, denn hier befindet sich auch eine Informationsstelle und diverse Annehmlichkeiten für Touristen (z. B. Toiletten).

12 km hinter Cahuita biegt die asphaltierte Straße ins Landesinnere nach Bribrí ein und verläuft hier als Schotterpiste die letzten 30 km zur panamaischen Grenze in Sixaola.

Bleibt man aber direkt an der Küste, so erreicht man nach weiteren 5 km den Ort **Puerto Viejo** 15 (s. S. 317f.), der den Zusatz **de Talamanca** trägt, damit man ihn nicht mit dem bedeutenderen Puerto Viejo (de Sarapiqui) im Norden des Landes verwechselt. Puerto Viejo erstreckt sich über zwei Badebuchten, beide ausschließlich mit schwarzen Stränden. Ihnen vorgelagert ist ein Korallenriff, das an der östlichen Playa Uva bis an den Strand reicht.

Puerto Viejo und insbesondere die sich südlich bis zur panamaischen Grenze aneinanderreihenden Badebuchten mit weißen (!), palmenbewachsenen Sandstränden sind besonders beliebt bei jungen Rucksackreisenden aus Europa und den USA. Hier an der **Costa de Talamanca** 16 bietet Costa Rica die karibische Alternative pur: tropische Hitze, Hängematte, Rastas und Reggae-Musik. Alles spielt sich im Freien ab, man bewegt sich nur noch in Badeshorts und T-Shirt. Es gibt keine asphaltierten Straßen, nur Pisten und Feldwege, dafür aber viele schattenspendende Bäume, dichte Vegetation und das herrliche karibisch-warme Meer mit seinen Stränden und vorgelagerten Korallenriffen.

Obwohl Spanisch Amtssprache ist, spricht die schwarze Bevölkerung ›jamaikanisches Englisch‹, jene grammatisch vereinfachende Mischung aus Englisch und Spanisch, die sich im 18. Jh. in den britischen Karibikkolonien entwickelt hat. Wann immer man sich begegnet, grüßt man hier nicht mit ›bue-

In Cahuita

Costa de Talamanca

nos días‹ oder ›buenas tardes‹, sondern mit einem schlichten ›O. K.‹, was so viel bedeutet wie: ›Guten Morgen/Tag/Abend! Wie geht's? Kann ich helfen? Ich tue Ihnen nichts! Schön, daß Sie hier sind!‹ Und die Gegrüßten antworten einfach: ›all right‹, was ähnlich viele Bedeutungen birgt.

Im äußersten Süden der Costa de Talamanca liegt Punta Manzanillo, wo die Piste endet. Der gelegentlich mit Treibholz bedeckte, sich anschließende Strand von Punta Mona und die einsame, palmengesäumte Laguna Gandoca ist nur über einen Pfad durch dichte tropische Vegetation zu erreichen: Hier ist man dann ganz alleine! Das Gebiet zwischen Playa Chiquita und der Mündung des Río Sixaola steht wegen seiner wunderschönen Vegetation und seines Vogelreichtums als **Refugio Nacional de Vida Silvestre Gandoca-Manzanillo** 17 unter besonderem Schutz.

Der Nordwesten Costa Ricas und die Pazifikküste

Von San José zur Pazifikküste

Die pazifische Küste Costa Ricas ist im Vergleich zur atlantischen mit 1200 km nicht nur viel länger, sondern auch wesentlich abwechslungsreicher und für Besucher besser erschlossen. Wirtschaftszentrum und kultureller Mittelpunkt an der Pazifikküste ist Puntarenas, der traditionsreiche Hafen und Badeort am Golf von Nicoya, 120 km westlich von San José.

Verwaltungspolitisch ist die pazifische Küste zweigeteilt: Die nördliche Pazifikküste und der größte Teil der Halbinsel Nicoya gehören – wie der ganze Nordwesten – zur Provinz Guanacaste und werden von Liberia aus verwaltet. Der

Santa Rita
Peñas Blancas 26 km
San José
Cuajiniquil
Parque
Nacional
Guanacaste
Colonia
Dos Rios
Río Pizole
Península Santa Elena
Parque Nacional
Santa Rosa
Casona
Santa Rosa
22
Volcán Rincón
de la Vieja
21
Santa Rosa
20
1895 m
19
Parque Nacional
Rincón de la Vieja
Golfo de
**Hacienda Rincón
de la Vieja**
Bijagua
Papagayo
Curubandé
Cordillera de Guanacaste
Río Tempisque
45 Playa Nacascolo
Nacascolo
Cereceda
44 Playa Panamá
Puerto
Culebra
Líberia
43 Playa Hermosa
18
41 Playa del Coco
42 Playa Ocotal
CA 1
Bagaces
Sardinal
Río Liberia
GUANACASTE
21
34 Playa Flamingo
Filadelfia
35 Playa Brasilito
Belén
36 Playa Conchal
Brasilito
Valle de Tempisque
Ca
Parque Nacional
Marino Las
Huacas
Río Tempisque
9
38 Baulas
Playa Grande **37**
Santa
Cruz
32
Guaitíl
33
17
Parque Nacional
Palo Verde
Playa
39 Tamarindo
San Vincente
Parque Nacional
Barra Honda
Lin
Paraíso
Veintisiete
de Abril
24
Río Dría
Matamba
18
Color
40 Playa Junquillal
Quebrada
Honda
Nicoya
23
21
Cuajiniquil
Río Nosara
Carmona
Go
26 Playa Ostional
El Ostional
Península de Nicoya
de Nic
25 Refugio Nacional de
Vida Silvestre de Ostional
Nosara
Lepar
Playa Nosara
Garza
Río Ora
PUNTAREN
27
Playa Pelada
28 Playa Guiones
Sámara
29 Playa Garza
Bejuco
Río Bongo
Río Arío
Playa Sámara
Océano
30 **31** Playa Carrillo
Punta Islita
Pacífico
Manzanillo
Cóbano
Ta
Mor
51
N
Reserva Natural
Absoluta Cabo Blanco
0   20 km

Refugio Nacional
de Vida Silvestre
Caño Negro

Santa Fé

Guaria

Río San Juan

NICARAGUA

San Jorge

Llanura de
los Guatusos

Amparo

Laguna
Caño Negro

Río Frío

Chamorro

Ceiba

Río Pocosol

Río Infiernito

Llanura de San Carlos

Palo Seco

Buenavista

San Rafael
de Guatuso

Río Frío

San Joaquín

Río San Carlos

HEREDIA

Santa Rosa

Pangola

ALAJUELA

Boca de
Arenal

Chambacú

Arenal **12**

Laguna
de Arenal

Río Arenal

Pital

Río Toro

Río Cuarte

Puerto Viejo
de Sarapiquí

11

Tilarán

13 La Fortuna

Volcán Arenal
1633 m

Museo **16**

La Virgen

10

Chiripa

14

15

Arenal
Observation Lodge

Palmera

Zona
Protectora
la Selva

Res. Biol. de
Bosque Nuboso
de Monteverde

Ciudad Quesada
(San Carlos)

Aguas
Zarcas

Santa Elena

4

6

Colonia
de Toro

Parque
Nacional
Volcán Poás

Parque
Nacional
Braulio Carrillo

s Juntas
Abangares

8

Monteverde

5

7

Bosque Eterno
de los Niños

Lagarto

Cordillera de Tilarán

Zona
Protectora
de San Ramón

Tapezco

Río

San Rafael

San Antonio

San Pedro

Sacramento

CA 1

Refugio Nacional de
Fauna Silvestre
Peñas Blancas

San Ramón

Naranjo

San Pedro
de Poás

Reserva Biológica
Isla Pájaros

Grecia

CA 1

Alajuela

Heredia

Puntarenas **2**

Barranca

1 Esparza

Playa
Naranjo

Playa Doña Ana **3**

San Rafael

Reserva Biológica
Isla Guayabo

Puerto
Caldera

Río Virilla

SAN JOSÉ

Isla Guayabo **46**

Aserri

Paquera

Reserva Biológica
Islas Negritos

Islas Negritos

Santiago
de Puriscal

rú

Refugio de Vida
Silvestre Curú **47**

Reserva
Biológica
Carara

Río Grande de Candelariade

chote

48 Isla Tolinga

Túfares

San Paolo
de León Cortés

a **49**

SAN JOSÉ

bor

Herradura

San Vicente

San Isidro

PUNTARENAS

südöstliche Teil der Halbinsel Nicoya und die südliche Pazifikküste einschließlich der Halbinsel Osa bis zur panamaischen Grenze sind Puntarenas angegliedert. Diese Provinz mit der Hauptstadt gleichen Namens ist mit über 11 000 km² eine der größten. Verkehrstechnisch sind die Städte, Naturschutzgebiete und Badeorte auf der pazifischen Seite relativ leicht zu erreichen, wenn die Straße auch z. Z. nur zwischen Puntarenas und Dominical mehr oder weniger parallel zur Küste verläuft.

San José verläßt man im Westen auf der Panamericana. Zunächst durchfährt man den westlichen Teil des Valle Central, vorbei an Alajuela und dem Flughafen. Hinter San Ramón windet sich die CA 1 in südlicher Richtung aus der Hochebene in engen Haarnadelkurven fast 1000 m hinunter ins Tiefland, bis sie in Esparza den nächstgrößeren Ort erreicht. Diese Fahrtroute mit ihren engen Kurven und dem großen Gefälle könnte durchaus ihren Reiz besitzen, müßten nicht alle Personen- und Gütertransporte von Nicaragua, der Provinz Guanacaste und der Halbinsel Nicoya nach San José diese Straße benutzen. Wegen des Kriechtempos der Lastwagen und des Überholverbots an vielen Stellen bilden sich auf dieser Strecke immer (!) lange Staus. Bis ins 120 km entfernte Puntarenas benötigt man meist über 2 Std.

Hinter **Esparza** **1**, das im 17. Jh. als einziger Ort in der Umgebung mehrmals von Piraten geplündert wurde, verläßt man im Ort Barranca die Panamericana und biegt in südlicher Richtung zur 15 km entfernten Hafenstadt **Puntarenas** **2** (s. S. 318) ein. Die ›Landspitze aus Sand‹, wie man den Namen der Stadt frei übersetzen könnte, dehnt sich in Ostwestrichtung auf einer 6 km langen Halbinsel aus. Sie ist heute als Verwaltungszentrum der gleichnamigen Provinz, als Anlegeplatz für die Fährschiffe zur Halbinsel Nicoya und als beliebter Badeort der Josefinos von großer Bedeutung. Ihre Rolle für den Pazifikhandel hat Puntarenas inzwischen an den benachbarten Tiefseehafen Puerto Caldera abgetreten.

Damit größere Kaffeemengen aus dem Valle Central Costa Rica auf dem Seeweg verlassen konnten, wurde der kleine, im 18. Jh. gegründete Ort zum Hafen ausgebaut und 1847 zum Freihafen erklärt. Alle Kaffeesäcke mußten damals auf Ochsenkarren vom Hochland nach Puntarenas transportiert werden. Auch in umgekehrter Richtung erreichten alle Importe das Hochland über Puntarenas. Bedeutendstes Beispiel: Die erste Eisenbahn im Valle Central, die 1873 zwischen San José und Alajuela verkehrte, wurde über Puntarenas ins Land gebracht; allein für die Lokomotive brauchten 25 Ochsengespanne damals mehr als drei Wochen. Mit der Fertigstellung der Eisenbahnlinie von der Atlantikküste hinauf nach San José im Jahr 1891 verlor Puntarenas seine Bedeutung für den Kaffeehandel an Puerto Limón. Als Präsident Tomás Guardia dann entschied, daß die Bahnlinie aus dem Hochland weiter nach Puntarenas geführt werden sollte, und 1910 der erste Zug aus San José die Stadt erreichte, war Puntarenas' Vorrangstellung wieder gesichert. Heute hat die Stadt mehr als 50 000 Einwohner, und ihre Bedeutung als pazifisches Zentrum ist unbestritten.

Puntarenas ist der traditionsreichste und noch immer beliebteste Bade- und Urlaubsort der Costaricaner. In der Hochsaison von Januar bis April ist die Hauptattraktion der Stadt sein Strand- und Badeleben einschließlich der Open-

◁ *Der Nordwesten Costa Ricas*

Air-Konzerte und des Folklore-Angebots an der südlichen Uferpromenade, dem liebevoll herausgeputzten Paseo de los Turistas. Auf der nördlichen, dem Pazifik abgewandten Seite der Halbinsel spielt sich dagegen das eher schmuddelige Hafenleben mit seinen Fähren, Werften und Fischmärkten ab, woran auch der Blick auf die immergrünen Mangroven auf der gegenüberliegenden Landseite wenig ändert. Den Mittelpunkt der Stadt bildet die Fußgängerzone um den Platz an der Avenida Centenario, Ecke Calle 7, an dem die alte, mächtige Buntsandstein-Kirche und die Casa de la Cultura mit dem Museo Histórico Marino stehen. Im Osten der Stadt lohnt ein Blick auf das kunstvoll gestaltete Dach des um die Wende zum 20. Jh. errichteten Bahnhofs. Mitte Juli feiert Puntarenas am *Día de la Virgen de la Mar* mit karnevalsähnlichen Umzügen zu Land und Regatta-Prozessionen zu Wasser den Namenstag der Heiligen Carmen, der Schutzpatronin der Seefahrer.

Etwas außerhalb von Puntarenas, wenige Kilometer vor Puerto Caldera, bietet sich all denen, die nach ein paar Tagen des städtischen Badestrands überdrüssig sind, ein neues großes Freizeitrevier: die **Playa de Doña Ana** **3**, ein wirklich schöner Strand mit bester touristischer Infrastruktur.

Entlang der Panamericana nach Nicaragua

Von San José bis Liberia

Die Panamericana verläßt das zentrale Hochland hinter Alajuela und San Ramón und führt in die Regionen des pazifischen Tieflands. Jenseits von San Ramón fällt die Straße in südwestlicher Richtung bis zum 34 km entfernten Esparza sehr stark ab und überwindet fast 1000 Höhenmeter. Hinter Esparza

dreht sie am Verkehrsschnittpunkt Barranca nach Nordwesten ab und führt von nun an südwestlich der Kordilleren durch das endlose Weideland der Provinz Guanacaste bis zur 230 km entfernten nicaraguanischen Grenze in Peñas Blancas.

Die Panamericana ist eine Verkehrsader für den Durchgangsverkehr, und die touristisch interessanten Orte in dieser nördlichen Region liegen diesseits und jenseits des interamerikanischen *highways*. Bei km 149 (Entfernung bis San José), kurz bevor die Panamericana den Río Lagarto überquert, biegt eine Straße nach Norden ins 40 km entfernte **Santa Elena** **4** (s. S. 321) ab. Da die Straße größtenteils einer Schotterpiste gleicht, benötigt man ca. 2 Std., um in diesen zentralen Ort an der Südflanke der Cordillera de Tilarán mit seiner schönen kleinen Kirche zu gelangen.

Von hier erstreckt sich in östlicher Richtung **Monteverde** **5** (s. S. 310f.), eine Quäkersiedlung direkt am wohl bekanntesten und beliebtesten Naturschutzgebiet Costa Ricas, dem 1972 auf Initiative der Quäker gegründeten Nebelwaldreservat Monteverde. Monteverde selbst ist eigentlich gar kein Dorf, sondern ein Stück Landschaft mit Einzelhöfen. Entlang der 4 km langen Straße zwischen Santa Elena und dem Nebelwaldreservat liegen nur die Pensionen und Hotels sowie einige wenige zentrale Einrichtungen (z. B. Klinik, Tankstelle, Käsefabrik) und mehrere ökologische Sehenswürdigkeiten: die Schmetterlingsfarm El Jardín de los Mariposas, der Waldwanderrundweg Reserva Sendero Bajo de Tigre der MCL, auf dem man sich auch nachts führen lassen kann, und direkt am Eingang zum Reservat eine Kolibri-Galerie mit selten schönen Fotos und einer Futterstelle für die kleinen, scheuen Vögel.

Im Nebelwald der Reserva Biológica de Monteverde

Die Häuser und Höfe der Bewohner liegen verstreut, sind dank vieler Bäume oft nicht zu sehen und nur auf schmalen Wegen zu erreichen. 44 aus den USA ausgewanderte Quäker ließen sich 1951 hier oben in 1800 m Höhe nieder, um mit landwirtschaftlicher Arbeit auf ihren 1500 ha Weideland ein neues Leben in einem Staat ohne Armee zu beginnen. Vier von ihnen verbrachten nämlich zuvor in Alabama zwei Jahre im Gefängnis, weil sie sich als Angehörige einer absolut pazifistischen Glaubensgemeinschaft geweigert hatten, sich für die US-Armee registrieren zu lassen. Schon bald erwirtschafteten sie auf dem erworbenen Land mehr, als sie zum eigenen Lebensunterhalt benötigten. Heute versorgen ihre Nachkommen mit einer Tagesproduktion von 1000 kg feinstem Käse ganz Costa Rica. Wer Quäker übrigens bei der täglichen Arbeit, z. B. in der Käsefabrik, oder bei ihren sonntäglichen Gebetsversammlungen in der Schule besuchen möchte, kann dies gerne tun; Interessierte werden sehr freundlich behandelt.

Die ersten Quäker entschlossen sich, einen Teil ihres Landes mit seiner ursprünglichen Vegetation unberührt zu lassen und – weil um sie herum die Abholzung voranschritt – dieses Gebiet als Naturreservat **Reserva Biológica de Bosque Nuboso de Monteverde** **6** zu erhalten. Die ca. 300 ha privaten Quäkerwaldes erweiterte 1972 der World Wildlife Fund (WWF) durch Ankauf von 2000 ha. 1985 gründete sich die ›Liga Conservacionista de Monteverde‹ (bzw. ›Monteverde Conservation League‹, MCL), deren Mitglieder in der ganzen Welt Geld sammelten, um den Nebelwald durch weiteren Landankauf zu schützen. Auch Kinder und Schüler wurden weltweit um Spenden gebeten, um das Reservat mit einem weiteren Projekt, dem **El Bosque Eterno de los Niños** **7** an der Westseite zu ergänzen.

Heute umfaßt das nach wie vor private Naturreservat Monteverde annähernd 28 000 ha und wird weitgehend von Mitgliedern der Quäker betreut.

Am Eingang des Naturreservats bekommt man ausreichendes Informationsmaterial, um allein durch das Schutzgebiet zu wandern. Damit der Park nicht zu sehr belastet wird, dürfen sich seit 250 Personen zur gleichen Zeit darin aufhalten. Im Gebiet gibt es Wege von unterschiedlicher Schwierigkeit und Länge, die sich aber ausnahmslos in sehr gutem Zustand befinden; 1995 wurden allein 1,5 Mio. DM für ihre Befestigung und Beschilderung ausgegeben. Man bewegt sich in Bergregionen zwischen 1500 und 1800 m. Die Temperaturen schwanken zwischen 10 und 18 °C, im Jahr fallen 3000 mm Regen, das Wetter ändert sich sehr oft und sehr schnell. Die angenehmen Monate sind Januar bis Mai, am besten der Februar, März und April. Über 2500 unterschiedliche Pflanzen, 400 Vogelarten, darunter der Quetzal, 100 weitere Tierarten, darunter Affen, Wildkatzen wie Jaguare, Ozelots und Pumas, aber auch Tapire, Reptilien und viele Amphibien sowie über 6000 Insektenarten bestimmen den Reichtum dieses Naturreservats.

Wenn man von Monteverde zurück zur Panamericana fährt, spürt man den Kontrast zwischen dem grünen Regenwald und der sich nach dessen Abholzung ausbreitenden baumlosen Steppenlandschaft mit der erdrückenden Hitze besonders krass.

Zurück auf der Panamericana erreicht man nach nur 12 km Fahrt die Abzweigung zur ehemaligen Goldgräbersiedlung **Las Juntas de Abangares** 8. Die Minen waren nur sehr begrenzt ergiebig, wie man im kleinen Ecomuseo des Orts erfahren kann. An der gleichen Abzweigung biegt auch die Nationalstraße

Auf dem Arenal-See

18 nach Süden ab, auf der man – nach Überquerung des Río Tempisque mit einer Fähre (s. S. 321) – den mittleren Teil der Halbinsel Nicoya bequem erreichen kann.

Der nächstgrößere Ort an der Panamericana ist **Cañas** 9 (s. S. 306), eine alte Kolonialstadt 150 km westlich von San José. Cañas ist Ausgangspunkt für Besuche des 600 m hoch gelegenen Arenal-Sees und des an seinem südlichen Zipfel gelegenen, attraktivsten Vulkans Costa Ricas mit gleichem Namen. Für Ornithologen ist die Stadt zudem wegen des nahen Parque Nacional Palo Verde von Bedeutung.

In Cañas biegt man auf die Nationalstraße 19 nach Norden ab und erreicht nach gut 20 km **Tilarán** 10 (s. S. 328), die letzte Stadt vor dem Arenal-See. Von hier brechen all jene frühmorgens auf, die sich die teuren Hotels am See nicht leisten können, weshalb man auch im Ort selbst viele Windsurfer trifft. Von hier überquert man auf einer kurvenreichen Straße die letzten nördlichen Ausläufer der Cordillera de Tilarán, bevor plötzlich hinter einer Biegung der tiefblaue **Arenal-See** 11 mitten im grünen Hügelland auftaucht. Ursprünglich war die Laguna de Arenal ein Fluß, der sich durch den Bau eines Staudamms 1974 zu einem mittlerweile 20 km langen, 75 km² großen See verbreitert hat – der wichtigsten Energiequelle des Landes, die sogar Strom für Nicaragua und El Salvador liefert – und dank der beständig wehenden Brise auch zu einem Paradies für Windsurfer wurde. An der nördlichen Seite des Sees und in seiner bewaldeten Umgebung befinden sich die Hotels der gehobenen Preisklasse, während die einfacheren Pensionen an der Südseite mehr auf junges Surfer-Publikum eingestellt sind. Um die nördliche Uferseite führt eine Straße, an der auch der kleine Ort **Arenal** 12 liegt. Je mehr man dieser Seeuferstraße in Richtung Osten folgt, um so näher rückt der bilderbuchhafte Kegel des Arenal ins Blickfeld. Die schönste Sicht auf den Vulkan hat man vom Städtchen La Fortuna 10 km östlich des Sees.

La Fortuna 13 (s. S. 309) am Fuß des Volcán Arenal hat sich wegen der Nähe zum See bei gleichzeitigem Blick auf den manchmal noch tätigen Vulkan zu einem beliebten Ferienort entwickelt. Der 1633 m hohe **Volcán Arenal** 14 liegt nördlich außerhalb des 3000 ha großen Parque Arenal, der sich an der Südostseite des Sees erstreckt und dessen Wassereinzugsgebiet schützt. Der Arenal dominiert das Gebiet und gilt als unberechenbar. Er brach am 29. Juli 1968 nach jahrhundertelanger Ruhe vollkommen unerwartet aus, begrub das Dorf Pueblo Nuevo und verwüstete an seinen westlichen Hängen ganze Landstriche. 78 Menschen kamen da-

mals ums Leben. Seitdem ist er immer noch aktiv. Zwar nicht mehr so gewaltig, aber immer wieder steigen Dämpfe auf, ergießen sich kleinere Lavaströme, und oft ist ein tiefes Grollen zu hören. Zum letzten Mal machte er durch größere Eruptionen im Frühjahr 1995 von sich Reden, zumal damals ein gefährlicher Rauchpilz wochenlang über seinem Krater stand. Bei Dunkelheit sieht man ihn heute noch des öfteren Feuer speien, und anschließend ist man beeindruckt von den sich den Hang hinabwälzenden, rotglühenden Lavaströmen. Allerdings braucht man hierfür ein bißchen Glück, da die Spitze des Arenal häufig in Wolken gehüllt ist. Seine nördlichen Hänge auf der Seite von La Fortuna sind bis ca. 300 m unterhalb des Gipfels grün bewachsen, während sich die Lava- und Geröllhalden auf der westlichen Seite des Kegels bis tief hinab ergießen.

Der Vulkan kann nicht bestiegen werden. Wer ihn aus der Nähe beobachten oder sogar in seiner unmittelbaren Nachbarschaft wohnen möchte, kann dies in der **Arenal Observation Lodge** 15 (s. S. 309), einer 1987 vom Smithsonian Institute gegründeten Forschungsstation, tun. Sollte man sich durch den Anblick des Arenal jetzt auch für Vulkanismus im allgemeinen interessieren, lohnt der Besuch des **Museo de los Volcanos del Mundo** 16, das 2 km außerhalb von La Fortuna die entsprechenden Informationen bereithält.

Der 17 ha große **Nationalpark Palo Verde** 17 (s. S. 312), 30 km südwestlich der Stadt Cañas und nördlich des Río Tempisque, ist ein klassisches Überschwemmungsgebiet, in dem es zudem kaum natürliche Entwässerung gibt. Dies führt zu einer besonderen ökologischen Vielfalt: Salz- und Süßwasserlagunen, Sümpfe und Mangrovenwälder, aber auch Weideland und baumbewachsene Savannen, ja sogar immergrüne Wälder existieren hier nebeneinander. Eine der Pflanzenarten ist der *palo verde,* ein Strauch, dessen Blätter und Zweige hellgrün leuchten und der diesem Gebiet den Namen gab. Auf den Hügeln wachsen die *cardones,* eine in Costa Rica endemische Kakteenart, und der hohe Guajak, ein bedrohter Edelholzbaum. Der Wasserreichtum des Nationalparks führt zur größten Konzentration von Wasser- und Wattvögeln Costa Ricas und vieler hier ständig lebender Vogelarten sowie vieler Zugvögel. Zu den im Park heimischen Säugetieren zählen verschiedene Affenarten, Rotwild und Stachelschweine. Im Río Tempisque leben bis zu 5 m lange Krokodile.

Liberia

Von Cañas sind es noch 125 km bis zur nicaraguanischen Grenze. Bis 1824 gehörte die gesamte Region zu Nicaragua. Danach wurde sie per Volksentscheid Costa Rica zugesprochen. Entlang der Panamericana erstrecken sich jetzt die großen Weiden der Viehzuchtprovinz Guanacaste.

Hauptstadt und Zentrum des costaricanischen Viehhandels ist Liberia 18 (s. S. 309f.). Die Stadt liegt direkt an der Panamericana, hat 40 000 Einwohner und ist das eigentliche Zentrum des nördlichen Costa Rica. Von hier führt die Nationalstraße 21 zur Halbinsel Nicoya. Liberia war wegen seiner geographischen Lage zwangsläufig in die krie-

Stadtplan Liberia

gerischen Auseinandersetzungen mit William Walker verwickelt und nannte sich deshalb in Anlehnung an den damals siegreichen Präsidenten für einige Jahre Moracia. Heute ist es Umschlag- und Verkaufsplatz jener Millionen von Rindern, die in den Ebenen der Provinz Guanacaste weiden und das Fleisch für die US-amerikanischen Fastfood-Ketten liefern. Die Attraktionen Liberias sind Volksfeste, Reiterspiele und Viehauktionen.

Kulturhistorisch sehenswert ist die kolonialzeitliche Kirche **La Agonía** an der Avenida Central. An vielen der einstöckigen Wohnhäuser fallen an den Nord-Ost-Seiten schwere, hölzerne Doppeltüren, die sogenannten ›Sonnentüren‹, auf, die in Zeiten ohne Elektrizität morgens durch Öffnen der einen und mittags der anderen Tür Licht ins Haus ließen. Die **Casa de la Cultura** besitzt solche Türen und unterhält ein Museum, das ausführlich über die Mühsal des Viehzüchtens, die Arbeit der *sabañeros* (die Cowboys in Guanacaste) und den Alltag auf einer Hacienda informiert.

Seit 1995 besitzt Liberia seiner Bedeutung als zweite Stadt des Landes gemäß einen internationalen Flughafen, den Daniel Oduber Quiros Airport, benannt nach einem costaricanischen Präsidenten aus Guanacaste. Jetzt können die Viehbarone direkt zwischen Liberia und Miami hin und her jetten.

Von Liberia zur nicaraguanischen Grenze

Bis nach Nicaragua sind es noch 80 km. Auf dieser Strecke im hohen Norden Costa Ricas gibt es zwei interessante Nationalparks. 5 km hinter Liberia biegt im Ort Cereceda eine Straße ins 10 km nördlich gelegene Curubande ab. Nach weiteren 15 km erreicht man die Hacienda Rincón de la Vieja, den Verwaltungssitz des 14 000 ha großen **Parque Nacional Rincón de la Vieja** [19] (s. S. 321), der zum Schutz des gleichnamigen Vulkans und der ausgesprochen artenreichen Vegetation an seinen Hängen errichtet wurde. Der weithin sichtbare, 1895 m hohe **Rincón de la Vieja** [20] mit einem Kraterdurchmesser von 500 m war 1970 und letztmals 1992 aktiv und bedeckte damals weite Teile der umliegenden Weidelandschaft mit Asche. Der Aufstieg zum Vulkankrater über trostlose Geröllhalden nimmt

Cowboy-Paar bei Liberia

Die Hacienda La Casona im Santa Rosa-Nationalpark

4 Std. in Anspruch. Am Fuß des Kegelvulkans befinden sich an der Südseite Thermalquellen in den Gebieten Las Pailas und Las Hornillas, deren schwefelhaltige Wasserdämpfe großen Zuspruch finden.

30 km nördlich von Liberia zweigt von der Panamericana kurz vor Santa Rita eine Nebenstraße gen Westen nach Cuajiniquil und zum Eingang des **Parque Nacional Santa Rosa** 21 (s. S. 327) ab. Dieses größte Naturschutzgebiet im Norden Costa Ricas umfaßt etwa zwei Drittel der Halbinsel Santa Elena. Zum einen wird hier eine Savannenlandschaft mit laubabwerfendem tropischen Trockenwald erhalten, zum anderen in der Bucht von Naranjo an der Playa Nancite ein Eiablageplatz der Pazifik-Schildkröten geschützt. Von August bis Dezember kriechen Tausende von Meeresschildkröten nachts an den Strand, um ihre Eier tief in den Sand einzugraben. Erst seitdem Nationalparkwächter für eine ungestörte Brutentwicklung Sorge tragen, sind die Schildkröten nicht mehr vom Aussterben bedroht.

Auf dem Weg zum Nationalpark befindet sich die **Casona de Santa Rosa** 22. Hier wurde am 20. März 1856 frühmorgens William Walker durch einen Überraschungsangriff von einer kleinen costaricanischen Armee unter Führung des Präsidenten Juan Rafael Mora geschlagen.

Von San José braucht der Bus ca. 7 Std. bis zur nicaraguanischen Grenze in Peñas Blancas. Mit dem Auto ist man nicht wesentlich schneller, zumal sich die Panamericana auf den letzten Kilometern in sehr schlechtem Zustand befindet. Auf der costaricanischen Seite der Grenze gibt es die besseren Restaurants, die Gepäckkontrollen sind auf beiden Seiten gleich unerfreulich und zeitraubend. An der Grenze gibt es keine Übernachtungsmöglichkeiten.

Die nördliche Pazifikküste mit der Halbinsel Nicoya

s. Karte S. 162/63

Der Nordwesten Costa Ricas bietet seinen Besuchern große landschaftliche Vielfalt. Entlang der buchtenreichen Pazifikküste befinden sich lange Sandstrände, von denen ein Teil wegen der hier Eier ablegenden Schildkröten als Naturpark geschützt wird. Landeinwärts erstrecken sich die großen, nur zur Regenzeit grünen Savannen, auf denen Millionen von Rindern grasen, und nördlich von Liberia faszinieren die größten zusammenhängenden Trockenwaldgebiete Zentralamerikas. Zur Region zählt auch die über 100 km lange Halbinsel Nicoya, die vom Festland durch den Golfo de Nicoya getrennt und deshalb auf dem Landweg nur vom Nordwesten her zu erreichen ist; sie bietet den Besuchern außer viel Sonne und schönen Stränden mehrere kleine Nationalparks und beeindruckend ursprünglich gebliebene Dörfer und Städtchen.

Verwaltungspolitisch gehören der Nordwesten und die Halbinsel Nicoya zur Provincia de Guanacaste (Hauptstadt: Liberia); nur der südliche Zipfel der Halbinsel zählt zur Provincia de Puntarenas (Hauptstadt: Puntarenas). Im Vergleich zum Valle Central sind Guanacaste und Nicoya infrastrukturell benachteiligt. Hier sind die Straßen schlechter, verkehren die öffentlichen Verkehrsmittel seltener, und bessere Hotels findet man eigentlich nur in den Badeorten an der Pazifikküste.
Zudem ist diese Region nur mit größerem Zeitaufwand zu erreichen. Am schnellsten geht es per Flugzeug von San José. Allerdings fliegen die kleinen, einmotorigen Maschinen der nationalen

Fluglinie LACSA mangels Landepiste nur wenige Orte und diese maximal zweimal am Tag an. Mit dem Bus oder dem Auto gelangt man zur nördlichen Pazifikküste auf drei unterschiedlichen Anreiserouten, die alle von der Panamericana abzweigen. Will man die ganz im Norden gelegenen Küstenorte besuchen, sollte man auf der Panamericana bis nach Liberia fahren. Für Orte im mittleren Küstenabschnitt empfiehlt sich ebenfalls die Fahrt bis Liberia, um hier auf die Nationalstraße 21 einzubiegen, die inmitten der Halbinsel Nicoya in süd-

licher Richtung verläuft und von der wiederum kleine Stichstraßen oder Schotterpisten zu den Küstenorten abzweigen. Die die Halbinsel erschließende Nationalstraße 21 kann man aber auch über die von der Panamericana bei Limonal (62 km hinter Puntarenas) in westlicher Richtung abbiegende Nationalstraße 18 erreichen, wobei man allerdings den Río Tempisque mittels einer Fähre überqueren muß. Besucher der Stadt Nicoya und der Badeorte zwischen Playa Tamarindo und Playa Carillo sparen bei dieser Anreisevariante

Zeit. Wer die weiter südlich gelegenen Badeorte auf Nicoya aufsuchen möchte, sollte die Fährverbindungen von Puntarenas nach Playa Naranjo oder nach Paquera wählen, die allerdings bis zu 1 Std. 30 Min. zur Überquerung des Golfo de Nicoya benötigen.

Die touristische Entwicklung der Badeorte an der langen pazifischen Küste hängt im wesentlichen von ihrer Verkehrsanbindung an eine der Zubringerstraßen ab. Verständlicherweise drängt die Hotelvereinigung von Guanacaste auf Ausbau und internationale Anbin-

›Blutiges Gold‹

Tag für Tag betreten weltweit 50 Mio. Menschen die Restaurants der großen Hamburger-Ketten. Allein die Fast-Food-Konzerne McDonald's, Burger King und Wendy's erzielen in nur einem Jahr zusammen einen Umsatz von ca. 100 Mrd. US-$.

1940 waren noch über 72 % Costa Ricas mit tropischem Regenwald bedeckt. Inzwischen ist der Bestand auf 25 % zurückgegangen, wobei sich die Weidefläche verdoppelte. Bis 1985 wurden jährlich ca. 50 000 ha Wald gerodet. Der Hauptgrund: Auf vier Fünfteln der entwaldeten Fläche grasen Rinder, die den Rohstoff für die US-amerikanischen Buletten-Konzerne liefern. Wie andere Länder auf Öl, setzte Costa Rica damals u. a. auf den Export von Fleisch, auf ›blutiges Gold‹; bis zu 100 Mio. US-$ brachte dieses Exportgut Ende der 80er Jahre.

Doch die devisenträchtige Aufzucht von Schlachtvieh – meist Zebu-Rinder aus US-amerikanischen Züchtungen – auf Waldböden, die durch künstliche Graseinsaat zu Weiden umfunktioniert wurden, erwies sich als kurzsichtiger und folgenschwerer Naturraubbau.

Der tropische Regenwald (s. S. 16ff.) ist ein Ökosystem mit einer sich selbst reproduzierenden Pflanzengemeinschaft. Der Urwaldboden bildet die Basis für diesen Kreislauf. Benötigte ein Rind im ersten Jahr nach der Rodung etwa 1 ha Weideland, so war der Boden nach fünf Jahren bereits derart erschöpft, daß fortan pro Tier schon 5–7 ha benötigt wurden. Nach spätestens zehn Jahren waren die Böden ausgelaugt. Zudem verringerte Erosion nach starken Regengüssen die Weideflächen. Die Rinderzüchter versuchten mit aus Europa oder den USA importierten Chemikalien den Zusammenbruch der Tierfarmen hinauszuzögern. Damit überdüngten sie nicht nur den Boden, sondern hatten auch höhere Kosten.

Um trotzdem Gewinn zu machen, mußten die sie immer mehr Fleisch auf den Exportmarkt werfen – und trugen damit zum Preisverfall der eigenen Ware bei.

Die Mehrzahl der Costaricaner wurde sogar in doppelter Hinsicht Opfer der Fast-Food-Konzerne: als Zulieferer der Rohstoffe mit den langfristigen Schäden für Natur und Umwelt und auch als Verbraucher. Während sich nämlich die Fleischproduktion in Costa Rica seit 1960 vervierfacht hat, halbierte sich der Fleischkonsum der einheimischen Bevölkerung, da Fleisch wegen der Exportnachfrage auf den einheimischen Märkten teurer wurde.

Die Imbißketten veränderten auch das traditionell ländliche Gefüge Costa Ricas und die Eßgewohnheiten seiner Einwohner. Je größer das Fast-Food-Angebot in den Städten wurde, desto mehr Garküchen mußten schließen, desto weniger Anbaufläche blieb für Bananen und Mais übrig, und desto höher stieg die ländliche Arbeitslosigkeit, da nur wenige Arbeitskräfte nötig sind, um die vielen Rinder zu hüten.

Diese Erkenntnisse führten Ende der 80er Jahre zu tiefgreifenden Korrekturen: Der Erhalt der Natur wurde in Costa Rica als ökonomischer Faktor, Naturschutz als Devisenbringer erkannt. Was an Waldflächen in Guanacaste noch übriggeblieben war, erklärte die Regierung zu Naturparks, sie erschwerte die Umwandlung in Weideland und strich die steuerliche Subvention für den Fleischexport. Der Markt reagierte schnell: Exportierte Costa Rica 1993 noch Fleisch für 65 Mio. US-$, so gingen die Exporterlöse 1995 bereits auf knapp 40 Mio. US-$ zurück. Heute erwirtschaftet das ›blutige Gold‹ nur noch ca. 30 Mio. US-$ und rutschte, vom Zucker verdrängt, auf Platz vier der costaricanischen Exporte.

dung des Flughafens von Liberia. Dies wußte allerdings die Vereinigung der Hoteliers von San José bisher erfolgreich zu verhindern, weil bei Direktreisen in diese Region Hunderttausende von Zwischenübernachtungen in San José wegzufallen drohen.

Guanacaste ist die sonnigste und trockenste Provinz Costa Ricas. Die Regenzeit beginnt hier erst im Mai und endet meist schon im November. Während der sechsmonatigen Trockenzeit färbt sich das Gras der endlosen Weideflächen gelb, der Staub der Straßenpisten lastet wie ein grauer Schleier auf Bäumen und Büschen, und die weite Hügellandschaft erinnert an afrikanische Savannen. Menschen und Tiere suchen dann Schutz vor der sengenden Sonne im Schatten der wenigen Bäume, von denen einige die bräunliche Landschaft während dieser Jahreszeit durch die Fülle ihrer bunten Blüten als Farbtupfer bereichern.

Das dünnbesiedelte Guanacaste, heute die zweitgrößte Provinz Costa Ricas, sah nicht immer so aus. Trotz des relativ trockenen Klimas bedeckte einst dichte Vegetation das Land, die seit Anfang der 50er Jahre großen Abholzungsaktionen zum Opfer fiel, um Weideland für Rinder zu gewinnen. Größere, zusammenhängende Waldbestände findet man heute nur noch in den geschützten Nationalparks.

Wenn Costaricaner über Guanacaste reden, bezeichnen sie es scherzend als ihren ›Wilden Westen‹. Und der Vergleich ist berechtigt: Es ist ein weites Land unter weitem Himmel, die Heimat riesiger Viehherden und reitender Cowboys. Allerdings heißen diese hier *sabañeros* (abgeleitet von der spanischen Bezeichnung für Savanne), und die Rinder sind meist weiße, indische Zebus.

Die Bewohner Guanacastes und der Halbinsel Nicoya blicken auf eine eigene Geschichte zurück. Viele von ihnen stammen von den dunkelhäutigen Chorotega ab. Mit der Ankunft der Spanier wurden die mittelamerikanischen Provinzen ab 1570 vom Generalkapitanat Guatemala aus verwaltet. Guanacaste war zuerst eine dieser Provinzen, wurde worden, auf der Halbinsel Nicoya wäre sie lieber bei Costa Rica geblieben. 1824 entschied eine Volksabstimmung mehrheitlich für den Verbleib der Gesamtprovinz bei Costa Rica. 1848 wurde Liberia als neue Hauptstadt gegründet und 1856 unter großer Beteiligung der ortsansässigen Bevölkerung William Walker aus der Gegend vertrieben (s. S. 84).

Nicoya, Kolonialkirche

aber, weil es zu klein und zu arm war, 1787 der Provinz Nicaragua angegliedert. 1812 erfolgte eine Neuaufteilung. Weil Costa Rica der Generalkapitanatsverwaltung als selbständige Provinz zu klein und zu wenig bevölkert erschien, wurde Guanacaste Costa Rica zugeschlagen. Nach dem Rückzug der Spanier löste sich das Generalkapitanat 1821 auf. Die Bewohner von Guanacaste, die *guanacastecos*, sollten sich entscheiden, zu welchem Staat sie gehören wollten. Im Norden wäre die Mehrheit lieber wieder Nicaragua angegliedert

Der Norden der Halbinsel Nicoya

Kommt der Provinzhauptstadt Liberia heute die Rolle des wichtigsten Wirtschafts- und Verkehrszentrums der Region zu, so gilt die alte Chorotega-Stadt Nicoya im Zentrum der Halbinsel gleichen Namens als ihr kultureller Mittelpunkt. **Nicoya** 23 (s. S . 311) ist von Liberia oder von Puntarenas aus gleichermaßen gut zu erreichen. In der im 16. Jh. von Spaniern gegründeten Stadt steht seit 1644 die Iglesia de San Blas. Sie ersetzte eine zehn Jahre zuvor erbaute Kapelle, die einem Erdbeben zum Opfer fiel. San Blas zählt zu den ältesten Kirchen Costa Ricas. Ihre dicken, weiß gekalkten Mauern und der massive Glockenturm verdeutlichen die Zufluchts- und Festungsfunktion früherer Kolonialkirchen. Im unmittelbar vor der Kirche gelegenen Parque Central verkündeten die Stadtväter 1824, sich künftig Costa Rica und nicht Nicaragua anzuschließen.

Nicoya ist Ausgangspunkt für einen Besuch des 22 km nördlich gelegenen, 2200 ha großen **Parque Nacional Barra Honda** 24 (s. S. 305), dessen Name von dem 300 m hohen Kalksteinmassiv stammt, das vor ca. 60 Mio. Jahren als ehemaliges Korallenriff durch Verwerfungen nach oben geschoben wurde. Heute birgt dieser Karsthügel im Inneren ein weitverzweigtes System nicht miteinander verbundener, unterschiedlich großer Höhlen. Von den 19 bisher entdeckten Höhlen sind die Santa Ana-Höhle mit einer Tiefe von 240 m und die Terciopelo-Höhle mit vielen Stalagmiten und Stalaktiten sowie gut erkennbaren Haifischzähnen besonders beeindruckend. Die Vegetation dieses Parks besteht zum größten Teil aus laubabwerfenden Bäumen, darunter auch einer, der den Namen des nördlich vorbeiführenden Flusses Tempisque trägt. Unter den Tieren des Nationalparks sind Fledermäuse die am häufigsten vertretene Gattung. Die hiesige Fauna und Flora lernt man am besten auf einer Wanderung entlang des 4 km langen Sendero Ceiba zum 425 m hohen Cerro Barra Hondo kennen. Von der Aussichtsplattform Mirador überblickt man weite Teile der Halbinsel.

Von Nicoya gen Süden erreicht man auf einer asphaltierten Straße nach 40 km einen größeren Küstenabschnitt mit den pazifischen Badeorten Playa Ostional, Playa Nosara, Playa Sámara und Playa Carrillo.

Die vier Strände, die von Nicoya aus über eine Stichstraße in südwestlicher Richtung am günstigsten zu erreichen sind, sind extrem verschieden. Die beiden nördlicheren Abschnitte Playa Ostional und Playa Nosara sind Teil des Nationalparks **Refugio Nacional de Vida Silvestre de Ostional** 25, der zu den weltgrößten Eiablageplätzen mehrerer Meeresschildkrötenarten zählt. Im südöstlichen Teil des Parks hat sich an der Mündung des Río Nosara ein Mangrovensumpf gebildet, in dem über 100 unterschiedliche Vogelarten leben.

Playa Ostional 26 (s. S. 315) ist der nördlichste der Strände und über den landeinwärts gelegenen Ort Nosara zu erreichen. An der Nordwestspitze des dunklen Strandes liegt Indian Point, ein in Jahrtausenden von der Meeresbrandung gestalteter Felsabschnitt mit bizarren Höhlen und Becken. Ostional ist jedoch nicht wegen seiner Badestrandqualität bekannt geworden, sondern wegen der hier zwischen Juli und November anlandenden Schildkröten der Spezies Lepidochelys Olivacea. Die olivfarbenen Ridley-Schildkröten werden wegen ihres Papageienschnabelkopfs auch vereinfachend ›Loras‹ genannt (s. S. 182f.).

Während der Trockenzeit kann man Playa Ostional bequem mit dem Pkw erreichen und die Ruhe und Abgeschiedenheit genießen; in der Regenzeit ist die Anreise nur im Jeep möglich.

Playa Nosara 27 (s. S. 315) ist ein 3 km langer, gerader Sandstrand, der auch dank des Flughafens im 4 km östlich gelegenen Nosara bequem aufgesucht werden kann. Die meisten Besucher benutzen aber die vom südlichen Sámara heranführende Schotterstraße. Die Gegend zwischen Ortschaft und Strand wurde wahllos durch zahlreiche Eigenheime und Bungalowbauten zer-

siedelt, in denen ältere US-Amerikaner ihren Lebensabend verbringen. Am Strand selbst findet man nur eine sehr bescheidene touristische Infrastruktur.

Südlich schließen sich die weiße **Playa Pelada** 28 und die langgezogene **Playa Guiones** 29 an: alle drei Strände werden in Reiseangeboten oft subsumierend als Playas Nosara angekündigt, obwohl mehrere Kilometer zwischen ihnen liegen. In der Landschaft hinter den Stränden dominiert tropischer Trokkenwald mit alten, laubabwerfenden Bäumen, die sich in kleinen Gruppen zwischen Kakteen und von Dezember bis Mai gelb-braunen Grasflächen ausdehnen.

Die 12 km südlich von Nosara gelegene **Playa Sámara** 30 (s. S. 315f.) zählt zu den meistbesuchten Badeorten Guanacastes. Sie ist direkt auf einer durchgehend asphaltierten Straße von Nicoya oder auf dem Luftweg durch einen eigenen Flugplatz gut zu erreichen. Von Nosara führt eine Schotterpiste an der schönen, felsigen Bucht Bahía Garza mit ihren vorgelagerten Inseln vorbei direkt in den Ort Sámara. Auf dem über 5 km langen, hellen Sandstrand von Playa Sámara mit seinen schattenspendenden Kokospalmen findet man immer ein Plätzchen. Vorgelagerte Riffe und kleine Inseln brechen die Brandung und bieten zusammen mit der dichten Vegetation des Hinterlands eine abwechslungsreiche Kulisse. Da unter solchen Gegebenheiten auch Kinder gefahrlos baden können, entstanden zahlreiche Wochenend- und Ferienhäuser. Vor 20 Jahren wurde Playa Sámara bevorzugt von jungen Ticos und Rucksackreisenden aufgesucht, heute zählt der Ort zu den gehobenen der Pazifikküste, was man schnell

Playa Samara

an den Geschäften in der kleinen Ortschaft Sámara am nördlichen Ende des Strands erkennt. Aber nach wie vor ist Playa Sámara auch bei jungen Badegästen beliebt. In Richtung Osten wurden entlang der parallel zum Strand führenden Straße viele Hotels eröffnet.

Auf dieser Straße erreicht man nach 5 km den Badeort **Playa Carrillo** 31 (s. S. 312), dessen Strand dem von Sámara in nichts nachsteht. Auch hier findet man in erster Linie Hotels der gehobenen Preisklasse. Dichte Regenwaldvegetation bestimmt das Hinterland dieser Bucht, an deren südlichem Ende sich Punta Islita, eine grünbewachsene Klippe mit einem architektonisch preisgekrönten Hotel erhebt.

Folgt man von Nicoya der Nationalstraße 21 gen Norden, erreicht man nach 25 km **Santa Cruz** 32. Die kleine Stadt ist heute wegen ihrer Versorgungsfunktion für die Küstenorte von großer Bedeutung und gilt zugleich als Folklore-Zentrum der Halbinsel. Dazu tragen vor allem viele *fiestas cívicas*, aber auch der 10 km östlich gelegene Ort Guaitíl bei, der durch seine Keramiken landesweites Ansehen erreicht hat. In **Guaitíl** 33 werden von den Nachfahren alter Choroteken-Familien viele der in Costa Rica angebotenen Töpferwaren hergestellt. Seit jeher sind es die Frauen, die dieses jahrhundertealte Handwerk ausüben, und man kann heute in den Straßen des Dorfs zuschauen, wie sie ohne Töpferscheibe mit einfachsten Hilfsmitteln kunstvolle Keramiken anfertigen. Die individuelle Technik zur Herstellung besonderer Stücke, z. B. eines Blatts, eines Maiskolbens oder einer Vogelfeder, wird von den Frauen der Familie von Generation zu Generation weitergegeben. Für die Beschaffung und Aufbereitung der Tonerde sind die Männer zuständig, ebenso für das Brennen in den mit Holz befeuerten Kuppelöfen. Die Frauen wiederum kennen die Grundstoffe der traditionellen Farben Rot, Schwarz und Beige. Die Keramikproduktion bildet heute in Guaitíl und im benachbarten Vincente den wichtigsten Erwerbszweig nahezu aller Familien.

Von Santa Cruz führt eine asphaltierte Straße zu den 30 km entfernten Stränden von Playa Junquillal und Playa Tamarindo. Will man die weiter nördlich gelegenen Strände Playa Grande, Playa Conchal, Playa Brasilito und Playa Flamingo aufsuchen, kann man das ebenfalls über diese Straße von Santa Cruz aus. Genauso bequem erreicht man sie aber über eine zweite asphaltierte Straße, die von der Nationalstraße 21 in Belén nach Westen abzweigt und über den Ort Huacas zu diesen Badeorten führt.

Playa Flamingo 34 (s. S. 313) zog als einer der ersten Strände internationales Publikum an, und noch heute verbringen Filmstars wie Julia Roberts hier ihre Ferien. Der Grund ist nicht nur ein äußerst feiner, weißer Sandstrand, sondern auch der herrliche Blick hinüber zu den angrenzenden Buchten und den vorgelagerten Inseln, den man von der ca. 60 m hohen Landzunge hat. Auf dieser felsigen, von altem Baumbestand bewachsenen Landzunge kleben die Hotels und exklusiven Villen wie Schwalbennester; sie sind nur über extrem steile Straßen zu erreichen. Die teuren Yachten in der Marina lassen ahnen, wer hier absteigt. Ursprünglich hieß die Bucht ihres schönen Sandstrands wegen nur Playa Blanca, aber mit dem Jet-Set kam der romantisierende Name Playa Flamingo, obwohl in der Bucht nie ein Flamingo gesehen wurde. Inzwischen trifft auch der ursprüngliche Name nicht mehr ganz zu, weil der schöne weiße Strand durch das ver-

schmutzte Wasser des Yachthafens zusehends seine Farbe verliert.

Zwischen Playa Flamingo und Playa Tamarindo verläuft parallel zur Küste eine asphaltierte Straße, auf der man als nächste Badebucht **Playa Brasilito** 35 (s. S. 312) erreicht. Das Dorf Brasilito ist ein älteres Fischerdorf, um dessen Fußballplatz herum sich die Geschäfte und Sodas gruppieren. Der langgezogene, graue Sandstrand ist bei Costaricanern und Rucksackreisenden beliebt. Die Landschaft der südlich anschließenden **Playa Conchal** 36 (s. S. 312) wurde von einer großen spanischen Hotelkette gestaltet: Das hügelige Hinterland um die Bucht ist Teil eines großen Golfplatzes, und in der Bucht wurde eine 300-Zimmer-Luxushotelanlage errichtet, deren kleine Villen hervorragend in die ursprüngliche Hügellandschaft passen. Eingangskontrollen verhindern den Zugang zur Playa Conchal für Nicht-Hotelgäste.

Von Dezember bis Mitte März zieht die südlich angrenzende Bucht von **Playa Grande** 37 (s. S. 313) viele Besucher an, die hier im nördlichen Teil des **Parque Nacional Marino las Baulas de Guanacaste** 38 die Eiablage der größten Schildkröten der Welt, der Lederschildkröten (baulas), erleben möchten. Besucher erreichen den Strand am besten über die Mündung des Tamarindo per Kajak oder Boot. Golffreunde finden im Rancho las Colinas im hügeligen Hinterland der Playa Grande eine neue herausfordernde Anlage.

Wie die anderen Badeorte an der pazifischen Küste der Halbinsel Nicoya erreicht man auch **Playa Tamarindo** 39 (s. S. 316) über eine asphaltierte Landstraße, auf die man von der Nationalstraße 21 entweder in Belén oder im 24 km weiter südlich gelegenen Santa Cruz einbiegt (Entfernung jeweils 32 km).

Surfspaß an der Playa Grande

Tamarindo liegt an einer großen halbrunden Bucht mit einem breiten weißen Sandstrand, hinter dem das grüne, in der Trockenzeit bräunliche Hügelland leicht ansteigt. Parallel zum Strand verläuft die Hauptstraße, an der viele Häuser und die meisten Geschäfte liegen und von der Stichstraßen hinauf zu den anderen Hotels und den Privathäusern in den Hügeln führen. Zentrum des Orts ist der Mar y Sol. An diesem Platz kommt der Bus aus Santa Cruz an, hier gibt es die nettesten Sodas und sogar zwei Steinkugeln der Brunca. Am südwestlichen Ende der Bucht ragt die kleine Insel El Capitán, die man schwimmend erreichen kann, 2 m aus dem Wasser. Wie auch die unmittelbar nördlich angrenzende Playa Grande sind die Küste vor Playa Tamarindo und der Mangrovenwald am Estero Tamarindo Teil des Parque Nacional Marino las Baulas de Guanacaste. Tamarindo ist

einer der traditionsreichsten Badeorte Guanacastes, dessen Hotellerie fast ausschließlich von Europäern betrieben wird. Da er zudem als einer der wenigen Orte der Küste über eine Landepiste verfügt, kommen auch in der Grünen Saison viele Gäste; zwischen Dezember und März ist der Ort ausgebucht. Im Gegensatz zu Playa Flamingo hat Tamarindo eine eher dörfliche Atmosphäre: Außer der Hauptstraße ist keine Straße asphaltiert, Holz und nicht Zement ist das meistverwendete Baumaterial, in den Restaurants sorgen Ventilatoren und keine Airconditioner für angenehme Temperaturen, keines der Hotels hat mehr als zwei Stockwerke, und die meisten haben die vorhandene Vegetation in ihre Gartenanlagen integriert.

20 km südlich von Playa Tamarindo erstreckt sich die 2 km lange Bucht von Junquillal, die man aber mit Auto oder Bus besser von Santa Cruz aus direkt an-

Schildkröten – ihre Nistplatztreue wurde ihnen zum Verhängnis

Meeresschildkröten kehren zur Eiablage immer wieder an die gleichen tropischen Strände zurück, auch wenn sie dafür Tausende von Kilometern zurücklegen müssen. Wann sich diese extreme Nistplatztreue der Spezies in den über 100 Mio. Jahren ihrer Existenz entwickelt hat und welchen Orientierungssystems sie sich dabei bedienen, ist noch fraglich.

Ihrem genetischen Programm folgend, kehren jedes Jahr fünf Schildkrötenarten an dieselben Strandabschnitte zurück. Die Ankunft der Schildkröten vollzieht sich jedes Jahr gleich und besonders spektakulär an der Playa Ostional Guanacaste der zu den weltweit wichtigsten Brutplätze der Lepidochelys Olivacea zählt.

Von Juli bis September versammeln sich tagsüber vor der Küste Hunderte von Tieren, um bevorzugt nach Einbruch der Dunkelheit mit der Flut an Land zu robben. Mit ihren Flossen gräbt jede Schildkröte ein Loch in den Sand, legt dann durchschnittlich 100 Eier von der Größe eines Tischtennisballs hierein und schaufelt es wieder zu. Dann kriecht sie zum Meer zurück und verschwindet in den Fluten. Sichtbar bleibt nach einer Stunde nur ihre lange Kriechspur im Sand. Und dies wiederholt sich an vier bis zehn Nächten hintereinander, drei- bis fünfmal pro Saison. Das Ausbrüten der Eier übernimmt die Sonne. Nach ca. 50 Tagen schlüpfen die Jungen, kämpfen sich bis zum Meer

durch, verbringen ihre ersten Wochen in den Küstengewässern, legen später weite Strecken zurück, bis die Weibchen eines Tages wieder an den Strand von Ostional zurückkehren.

In Millionen von Jahren spielte sich dieser Fortpflanzungsablauf ein. Trotz der vielen natürlichen Feinde – Strandvögel, Möwen und Geier, die die geschlüpften Jungen auf dem Weg zum Meer fressen, Raubfische, die sie in den Küstengewässern erwarten – waren die Schildkröten nie gefährdet, weil dennoch von 100 Eiern mindestens drei Junge überlebten und den Bestand der Spezies sicherten. Erst der Mensch wurde ihnen zum Verhängnis, und das auf doppelte Weise: zum einen, weil er die Eier am Strand einsammelte und sie wie Hühnereier aß bzw. verkaufte. ›Hueveros‹, Eierhändler, nannte man die Fischer, die diesem einträglichen Geschäft nachgingen. Doch den eigentlichen Todesstoß versetzten den Tieren jene, die auf das Fleisch und den Schildpatt der ausgewachsenen Schildkröten aus waren. Die Nachfrage der Feinschmecker und Schildpattliebhaber stieg mit zunehmendem Wohlstand, und so kamen die professionellen Schildkrötenjäger einfach während der Legezeit an die Strände. Besonders barbarisch war der Abtransport der gefangenen Tiere. Um eine *arribada* voll auszuschöpfen, drehten sie die jede Nacht ankommenden Tiere auf den Rücken und ließen sie in dieser hilflosen Lage bis zum letzten Tag zappeln. Dann transportierten die halbtoten Tiere zu den einheimischen Agenten der Suppen- und Kammhersteller. Binnen kurzer Zeit kamen ganze Generationen von Schildkröten zu Tode.

In Costa Rica hat man diesem Treiben ein Ende gesetzt. Bereits 1954 wurde die Karibikküste bei Tortuguero unter besonderen Schutz gestellt und 1966 das Einsammeln von Schildkröteneiern landesweit verboten. Aber dieses Verbot konnte man nicht durchsetzen; es gab zu viele Wilderer und zu wenige Wächter. Deshalb verabschiedete man 1987 eine Verordnung des ›nachwirkenden Eiersammelns‹, die sich schon bald als Gewinn für alle Beteiligten – inklusive der Schildkröten – entpuppte.

Am Strand von Ostional kann man dies am besten beobachten. Auf dem ca. 1 km langen Strandabschnitt, den die Schildkröten jedes Jahr aufsuchen, wurde ein Teil der ersten Gelege ein jeder *arribada* von nachfolgenden Tieren wieder ausgegraben. Viele Eier lagen unbedeckt am Strand, und die zerstörten bildeten vielerorts einen klebrigen Brei, dessen Bakterien sogar unberührten Gelegen schadeten. Jetzt dürfen die Einwohner Ostionals in den ersten 36 Stunden die Eier einsammeln. Die Männer graben sie aus, und die Frauen füllen sie zu Zehntausenden in Plastiksäcke. Während des Abtransports zum dörflichen Sammelplatz reinigen die Kinder den Strand mit Reisigbesen für die nachfolgenden Tiere. Der anschließende Eierverkauf bringt jedem der ca. 100 Bewohner Ostionals den Monatslohn eines Landarbeiters. Zudem trat ein weiterer Schutzeffekt ein: Um ihre natürliche Einkommensquelle zu sichern, wachen die Bewohner über die geschlüpften Schildkröten auf deren Weg zum Meer. Überlebten

unter natürlichen Bedingungen nur ca. 3 %, so sind es jetzt bis zu 10 %. Das geordnete Einsammeln kommt zudem auch anderen Schildkröten zugute. Da die Eier jetzt relativ günstig auf dem Markt angeboten werden, lohnt es sich für Wilderer nicht mehr, deren Gelege an anderen Stränden zu plündern.

Die größten Tiere der Spezies, die bis zu 2,50 m langen und 700 kg schweren Lederschildkröten (Mochelys Coriacea), sind besonders vom Aussterben bedroht. Diese *tortugas baulas* landen z. B. an der pazifischen Playa Grande (Nov.–April) oder an den karibischen Stränden Tortugueros (Feb.–Juli). Am abgeschiedenen Strand von Gondaco bei Manzanillo nahe der panamaischen Grenze waren ihre Eier stets leichte Beute der *hueveros.* 1993 ließ sich die costaricanische Umweltorganisation ANAI hier nieder und geht seitdem während der Saison nachts Patrouille. Da Lederschildkröten immer seltener werden und sich somit vereinzelt an den Strand schleppen, sind ihre Gelege besonders schutzbedürftig. Die freiwilligen Helfer – zumeist junge Ausländer – harren deshalb nächtelang in Schlafsäcken am Strand aus, lassen die ankommenden Tiere ihr Loch buddeln, fangen die herabfallenden Eier aber in einem Beutel auf, um sie zu der nahen ANAI-Aufzuchtstation zu bringen. Während das mächtige Tier das Loch mit den Hinterflossen verschließt, wird es zudem zu Forschungszwecken an der Rückenflosse markiert. Am nächsten Morgen suchen die *hueveros* vergeblich nach Eiern. (Der deutsche Tropenschutzverein Tropica Verde, Sießmayerstr. 61, 60323 Frankfurt, ✆ 0 69-75 15 50, Fax 75 21 82, sucht jedes Jahr zwischen Februar und Juli freiwillige Helfer, die Kost und Logis erhalten, aber den Flug selbst bezahlen müssen.)

steuert. Von Santa Cruz führt eine schmale asphaltierte Straße in westlicher Richtung durch die Dörfer Veintisiete de Abril und Paraíso direkt ins 32 km entfernte **Playa Junquillal** 40 (s. S. 314) . Da die Straße hinter Veintisiete de Abril nicht mehr befestigt ist, muß man für die relativ kurze Strecke von Santa Cruz insgesamt fast eine Stunde rechnen. Playa Junquillal ist ein kilometerlanger Sandstrand vor hügeliger Graslandschaft, ein wirklich ursprünglicher Strand, wie man ihn nur noch selten findet, und für Strandspaziergänge geradezu ideal. Von einem Dorf oder einem örtlichen Zentrum kann man in Junquillal nicht sprechen. Es ist vielmehr eine Ansammlung verstreut stehender Häuser. Den Tag verbringt man hier lesend, oder man schaut beim Strandspaziergang den jugendlichen Surfern zu. Wer Aktivität sucht, muß sich dem Sport- und Ausflugsangebot der Hotels anschließen.

Playa del Coco

Die Nationalstraße 21 führt hinter Belén in nördliche Richtung, passiert den Ort Filadelfia und erreicht nach 30 km Liberia. Auf halbem Weg zwischen diesen beiden Orten biegen zwei Stichstraßen zu den nördlichsten Strandabschnitten Nicoyas ab.

El Coco ist ein altes Fischerdorf mit ca. 1500 Einwohnern. Seine 2 km lange braune Sandbucht, **Playa del Coco** 41 (s. S. 312), gehört zu den wenigen Stränden Guanacastes, bei denen asphaltierte Straßen bis zum Wasser führen. Bestimmt ist das einer der Gründe, warum der Ort heute so belebt und unter Costaricanern ungebrochen beliebt ist. In Playa del Coco spürt man nur noch wenig von der alten Fischerdorfatmosphäre, hier trifft man auf das komplette Badeurlaubs- und Ferienvergnügungsangebot mit Hotels, Restaurants, Stehimbißbuden, Diskotheken und Ba-

demodenanbietern. Auch viele Rucksackreisende zieht es hierher, denn das Angebot an *cabañas,* kleinen, einfachen Hütten, ist ebenfalls groß, und in den vielen Sodas trifft man abends fast immer neue Leute. Tagsüber hält man sich am Strand auf. Der ist bei Ebbe breit und weiträumig, bei Flut ausgesprochen schmal, und der schönere Teil im Süden der Bucht ist tagsüber stets überfüllt.

Wer schnorcheln, tauchen oder einfach ausspannen möchte, wird in Playa del Coco keine rechte Freude haben. Hierzu muß man sich zur 3 km südlich gelegenen **Playa Ocotal** 42 (s. S. 315) aufmachen. Der ruhige Sandstrand in dieser 300 m langen, von Klippen umgebenen Bucht bietet sich als Kontrastprogramm zur Playa del Coco geradezu an. Da die Straße hierher holprig und staubig ist, empfiehlt sich ein Fußmarsch am Strand entlang.

Kurz vor El Coco biegt die asphaltierte Straße nach Norden zur 8 km entfernten **Playa Hermosa** 43 (s. S. 313) ab. Hier erwartet den Besucher inmitten trockener Hügellandschaft ein 2 km langer, gräulicher Sandstrand an einer geschützten Bucht, an deren Ende sich weitere kleine Buchten anschließen. Hier sind Strand und Wasser sauberer, schattenspendende Laubbäume lassen die heißen Temperaturen erträglich erscheinen – und das gilt nur für wenige Strände in Costa Rica – der Surfbrett-Verleih kümmert sich um Kunden und Material. Am nördlichen Ende der Bucht thront oberhalb des Strands die große Hotel- und Bungalowanlage Condovac La Costa.

Nur 3 km nördlich von Playa Hermosa liegt **Playa Panamá** 44. Vor wenigen Jahren galt dieses Fleckchen im Norden der Pazifikküste als Geheimtip, weil der schöne Sandstrand mit dichtem Baumbestand in einer abgeschiedenen, geschützten und ruhigen Bucht nur schwer zu erreichen war. Heute ist die Anbindung komfortabler und interessierte Besucher können die Bucht von Culebra im Fischerboot überqueren und an einem nördlich gelegenen Küstenabschnitt von **Playa Nacascolo** 45 auf präkolonialen Spuren wandern. Die Bootsfahrt ist allerdings aufregender als die indianischen Ruinen und Wandzeichnungen.

Der Süden der Halbinsel Nicoya

Dieser Teil Nicoyas gehört zur Provinz Puntarenas. Wegen seiner geographischen Nähe zur gleichnamigen Hauptstadt dieser Provinz sind die hiesigen Strände auch von dort am schnellsten zu erreichen. Sechsmal am Tag verlassen Fähren den Hafen von Puntarenas,

um, nach Überqueren des Golfo de Nicoya, 1 Std. 30 Min. später im äußersten Nordosten der Halbinsel Nicoya die Häfen von Paquera oder Playa Naranjo zu erreichen. Nach Möglichkeit sollte man bei der Wahl der Fähre seine weitere Reiseroute einbeziehen, da die Straße zwischen Playa Naranjo und Paquera sich in schlechtem Zustand befindet. Während die Anreise nach Playa Naranjo sich für die Weiterreise in den Westen der Halbinsel Nicoya anbietet, sollte man das kleine, 20 km weiter südlich gelegene Dörfchen Paquera für die südlichen Strände, ihre vorgelagerten Inseln und die Nationalparks entlang der Küste ansteuern.

Noch bevor die Fähre in Paquera anlegt, passiert sie mehrere Inseln und Inselchen, die zum Naturschutzgebiet **Reserva Biológica Islas Guayabo, Negritos y Pájaros** 46 gehören. Diese Inseln im Golf von Nicoya wurden unter Naturschutz gestellt, um große Populationen von Seevögeln zu schützen, darunter viele Seemöwenfamilien und eine sehr große Familie grauer Pelikane. Während die Insel Pájaros 13 km nordwestlich von Puntarenas, liegt (also außerhalb der Fahrtroute), sind es zuerst die 8 km südlich von Puntarenas befindliche Insel Guayabo und später, 17 km südlich von Puntarenas die Inselgruppe Negritos, die ins Blickfeld rücken und deren fliegende Bewohner das Schiff kreischend begleiten.

Vom Dorf Paquera, das ca. 4 km südlich der Fähranlegestelle liegt, führt die Straße zur Küste ins 8 km entfernte Curú. Hier befindet sich der nur knapp 100 ha große, private Naturschutzpark **Refugio de Vida Silvestre Curú** 47, in dem vor allem Leguane, Brüll- und Kapuzineraffen und über 100 Vogelarten von Wanderwegen aus beobachtet werden können.

An der Playa Montezuma

Vor Curú liegt die sehr schöne unbewohnte **Isla Tolinga** 48, deren Besuch viele costaricanische Reiseanbieter als organisierten Tagesausflug zur ›Isla Tortuga‹ anpreisen. Wer den Traumstrand dieser Insel erleben möchte, der muß sich einer solchen Pauschaltour anschließen, die in Puntarenas mit dem Besteigen eines *cruise ships* (bzw. in San José mit einer Busfahrt) beginnt und auch dort wieder endet. An den schneeweißen Strand der ›Isla Tortuga‹ hat sich zwar noch nie eine Schildkröte verirrt, aber die exotische Konnotation des neuen Namens paßt bestens zum ›Bacardi-feeling‹, das einen hier zwangsläufig überkommt.

Von Curú führt die schmale Straße über Pochote nach Tambor. Diese beiden kleinen Orte begrenzen eine große, langgezogene Bucht, die ehemals von Walen aufgesucht wurde. Am südlichen Bucht-

ende hat die spanische Hotelkette Barceló auf rekultiviertem Weideland und nach Trockenlegung eines Sumpfes das **Playa Tambor Beach Resort** 49 (s. S. 316), das erste küstennahe Großhotel des Landes, als gigantische *all-inclusive*-Anlage eröffnet. Dieses Luxushotel, das Platz für 1000 Personen bietet, löste wegen seiner Natureingriffe (z. B. wurden die Vögel aus dem Sumpfgebiet vertrieben und der ganze Strand mit neuem Sand ›verschönert‹) eine landesweite Diskussion über Vor- und Nachteile derartiger Projekte für Costa Rica aus. Inzwischen ist es wieder still geworden, die Anlage wird auch von costaricanischen Familien gerne aufgesucht, und in der Umgebung von Playa Tambor entwickelte sich reger Badetourismus. Daß Dreiviertel des Geschäfts bei solchen Hotelprojekten im Ausland getätigt werden und alle Gewinne außer Landes fließen, damit hat sich Costa Rica angesichts weltweiter Globalisierung abgefunden.

In Cóbano, 12 km landeinwärts in südlicher Richtung hinter Tambor, zweigt eine Schotterstraße zum besonders bei jungen Leuten beliebten Küstenort **Playa Montezuma** 50 (s. S. 314f.) ab. Felsenreiche Buchten mit hohen Wellen neben langen, ruhigen Strandabschnitten mit üppig grüner Vegetation laden nicht nur zum Baden, sondern auch zu schönen Spaziergängen ein. Inzwischen ist Playa Montezuma ein Treff internationaler Rucksackreisender geworden. Die meisten Hotels des Orts sind eher einfach und preisgünstig. Zudem kann ihre Kapazität spontan durch Hängematten erweitert werden, und auch Camping ist fast überall erlaubt. Reggae-Musik dominiert in den Lokalen, in den Sodas und an den belebten Strandabschnitten. Doch schon in der nächsten Bucht spürt man wenig von dem Trubel. Im Ort wird man mit Reitangeboten überschüttet; beliebte Ziele sind die Wasserfälle im Hinterland oder die Wege hinter den Sandstränden.

Im äußersten Süden der Halbinsel Nicoya, 12 km südlich von Playa Montezuma, erreicht man nach Durchquerung zweier Flußbetten einen der landschaftlich schönsten Abschnitte der Pazifikküste. Die Landspitze **Cabo Blanco** und die als **Reserva Natural Absoluta Cabo Blanco** 51 (s. S. 305), geschützte Umgebung. Das nur 1200 ha große Schutzgebiet gehört zu den kleineren Nationalparks des Landes und ist in erster Linie ein Zufluchtsort für Pelikane, Lachmöwen und Seeschwalben. Der ca. 5 km lange Wanderweg durch unberührten Primärwald hinauf zum Cerro Maven führt an uralten, bis zu 50 m hohen Pochotebäumen vorbei, die in Augenhöhe bis zu 3 m Durchmesser aufweisen.

Der Süden Costa Ricas

Noch existiert sie lediglich auf dem Papier: die durchgehende, asphaltierte Straße entlang der zentralen Pazifikküste von Puntarenas bis Palmar Norte mit dem Namen Costarena Sur. Nur in Teilabschnitten wurde dieses Projekt schon verwirklicht, z. B. zwischen Playa Tárcoles und Quepos. Eine solche, ca. 230 km lange Küstenstraße würde neue Gebiete für den Tourismus erschließen, aber zugleich auch eine bequeme Abkürzung für den internationalen Transitverkehr entlang der Panamericana bedeuten, der dann nicht mehr die kurvenreiche Strecke durch das Valle Central und über den 3000 m hohen Paß des Cerro de la Muerte nehmen müßte. Die Vor- und Nachteile einer fertiggestellten Costarena Sur liegen aber auf der Hand, wenn man die Frage nach der Urlaubsqualität von Badeorten entlang einer internationalen Durchgangsstraße stellt. Die Bewohner der Hauptstadt und des Valle Central aber wollen sie. Und außerdem fordern sie eine Schnellstraße von San José hinunter zur Pazifikküste, die in Luftlinie nur 70 km von der Hauptstadt entfernt liegt. Auch diese neue Autobahn ist im ersten Abschnitt von San José bis Ciudad Colón bereits fertiggestellt.

Die südliche Pazifikküste und die Halbinsel Osa

Die Costarena Sur beginnt heute wenige Kilometer hinter der kleinen Stadt **Orotina** 1 (s. S. 311). Diese liegt nicht an der Küste, wie der Straßenname suggeriert, sondern ca. 20 km landeinwärts. Hier treffen die Nationalstraße 27, die von Puntarenas entlang der Küste über den Hafen Caldera dann nach Westen ins Hinterland einbiegt, mit der von San

José aus dem Hochland über Atenas und San Mateo herunterführenden Nationalstraße 3 zusammen.

Bevor man von Orotina Richtung Strand aufbricht, lohnt ein Besuch des Iguana Park, den die private Stiftung ›Fundación pro iguana verde‹ und eine deutsche Biologin 1985 gegründet haben. Leguane sind vom Aussterben bedroht, weil die Landbevölkerung traditionell das schmackhafte Fleisch der ›Gallina de palo‹ (Baumhühner) gerne verzehrt. Zwar ist das Jagen (und Töten) von Leguanen verboten, aber – wie jeder Besucher feststellen kann – ohne Erfolg: Immer wieder werden sie an den Landstraßen von Kindern zum Kauf angeboten. Im Iguana Park haben die Leguane nicht nur eine geschützte Bleibe gefunden, sondern hier werden sie auch gezüchtet. Während in der Natur nur aus jedem hundertsten Ei am Ende ein stattlicher Leguan entsteht, liegt die beaufsichtigte Aufzucht hier im Park bei fast 90 %. Ob dann diese Zuchterfolge eines Tages um der Erhaltung der freilebenden willen als Nahrung verkauft werden, bleibt offen, denn noch verbieten dies ja die Gesetze. Im Park bemüht man sich aber nicht nur um die Leguane, sondern seit ein paar Jahren auch um die Aufzucht von Papageien, insbesondere der großen, ebenfalls vom Aussterben bedrohten, auffallend bunten Spezies des Ara macao.

Erst ab dem 20 km von Orotina entfernten Badeort Tárcoles verläuft die Costarena Sur (ausgeschildert als Nationalstraße 34) entlang der Pazifikküste. Zuvor aber überquert sie den Río Grande Tárcoles. An dieser **Brücke** 2 halten fast alle vorbeifahrenden Autos und sogar die öffentlichen Busse an. Der

Der Süden Costa Ricas

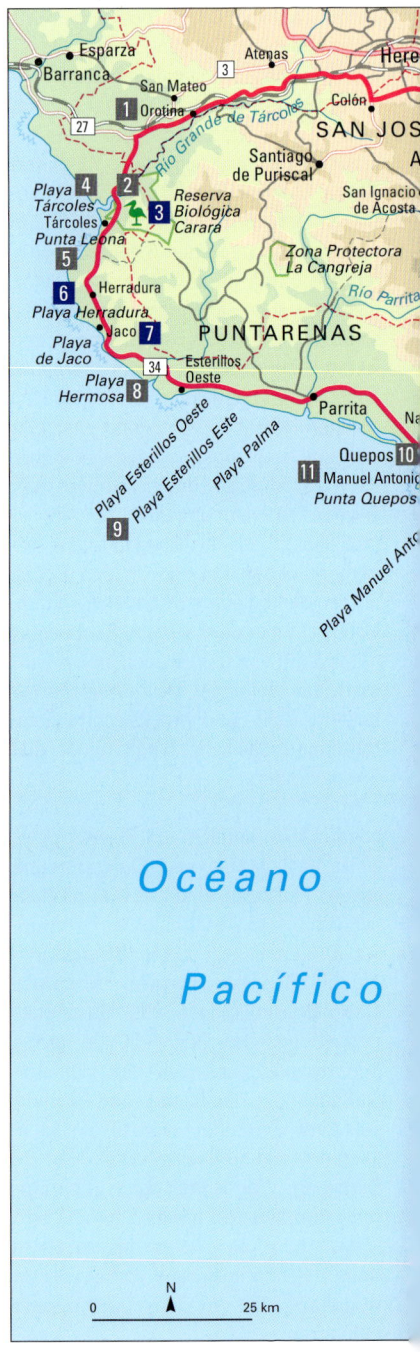

Grund: Im Fluß leben Krokodile, und unterhalb der Brücke kann man an seinen Ufern öfters bis zu 4 m große Exemplare im schlammigen Gras oder auf einer Sandbank liegen sehen. Wer eine intensivere Begegnung mit diesen Tieren wünscht, kann an einer zweistündigen ›Jungle Crocodile Safari‹ teilnehmen, bei der man auf einem Boot den Fluß hinauffährt. Mitglieder der Bootsbesatzung füttern die Krokodile – der aufregenden Nahaufnahmen wegen – mit toten Hühnern. Dabei schnellen die zentnerschweren Tiere zum Erhaschen der Beute bis zu 2 m aus dem Wasser.

Hinter der Brücke beginnt das fast 5000 ha große Naturschutzgebiet **Reserva Biológica Carara** 3 (s. S. 306), in dessen Lagunen, Mooren und Savannenwäldern entlang der Flußläufe viele Amphibien und Reptilien, aber auch Faultiere und Wildkatzen leben. Auf zwei ausgeschilderten Pfaden kann man die unterschiedlichen Vegetations- und Landschaftsschwerpunkte des Parks erwandern. Der erste, der ›River-Trail‹, ist ca. 4 km lang, führt durch Moorland entlang der Lagune und ihren Flußarmen und beginnt etwa 500 m hinter der Brücke. Der zweite ist nur 1 km lang und beginnt am Haupteingang des Nationalparks, ca. 3 km südlich der Rio Tárcoles-Brücke. Eine der vielen im Nationalpark heimischen Vogelarten, die in dem trokkenen Pazifikküstengebiet kaum noch vorkommen, die aber wegen ihrer Schönheit besonders auffallen, sind die blau, rot und gelb gefiederten Ara-Papageien. Freilebende Arakangas (Hellrote Aras) bzw. *lapas rojas* oder *scarlet macaws,* wie sie die costaricanischen Ranger während der Führung durch den Park nennen, sind vom Aussterben bedroht, weil ihre Eier von Tieren geraubt oder von Menschen gestohlen werden. Deshalb sind 1997 versuchsweise mehrere im Parque Iguana (s. S. 254) in Gefangenschaft aufgezogene Aras hier ausgesetzt worden. Am besten kann man einige der noch ca. 100 hier brütenden Paare am späten Nachmittag beobachten, wenn sie in die Mangrovengebiete einfliegen.

Die ruhige Strandbucht von **Playa Tárcoles** 4 (s. S. 316) liegt wenige Kilometer südlich des Carara-Nationalparks. Wegen des naturorientierten touristischen Angebots in der Umgebung bietet sich die Bucht als Badestopp für Durchreisende an. Die Costarena Sur führt jetzt an der **Punta Leona** 5 vorbei, einer besonders schönen Landzunge mit Sandstränden zu beiden Seiten und einer Hotelanlage auf der Klippe. Sie ist Teil der angrenzenden Herradura-Bucht, in der abseits der Straße das kleine, ruhige Fischerdorf gleichen Namens liegt und in der Dutzende von Fischerbooten an der **Playa Herradura** 6 dümpeln. Dichte Vegetation säumt diesen am Ende einer 3 km langen Schotterstraße liegenden Strand, in dessen grünem, hügeligen Hinterland kleine elegante Hotels und teure Privatvillen sich rühmen, die schönsten Sonnenuntergänge am Pazifik bieten zu können. Dieser Küstenabschnitt zwischen Punta Leona und Playa Herradura mit seinen feinen Sandstränden vor der Kulisse dichten immergrünen Regenwalds faszinierte den Hollywood-Regisseur Ridley Scott derart, daß er wesentliche Szenen der ›Entdeckung‹ Amerikas in seinem Kolumbus-Film ›1492‹ hier ins Bild setzte. Christoph Kolumbus alias Gérard Depardieu wohnte während der sechswöchigen Dreharbeiten standesgemäß im Hotel Lilipoza.

Die gleichen Sonnenuntergänge, aber ein touristisches Kontrastprogramm erwartet den Besucher im nur 6 km südlich von Herradura gelegenen **Jacó** 7

(s. S. 313f.). Durch ein ins Meer ragendes Vorgebirge geschützt, erstreckt sich der 7000 Einwohner zählende Ort in einer langen, flachen Bucht. Jacó gehörte zu den ersten Orten an der Pazifikküste, die Ende der 70er Jahre eine Straßenanbindung nach San José bekamen. Heute ist Jacó der größte und besterschlossene Badeort in der Provinz Puntarenas. Er hält knapp 4000 Betten in über 50 Unterkünften bereit, von den einfachen *cabañas* am Strand bis zum Luxushotel im höhergelegenen Hinterland. Entdeckt wurde der Ort mit den beständig hohen Wellen von Surfern; 1987 wurden in Jacó die nationalen Meisterschaften im Wellenreiten ausgetragen. Weil man mit Bus oder Auto nur 2 Std. von San José benötigt, ist Jacó seit Jahren der Tip unter Jugendlichen, die sich an Feiertagen, am Wochenende und in den Ferien an der Playa Jacó zur *beach party* verabreden. Vorher flaniert man am Malecón, der Hauptstraße mit Boutiquen, Surf-Shops und Restaurants, die parallel zum Strand verläuft.

Inzwischen haben die Surfer auch den südlich angrenzenden, langen Strand von **Playa Hermosa** 8 (s. S. 313) entdeckt, den man über eine kurze, südliche Abzweigung von der Costarena Sur erreicht. Zusammen mit den noch weiter südlich gelegenen drei **Playas Esterillos** 9 eignen sie sich wegen starker Meeresströmungen weniger für Schwimmer. Dafür werden sie aber ihrer Ruhe wegen von Spaziergängern um so lieber aufgesucht.

Hinter Esterillos überquert die Costarena Sur den Río Parrita. Bereits vorher bleibt nicht unbemerkt, daß die Vegetationsvielfalt beiderseits der Straße einer zwar ebenfalls grünen, aber akkurat geordneten Ölpalmenkultur gewichen ist. In Reih und Glied in immer gleichen Abständen und in gleicher ernteerleichternder Höhe stehen die Palmen in diesen künstlichen Hainen. Un-

Am Strand bei Jacó

terbrochen werden sie nur von rechteckigen Lichtungen, auf denen, um ein Fußballfeld herum, diverse Schuppen für die Traktoren und die meist grün gestrichenen Holzhäuser der Plantagenarbeiter stehen. Diese alles beherrschende Monokultur Afrikanischer Ölpalmen, deren Öl von der Kosmetik-Industrie stark nachgefragt wird, ist erst wenige Jahrzehnte alt, wie die abwechslungsreiche Geschichte der 25 km entfernten kleinen Hafenstadt **Quepos** 🔟 (s. S. 319ff.) zeigt. Die spanischen Siedler zogen – bald nachdem sie die zu der Ethnie der Quepos zählenden Ureinwohner vertrieben hatten – des schwülen Klimas wegen hinauf ins nahe Valle Central. In den 30er Jahren des 20. Jh. erwarb die ›United Brands Company‹ große Teile der Region für den Bananenanbau und errichtete Puerto Quepos als Quaianlage für ihre Bananenschiffe. Aus dem Quai wurde langsam ein Hafen und eine Kleinstadt mit heute ca. 10 Straßen. Als 1955 der Mal de *Panamá* die Bananenplantagen

heimsuchte und den Bananenanbau unrentabel machte, wechselte die US-Gesellschaft kurzerhand das Anbauprodukt. Seitdem stehen in der Region auf Tausenden von Hektar Afrikanische Ölpalmen.

Quepos liegt am Ende einer großen Bucht mit einem breiten Sandstrand und hat sich zu einem attraktiven Standort für Hochseeangler entwickelt. Die eigentliche Attraktion von Quepos ist jedoch der südlich gelegene Nationalpark Manuel Antonio mit seinen Stränden. Ihn erreicht man nur auf einer engen, kurvenreichen Straße, da sich zwischen Quepos und den Nationalpark ein bis zu 250 m hoher Bergrücken schiebt, dessen Westspitze Punta Quepos weit ins Meer ragt. Entlang dieser durch dichte tropische Vegetation führenden Straße kann man sich der Faszination herrlicher Ausblicke hinunter auf die Bucht nicht entziehen. Die 7 km lange Serpentinenstraße bis zum Nationalpark wird *camino* genannt und gehört verwaltungspolitisch zur Gemeinde **Manuel Anto-**

Der Parque Nacional Manuel Antonio aus der Vogelperspektive

Die Playa Blanca im Parque Manuel Antonio

nio 11, deren dörfliches Zentrum auf der Höhe des Bergrückens liegt. Von hier windet sich die Straße hinab zum Eingang des Nationalparks mit einem zweiten Ortskern der Gemeinde. Zwischen der Westspitze des Bergrückens (Punta Quepos) und dem Nationalpark erstreckt sich der herrliche, lange, weiße Sandstrand Playa Escondida mit der vorgelagerten Isla Largo und den Islas Gemelas. Der Strand wird wegen seiner Wellen gerne von Surfern aufgesucht und ist über eine schmale Schotterstraße vom *camino* (bzw. direkt von dessen Ende aus) zu erreichen.

Der Eingang des **Parque Nacional Manuel Antonio** 12 (s. S. 310) liegt am Ende des *camino* jenseits eines knie-, in der Regenzeit manchmal hüfttiefen Flüßchens, über das man sich auch übersetzen lassen kann. Der Park, der 1972 eröffnet wurde, ist mit ca. 700 ha der kleinste, aber zusammen mit Monteverde wohl der bekannteste und meist-

besuchte aller Nationalparks des Landes. Seine Attraktionen sind die üppige primäre und sekundäre Tropenvegetation, die hier bei 4000 mm Jahresniederschlag hoch und dicht drei sehr schöne Buchten mit sauberen, weißen Sandstränden umsäumt.

Durch den Park führen ausgeschilderte Wege. Einer von ihnen lädt zu einem ca. 45 minütigen Fußmarsch zur Punta Catedral ein. Er führt bergauf und bergab über Stock und Stein zur höchsten Spitze eines dicht bewaldeten Landvorsprungs, an dessen Ende die Klippen ca. 40 m steil abfallen. Die Punta Catedral ist ein geologisches Phänomen: Ursprünglich war sie eine Insel, zu der sich mit der Zeit durch Sedimentablagerungen und tektonische Hebungen eine Landverbindung bildete. Vor der Punta ragt die Isla Olocuita steil aus dem Meer; sie ist Brutplatz seltener Seevögel.

Zwischen dem Eingang zum Nationalpark und der Punta Catedral liegt rechter

Hand die Bucht Playa Espadilla und jenseits des Landvorsprungs die Playa Manuel Antonio, beides sichelförmige, weiße Sandbuchten vor dichtem, grünem Baumbestand, in dem sich kleine Kapuziner- und Totenkopfaffen ein Stelldichein geben. Die Parkranger weisen ausdrücklich darauf hin, daß die Tiere nicht gefüttert werden dürfen, aber weil sich einige Besucher nicht daran halten, sind sie zutraulich bis aggressiv und stehlen den Besuchern mitunter auch Nichteßbares (sollte man beim Füttern erwischt werden, hat dies den Verweis aus dem Park zur Folge!).

Eine dritte, 800 m lange Sandbucht liegt ca. 40 Min. Fußmarsch östlich der beiden anderen Strände und trägt wegen eines einst hier existierenden kleinen Hafens den Namen Puerto Escondido. Die besondere Attraktion dieses Strandes ist eine Fontäne, die durch die einschwappende Flut aus einem Felsen aufsteigt *(blow hole)*.

Da der Park wegen seiner schönen Strände auch von einer großen Zahl costaricanischer Besucher aufgesucht wird, können aus Naturschutzgründen maximal 600 Gäste täglich den Park besuchen (von Dez. bis März ist diese Zahl oft schon zur Mittagszeit erreicht).

Hinter Quepos, immer weiter vorbei an kilometerlangen Ölpalmenplantagen, überquert die Costarena Sur als Nationalstraße 34 im Landesinneren den Río Naranjo, dessen Stromschnellen ein beliebtes Kajakrevier sind. Danach verläuft sie mehr oder weniger parallel zur Pazifikküste, vorbei an der langgezogenen Playa Matapalo bis ins knapp 50 km entfernte **Dominical** 13 (s. S. 312f.). Kurz vor dem von Touristen noch wenig besuchten Ort erreichen die grünen Hügelausläufer der Kordilleren die flache Küstenebene. Dominical gilt zur Zeit nur unter einheimischen Wel-

lenreitern als Geheimtip, obwohl das Hinterland mit seinen Wasserfällen und die schöne Umgebung insbesondere an der 18 km weiter südlich gelegenen **Playa Uvita** 14 einen Besuch wert sind.

Hinter Uvita beginnt der **Parque Nacional Marino Ballena** 15, zu dem auch die kleine vorgelagerte Isla Ballena und das langgezogene Korallenriff zwischen Uvita und der Playa Piñuela gehören. Geschützt werden sollen aber vor allem die Wale, die sich zwischen November und Februar hier aufhalten.

In Dominical endet z. Z. die Costarena Sur und biegt als Nationalstraße 34 nach Norden ins Landesinnere. Auf ihr erreicht man nach 35 km kurvenreicher Fahrt die Panamericana im knapp 1000 m hoch gelegenen San Isidro de El General (s. S. 201). Der Ort am Fuß der Cordillera de Talamanca ist der größte der Region, Haltestelle aller Busse entlang der Panamericana und Ausgangspunkt für den Aufstieg zum Cerro Chirripó Grande, dem höchsten Berg Costa Ricas. Die südlich von Dominical als Fortsetzung der Costarena Sur geplante Straße bis Palmar Norte wird noch längere Zeit auf sich warten lassen.

Palmar Norte 16, die Stadt an den Ufern des Río Grande de Térraba, erreicht man auf dem Landweg z. Z. nur entlang der Panamericana durchs Landesinnere. Hier kann man mehrere der geheimnisvollen Steinkugeln von vollendeter Rundheit besichtigen, deren Perfektion uns Rätsel aufgibt (s. S. 197): Zwei große *sky balls* liegen auf dem Gelände des Colegio und zwei weitere an der Straße nach Palmar Sur.

In Palmar Sur biegt man von der Panamericana ab, um auf einer unbefestigten Straße durch dichte Bananenplantagen das 16 km entfernte **Sierpe** 17 (s. S. 327f.) zu erreichen, wo man an den Ufern des gleichnamigen Flusses das

Transportmittel wechselt. Im ›Amazonasgebiet‹ Costa Ricas ersetzen nämlich Flüsse die Straßen, und Boote – am besten kleine mit starken Motoren – bieten die schnellste Fortbewegungsmöglichkeit. Ziel der Flußreise sind die Buchten an der Westküste der Halbinsel Osa, z. B. die Bahía Drake mit der angrenzenden biologischen Station Marenco oder der weiter südlich gelegene Nationalpark Corcovado. Der Río Sierpe ist die bedeutendste Transportroute dieser Region. Man begegnet kleinen, mit Bananen überladenen Schleppern, schmalen Holzbooten, in denen ganze Familien reisen, und Motoryachten mit Urlaubern. Die Fahrt führt vorbei an einzelnen Hütten und kleinen Dörfern, deren Bewohner winkend an den von Mangroven gesäumten Ufern stehen und zusehen, wie ihre Einbäume an den Anlegestellen durch das Kielwasser der vorbeifahrenden Motorboote ins Schaukeln geraten. Nach zweistündiger Fahrt erreicht man die Mündung des Río Sierpe ins offene Meer; hier geraten auch die Motorboote der Urlauber ins Schwanken.

Bahía Drake 18 (s. S. 304f.) ist eine mondsichelförmige Bucht im Nordwesten der Halbinsel Osa. An ihrem südlichen Ende, an der Punta San José, liegt die Estación Biológica Marenco. Zu beiden führt keine Straße, man reist zu Wasser an oder landet mitten im küstennahen Regenwald auf dem kleinen Marenco Airstop, von dem man dann zu den Unterkünften im Ort Drake oder zur Marenco-Station wiederum ein Boot benutzen muß. Bucht und Ort können sich auf eine große Geschichte berufen: Sir Francis Drake ankerte im Mai 1579 nachweislich an der Mündung des kleinen Río Agujitas. An dieser Flußmündung mit ihren kilometerlangen Stränden zu beiden Seiten und in

der unmittelbaren Umgebung befinden sich die wenigen Übernachtungsmöglichkeiten an der westlichen Küste der Halbinsel Osa.

Die südlichste dieser Lodges, ca. 10 km von Drake entfernt an der Grenze zum Nationalpark Corcovado, befindet sich bei der **Estación Biológica Marenco** 19 (s. S. 305). Weil die costaricanische Besitzer eines riesigen Waldgebiets sich in den 70er Jahren gegen das Fällen der Edelholzbäume und die Nutzung des Geländes als Weide entschied, entstand das private Naturschutzgebiet Marenco, das mit seiner kleinen Forschungsstation eines der ersten Ökotourismusprojekte Costa Ricas wurde. Statt Bäume oder Fleisch verkauft der Besitzer seitdem sanfte Naturbegegnung. Die Forschungseinrichtung besteht aus zwei kleinen Hütten für gelegentlich anreisende Biologen und Praktikanten. In einem Dutzend palmgedeckter *cabañas* bewegen sich die Hotelgäste auf Tropenholzdielen, Licht produziert ein versteckter Generator, Moskitonetze schützen vor Insekten. Kilometerlange Wanderwege erschließen das Gelände, in denen Tiere und Pflanzen ungestört vor menschlichen Eingriffen leben. Mit Vogelbeobachtung, Reiten und Angeln können die Gäste einen behüteten Aufenthalt mitten im wilden Dschungel verbringen.

Die Halbinsel Osa und die ihr gegenüberliegende Küstenregion jenseits des Golfo Dulce stehen bis auf wenige landschaftliche Nutzflächen unter Naturschutz. So konnten die Waldbestände um den Golfo Dulce herum als **Reserva Forestal Golfo Dulce** 20 vor dem Abholzen bewahrt und der ganze südwestliche Teil der Halbinsel Osa als **Parque Nacional Corcovado** 21 (s. S. 307) nahezu vollständig erhalten werden. Er gilt wegen seiner Größe von über 54 000 ha und der Vielfalt seiner Lebensräume als ›Juwel‹ unter den Nationalparks. Man kann den Park zwar auch auf eigene Faust mit Rucksack und Zelt erwandern, sollte sich aber besser einer ein- oder mehrtägigen Exkursionstour anschließen. Wegen der Größe des Gebiets und der Vegetationsdichte muß man sowieso Schwerpunkte setzen.

Die Hälfte des Parks bedeckt primärer Bergwald mit vereinzelten Baumriesen von bis zu 70 m Höhe, denen bis zu 10 m hohe Brettwurzeln Stabilität verleihen. In den oberen Regionen trifft man auf Nebelwald mit einer Vielfalt von Baumfarnen, an der Küste auf Sumpfwälder, die ganzjährig überflutet sind. Was Bäume betrifft, steht der Corcovado im ganzen Land an erster Stelle: Insgesamt 500 Arten, also ein Viertel aller in Costa Rica vorkommenden, kann man hier zu Gesicht bekommen. 6500 mm Regen pro Jahr schaffen eine Vegetationsvielfalt, die ihresgleichen auf der Welt sucht.

Gerade noch zur rechten Zeit stellte die costaricanische Regierung das Corcovado-Gebiet 1975 unter Naturschutz. Damals drohte der Region nämlich nicht nur die Abholzung zur Schaffung von Weideland, auch landlose Bauern und Goldsucher begannen in Scharen in das Gebiet zu drängen. Daß es hier Gold geben mußte, wußte man von den Schmuckstücken der Ureinwohner. Als dann noch ein Bauer einen mehrere Kilo schweren Klumpen in einem Flußbett fand, brach ein Goldrausch aus, in dessen Verlauf Waldgebiete niedergebrannt und große Flächen durchwühlt wurden. Die *oreros* (Goldsucher) wurden deshalb mit *chapulines* (Heuschrecken) verglichen und als solche bezeichnet. Nicht selten kam es sogar zu gewalttätigen Auseinandersetzungen unter organisierten *chapulines*-Banden. Puerto Jiménez, der größte Ort auf der Osa-

Halbinsel, glich damals zeitweise Dawson City. Dank des energischen Einschreitens des costaricanischen Staats wurde dem Goldrausch und seinem naturzerstörenden Wüten ein Ende gesetzt: Schürfen wurde verboten, alle Goldsuchercamps abgerissen, das Gelände des Nationalparks für jedermann gesperrt. Heute ist man beeindruckt von der Regenerationsfähigkeit des Regenwalds und den Veränderungen in Puerto Jiménez.

Puerto Jiménez 22 (s. S. 317), die Stadt, die die meisten Besucher des Nationalparks als Ausgangspunkt für ihre Touren wählen, liegt in einer Bucht im Osten der Peninsula de Osa. Wer nicht das Flugzeug benutzen will, erreicht die Stadt mit der Fähre, die fast 2 Std. benötigt, um den Golfo Dulce von der gegenüberliegenden Hafenstadt Golfito aus zu überqueren. Oder man wählt zur Anreise eine Straße, die kurz vor Piedras Blancas von der Panamericana nach Westen abzweigt und am Golfufer entlangführt. Bis Rincón ist sie asphaltiert und führt durch dichte Tropenvegetation, danach windet sie sich bis Puerto Jiménez als Piste durch gerodetes Hügelland. In der einstigen Goldgräberstadt gibt es zwar immer noch einen Laden, der Werkzeuge und Ausstattungsartikel für die wenigen, jetzt von Lizenzen abhängigen *oreros* anbietet, aber Puerto Jiménez ist heute ganz auf die Besucher des Nationalparks eingestellt.

Von Puerto Jiménez führt ein holpriger Weg entlang der Ostküste der Halbinsel. Vorbei an schönen Stränden (z. B. Playa Zapote, Playa Tamales), biegt er an der Südostspitze vor Cabo Matapalo nach Westen und erreicht entlang der Südküste, hinter der Lagune Agua Buena, die Ortschaft **Carate** 23. Carate ist noch heute das Ziel einheimischer

Noch immer ein Geheimnis –
die ›*esferas de piedra*‹

Nirgendwo sonst auf der Erde hat man sie gefunden, nur in Costa Rica: Perfekte, makellos runde Steinkugeln in allen Größen – die größten mit einem Durchmesser von 2 m und einem Gewicht von 15 t. Die 1940 von der amerikanischen Archäologin Doris Stone in der pazifischen Region des Valle de Diquis im ehemaligen Gebiet der Brunca entdeckten rätselhaften, gigantischen, völlig runden und glatten Granitkugeln gehören ohne Zweifel zu den interessantesten Funden aus präkolumbischer Zeit. Vorher war man schon im Zusammenhang mit Begräbnisstätten auf kleinere gestoßen, aber die eigentlichen Fragen warfen erst die großen auf: Wer hat sie in präkolumbischer Zeit hergestellt? Wie wurden sie so perfekt bearbeitet? Und vor allem: Wie wurden sie über Land und Meer (z. B. zur Isla del Caño) transportiert? Und was war ihr Verwendungszweck. Einige dieser *indian* oder *sky balls* hat man nach San José gebracht, aber andere liegen noch an ihrem ursprünglichen Ort, z. B. auf der Isla del Caño.

Bis heute geben die massiven Granitkugeln keine Antwort, auch nicht an ihren neuen Standplätzen im Vorhof des Nationalmuseums oder auf den Plätzen der Hauptstadt. Aber an Spekulationen mangelt es nicht, auch nicht an solchen, die mit großer Selbstsicherheit vorgetragen werden. Erich von Däniken z. B. hat über die Herkunft der Kugeln eine solche anzubieten: »Hätte ich es nicht vorher gewußt, wäre mir bei meinem Aufenthalt in Costa Rica klargeworden, daß es um die Steinkugeln ein Geheimnis gibt. Lösen konnte ich es nicht, wohl aber hat sich meine Vermutung gefestigt, daß die prähistorischen Kugeln – und alle ihre Darstellungen in Reliefs und an Höhlenwänden – in einem ursächlichen Zusammenhang mit dem Besuch fremder Intelligenzen stehen, von Intelligenzen, die in einer Kugel auf unserem Planeten gelandet sind. Sie wußten bereits und hatten es erprobt, daß die Kugel die zweckmäßigste Form für interstellare Raumflüge ist. Die weite Reise zurück zu den Sternen wird eines Tages, eines gar nicht so fernen Tages, auch von unserem Planeten aus wahrscheinlich in einem kugelförmigen Raumfahrzeug erfolgen – weil die Kugel die natürlichste aller geometrischen Formen für den Flug im All darstellt.« (E. v. Däniken: Zurück zu den Sternen. München, 1969, S. 94)

Goldsucher. Nur in der hiesigen Umgebung dürfen sie auf Osa noch schürfen. Zentrum des Orts ist die Polpería Morales, deren Besitzer Gilbert Morales die wenigen gefundenen Nuggets im Auftrag der Regierung zum amtlichen Goldpreis aufkauft. Am häufigsten wird der Ort aber von jenen aufgesucht, die über die 3 km westlich gelegene Rangerstation La Leona in den Nationalpark wollen. Wer nicht per Flugzeug oder mit dem eigenen Jeep nach Carate anreist, kann in Puerto Jiménez einen Lastwagen besteigen. Die schöne Playa Carate und der Corcovado Nationalpark lohnen die zweieinhalbstündige Strapaze auf der Ladefläche.

Ein beliebtes Ausflugsziel von Osa aus ist die 15 km vor der Westküste im Pazifik liegende **Isla del Caño** 24. Fast alle Lodges auf der Halbinsel bieten eigene Bootstouren zu dieser unbewohnten, 200 ha großen Insel an, die sich wie eine rechteckige, bis zu 90 m hohe Ebene aus dem Meer erhebt. Sie ist von dichtem immergrünen Wald bedeckt, dessen Bäume bis zu 50 m Höhe erreichen. Ein US-Amerikaner, der die Insel 1973 pachtete, wollte hier eine Spielbank bauen und sie mit Hilfe eines eigenen Flughafens für Touristen erschließen. Costaricanische Biologiestudenten konnten dieses Projekt aber verhindern und durchsetzen, daß Caño unter Naturschutz gestellt wurde. Seit 1978 bildet deshalb die von Korallen umgebene Isla del Caño mit Dutzenden sie umgebenden kleinen Inselchen die Reserva Biológica Isla del Caño. Seit 1997 steht die Insel sogar unter dem Schutz der UNESCO.

Aus gefundenen Fragmenten indigener Grabbeigaben wissen wir, daß Caño bis ins 15. Jh. bewohnt war und auch den auf dem Festland wohnenden Brunca als Bestattungsort diente. Auf dem höchsten Punkt der Insel stößt man wieder auf zwei jener obskuren Steinkugeln aus indigener präkolumbischer Zeit (s. S. 197). Die in ihrer Nähe freigelegten präkolumbischen Grabstätten waren Anlaß für jene Deutungen, die die

esferas de piedra als Grabdenkmäler interpretieren.

Im Gegensatz zu ihrer dichten Vegetation mit vielen wildwachsenden Kakao- und Kautschukbäumen ist die Fauna auf Caño bescheiden: wenige Vogelarten, kleine Schlangen und Echsen. Dafür ist das körperwarme, türkisfarbene Meer in den großen, geschützten Riffen mit einer Vielzahl tropischer Fischarten, Seesternen und Langusten um so belebter; die Korallenriffe und -gärten der Isla del Caño zählen zu den schönsten des Landes.

Am Cerro de la Muerte

Entlang der Panamericana von San José nach Panama

s. Karte S. 188/89

Wer von der Hauptstadt zur 350 km entfernten panamaischen Grenze reisen möchte, hat sich die kontrastreichste Route Costa Ricas ausgesucht. Sie führt vom Valle Central über einen hohen Paß hinunter ins tropische Tiefland der Pazifikküste. Im Gegensatz zur Verbindung nach Nicaragua ähnelt dieses südliche Teilstück der Panamericana oftmals einer schmalen Dorfstraße und ist an vielen Stellen voller Schlaglöcher.

Biegt man im Osten San Josés auf das längste vierspurige Stück Autobahn Costa Ricas ein, so kann man sich auf der Fahrt durch das flache Valle Central schwer vorstellen, daß wenige Kilometer hinter Cartago ein kurvenreicher Aufstieg in die Höhen der Talamanca-Kordilleren beginnt. Mit der Höhe ändern sich Klima und Vegetation. So werden z. B. an der 50 km von San José entfern-

*Klettertour im
Parque Nacional
Chirripó*

ten Abzweigung nach **San Cristobal** 25
statt Bananen nun Äpfel an der Straße
angeboten, und je höher man kommt,
um so nebliger wird die Luft und um so
alpiner die Landschaft. Von der Panamericana zweigen jetzt vereinzelt schmale
Wege zu abseits gelegenen, ehemaligen
Gutshöfen ab, die heute als Lodges beliebte Ausgangspunkte für Wanderungen sind. Das kurz vor der Paßhöhe gelegene **San Gerardo de Doto** 26 wirbt
z. B. mit der Ähnlichkeit eines schweize-
rischen Bergdorfs, in dem die Besucher

bei ihren Bergtouren allerdings nicht
von schwarzen Bergdohlen, sondern
von bunten Quetzales begleitet werden.

90 km hinter San José hat die Panamericana am ›Berg des Todes‹ ihren
höchsten Punkt in Zentralamerika erreicht, den 3335 m hohen Paß **Cerro de
la Muerte** 27. Wegen der bitteren Kälte
(nachts fast immer um den Gefrier-
punkt!) legen die meisten Reisenden
hier oben nur einen kurzen Zwischenstopp im Restaurant Las Torres oder im
Hotel Georgina ein.

Die Fahrt hinunter nach **San Isidro de El General** 28 (704 m, s. S. 321) ist genauso kurvenreich wie der Anstieg vor dem Paß. Unten im fruchtbaren Valle de El General dominieren wieder tropische Früchte, vor allem die in großflächigen Plantagen angebaute Ananas. San Isidro ist auch das landschaftliche Zentrum des Tals, dessen Hänge von Kaffeebüschen bedeckt sind. Die kleine, gepflegte Stadt mit dem schönsten Gemüsemarkt Costa Ricas ist Ausgangspunkt für den Besuch des 50 000 ha großen **Parque Nacional Chirripó** 29 (s. S. 307) und für einen Aufstieg zum 3820 m hohen Cerro Chirripó Grande. Der Chirripó-Nationalpark wurde ebenso wie der 193 900 ha große, angrenzende **Parque Internacional la Amistad** 30 1982 eröffnet. Sie erstrecken sich entlang der Cordillera de Talamanca bis zur panamaischen Grenze und vereinen auf ihrer Fläche den größten Urwald und die größte biologische Vielfalt des Landes. Aufgrund der jeweils unterschiedlichen Höhenlage (einschließlich ihrer topographischen und klimatischen Eigenheiten) existieren ganz unterschiedliche Lebensräume – von mächtigen Eichenwäldern über Moore und Farngebiete bis zu Ödlandregionen. Zu den geomorphologisch interessantesten Gebieten gehören die prächtigen Buntsandsteinzinnen Los Crestones sowie vor 30 000 Jahren durch Gletscher entstandene Gebirgsformationen.

Von San Isidro führt gen Nordosten entlang des Río Chirripó Pacífico eine Straße ins 18 km entfernte **San Gerardo de Rivas** 31. Hier, in 1400 m Höhe, beginnt der Aufstieg zum **Cerro Chirripó Grande** 32, dem höchsten Berg Costa Ricas. Für den ausgewiesenen Weg zum Gipfel, an dem drei Hütten liegen, benötigt man ca. 10 Std. strammen Fußmarschs, weshalb man eine Zwischenübernachtung einkalkulieren muß. Für den Aufstieg sind Schlafsack, festes Schuhwerk und Regenschutz erforderlich, am besten eignen sich die Monate Januar bis März für die Bergwanderung, vorher sollte man sich mit der Parkverwaltung in Verbindung setzen, um die Übernachtung in einer der Hütten zu sichern.

In San Gerardo kann man Pferde mieten. Der Besitzer begleitet die Besucher bis zum 12 km entfernten Eingang des Nationalparks, bzw. bis zu den Hütten im Los Crestones-Tal, die Platz für ca. 40 Personen bieten. Von Los Crestones, dem faszinierenden Buntsandstein-Gebilde, sind es noch 4 km bis zum Gipfel. Hier, in 2800 m Höhe, beginnt der interessanteste Teil der Wanderung. Der Weg führt jetzt am Valle des los Morenos und den San Juan-Seen vorbei; beide Formationen verdanken ihre Entstehung ehemaligen Gletschern.

Hinter San Isidro schlängelt sich die Panamericana an den Südausläufern der Talamanca-Kordilleren im Tal des Río El General entlang. Als nächstgrößeren Ort passiert sie das kleine Städtchen **Buenos Aires** 33, in dem der US-amerikanische Dosenobst-Multi ›Dole‹ das Zentrum seiner Ananasplantagen unterhält. Jetzt wird das Tal breiter, die Vegetation üppiger. An der Mündung des Río El General in den Río Grande de Térraba biegt die Panamericana nach Südwesten ab. Hier liegt der kleine Ort Paso Real, von dem man in direkter südöstlicher Richtung auf asphaltierter Straße durch das Valle de Coto Brus nach 40 km die Stadt San Vito erreicht. **San Vito** 34 (s. S. 327) 1950 von Italienern gegründet, liegt nahe der panamaischen Grenze; dies wäre die kürzere Verbindung nach Panama.

Doch die Panamericana wählt eine andere Strecke. Kurz hinter Paso Real durchquert sie zunächst den kleinen Ort

Curré, in dem noch viele Boruca leben und ihre Kunsthandwerksartikel entlang der Panamericana anbieten. Danach zwängt sie sich auf den nächsten 30 km bis Palmar Norte (s. S. 194) durch das enge Tal des Río Grande de Térraba. Entlang dieser schönen Strecke kann man oft Kajakfahrer in halsbrecherischem Slalom durch die Stromschnellen des Térraba gleiten sehen. In Palmar Norte, 257 km hinter San José, hat die Panamericana das pazifische Tiefland erreicht. Hier wird eines Tages die Costarena Sur auf die Panamericana stoßen. Von Palmar Norte sind es rund 100 km bis nach Paso Canoas an der panamaischen Grenze. Diese Tieflandregion mit ihrem schwül-heißen Klima, die von der Hauptverkehrsader Panamericana durchzogen wird, entdeckte 1934 die US-amerikanische ›United Fruit Company‹ als neues Bananenanbaugebiet. Je schlimmer die Pflanzenkrankheit *mal de Panamá* die Bananenplantagen an der Karibikküste heimsuchte und die Erträge unrentabel machte, um so weiter dehnte

Regenwaldbotanik: Helikonien...

man die Neuanpflanzungen an der Pazifikküste aus.

Bereits 1935 stampfte ›United Fruit‹ inmitten unberührter Tropenvegetation an der Küste des Golfo Dulce die Stadt **Golfito** 35 (Kleiner Golf, s. S. 307) aus dem Boden, weil sie ein Verladezentrum benötigte. Die Stadt entwickelte sich schnell, und das einstige Zentrum des US-amerikanischen Bananenimperiums ist heute noch immer die bedeutendste Stadt im Süden Costa Ricas. Sie erstreckt sich über ca. 6 km zwischen dem Golfo Dulce und den bewaldeten Bergen des Hinterlands und ist per Flugzeug, per Schiff oder auf einer Abzweigung von der Panamericana in der Ortschaft Río Claro erreichbar. Heute werden im Hafen statt Bananendampfer in erster Linie Containerschiffe beladen, da Golfito seit 1990 ein ›Depósito Libre‹, eine Art Freihandelszone besitzt. Costaricaner können hier zur Stärkung des Wirtschaftslebens der Stadt zweimal im Jahr zollfrei ausländische Waren (vom Kühlschrank bis zur Armbanduhr) im Wert von 500 US-$ erwerben, sofern sie sich vorher 24 Stunden lang in Golfito aufgehalten haben. Für viele Costaricaner ist Golfito deshalb eine Reise wert.

Im Stadtzentrum erinnern eine alte Plantagen-Lokomotive und ein Denkmal mit einem Bananen tragenden Arbeiter an die bewegte Geschichte der Stadt. Lange Zeit stand Golfito ausschließlich im Dienst der Bananenplantagen und hatte eine klare Zweiklassengesellschaft die sich in der Struktur des Orts widerspiegelte: Im nördlichen Teil, in der *Zona Americana,* lebten die *gringos,* die Plantagenbesitzer und Verwalter, in stilvoll zweistöckigen Holzhäusern mit exotischen Gärten. Bis 1968 trennte ein Schlagbaum das Viertel von dem *Pueblo Civil,* das bis zum Hafen reichte und in dem die *ticos,* die einheimischen Arbeiter, zumeist in Baracken lebten. 1955 wurden 90 % des Bananenexports des ganzen Landes über Golfito abgewickelt. Da die Exporterlöse der Bananengesellschaft nicht in Costa Rica reininvestiert wurden und die Löhne seit Jahren stagnierten, kam es 1985 zu Streiks unter den Plantagenarbeitern. Gleichzeitig zwang die costaricanische Sozialgesetzgebung nun auch die ausländischen Gesellschaften zu höheren Abgaben. Daraufhin verließen die Amerikaner Golfito und nahmen alles mit, was sie mitnehmen konnten, sogar Verladekräne, Förderbänder und Eisenbahnschienen. Die Freude über den Abzug der *gringos* dauerte jedoch nicht lange: 80 % der Einwohner wurden arbeitslos. Heute spürt man das alte Golfito am meisten im *Pueblo Civil* an der *Muele Bananero*, dem alten Kai.

Wie eh und je werden Bananen in der Region um Golfito angebaut, heute allerdings von Costaricanern. Fährt man auf der Panamericana weiter Richtung panamaische Grenze, passiert man insbesondere südlich von Ciudad Neily viele Dörfer inmitten von Plantagengebieten, deren Ortsnamen die Monotonie der fantasielosen Reihenpflanzungen widerspiegeln: Finca 44, Finca 56, Coto 47, Kilometro 29.

Ciudad Neily 36 ist der letzte größere Ort vor der 16 km entfernten panamaischen Grenze. In der Mitte dieser Straßensiedlung zweigt eine Straße nach Norden ab und windet sich ins 30 km entfernte San Vito (s. S. 201). Diese Straße aus der feucht-heißen Tiefebene hinauf in die kühle Bergregion des Talamanca-Gebirges gilt als eine der schönsten Costa Ricas. Sie führt, kurz vor San Vito, zum **Jardin Botánico Wilson** 37 (s. S. 327), einem privaten botanischen Garten, dessen wissenschaftliche Sammlung tropischer Pflanzen landesweit Ansehen errungen hat.

Die panamaische Grenze erreicht man in **Paso Canoas** 38. Der Ort verblüfft durch Hochhäuser und Supermärkte. Der Grund: Paso Canoas ist eine Freihandelszone.

…und üppiges Grün, das bisweilen auch als Regenschirm genutzt werden kann

Panama

Panama im Schnelldurchgang

Fläche: ca. 76 000 km^2 (davon ca. 1500 km^2 Kanalzone)
Einwohner: ca. 2,7 Mio.
Hauptstadt: Panama-Stadt (Ciudad de Panamá)
Amtssprache: Spanisch
Währung: Balboa (B), real verwendetes Zahlungsmittel: US-$
Uhrzeit: MEZ −6 Std. (während der europäischen Sommerzeit −7 Std.)

Geographie: Der südlichste Staat der zentralamerikanischen Landbrücke ist mit 76 000 km^2 etwa so groß wie Costa Rica und El Salvador zusammen. An der engsten Stelle im Bereich der Kanalzone mißt Panama nur 50 km. Im Westen grenzt der Staat an Costa Rica, im Osten an Kolumbien. Seine atlantische Küstenlinie mißt 760 km, die pazifische 1230 km. Höchster Berg ist mit 3475 m der Vulkan Barú nahe der costaricanischen Grenze. Mehr als 1500 Inseln gehören zu Panama. Die größte, Coíba, liegt im Golfo de Chiriquí; als bekannteste gelten die 365 Inselchen der karibischen San Blas-Gruppe.

Tropischer Regenwald bedeckt mehr als die Hälfte der unbesiedelten Gebiete. Die Ausläufer der costaricanischen Cordillera de Talamanca teilen das Land westlich der Kanalsenke in eine atlantische und eine pazifische Region. Zum Kanal hin fällt der Gebirgszug bis auf 80 m am Gaillard Cut ab, steigt östlich der Senke in der Serranía del Darién wieder auf 1300 m an und setzt sich jenseits der kolumbianischen Grenze in den Anden fort.

Derzeit zerschneidet die bis zu 15 km breite US-amerikanische Kanalzone das panamaische Staatsgebiet (s. S. 233ff.); im Jahr 2000 wird sie jedoch an Panama übergehen. Erst seit dem Bau des ›Puente de las Américas‹ 1962 westlich von Panama-Stadt existiert zwischen den beiden Teilen Panamas eine Festlandverbindung; sie ist zugleich die einzige zwischen Nord- und Südamerika ist.

Staat und Politik: Die Wahlen vom 8. Mai 1994 waren die ersten freien Wahlen in Panama seit 25 Jahren; 78 % der Wahlberechtigten gaben unter den Augen von mehr als 2500 Wahlbeobachtern, darunter der ehemalige US-Präsident Jimmy Carter, ihre Stimme ab. Gemäß der Verfassung ist der direkt vom Volk für fünf Jahre gewählte Präsident Staatsoberhaupt und Regierungschef; er beruft und entläßt die Minister. Gesetzgebende Gewalt ist ein Einkammerparlament (›Asamblea Legislativa‹) aus 71 Abgeordneten *(legisladores),* ebenfalls für fünf Jahre gewählt werden.

Die Rolle der Militärs in der Politik begann mit Torrijos, der in den 70er Jahren die Guardia Nacional auf 5000 Mann ausweitete. Unter ihrem Befehlshaber Noriega erreichte sie als ›Fuerza de Defensa de Panamá‹ eine Stärke von 15 000 Mann. Nach der US-Invasion wurde die Truppe unter Präsident Endara aufgelöst und 1993 per Verfassung abgeschafft; heute besitzt Panama nur noch eine Nationalpolizei (›Fuerza Publica‹), die allerdings einen Teil der Truppe eingegliedert hat.

◁ *San Blas-Archipel, Kuna-Frau am Strand der Isla del Diablo*

Parteien nach dem Vorbild parlamentarischer Demokratien haben in der Präsidialdemokratie Panamas keine große Tradition. Als General Torrijos sich anschickte, seine ›Dictadura con Cariño‹ (zärtliche Diktatur) durch freie Wahlen legitimieren zu lassen, gründete er 1978 den PRD (›Partido Revolucionario Democrático‹) nach dem Vorbild der mexikanischen Einheitspartei PRI. Er spielte aber in den kommenden Jahren, als Noriega die ›Fuerza de Defensa‹ kommandierte und fünf Fingerpräsidenten‹ (Illueca 1984, Barletta 1984/85, Delvalle 1985/88, Solis Palma 1988/89 und Rodriguez 1989) als Marionetten an der Staatsspitze standen, nur eine sekundäre Rolle. Bei den Wahlen von 1994 formierte er sich wieder, und sein Kandidat, Ernesto Perez Balladares, wurde Präsident. Er besiegte die Kandidatin Mireya Moscoso de Gruber des konservativen ›Partido Arnulfista‹ und Rubén Blades, einen bekannten Salsa-Sänger, der mit der neugegründeten basisdemokratischen Partei ›Papa Egoró‹ (Mutter Erde) die autoritäre politische Kultur Panamas verändern wollte.

Wirtschaft: Panama nimmt traditionell eine Sonderrolle unter den Staaten Mittelamerikas ein. Stärker als in den anderen dominiert hier der Dienstleistungssektor, wogegen die Landwirtschaft nur eine untergeordnete Rolle spielt. Der Transitweg zwischen den beiden wichtigsten Weltmeeren ist das größte Wirtschaftspotential des Landes. Auch wenn die ökonomischen Vorteile des Kanals bisher nur teilweise Panama zugute kommen, Handel und Dienstleistungen rund um den Kanal machen zusammen Dreiviertel des gesamten Bruttoinlandsprodukts aus. Zum Dienstleistungsbereich zählen außer dem Kanalbetrieb auch die Banken. Sehr liberale Bankgesetze und ein verschärftes Bankgeheimnis führten dazu, daß ca. 150 ausländische Banken Panama-Stadt zu einem internationalen Finanzzentrum gemacht haben. Da der US-$ seit 1904 offizielles Zahlungsmittel ist, sind Geldtransaktionen und potentielle Geldwäsche sehr attraktiv und mit kaum Inflationsrisiko behaftet. Von Bedeutung ist auch die Steuerpolitik der sogenannten ›Billigflagge‹: Panama besitzt eine der größten Handelsflotten der Welt – allerdings nur auf dem Papier. Gegen eine geringe Gebühr erwerben Reedereien das Recht, unter panamaischer Flagge zu fahren, und sparen damit Steuern, Sozialabgaben und Schiffsinspektionen.

Exporterlöse erwirtschaftet in erster Linie die Landwirtschaft, 60 % entfallen allein auf Bananen, Garnelen, Zucker und Kaffee; die USA und die EU sind die Hauptabnehmer. Für den Binnenmarkt deckt die heimische Landwirtschaft die Grundversorgung mit Reis, Mais, Bohnen, Tabak und Fleisch. Der Industriesektor nimmt sich dagegen bescheiden aus. Eine große Raffinerie in Colón verarbeitet Erdöl aus Venezuela. 1982 wurde die 130 km lange Pipeline zwischen Armuelles am Pazifik und Chiriquí Grande am Atlantik in Betrieb genommen, durch die Erdöl aus Alaska an die US-Ostküste weiterbefördert wird.

Über die Hälfte des Landes ist mit Wäldern bedeckt, aber mangels Möglichkeiten zur Weiterverarbeitung fehlt die forstwirtschaftliche Pflege und Nutzung. Sinkende Rohstoffpreise führten in den letzten Jahren zu einem ständigen Handelsbilanzdefizit und zu wachsender Verschuldung. Die Auslandsschulden betrugen 1996 ca. 8 Mrd. US-$; die Pro-Kopf-Verschuldung von knapp 3000 US-$ ist eine der höchsten Lateinamerikas. Die auf Privatisierung ausgerichtete Wirtschaftspolitik unter Präsident Endara verschärfte rasant die Gegensätze zwischen Arm und Reich weshalb seit 1991 Privatleuten das Tragen von Waffen erlaubt ist und private Wachdienste die höchsten

Zuwachsraten verbuchen. Auch der neue Präsident Balladares setzt diese neoliberale Privatisierungspolitik fort.

Mit der Übertragung des Kanals und der Kanalzone erhält Panama über 30 000 ha erschlossenen Landes in allerbester Lage. Davon erwartet das Land neue wirtschaftliche Impulse. Bereits jetzt kündigten ausländische Firmen wegen des Potentials, das Panama als Verteilungszentrum der Region bieten wird, ihre Investitionsbereitschaft an. Panama ist seit den 80er Jahren für deutsche Investoren insbesondere im Bankenbereich zu einem wichtigen Land für Anlagen in Lateinamerika (nach Brasilien, Mexiko und Argentinien) geworden. Aus panamaischer Sicht ist auch der Handel mit Deutschland erfolgreich, das nach den USA zweitgrößter Abnehmer panamaischer Produkte ist und an neunter Stelle unter den Lieferländern steht. Unter den Handelspartnern der Bundesrepublik lag Panama 1995 bei der Einfuhr auf Rang 72, bei der Ausfuhr auf Rang 95.

Was die Tourismusentwicklung anbelangt, so führt die panamaische Statistik knapp 3500 Reisende aus Deutschland auf (1995) – inklusive der ca. 300 in Panama lebenden Deutschen und aller Geschäftsreisenden, so daß die Zahl der touristisch interessierten Besucher eher bei 2500 pro Jahr liegen dürfte.

Bevölkerung: Panama hat ca. 2,7 Mio. Einwohner, von denen der überwiegende Teil dunkelhäutige Mischlinge sind und als Mestizen, d. h. Nachkommen aus Verbindungen von Spaniern und *indígenas,* oder als Mulatten, d. h. Nachkommen von Europäern und afrikanischen Sklaven bzw. karibischen Arbeitskräften, bezeichnet werden. Diese beiden Gruppen – die ›Hispano-*indígenas*‹ und die ›*mulatos*‹ – machen etwa 70 % der Bevölkerung aus. Knapp 10 % sind Weiße, knapp 15 % Farbige. Diese bezeichnen sich wiederum, je nach Biographie ihrer Vorfahren, als ›*Afro-coloniales*‹ und ›*Afro-antillanos*‹. Die ca. 100 000 panamaischen *indígenas* leben isoliert im Landesinnern und auf den Inseln. In Panama-Stadt leben zudem viele Familien asiatischer Herkunft.

Panama hat eine junge Bevölkerung: Knapp 35 % sind jünger als 15 Jahre und nur 5 % älter als 60 Jahre, das Durchschnittsalter beträgt 33 Jahre. Die Lebenserwartung liegt bei 71 Jahren für Männer und 75 Jahren für Frauen. Die Hälfte der Panamaer lebt in den drei größten Städten des Landes: Panama-Stadt, Colón und David. Obwohl es offiziell keine Rassendiskriminierung gibt, besteht ein großes soziales Gefälle zwischen den Hautfarben. Dies zeigt sich darin, daß fast ausschließlich Weiße die qualifizierten und besser bezahlten Arbeiten verrichten, was ihnen einen entsprechend höheren Lebensstandard ermöglicht.

Religion: 90 % der Bewohner bekennen sich zum römisch-katholischen Glauben, weshalb man nahezu in jedem Ort eine katholische Kirche findet. In Panama-Stadt und entlang des Kanals gibt es auch protestantische Kirchen für die 7 % Protestanten, die als Nachkommen der Eisenbahn- und Kanalarbeiter aus der englischsprachigen Karibik hierher kamen. Die in der Verfassung verankerte Religionsfreiheit erlebt man am deutlichsten in Panama-Stadt: Hier stehen auch Synagogen, Moscheen und sogar ein Hindu-Tempel.

Klima und Reisezeit: Inmitten der Tropen zwischen dem 7. und 9. Grad nördlicher Breite gelegen, ist Panama das feuchtheißeste Land Zentralamerikas. Wegen der zentralen Gebirgskette im Westen grenzt sich die pazifische Südseite mit wechselfeuchtem Klima von der karibischen Nordseite ab, in der das ganze Jahr über mit Regen zu rechnen ist. Die meisten Niederschläge fallen von Mai–Dez., in einzelnen Gebieten der Karibikküste bis zu 6500 mm pro Jahr. Trockenzeit mit ca. 70 % Sonnentagen ist von Jan.–Mitte April. Die Jahresdurchschnittstemperatur liegt bei 27 °C. Wärmster Monat in Panama-Stadt ist der Mai mit durchschnittlich 31 °C. Obwohl Panama immer Saison hat, sind die Monate Jan.–März am angenehmsten.

Die Geschichte Panamas

Vor der Ankunft der Spanier lebten im Gebiet des heutigen Panama unterschiedliche indigene Ethnien (s. S. 29ff.).

Nachdem Balboa 1513 den Isthmus durchquert und den Pazifischen Ozean als Seeweg zum ›Gold der Inka‹ in Peru ›entdeckt‹ hatte, begann von Panama aus die unglaublichste Schatzsuche der Welt. Der **Camino Real** als Landweg zwischen den beiden Weltmeeren war 250 Jahre lang der strategisch bedeutendste Abschnitt auf der langen Transportroute zur iberischen Halbinsel.

Mit dem Rückzug der Spanier aus Zentralamerika wurde Panama 1821 Teil einer Großkolumbianischen Republik, zu der auch Venezuela, Kolumbien und Ecuador gehörten. Als der lateinamerikanische Staatenbund Simón Bolívars scheiterte, schlossen sich Panama und Kolumbien 1826 zur ›**República de Nueva Granada**‹ zusammen. Zwar erreichte Panama in diesem Staatenbund eine gewisse Autonomie, aber die Kontrolle über den Transitverkehr am Isthmus lag in den Händen der Zentralregierung in Bogotá. Da die USA nach dem mißglückten Kanalbauversuch von Ferdinand de Lesseps entschlossen waren, selbst einen Kanal zu bauen, unterstützten sie jene Kräfte, die die Loslösung von Kolumbien antrieben, nachdem die Regierung in Bogotá die Zustimmung zum US-Kanalbau verweigert hatte.1903 rief Panama auf Drängen und mit Hilfe der USA seine Unabhängigkeit aus. In der neuen ›**República de Panamá**‹ bestimmten die USA von Beginn an das politische Geschehen, nicht zuletzt durch den großen wirtschaftlichen Einfluß des 1914 fertiggestellten Kanals. Der Panamakanal und ein breiter Landstreifen zu beiden Seiten gehörten den USA vertragsmäßig zuerst ›auf ewig‹, jetzt, nach den Verhandlungen unter US-Präsident Jimmy Carter von 1977, nur noch bis zum Jahr 2000.

Mit der Staatsgründung erhielt Panama eine Verfassung nach präsidial-demokratischen Grundsätzen. Allerdings fochten hinter dieser Fassade die verschiedenen Fraktionen ihre Hegemonialkämpfe aus, was den Staat zu den politisch instabilsten Ländern Lateinamerikas machte. Bis Ende der 60er Jahre wechselten 38 Präsidenten einander im Amt ab. Im Oktober 1968 putschte die Nationalgarde gegen den USA-loyalen Präsidenten Arnulfo Arías. An die Spitze der Militärjunta rückte der Nationalist und Sozialreformer **Omar Torrijos Herrera,** ein charismatischer General, der die Souveränität Panamas über die Kanalzone zur zentralen politischen Forderung erhob, die er durch eine Revision der ›demütigenden‹ Kanalverträge erreichen wollte. Sein radikaler Antiimperialismus sicherte ihm und der Nationalgarde breite Unterstützung in der Bevölkerung. 1977 verbuchte der General mit dem Carter-Torrijos-Vertrag, der den Kanal im Jahr 2000 in panamaische Hände übergehen läßt, seinen größten politischen Erfolg. Die 1978 von ihm auf den Weg gebrachten Verfassungsreformen erlebte er nicht mehr, da er 1981 bei einem Flugzeugunglück in den Bergen Panamas ums Leben kam. Bis heute blieb die Absturzursache ungeklärt. Die Beerdigung des Volkshelden geriet zur größten antiamerikanischen Demonstration Panamas, denn für die Bevölkerung stand fest, daß Torrijos – einer der wenigen lateinamerikanischen USA-Kritiker – einem Attentat des CIA zum Opfer gefallen war. Sein Nachfolger wurde General Paredes.

Seit 1983 war **Manuel Antonio Noriega** Oberbefehlshaber der Nationalgarde, die sich inzwischen mit Hilfe der USA zu einer 15 000 Mann starken, konventionellen Armee entwickelt hatte. Damit besaß Noriega auch die politische Macht, denn ohne Zustimmung der Nationalgarde konnte niemand Präsident werden. Allerdings agierte er stets im Hintergrund. Erst als Noriega 1987 in den USA in Ungnade gefallen war (s. S. 212), sah eine bürgerliche Opposition aus Unternehmern, Bankiers, der katholischen Kirche und anderen konservativen Gruppen ihre Chance gekommen. Sie organisierte monatelang Demonstrationen und Aufmärsche, die sie ›Cruzada Civilista‹, Bürgerkreuzzug, nannten, mit dem Ziel, Noriega aus dem Amt zu drängen.

Die Präsidentschaftswahlen 1989 endeten im Chaos. Für die konservative Opposition kandidierte Guillermo Endara, das Militär unterstützte unverhohlen Carlos Duque. Offensichtliche Manipulationen führten dazu, daß sich beide Kandidaten als Sieger ausrufen ließen. Der Wahlausschuß annullierte die Wahl wegen ›ausländischer Einmischung‹, die meisten Unterlagen verschwanden. Jetzt versuchten jüngere Offiziere einen Putsch gegen Noriega, an dem sich indirekt auch US-Truppen aus der Kanalzone beteiligten; er scheiterte. Im Gegenzug rief die panamaische Nationalversammlung am 17. Dezember 1989 den Kriegszustand aus und wählte Armeechef Noriega zum ›Obersten Führer der nationalen Befreiung‹.

Drei Tage später marschierten um Mitternacht auf Befehl des US-Präsidenten Bush 24 000 US-Soldaten in Panama ein; die Pläne für die Invasion mit dem Namen ›Gerechte Sache‹ hatte sein Vorgänger Ronald Reagan 1987 vom CIA ausarbeiten lassen. Bush nannte vier Gründe für den Einmarsch in Panama: Schutz der in der Kanalzone lebenden US-Bürger, Wiederherstellung der Demokratie, Einhaltung der Kanalverträge und die Ergreifung Noriegas. Bei der Invasion verloren ca. 7000 Menschen (darunter 50 US-Amerikaner) ihr Leben, 25 000 Panamaer wurden obdachlos, der entstandene Sachschaden betrug 1,5 Mrd. US-$.

Vasco Núñez de Balboa, spanischer Konquistador (1475–1519), ergreift Besitz von der Südsee (zeitgenössischer, kolorierter Kupferstich nach Herrera)

Aufstieg und Fall des Comandante Manuel Antonio Noriega

Karrieren vom einfachen Nationalgardisten zum korrupten, zwielichtigen Militärdiktator hinter der Fassade formaldemokratischer Strukturen waren in Zentralamerika zu Zeiten des Ost-West-Konflikts keine Seltenheit; oft waren die USA daran entscheidend beteiligt.

Manuel Antonio Noriega wurde 1935 als uneheliches Kind einer mestizischen Hausangestellten seines Vaters im Armenviertel San Felipe geboren und wuchs in einem katholischen Pflegeheim auf. Mit 29 Jahren trat Noriega, der keinerlei Berufsausbildung genossen hatte, in die Nationalgarde ein. 1968 putschte sich Omar Torrijos Herrera an die Macht, Noriega half ihm dabei. Als Dank machte ihn Torrijos 1971 zum Leiter des panamaischen Geheimdienstes, den er mit Hilfe der USA seit Mitte der 60er Jahre aufgebaut hatte. Von nun an arbeitete Noriega eng mit dem CIA zusammen und erhielt dafür auf Anordnung von George Bush, der seit 1976 Direktor der CIA war, ein Jahresgehalt von 100 000 US-$.

Noriega, wegen seiner verunstaltenden Pockennarben im Gesicht auch ›Cora de Piña‹ (Ananasgesicht) genannt, zeigte sich engagiert im Kampf gegen linke Aufstandsbewegungen und fädelte Waffenlieferungen an die antisandinistische Contra ein. Bei all diesen Unternehmungen war er auch sehr bemüht, seinen Besitz zu vermehren. Auf 400 Mio. US-$ wird sein Vermögen auf

Luxemburger und Schweizer Banken geschätzt, wobei die größten Summen direkt aus US-Regierungskreisen und aus dem Drogenzwischenhandel stammten. 1985 endete die Zusammenarbeit Washingtons mit dem General, der sich geweigert hatte, panamaische Truppen an der Seite der Contra in Nicaragua einzusetzen. Zudem sah sich die Regierung Reagan auch aus innenpolitischen Gründen gezwungen, die Beziehung zu Noriega, dessen Drogengeschäfte inzwischen Schlagzeilen machten, abzubrechen. Noriega setzte nun plötzlich auf die in Panama sehr beliebte nationalistisch-populistische Karte und trat als Verbündeter der kleinen Leute auf. Dabei kamen ihm die politischen Schachzüge Washingtons sehr gelegen. Im Mai 1988 boten die USA dem General nämlich geheime Verhandlungen an, in denen sie sich bereit erklärten, alle Anklagen gegen ihn zurückzunehmen und die Sanktionen gegen das Land aufzuheben, unter der einzigen Bedingung, daß Noriega Panama verlasse. Doch dieser machte das vertrauliche Angebot publik und blieb weiterhin im Amt.

Die US-amerikanische Intervention im Dezember 1989 zwang den Armeechef zur Flucht in die vatikanische Botschaft. Diese drängte ihn im Januar 1990, sich den USA zu stellen. Im Juli 1992 wurde er in Miami von einem US-Gericht wegen Drogenhandels zu 40 Jahren Haft verurteilt.

Noriega konnte zunächst nicht gefaßt werden und bat nach zehn Tagen in der Botschaft des Vatikans um Asyl. Die katholischen Diplomaten drängten ihn aber, sich den US-Gerichten zu stellen, was er dann auch (freiwillig?) tat. Dem von den USA eingesetzten Präsidenten Guillermo Endara gelang es nur allmählich und mit Unterstützung der US-Militärpolizei, die staatliche Ordnung wiederherzustellen. Die Vereinten Nationen verurteilten die Invasion der USA mit 75 zu 20 Stimmen. Die Wahlen von 1994 gewann der Kandidat des 1978 von Torrijos gegründeten PRD, Ernesto Pérez Balladares.

»Oh, wie schön ist Panama«...

... – Ruhig und angenehm lebten der kleine Tiger und der kleine Bär in ihrem Häuschen am Fluß, berichtet Janosch in seiner auch von Erwachsenen gerne gelesenen Kindergeschichte, bis eines schönen Tages eine Holzkiste vorbeischwamm, die ihre Sehnsüchte weckte. Denn die Kiste kam aus Panama... Die Reise nach Panama, die die beiden dann antreten, gleicht der vieler Menschen: Sie suchen die Fremde, treffen auf Vertrautes, das sie aus anderer Sicht ›neu‹ kennenlernen, und sind begeistert über das, was ihnen fremd geworden ist. Am Ende sind sie jedoch froh darüber, wieder zu Hause zu sein, was sie aber nicht könnten, wären sie nicht losgezogen. Janoschs Kinderbuch hat Panama hierzulande bekannt gemacht. Für die meisten bleibt es aber ein exotisches, unbekanntes Panama, das sie höchstens noch mit einem großen Kanal in Verbindung bringen. Weil dem so ist, betonen die panamaischen Tourismusbehörden auf ihren Werbebroschüren: »Panama is more than a canal!« Und sie haben recht.

Das mittelamerikanische Land von der Größe Bayerns ist bisher nur am Rand vom Tourismus entdeckt worden. Dabei bietet es Möglichkeiten, auf den Spuren spanischer Konquistadoren historische Ereignisse und ihre Ruinen zu entdecken, intakte indigene Kulturen anzutreffen und an schönen Inselstränden zu entspannen. Und dann gibt es auch noch den Kanal, jenes achte Weltwunder, das in seiner über 80jährigen Geschichte bisher nur an einem einzigen Tag für Schiffe gesperrt blieb: am 20. Dezember 1989, als die US-Marines Panama besetzten, um General Noriega gefangen zu nehmen. Mit dem Namen Noriega verbindet sich ein weiteres, nicht gerade förderliches Image für das Reiseziel Panama: Es gilt als Drogenumschlagplatz und Zentrum der Geldwäsche. Warum denn sonst, fragt sich der Besucher beim Anblick der faszinierenden Hochhaus-*skyline* von Panama-Stadt, unterhalten hier so viele renommierte Banken aufwendige Filialen. Weniger bekannt ist, daß Panama auf Drängen der USA sein liberales Bankgesetz geändert hat. Seit 1990 muß der Ursprung von Einlagen über 10 000 US-$ deklariert werden. Aber wer kontrolliert das schon, außer den Banken selbst.

Kulturelles, ökonomisches und politisches Zentrum des Landes sind die Hauptstadt und der Kanal. Ohne ihn wäre Panama nicht Panama. Auch im öffentlichen und politischen Bewußtsein hält sich hartnäckig die übermächtige

Betonung seiner Transitfunktion zwischen den beiden Weltmeeren. Dagegen hat die Republik Panama als interamerikanische Festlandsbrücke noch nie eine Rolle gespielt. Bis heute gibt es keine durch Panama nach Kolumbien führende Straße, auf der Personen und Güter über die zentralamerikanische Landbrücke nach Südamerika transportiert werden könnten; die Panamericana endet im Darién. Seit Menschengedenken garantiert hier die Küstenschiffahrt die Verbindung. Ansonsten besitzt Panama ein relativ gutes Straßennetz und öffentliches Verkehrssystem. Das Reisen im Land ist deshalb ohne größere Schwierigkeiten möglich. Allerdings wird es östlich des Kanals in der Provinz Darién schwieriger.

Kolumbus suchte die Durchfahrt zwischen den Weltmeeren vergebens. Am 26. September 1513 bestieg der spanische Abenteurer Vasco Balboa einen Gipfel auf der Landenge von Darién und erspähte als erster Europäer den Pazifischen Ozean. Dies war wohl der Augenblick, in dem die Idee einer Wasserstraße durch die nur 70 km breite Landenge geboren wurde. Doch es sollte noch 400 Jahre dauern, bis eines der größten und schwierigsten Bauvorhaben der Geschichte vollendet wurde und das erste Schiff am 15. August 1914 den Kanal zwischen Pazifik und Atlantik passieren konnte. Den ersten Versuch, einen Kanal zu bauen, unternahm der Franzose Ferdinand de Lesseps. Aber dem ruhmreichen Erbauer des Suez-Kanals wurde der Isthmus zum Verhängnis. Er verlor nur Vermögen und Ansehen, Tausende von Menschen jedoch ihr Leben durch Malaria und Gelbfieber.

1903 nahmen sich die Amerikaner des Kanals an, nachdem sie durch die Unterstützung einer separatistischen Revolution dafür gesorgt hatten, daß sich die Provinz Panama vom Mutterland Kolumbien abspaltete. Mit der willfährigen Regierung der neuen Republik Panama kam dann jener umstrittene Vertrag zustande, der den USA innerhalb der Kanalzone alle Souveränitätsrechte ›auf ewig‹ verleihen sollte. Bevor es aber zur Einweihung des Kanals kam, lösten die Amerikaner die zwei wesentlichen Probleme, an denen die Franzosen gescheitert waren: Es gelang ihnen, Malaria und Gelbfieber durch die Ausrottung der Moskitos einzudämmen, und sie verwarfen Lesseps' Idee eines Wasserwegs auf Meeresniveau. Statt dessen entstand unter Ausnutzung der gewaltigen Regenmengen am Isthmus eine Wasserstraße mit Schiffshebewerken in einer bis dahin unbekannten Größenordnung. Die Schiffe werden durch drei Schleusenanlagen von einem Meeresspiegel zum anderen um 26 m gehoben und wieder gesenkt. An diesem faszinierenden Schauspiel hat sich bis heute nichts geändert. Und obwohl das Funktionieren von Schleusen auf einem leicht nachvollziehbaren Prinzip beruht, das wir im Physikunterricht am Beispiel der kommunizierenden Röhren kennenlernen durften, erscheint es immer wieder unfaßbar, wenn man aus nächster Nähe einen Ozeanriesen von der Größe eines zehnstöckigen Hochhauses und der Länge zweier Fußballfelder binnen weniger Minuten in den Kammern absinken bzw. aufsteigen sieht. Daher gehört das Schauspiel an den Schleusen zu den Höhepunkten jeder Panama-Reise.

Der am östlichen Ufer des Panamakanals beginnende tropische Regenwald des Darién ist heute noch genauso undurchdringlich wie zu Zeiten Balboas. Aus diesem Grund fehlt hier der von Alaska bis Feuerland führenden Pan-

Insel des San Blas-Archipels

americana das entscheidende Teilstück, was jedoch seltsamerweise die wenigsten, die von der ›Traumstraße der Welt‹ reden, wissen.

Panama geht es gut, den *panameños* schlecht, erklärte der Bischof von Colón kürzlich die Schere zwischen Wirtschaftsboom und Alltagsarmut. Wer aber die schönen Geschäfte, die großen Wagen, die überfüllten Restaurants und die teuren Auslagen in den Einkaufspassagen von Panama-Stadt sieht, mag das nicht so recht glauben. Dazu muß man schon nach Colón am anderen Ende des Kanals fahren. Oder in Panama-Stadt den Stadtteil Chorillo aufsuchen.

Eingeleitet wurde die neoliberale Wirtschaftspolitik von Präsident Guillerro Endara, der ohne die Hilfe der USA und deren Invasion nicht ins Amt gekommen wäre. Er gehört zu jenen 100 reichen Familien, die der vertriebene Präsident General Omar Torrijos wegen ihrer *yankee*-Verbindungen beschimpfte. Bei den ersten Wahlen in der Geschichte Panamas ohne einen Wunschkandidaten der USA unterlag Endaras liberalkonservative Partei. Der Wahlsieger und seit 1994 amtierende Präsident Balladares will in die Fußstapfen Torrijos' treten, obwohl dieser der politische Ziehvater Noriegas war. »Torrijos lebt, obwohl er tot ist, und Noriega ist tot, obwohl er noch lebt«, erklärte Balladares sibyllinisch nach seiner Wahl.

Von all diesen politischen Vernetzungen muß man aber als ausländischer Besucher nicht tangiert werden. Wer weniger Interesse für die Tagespolitik in seinem Urlaubsland, kann wunderbar ungestört die historischen Bauwerke in Panama Viejo aufsuchen und sich Plünderung und Brandschatzung der Stadt durch Henry Morgan, ein Pirat seiner

Panamakanal, Miraflores-Schleusen

britischen Majestät, schildern lassen. Oder er läßt sich im Boot zu den Inseln Taboga oder Contadora übersetzen, um dort, fernab vom Großstadttrubel, an einsamen Palmenstränden Sonne und Meer zu genießen.

Wer Panama aber sehenden Auges bereist, erlebt ein Land im politischen Umbruch: Die Übergabe des Kanals im Jahr 2000 an Panama steht bevor, und die Menschen fragen sich, wie es weitergeht, wenn die *yankees* sich vollständig zurückziehen. Zudem hat der Kanal seine ganz große Bedeutung bereits verloren. Denn der wesentlichste – wenn auch unausgesprochene – Grund für die USA, den Kanal in den Verhandlungen von 1977 letztlich doch an Panama abzutreten, war der Verlust seines strategischen Nutzens. Die Großmächte besaßen zu dieser Zeit mächtige Flotten in beiden Ozeanen, und selbst wenn Kriegsschiffe den Kanal passieren würden, im Zeitalter von Interkontinentalraketen könnte er binnen weniger Stunden unbrauchbar gemacht werden.

Der Panamakanal wird – solange die Gebühren niedriger sind als die Fahrtkosten einer Kap-Horn-Umrundung – die große wirtschaftliche Einnahmequelle sein. Aber Panamas Zukunft hängt nicht zwangsläufig von der des Kanals ab. Die sozialen und ökonomischen Strukturen seines Agrarraums bieten noch große, unausgeschöpfte Entwicklungspotentiale. Die Fixierung auf die Transitfunktion verhindert möglicherweise sogar den gesamtgesellschaftlichen und sozialen Fortschritt. Denn solange der Kanal und damit auch der Großraum Panama-Stadt wirtschaftlich wie politisch im Mittelpunkt der Entwicklung stehen, wird die Republik Panama die anderen Regionen weiter vernachlässigen.

Reisen in Panama

Panama-Stadt

▌ (s. S. 345ff.) La Ciudad de Panamá, die Hauptstadt der República de Panamá, wird im internationalen Sprachgebrauch stets Panama City genannt. Daran haben sich auch die mehr als 1 Mio. Einwohner des städtischen Ballungsgroßraums am Ostufer des Kanals gewöhnt. Nähert man sich der Stadt per Flugzeug, besticht die faszinierende Wolkenkratzer-*skyline*, hinter der sich Grünanlagen und dicht bebaute Wohnviertel kilometerlang die Hänge hinaufziehen. Später fährt man auf breiten Straßen mit überdimensional großen Reklametafeln, während in Sichtweite riesige Containerschiffe vor der Küste auf die Einfahrt in den Kanal warten. Hektik und Straßenlärm bestimmen die multikulturelle Weltstadt, deren Besucher aber ebenso schnell von der Beschaulichkeit der Parks oder der Faszination des allgegenwärtigen Pazifischen Ozeans gefangen sind.

Das heutige Stadtzentrum erstreckt sich hinter der Bucht zwischen den Halbinseln San Felipe und Punta Paitilla. Hier grenzen ältere, ärmere Stadtteile (z. B. Santa Ana, El Chorrillo, Calidonia) im Westen an moderne, reiche (z. B. Bella Vista, El Cangrejo, Punta Paitilla) im Osten. Hauptverkehrsstraßen sind die Avenida Central, die direkte Fortsetzung der Via España, auf der man sich dem Zentrum vom Flughafen her nähert, und

Auf dem Paseo de las Bóvedas vor der Skyline von Panama-Stadt

die parallel zur Küste führende Avenida Balboa.

Als einzige der heutigen Hauptstädte Zentralamerikas entstand Panama-Stadt nicht im Zentrum einer ehemaligen spanischen Siedlungskolonie, sondern an der Peripherie einer solchen. Dies ist nur aus ihrer historischen Transitfunktion zwischen den Ozeanen zu erklären.

Die Eroberung und Erschließung der pazifischen Küste Panamas ging von den spanischen Gründungen an der Atlantikküste aus. Wenige Monate nachdem Vasco Núñez de Balboa von Nombre de Dios zum Pazifik aufgebrochen war, stieß Nuño Beltrán de Guzmán 1513 in das Gebiet der heutigen Stadt vor, aber erst am 15. August 1519 gründete der spanische Gouverneur Pedro Arías de Avila an der Mündung des kleinen Río Abajo Nuestra Señora de la Asunción de Panamá, die erste spanische Siedlung am Pazifik. Mit der Koloniali-

sierung Perus und der Ausbeutung des Inka-Reichs durch Francisco Pizarro ging nach 1527 die planmäßige Erkundung der Landenge und des Río Chagres einher, da die spanischen Kolonisatoren dringend einen Verbindungsweg zwischen den beiden Küsten benötigten.

Der folgende Ausbau des Camino Real bescherte auch Ciudad de Panamá einen begrenzten Aufschwung, der allerdings aufs engste mit dem gesicherten Transport der in der neuen Welt geplünderten Schätze verbunden nach Europa war. Deshalb wurde der bescheidene Wohlstand der Stadt am Pazifik am meisten durch Piratenüberfälle auf der atlantischen Seite des Isthmus gefährdet. Erst mit der Gründung und Befestigung von Portobelo begann nach 1606 der eigentliche Aufstieg Panamas. Handelsflotten in beiden Ozeanen bescherten den beiden Städten einen erheblichen Wirtschaftszuwachs. Hinzu kamen die Maultierkarawanen aus Mexiko und den zentralamerikanischen Provinzen, das 1628 der Stadt Panama gewährte Monopol für den Handel zwischen China und Spanien und der Zustrom derjenigen, die mit der Abwicklung all dieser Wirtschaftsaktivitäten befaßt waren.

Ihr Reichtum und die Lage am Isthmus verliehen der Stadt eine Sonderstellung. 1671 eroberte der britische Pirat Henry Morgan Panama-Stadt. Er plünderte drei Wochen lang. Nach seinem Abzug lag die erst 150 Jahre alte Stadt in Schutt und Asche. Der sofortige Wiederaufbau erfolgte auf der westlich gelegenen Felsenhalbinsel San Felipe (Casco Viejo); die neue Stadt schützte man durch starke Befestigungswälle. Als später auch Portobelo nicht mehr sicher war, beschloß die spanische Krone 1746, die Handelswege zu verlegen, Panama-Stadt und der Isthmus verloren an Bedeutung, bis dann ein unerwarteter Impuls erneut zum Aufschwung verhalf.

1848 wurde Gold in Kalifornien gefunden, was über 1 Mio. Menschen von der nordamerikanischen Ostküste gen Westen zog. Sehr viele von ihnen wählten die Route über Panama, weil es seit 1855 durch eine Eisenbahnlinie mit Colón, der neu gegründeten Hafenstadt am Atlantik, verbunden war. Panama-Stadt wuchs, und seit 1882, dem Beginn der Bauarbeiten am Kanal, noch schneller. 1887 zählte die Stadt bereits 40 000 Einwohner.

Mit der Loslösung von Kolumbien, der Ausrufung der Republik Panama (1903) und der Fertigstellung des Kanals (1914) begann die moderne Entwicklung der Stadt. Da die US-Kanalzone im Westen bis dicht an die Altstadt heranreicht, konnte sich Panama-City nur gen Nordosten vergrößern. Mangels Stadtplanung entstand ein buntes Mosaik:

Exklusive Villenviertel grenzen an Slums. Dazwischen befinden sich sowohl teure Einkaufsstraßen mit hohen Bankgebäuden als auch enge Gassen mit alten Holzhäusern, deren Zerfall unaufhaltsam scheint. Etwa 1960 erreichte die Bebauung den Flughafen in Tocumen, 30 km östlich der Altstadt.

1989 marschierten die USA unter Präsident Bush mit 25000 Soldaten in Panama-Stadt ein, um den panamaischen Regierungschef Antonio Noriega abzusetzen (s. S. 212). Der entstandene Sachschaden lag bei 2 Mrd. US-$, ca. 7000 panamaische Soldaten und Zivilisten verloren (nach panamaischen Angaben) ihr Leben, 25 000 wurden obdachlos. Erst nach den Wahlen im Mai 1994 begann in Panama-Stadt wieder der wirtschaftliche Aufschwung. Heute, fast zehn Jahre nach der Invasion, ist die Stadt schöner denn je, nur der von US-Truppen zerstörte Stadtteil El Chorrillo wurde noch nicht vollständig wiederaufgebaut.

Die heutige Großstadt Panama läßt sich für den Besucher in drei sehenswerte Bezirke einteilen; jeder der drei ist von unterschiedlicher historischer Bedeutung und besitzt seinen eigenen Reiz: das alte Panama, Panamá Viejo, 1519 gegründet und 1671 von Morgan zerstört, das koloniale Panamá Casco Viejo, das von 1671 an auf der Halbinsel San Felipe als Festungsstadt den spanischen Handel sicherte, und das moderne Panama nördlich der Bahía de Panamá, welches das heutige Stadtbild wesentlich bestimmt.

Panamá Viejo

›La Reina del Pacífico‹ – Königin des Pazifischen Ozeans war bald der geflügelte Beiname jener am 15. August 1519 gegründeten ersten spanischen Hafenstadt am Pazifik, von der heute nur noch

Ruinen existieren. Doch die wenigen Überreste vermitteln noch immer einen nachhaltigen Eindruck von der Pracht, die diese Stadt bis zu ihrer Zerstörung am 28. Januar 1671 entfaltete.

Die Ruinenanlage ca. 10 km östlich der Innenstadt, für deren Besuch man ca. 2 Std. benötigt, ist heute frei zugänglich, die Ausgrabungs- und Restaurationsarbeiten ruhen. Freundliche Polizisten patrouillieren unauffällig herum. Besonders am Spätnachmittag, wenn die untergehende Sonne ihr warmes Licht über Panamá Viejo ausbreitet, füllt sich die Anlage mit einheimischen Besuchern.

Panamá Viejo war 150 Jahre lang das Sammeldepot aller für Spanien bestimmten Güter. Gleichzeitig war es die Stadt, in der sich Reisende aus Spanien nach ihrer Atlantiküberquerung erholten, bevor sie z. B. nach Peru weiterreisten. Von hier aus starteten mehrere spanische Expeditionen nach Zentral- und Südamerika. 1570 zählte die Stadt mehr als 500 spanische Einwohner, von denen die spanische Krone die Hälfte als ›sehr reich‹ bezeichnete. Dieser Wohlstand führte zum Bau einer großen Kathedrale, eines Krankenhauses, großer Warenhäuser und mehrerer mächtiger Befestigungsanlagen an der Seeseite. Das ›goldene Panama‹ schien 150 Jahre lang uneinnehmbar – bis Henry Morgan, britischer Pirat und späterer britischer Gouverneur von Jamaika, mit 37 Schiffen vor der spanischen Festung San Lorenzo an der Atlantikküste aufkreuzte und diese nach schweren Kämpfen brandschatzte, dann mit 1500 Mann in 9 Tagen den Isthmus überquerte und am 28. Januar 1671 Panama von der Landseite ganz überraschend in nur wenigen Stunden eroberte. Zum Abtransport seiner Beute zurück zur Atlantikküste benötigte Morgan drei Wochen später 165 Maultiere.

Der Gang durch Panamá Viejo beginnt an der Plaza Mayor vor der Kathedrale. Er führt einmal nach Westen bis zum Convento de la Merced und einmal nach Norden zum Puente del Rey. (Informationsmaterial erhält man in dem großen Kunsthandwerksladen Artesanías Nacionales südwestlich der Plaza Mayor an der Calle de la Carrera.)

Die ehemalige **Plaza Mayor,** der zentrale Platz der Stadt, ist heute eine geteerte Asphaltstraße, in deren Mitte eine Bronzestatue zu Ehren Samuel Lewis' steht, der – so die Inschrift – von 1871 bis 1939 gelebt und sich um die Pflege der Ruinenstätte verdient gemacht hat. Direkt am Ostrand der Plaza erhebt sich die eindrucksvolle **Catedral de Nuestra Señora de la Asunción,** deren freistehender, quadratischer Glockenturm alle anderen Ruinen überragt und der zusammen mit dem nördlich angrenzenden Längsschiff noch heute die einstige Pracht bezeugt. Die Kirche wurde 1535 aus Holz gebaut und 1626 von Francisco de la Cámara aus Stein neu errichtet. Gegenüber, an der Nordseite der Plaza Mayor, stehen die Ruinen der **Casa del Cabildo,** des ehemaligen Rathauses. Es fiel bereits 1612 einem Erdbeben zum Opfer, wurde danach aber wiederaufgebaut und erst 1671 endgültig zerstört.

Panamá Viejo war wie alle spanischen Kolonialstädte schachbrettartig angelegt. Westlich des Rathauses befinden sich, jeweils durch rechtwinklige Straßenzüge voneinander getrennt, die verschiedenen Ordenshäuser. Unweit vom Rathaus, zwischen Calle del Obispo und Calle de la Empedrada, stehen die Ruinen des Jesuitenklosters, des **Convento de la Compañia de Jesús,** daneben hatten sich die Dominikanerinnen im **Convento de las Monjas de la Concepción** niedergelassen und eine

Kirche errichtet. Schräg gegenüber, zwischen Calle de la Empedrada und Calle de la Carrera, befand sich im **Convento de San Juan de Dios** das vom Johanniter-Orden geleitete Krankenhaus der Stadt; von ihm sind nur wenige Mauern erhalten. Westlich des Krankenhauses befand sich der **Convento y Jardín de San Francisco,** zu dem ein großer Garten gehörte; neben diesem Franziskanerkloster hatte sich ca. 100 m westlich der Orden der Mercedarier im **Convento de las Mercedes** niedergelassen. In diesem schönen Kloster ließ Francisco Pizarro eine Messe lesen, bevor er zu seinem mörderischen Eroberungsfeldzug nach Peru aufbrach, und später ließ Henry Morgan hier die Schätze seiner Plünderung zusammentragen.

Hinter diesem Kloster endete Panamá Viejo. Zur Sicherung der Stadt befestigten die Spanier die westlichen Mauern mit der Festung La Navidad, von der nichts mehr erhalten ist und die früher die Maultierkarawanen passieren mußten, bevor sie den Puente del Camino a Natá über den Río Agarroba überquerten, um Panamá Viejo gen Westen zu verlassen. Da Henry Morgan über diese Brücke in die Stadt gelangte, bezeichnen Fremdenführer sie gelegentlich auch als ›Morgan's Bridge‹.

Geht man zurück zur Kathedrale und folgt der Calle de Santo Domingo Richtung Norden, trifft man hinter der Casa Cabildo auf die zweiteilige **Casa del Obispo,** in der der Erzbischof wohnte und die kirchliche Verwaltung der Stadt ihren Sitz hatte. Nördlich schließen sich die mächtigen Ruinen des **Convento de Santo Domingo,** des Dominikanerklosters, an. In der Klosterkirche stand bis 1671 der ›Goldene Altar‹, der die Plünderung Morgans überstand und heute in der Parroquia de San José Padres Augu-

Panama-Stadt

221

Panamá Viejo, Kathedrale

stinos bewundert werden kann (s. S. 226). Hinter dem Kloster, Richtung Küste, befand sich der Sklavenmarkt, dessen Gebäude den Namen **Casa de los Genoveses** trugen, weil Handelshäuser aus dem italienischen Genua im 16. und 17. Jh. im Auftrag der spanischen Krone den Sklavenhandel für die spanischen Besitzungen in Amerika abwickelten. 1610 wurden hier z. B., urkundlich belegt, 4000 afrikanische Sklaven für je 300 Pesos nach Peru verkauft.

Ca. 800 m nördlich, an der Straße zum Flughafen und außerhalb der heutigen Ruinenstätte, liegt der kleine **Puente del Rey** – die Königsbrücke. Sie war der eigentliche Beginn des Camino Real, des königlichen Wegs über den Isthmus, auf dem Maultierkarawanen die geplünderten Schätze aus der Neuen Welt in die atlantischen Häfen von Nombre de Dios und Portobelo brachten, um von dort den Reichtum der Alten Welt zu mehren.

An exponierter Stelle, südöstlich der Kathedrale, direkt an der Küste, liegen die Ruinen der **Casas Reales,** der Königlichen Häuser. Hier wohnte der spanische Gouverneur, sprachen die spanischen Richter Recht und verwalteten die spanischen Beamten der Audiencia die Handelseinnahmen der Krone. Weiter westlich lagen, ebenfalls an der Küste, das städtische Gefängnis, die Großküche und der Schlachthof.

Casco Viejo – das koloniale Panama

Der touristisch interessanteste Teil von Panama-Stadt ist jenes kolonialzeitliche Panama, das zwei Jahre nach der Brandschatzung von Panamá Viejo am 21. Januar 1673 auf der ca. 10 km westlich gelegenen Halbinsel San Felipe vom spanischen Statthalter der ›Real Audiencia de Panamá‹ Don Antonio Fer-

nandez de Córdoba y Mendoza neu gegründet wurde und heute Casco Viejo, ›alter (Stadt-)Kern‹, genannt wird. Er beginnt östlich der Calle 11, und man betritt ihn in der Regel von der Plaza 5 de Mayo aus über die Avenida Central.

Die Straßen in Casco Viejo verlaufen schachbrettartig: Vier *avenidas* durchqueren die Stadt in Ost-West-Richtung (von Süd nach Nord: Av. A, Av. Central, Av. B, Av. D) und elf numerierte *calles* in Nord-Süd-Richtung, beginnend mit Calle 1 am östlichen Ende des Stadtteils.

In Casco Viejo bewegt man sich am besten zu Fuß, denn die Straßen sind sehr eng, und die Architektur der meisten Kolonialbauten lädt zu längerem Verweilen ein. Seit 1992 bemüht sich die Stadtverwaltung zudem, mit viel Pastellfarbe an den Glanz vergangener Tage zu erinnern. Dennoch ist Casco Viejo kein musealer Stadtteil. In alten Gebäuden sind Behörden und Hotels untergebracht, und aus den Wohnhäusern, von denen die wenigsten renoviert sind, schallen lautstark die Hits der US-Charts. Übrigens ist das Viertel nicht nur von spanischer Kolonialarchitektur geprägt. Nach 1880 kam es im Gefolge der ersten Kanalarbeiten unter Lesseps zu großem französischen Einfluß, und seit der Wende zum 20. Jh. bestimmte der Neoklassizismus die Architektur.

Rundgang durch Casco Viejo

Einen Rundgang durch Casco Viejo beginnt man am besten an seiner schönsten Stelle, an der **Plaza Francia** [1]. Sie liegt am südöstlichen Zipfel des vom Pazifik umspülten Stadtteils San Felipe, dort, wo die alte Festung sich weit ins Meer hineinschiebt. Der nach der hier ansässigen, alten Französischen Botschaft benannte Platz wird im Osten vom ehemaligen (bei der US-Invasion 1989 teilweise abgebrannten) **Justizpa-**

Casco Viejo: *1 Plaza Francia   2 Justizpalast   3 Las Bóvedas   4 Paseo de las Bóvedas
5 Convento de Santo Domingo   6 Plaza Bolívar   7 Teatro Nacional   8 Iglesia de
San Francisco   9 Palacio de las Garzas   10 Plaza de la Independencia   11 La Catedral
12 Hotel Central   13 Post   14 Palacio Municipal   15 Ruinas del Convento de la Compañia
de Jesús   16 Parroquia de San José Padres Augustinos   17 Plaza Herrera   18 Iglesia
de la Merced   19 Casa de la Municipalidad*

last 2 (heute: Institut für Nationale Kultur) und im Süden von **Las Bóvedas 3**, den Gewölben des ehemaligen Befestigungswalls, eingerahmt. Die Gewölbe beherbergten zur Zeit der Spanier Munitionsdepots und Soldatenquartiere, aber auch das Gefängnis. Die Zellen waren so angelegt, daß sie beim Gezeitenwechsel des Meeres regelmäßig bis kurz unter die Decke geflutet wurden, was für die Verurteilten dann den Tod bedeutete.

Die oberirdischen Geschosse sind heute restauriert. Sie werden als Vortragsräume oder für Gemäldeausstellungen genutzt. In zwei besonders schöne Gewölbe ist das Restaurant Las Bóvedas eingezogen. Von den Dächern der Bóvedas hat man einen schönen Blick auf die Kanalbrücke, die vorgelagerten Inselchen und auf die *skyline* der

Neustadt. Vor der Anlage, auf der Plaza Francia, wurde zu Ehren von Ferdinand de Lesseps ein Obelisk errichtet, dessen Spitze ein (gallischer) Hahn ziert. Im Hintergrund ist auf Informationstafeln an der alten Festungsmauer die 400jährige Geschichte der Isthmusdurchquerung festgehalten.

An der Plaza Francia beginnt eine Promenade entlang der alten Wallanlagen, der **Paseo de las Bóvedas 4**. Dieser Weg rund um die Südostspitze der Festung, an dem Bänke unter Bougainvillea-Bäumen zum Verweilen einladen, wird von Einheimischen besonders gerne am Nachmittag besucht.

Verläßt man den Paseo de las Bóvedas in Höhe der Avenida A, erreicht man nach ca. 100 m an der Ecke Calle 3 das 1678 erbaute Dominikanerkloster **Convento de Santo Domingo 5**. Dieser eindrucksvolle Kolonialbau aus Ziegelsteinen brannte schon zur Zeit der Spanier zweimal (1737 und 1756) nieder, wurde aber (zumindest teilweise) immer wieder aufgebaut. Innerhalb der Klosterruinen überspannt ein 15 m langer, flacher Backsteinbogen, der **Arco Chato,** in 11 m Höhe zwei mächtige Außenmauern. Dieser Bogen – nur aus Steinen, ohne Mörtelverbindungen im 18. Jh. errichtet – soll gegen Ende des 19. Jh. in der kontroversen Debatte, in welchem Land und an welcher Stelle ein zukünftiger Kanal zwischen den beiden Weltmeeren am sichersten vor Vulkanausbrüchen oder Erdbeben sei, die ausschlaggebende Rolle gespielt haben: Er sei der historische Beweis, daß Panama von Erdbeben verschont werde.

Zum Dominikanerkloster gehört eine kleine Kapelle, deren helles Dach weit sichtbar ist. Diese **Capilla de Santo Domingo** wurde 1941 unter Denkmalschutz gestellt. Sie beherbergt heute das **Museo de Arte Colonial Religioso,** in dem alte Gemälde und kostbare Holzschnitzereien mit religiösen Darstellungen, wertvolle Altäre, Monstranzen aus Gold und Silber, Reliquien und religiöse Zeremonialrequisiten ausgestellt werden.

Folgt man der Calle 3 nach Norden, erreicht man die **Plaza Bolívar** 6, einen überschaubaren, ruhigen, quadratischen Platz, in dessen Mitte 1926 eine Statue von Simón Bolívar (›El Libertador‹) errichtet wurde. An ihrem Sockel kann man die Ruhmestaten des südamerikanischen Unabhängigkeitskämpfers detailliert nachlesen. Südwestlich der Plaza steht das 1906 nach Plänen italienischer Architekten erbaute neoklas-

Casco Viejo, Convento de Santo Domingo

sizistische **Teatro Nacional** **7**. Die eindrucksvollen Deckengemälde mit Darstellungen aus der Landesgeschichte stammen von dem panamaischen Künstler Roberto Lewis. Das Theater wurde 1974 vollständig renoviert. Gegenüber befindet sich die alte **Iglesia de San Francisco** **8**, die 1917 erweitert wurde. Das barocke Portal und der achteckige Kirchturm begrenzen die Plaza Bolívar nach Osten hin. Zur Franziskanerkirche gehören die sich nördlich erstreckenden Ruinen des **Convento de San Francisco.** Inmitten der Überreste des 1678 errichteten Baus steht nun das **Instituto Bolívar,** im Juni 1826 Tagungsort des Bolivianischen Kongresses, auf dem Simón Bolívar erstmals seine Pläne von den ›Vereinigten Staaten von Südamerika‹ vortrug. Außerdem wurde hier 1904 die Unabhängigkeit Panamas unterzeichnet. Nach Westen hin wird der Platz von der schön restaurierten Fassade des Hotel Colonial abgeschlossen.

Nordwestlich der Plaza Bolívar liegt der **Palacio de las Garzas** **9** (auch Palacio Presidencial genannt), das Wohn- und Amtsgebäude des panamaischen Präsidenten. Der Name ›Palast der Fischreiher‹ geht auf die vielen Reiher zurück, die schon seit jeher den der nahen Küste zugewandten Hauseingang belebten und deren steinerne Nachbildungen heute den Brunnen im Vorgarten schmücken. Der weiße Palast, der zu den eindrucksvollsten Gebäuden der Stadt zählt, wurde 1673 erbaut und 1922 vollständig erneuert. Wandmalereien *(murales)* von Roberto Lewis schmücken die Innenwände.

Zentrum von Casco Viejo ist die alte, ehemalige Plaza Mayor (Av. Central zwischen Calle 5 und Calle 7), die heute **Plaza de la Independencia** **10** heißt, aber im Volksmund Plaza Catedral ge-

Casco Viejo, Teatro Nacional

nannt wird. Dieser größte Platz von Casco Viejo ist von schattenspendenden Bäumen eingerahmt. Statuen bedeutender Persönlichkeiten erinnern an Panamas Geschichte. An der Westseite des Platzes steht **La Catedral** **11**, deren Grundstein zwar 1688 gelegt, die aber erst 1794 fertiggestellt wurde. Von allen Seiten des Platzes blickt man auf das eindrucksvolle Portal aus bunten Sandsteinen und die beiden perlmuttbesetzten Glockentürme. Drei der stündlich läutenden Glocken wurden aus dem von Morgan gebrandschatzten Panamá Viejo hierhergebracht. Im Innern ist die Kirche schlicht, von den Holzdecken des Kirchenschiffs hängen noch die schweren, alten Leuchter herab. An der rechten Seite des Hauptaltars führt eine Treppe zu einem unterirdischen Gang, von dem man in das Franziskanerkloster und zur Küste gelangen kann.

Gegenüber der Kathedrale steht seit 1884 das **Hotel Central** **12**, einst eines der luxuriösten Hotels Zentralamerikas mit eigens aus New York importiertem Mobiliar und einem herrlichen Innenhof. Mangels zahlungskräftiger Gäste erinnert es heute nur noch an den Charme vergangener Zeiten. An der Südseite der Plaza de la Independencia befinden sich die 1875 erbauten Gebäude der **Post 13** und der Stadtverwaltung. Ursprünglich war das heutige Postgebäude das Grand Hotel der Stadt und galt im Jahr seiner Erbauung als das ›schönste zwischen San Francisco und Kap Horn‹. 1882 erwarb es Ferdinand Lesseps als Wohn- und Arbeitsplatz und Sitz seiner Kanalbaugesellschaft. 30 Jahre später kaufte es die Stadt Panama und nutzte es als Hauptpost.

In dem daneben errichteten neoklassizistischen **Palacio Municipal 14**, dem alten Rathaus von Panama-Stadt, befindet sich heute die Stadtverwaltung von Casco Viejo und im zweiten Stock seit 1975 das **Museo de Historia de Panamá.** In ihm werden alte Karten, Fahnen, Dokumente der Unabhängigkeit und viele historische Fotografien ausgestellt. Ein Raum des Museums ist als historische Wohnstube reicher Panamaer eingerichtet, und ein anderer informiert mit seltenen Dokumenten und Fotos über die Geschichte des Kanalbaus.

Modernes Panama:

1 Plaza Santa Ana   2 Plaza 5 de Mayo 3 Museo Antropológico Reina Torres de Araúz   4 Cerro Ancón 5 Museo de Arte Contemporánea 6 Balboa   7 Puente de las Américas 8 Calzada Amador   9 Monumento de Vasco Núñez de Balboa 10 Casa Museo Banco Nacional de Panamá   11 Iglesia del Carmen 12 Parque Natural Metropolitana 13 Tobago Inseln   14 Contadora

Südlich des Rathauses biegt man in die Avenida A ein. An der Ecke Calle 7 passiert man die **Ruinas del Convento de la Compañía de Jesús 15**, die Ruinen eines alten Jesuitenklosters, in dem 1749 die erste Universität der Provinz eingerichtet wurde. In diesem barocken Gebäude lehrte der Orden bis zu seinem Verbot 1781, danach verfiel es. Ca. 100 m weiter westlich, ebenfalls an der Avenida A, steht die **Parroquia de San José Padres Augustinos 16**. Sie birgt einen prachtvollen, vergoldeten Barockaltar, den **Altar de Oro,** der nur dank der geistesgegenwärtigen Reaktion des Augustinerpaters Peter Fabo gerettet wurde: Während die Piraten Henry Morgans im Januar 1671 plündernd durch das alte Panama zogen, strich der Priester in der dortigen Iglesia de San José den vergoldeten Altar in aller Eile schwarz an. Danach erdreistete er sich noch, Morgan um eine Geldspende für Holz zu seiner Fertigstellung zu bitten.

Westlich der San José-Kirche erstreckt sich die **Plaza Herrera 17**. Der schöne Platz wurde 1996 renoviert, die

sich um ihn gruppierenden Holzhäuser, die den alten französischen Architektureinfluß in Casco Viejo widerspiegeln, nur zum Teil. Überquert man den Platz, stößt man in der Calle 10 Ecke Avenida Central auf die **Iglesia de la Merced** 18. Zum Bau dieser bereits 1680 errichteten Kirche wurden die Buntsandsteinquader des Klosters La Merced aus dem zerstörten Panamá Viejo herübergebracht. Gegenüber steht die weiße **Casa de la Municipalidad** 19, der ehemalige Sitz des Bürgermeisters. Das neoklassizistische Bauwerk mit seinen eindrucksvollen Säulen vermittelt beispielhaft den Architekturstil im kolonialen Panama der Wende zum 20. Jh. Im ersten Stock des Gebäudes kann man die Entwicklung von Casco Viejo bis zum Zweiten Weltkrieg anhand von Fotografien verfolgen.

Casco Viejo verläßt man am besten auf der Avenida Central Richtung Plaza 5 de Mayo. Hier, nordwestlich der Calle 10, beginnt das Panama der Händler und Straßenverkäufer, deren Warenangebot trotz der engen Straßen unermeßlich anmutet.

Das moderne Panama

Jenseits der Altstadt lassen sich die zwei Gesichter der Metropole nicht übersehen: verfallene Holzhäuser als sichtbarer Ausdruck der Armut eines Großteils der Bevölkerung – und direkt daneben die in der Sonne glitzernden Wolkenkratzer US-amerikanischer Firmen.

Von der Altstadt aus erreicht man auf der Avenida Central die **Plaza Santa Ana** 1. An ihrer Westseite steht seit 1676 eine kleine Kirche, die **Iglesia de Santa Ana.** Die Plaza, dank Bäumen und vielen Straßenrestaurants besonders belebt, ist heute ein Treffpunkt für Redner und Ort öffentlicher politischer Debatten.

Das Herz des älteren Teils der Neustadt ist die **Plaza 5 de Mayo** 2. Inmitten dieses dreieckigen Platzes erhebt sich eine Statue zu Ehren jener sechs Feuerwehrmänner, die die Stadt im Mai 1914 vor einem Großbrand bewahrten. An der Nordseite der Plaza wurde ein Jahr zuvor der neoklassizistische Bahnhof eröffnet, in den bis 1946 die Züge

aus Colón einliefen. Heute ist in seinen Räumen das **Museo Antropológico Reina Torres de Araúz** 3 unterge-bracht, das vielen Einheimischen nur unter seinem alten Namen Museo Nacional de Hombres Panameños bekannt ist. Das Museum erstreckt sich über drei Stockwerke und vermittelt die Geschichte der verschiedenen Ethnien Panamas, zeigt eine seltene Kollektion präkolumbischer Goldschmuckstücke *(sala del oro)* und informiert über die Vernichtungsleistungen der spanischen Kolonialherren. In einem Vorraum steht das Papa-Mobil, das Johannes Paul II. bei seinem Panama-Besuch benutzte. Hinter dem Museum dehnt sich der größte Kunsthandwerksmarkt der Stadt aus.

Für den touristisch interessierten Besucher endet hier im Stadtteil Calidonia das angenehme Vergnügen, die Sehenswürdigkeiten der Stadt zu Fuß zu erkunden. Zu weit liegen sie jetzt voneinander entfernt, zu hektisch und laut ist der Verkehr der Millionenmetropole, und zu wenig sind die Straßen Panamas auf Fußgänger vorbereitet.

Im westlichen Teil der Stadt zählt der 200 m hohe **Cerro Ancón** 4, der früher Ancón Hill hieß und zur Kanalzone gehörte, zu den feinen Wohngebieten: weite, gepflegte Grünanlagen, herrliche alte Villen und stets der beneidenswerte Blick über die Stadt und den Kanal. Am Fuß des Cerro Ancón liegt an der Avenida de los Mártires das **Museo de Arte Contemporánea** 5, in dem die private Künstlervereinigung PANARTE regelmäßig Ausstellungen panamaischer Gegenwartskunst organisiert. Bei der Fahrt hinauf zur Spitze des Cerro Ancón passiert man in der Height Road auch das **Haus des Direktors der Panamakanal-Kommission**. Das 1906 erbaute Wohngebäude gehörte einst dem US-amerikanischen Ingenieur

John F. Stevens und stand direkt am Culebra-Durchstich, für den Stevens anfänglich verantwortlich war. Nach der Kanaleröffnung wurde es 1914 dort abgebaut und hierher gebracht. Bis 1979 bewohnten es dann die US-Gouverneure der Kanalzone.

Noch heute ist der Gipfel des Cerro Ancón nur US-Militärs vorbehalten, aber auf einer Anhöhe etwas unterhalb steht am Ende der Ridge Route das 1914 errichtete **Verwaltungsgebäude der Kanalverwaltung**, welches in jedem Fall einen Besuch wert ist. In der Kuppel dieses neoklassizistischen Monumentalbaus hat der amerikanische Maler van Ingen nämlich auf einem riesigen Rundgemälde den Kanalbau mit bemerkenswerten Details künstlerisch festgehalten. Erst nach langwieriger Begutachtung erwarb die Kanalverwaltung das 1915 in New York gemalte Bild. Vor dem Gebäude erinnert ein riesiger, unbehauener Stein aus dem Culebra-Durchbruch an die enorme Arbeitsleistung der Kanalbauer. Von den Stufen des Haupteingangs blickt man über grüne Abhänge hinunter auf den den Kanal überspannenden Puente de las Américas, die größte Stahlbrücke der Welt. An dieser Seite des Verwaltungsgebäudes steht auch das 15 m hohe Denkmal des leitenden Kanal-Ingenieurs und ersten Gouverneurs der Kanalzone, George Goethals.

Zwischen Cerro Ancón und der sich südlich davon erstreckenden Altstadt führt die Avenida de los Mártires direkt zur Kanalbrücke. Cerro Ancón gehörte früher zur Stadt Balboa in der Kanalzone, die sich, auch ohne erkennbare Stadtgrenzen, von Panama-Stadt abhob. Heute ist es auch verwaltungsmäßig ein Teil der Ciudad de Panamá. **Balboa** 6 ist eine von US-Amerikaner konzipierte Stadt, deren schönstes Viertel sich vom

Puente de las Américas

Fuß des Cerro Ancón, der hier Balboa Heights genannt wird, bis zum Hafen erstreckt. Eindrucksvoll erhebt sich an zentraler Stelle der Calle Balboa ein großes YMCA-Gebäude, erbaut als Billighotel für die Kanalangestellten, heute eine Art Stadtkulturzentrum mit Restaurantbetrieb.

Der **Puente de las Américas** **7** (s. S. 233f.) stellt seit seiner Eröffnung am 12. Oktober 1962 die einzige Landverbindung der beiden amerikanischen Kontinente dar. Seitdem der Kanal Amerika 1914 durchschnitten hatte, war es nur mittels Fähren möglich, von Nord-nach Südamerika zu gelangen. Die USA, die diese Brücke planten, finanzierten und bauten, schufen sich damit auch eine schnelle Verbindung zwischen ihren militärstrategischen Anlagen zu beiden Seiten des Kanals. An der Ostseite der Brücke erstreckt sich in südlicher Richtung die Halbinsel Amador. Auf ihr hatten die USA das militärische Hauptquartier ihrer ›Panamanian Defense Forces‹ errichtet. Erst seit der Rückgabe dieses Gebiets an Panama 1994 kann man ungehindert durch das Kasernengelände des Fort Amador zur **Calzada Amador** **8** fahren. Der nach dem panamaischen Gelbfieber-Facharzt Manuel Amador benannte Damm ragt seit 1912 als 4 km langer Wellenbrecher weit in den Pazifischen Ozean. Er ermöglicht den auf die Erlaubnis zur Kanaleinfahrt wartenden Schiffen, hinter ihm in ruhiger See zu ankern. Am südlichen Ende erschließt die Calzada Amador die kleinen Pazifikinseln **Naos, Perico** und **Flamenco.** Sowohl der Damm als auch die beiden ersten Inseln (Flamenco ist heute Sperrgebiet der panamaischen Marine!) erfreuen sich großer Beliebtheit: die Calzada wegen der angenehmen Brise besonders bei Joggern und Bikern, die Inseln am Wochenende wegen ihrer Bademöglichkeiten bei kinderreichen Familien und beide bei Touristen wegen des atemberaubenden Blicks auf die Wolkenkratzer-Silhouette der Hauptstadt zur Rechten und den Puente de las Américas mit den wartenden Schiffen zur Linken.

Von der Altstadt bis zur Punta Paitilla verläuft parallel zur Küste die Avenida Balboa. Hier stehen die Hochhäuser der internationalen Großbanken, die US-Botschaft, das Hospital Santo Tomás und zwischen den Abzweigungen zu Calle 35 und 36 das **Monumento de Vasco Núñez de Balboa** 9. Der bronzene Balboa blickt auf einer Erdkugel stehend hinaus auf den von ihm als erstem Spanier ›entdeckten‹ Pazifik. Die Inschriften am Sockel beschwören die Einheit der iberoamerikanischen Nationen.

Nördlich des Denkmals, an den Hängen des Stadtteils La Exposicíon, ist in der **Casa Museo Banco Nacional de Panamá** 10, eine eindrucksvolle Münz- und Briefmarkensammlung zu sehen. Das Museum, 1983 von der BNP (Banco Nacional de Panamá) in einer 1925 erbauten Villa eröffnet, befindet sich unweit der Avenida Justo Arosemena.

Folgt man der Avenida Central weiter gen Osten, geht diese in Höhe der Calle 42 Este in die Vía España über. Dieser Boulevard mit herrlichen Bäumen gleicht einer europäischen Allee. An der Vía España Ecke Avenida Manuel Batista erhebt sich die **Iglesia del Carmen** 11 mit ihren bunten Glasfenstern und von Spitzbögen getragenen Säuleneingängen.

Eine besondere Attraktion ist der **Parque Natural Metropolitana** 12, der sich über 250 ha und mehrere Hügel oberhalb der Stadtteile La Cresta und El Cangrejo erstreckt. Dieser Park ist aber kein Park im herkömmlichen Sinne, sondern ein Stück dichten Urwalds inmitten der Großstadt. Auf zwei schmalen Wegen durch tropische Vegetation erreicht man, begleitet vom Pfeifkonzert exotischer Vögel und Gebrüll Dutzender von Affen, die höchste Stelle des Parks, **El Mirador,** von wo man eine fantastische Sicht über die Stadt und den Kanal hat. Der Park wird vom Smithsonian Tropical Research Institute unterhalten, das hier eine Forschungsstation unterhält. Zu dieser Station gehört eine Krananlage, mit deren Hilfe die Wissenschaftler die bis zu 40 m hohen Baumgipfel von oben untersuchen.

Ausflüge von Panama-Stadt
Ungefähr 20 km südlich von Panama-Stadt liegen die **Taboga-Inseln** 13; sie sind das beliebteste Wochenend-Ausflugsziel der Hauptstadtbewohner.

Bereits 1515, nur zwei Jahre, nachdem Balboa den Pazifik ›entdeckt‹ hatte, gründeten die Spanier eine Siedlung auf der 700 ha großen Hauptinsel mit ihrer üppigen Tropenvegetation, die sich 300 m aus dem Pazifik erhebt. Don Hernando de Luque, der erste Bischof, lebte hier, und von Taboga segelte Pizarro 1524 nach Peru. Später diente die Insel

Tauchen in Panama

Panama ist als Tauchrevier relativ unbekannt. Und doch bietet es sowohl an seiner karibischen als auch an seiner pazifischen Küste Möglichkeiten, die sich mit den anderen zentralamerikanischen Tauchgründen messen können. Darüber hinaus besitzt es ein exklusives Tauchgebiet, den Panamakanal.

1991 wurde die ›Fundación PROMAR‹ gegründet, eine öffentliche Stiftung, die sich Schutz und Erkundung der Riffe und des küstennahen Meeres zum Ziel gesetzt hat. Sie informiert über die gesetzlichen Regelungen und gibt Auskunft über zugelassene Tauchschulen. (Adresse: Fundación PROMAR, P. O. Box 610140, El Dorado, Ciudad de Panamá, ☎ 661 70 34, Fax 661 25 18.)

Die beste touristische Infrastruktur haben die Tauchgebiete auf der **pazifischen Küstenseite:** Auf dem **Archipiélago de las Perlas,** insbesondere auf den Inseln Taboga und Contadora bieten erfahrene, lizenzierte Tauchlehrer ihre Dienste an. Leihausrüstungen stehen zur Verfügung.

Die Bahía de Portobelo ist Teil des **Parque Nacional Portobelo,** in dem Pflanzen und Tiere unter besonderem Schutz stehen. Riffe, Korallen und tropische Fische gleichen denen der Karibik. Gute Tauchangebote findet man nahe der Punta las Huertes und der Isla Grande.

Auf der **karibischen Seite** bietet sich die 5 km östlich der Isla Colón gelegene, flache Isla Bastimentos als Revier an. Sie ist Teil des **Parque Nacional Marino Isla Bastimentos,** zu dem auch die östlich gelegenen Korallenriffe Cayos Zapatillas gehören; sie zählen zu den schönsten Panamas (45 Min. mit dem Boot von Bocas del Toro).

Tauchen im **Panamakanal** ist an vielen Stellen möglich, aber man muß seine eigene Ausrüstung (die man zuvor z. B. in Panama-Stadt oder Colón geliehen hat) mitbringen. Die wohl interessanteste Stelle befindet sich südwestlich von Cristóbal. Hier trifft man in 15 m Tiefe auf einen Eisenbahnzug auf Schienen, dessen Lokomotive samt Wagen von den Franzosen nach dem ruinösen Niedergang ihrer Kanalgesellschaft im 19. Jh. zurückgelassen und 1913 nach dem Bau der Gatún-Schleuse vom Wasser überflutet wurde.

Piraten als Unterschlupf, Paul Gauguin weilte hier auf seinen Weg in die Südsee, und die ersten panamaischen Schiffgesellschaften, die ›Pacific Steam Navigation Company‹ und die ›Pacific Mail Steamship Company‹, errichteten auf der vorgelagerten Isla el Morro ihre Verwaltungsgebäude.

ein, und ausgezeichnete Wanderwege führen zum 285 m hohen Cerro Turco mit seinem weithin sichtbaren Gipfelkreuz und zum 307 m hohen Cerro Vigia (je 2 Std. Fußmarsch ab Plaza Central am Hafen).

Mitten im Golf von Panama liegen 75 km südlich der Hauptstadt die Perlen-

Mit Muscheln verziertes Haus auf Taboga

Die einstündige Schiffsanreise beginnt im Stadtteil Balboa, führt unter dem Puente de las Américas hindurch und an der Calzada Amador vorbei. Auf See begegnet man vielen Schiffen, die die Kanaleinfahrt ansteuern. Regelmäßig tummeln sich Buckelwale in den warmen Gewässern des Taboga-Archipels, und Schildkröten legen ihre Eier an seinen Stränden ab.

Auf Taboga bewegt man sich zu Fuß, keiner der 1500 Einwohner besitzt ein Auto. Sehenswert ist die kleine Kirche, die die zweitälteste Lateinamerikas sein soll. Schöne Buchten laden zum Baden

Inseln (Archipiélago de las Perlas), früher ein Gebiet für Perlentaucher, heute ein beliebtes Ausflugsziel für Angler, Hochseefischer und Touristen. Zum Archipel gehören über 200 Inseln und Inselchen. Eine der größeren ist **Contadora** 14 (s. S. 342f.) mit allen erdenklichen Annehmlichkeiten eines gepflegten Touristen-Eldorados.

1979/80, nach der iranischen Revolution und Machtübernahme Khomenis, lebte hier der Schah von Persien im Exil. Auf Contadora trafen sich im Januar 1983 die Außenminister von Mexiko, Venezuela, Kolumbien und Panama und verabschiedeten ein Kommuniqué zum Abbau der Spannungen in Zentralamerika, aus dem sich später ein nach dieser Insel benannter Friedensplan entwickelte. Contadora ist eine exotische Tropeninsel mit weißen Sandstränden unter Palmen, herrlichen Buchten und einem großen Sportangebot, gar nicht weit von Panama-Stadt entfernt.

Die Kanalzone

Eine Fahrt durch den Panamakanal

(s. S. 344ff., Karte s. S. 238/39) Der Panamakanal führt auf einer Strecke von 82 km von Colón am Atlantik nach Panama-Stadt am Pazifik. Schiffe benötigen für die Fahrt zwischen den beiden Weltmeeren ca. 9 Std. reine Fahrzeit.

Die meisten Besucher blicken zum ersten Mal vom Cerro Ancón oberhalb des Stadtteils Balboa in Panama-Stadt auf den Kanal, der als künstlicher Fluß in die Bucht von Panama mündet. Von hier oben aus kann man auch sehr gut die neue Kanalbrücke Puente de las Américas sehen, die 1962 für 20 Mio. US-$ gebaut wurde, eine Länge von 1800 m überspannt und die einzige Landverbindung zwischen Nord- und Südamerika darstellt. Ihre Höhe (92 m) erlaubt jedem Schiff die Durchfahrt. Jenseits der Brücke, auf der ›nordamerikanischen‹ Seite, befindet sich eine Panorama-Plattform mit einem faszinierenden Ausblick über den pazifischen Eingangsbereich des Kanals und den Hafen von Balboa.

12 km landeinwärts passieren die Schiffe die 1913 fertiggestellten Schleusen von **Miraflores** **1** (Esclusas Miraflores, Miraflores Locks). Hier werden sie 16 m angehoben, um ihre Fahrt fort-

setzen zu können. Die Besichtigung der Schleusen ist gut organisiert: Zwischen 9 und 17 Uhr erhält man auf einem Aussichtsplateau detaillierte Erläuterungen zum Ablauf eines Schleusungsvorgangs und wird über die Ankunftszeiten der Schiffe informiert. Für das Passieren der zwei Schleusenkammern benötigt ein Schiff ca. 45 Min.

Am Ende des Miraflores-Sees befinden sich die Schleusen von **Pedro Miguel** **2**, mit deren Hilfe das Schiff auf Höhe der durch den Corte de Culebra führenden Fahrrinne gehievt wird. Die Grabungen durch diese bis zu 90 m hohen Felsen über eine Distanz von 13 km waren der aufwendigste Teil des Kanalbaus. Hier kam es während der Bauarbeiten und kurz nach der Eröffnung auch mehrmals zu schweren Erdrutschen und Einbrüchen. In diesem eindrucksvollsten Abschnitt durchschneidet der Kanal die kontinentale Wasserscheide. Hier, wo die Schiffe in 26 m Höhe durch eine heute 150 m breite Fahrrinne fahren, liegt auch der **Golden Hill** **3**, mit 179 m die höchste Erhebung am Kanal. Dieser Einschnitt trägt heute den Namen des für die Grabungen verantwortlichen US-amerikanischen Ingenieurs David DuBose Gaillard.

Am Ausgang des Gaillard Cut erreichen die Schiffe den in 26 m Höhe gestauten 423 km^2 großen **Gatún-See** **4**. In seiner Mitte liegt die **Barro Colorado-Insel** **5**, ein Naturreservat mit vielen seltenen Tieren, das dem Smithsonian Institute in Panama-Stadt untersteht. Ursprünglich war Barro Colorado Teil des Isthmus-Festlands. Mit der Flutung des Gatún-Sees 1906 wurde die höchste Erhebung zu einer Insel, auf die sich viele Tiere flüchteten. Bei Besuchen wird die Insel nur mit dem Boot umrundet; sie darf nicht betreten werden. Wanderungen unter ökologischem Aspekt

Die Geschichte und Zukunft des Panamakanals

Schiffe auf dem Panamakanal um 1925

Auch auf seiner vierten Reise hoffte Kolumbus jene Durch-fahrt zu finden, die ihn doch noch nach Indien bringen würde. Dabei landete er 1502 auch vor der Küste Panamas, kehrte jedoch wenige Tage später wieder Richtung Norden um.

Als erster Europäer durchwanderte der Spanier Vasco Núñez de Balboa 1513 die Landenge und erreichte, von der atlantischen Küste kommend, den Pazifik. 1520 entdeckte Magellan die

später nach ihm benannte Seestraße zwischen dem südamerikanischen Festland und Feuerland, die Atlantik und Pazifik verbindet. Ein Gutachten, das Kaiser Karl V. 1534 in Auftrag gab, um die Chancen für einen Kanal durch die panamaische Landenge auszuloten, stärkte die Hoffnungen nach der ersehnten Durchfahrt auch nicht. Daraufhin ließ die spanische Krone die König-liche Straße, den *Camino Real,* quer über den Isthmus zwischen Panama-

Stadt und Nombre de Dios bauen. 200 Jahre später, mit dem Niedergang der Kolonialmacht Spanien, verlor der Camino Real seine Wichtigkeit. Vollkommen bedeutungslos wurde er nach der Unabhängigkeit der süd- und zentralamerikanischen Staaten.

Der Goldrausch in Kalifornien veranlaßte in der Mitte des 19. Jh. zahlreiche Amerikaner, von der Ost- zur Westküste der USA zu ziehen. Mangels Eisenbahnverbindung führte sie der sechs Monate per Schiff durch die Magellan-Straße. Da die Westküste über den Isthmus von Panama viel schneller zu erreichen war, witterte eine US-amerikanische Gesellschaft das große Geschäft und baute zwischen 1850 und 1855 eine Eisenbahnstrecke von Colón an der atlantischen Seite des Isthmus nach Panama-Stadt, was sich jedoch als äußerst schwierig erwies. Viele Arbeiter starben. Aber dank der Isthmus-Eisenbahn verkürzte sich die Reisezeit von der Ost- zur Westküste der USA auf weniger als zwei Monate. Allerdings war das Umsteigen und Umladen an beiden Seiten des Isthmus nach wie vor beschwerlich. Daher entwarf Ferdinand de Lesseps, der Erbauer des Suez-Kanals, 1876 den Plan für den Bau eines Kanals durch den Isthmus von Panama. 1878 erhielt seine Gesellschaft von Kolumbien, dem das Gebiet gehörte, die Baugenehmigung. 1880 begannen die Franzosen östlich von Colón mit den Erdarbeiten für einen schleusenlosen Kanal auf Höhe des Meeresspiegels. Doch 1893 mußte die Gesellschaft wegen fehlender Geldmittel, unzulänglicher Koordination und Tropenkrankheiten, die Tausende von Arbeitern (vorwiegend Schwarze von den Antillen) das Leben kostete, Konkurs anmelden; die Arbeiten waren bereits 1888 eingestellt worden.

Natürlich hatten die USA schon immer Interesse an einem Kanal zwischen Atlantischem und Pazifischem Ozean, aber sie planten den Bau auf nicaraguanischem Gebiet. Nach dem Konkurs der Franzosen ergriff US-Präsident Theodore Roosevelt die Initiative. 1901 schlossen die USA mit Großbritannien einen Vertrag, der die internationalen Interessen und die nordamerikanische Vormachtstellung bei einem künftigen Kanal sicherte. Noch im gleichen Jahr kauften die USA der französischen Gesellschaft die Konzession und das Baumaterial für 40 Mio. US-$ ab. Im Januar 1903 verhandelten sie mit der Regierung Kolumbiens über Bau, Betrieb und Schutz innerhalb der sogenannten Kanalzone und forderten, daß dieser Bereich für 100 Jahre einen politischen Sonderstatus erhalten solle.

Aber das kolumbianische Parlament lehnte einen solchen Vertrag ab, da er die Souveränität Kolumbiens beeinträchtigte. Kurz darauf organisierte die US-amerikanische Gesellschaft ›Panama-Railroad‹ einen dreitägigen Aufstand, der die Trennung Panamas von Kolumbien einleitete. Anfang November 1903 rief der mit Unterstützung der USA gegründete Staat Panama seine Unabhängigkeit aus.

Am 18. November unterschrieb der provisorische Gesandte Panamas, Philippe Bunau-Varilla, den Hay-Bunau-Varilla-Vertrag, der die Handschrift Washingtons trug: Die USA erhielten ›auf ewig‹ eine 16 km breite Zone für den Kanal mit allen Hoheitsrechten. Dazu gehörten auch das Recht auf Intervention, zur Anlage von Militärstützpunkten und das alleinige Recht für den Bau von Verkehrswegen. Als Gegenleistung wurden 10 Mio. US-$ bezahlt und die Unabhängigkeit Panamas garantiert; hinzu kam eine jährliche Pacht von 250 000 US-$. Kein Panamaer hatte an diesem Vertrag mitgewirkt.

1904 begannen die Bauarbeiten unter der Leitung der US-amerikanischen Militäringenieure George W. Goethals und John F. Stevens. Sie bekämpften erfolgreich Gelbfieber und Malaria, kümmerten sich um die nötige Infrastruktur zur Versorgung der Arbeitskräfte und modernisierten die Eisenbahn. Größte Schwierigkeiten bereitete der Culebra-Durchstich. Mehr als 40 000 Arbeiter beschäftigten die Amerikaner zwischen 1904 und 1913. Die meisten kamen aus der Karibik, allein 20 000 Schwarze aus dem englischsprachigen Barbados und 8000 von den französischen Antilleninseln Guadeloupe und Martinique.

Am 15. August 1914 fuhr das US-Kriegsschiff Ancón als erstes Schiff durch den Panamakanal. Die Maße der Schleusenbecken des Kanals bestimmten für die nächsten Jahrzehnte erheblich den Weltschiffsbau: Nur Schiffe der Panamax-Klasse (32 m Breite, 294 m Länge und 12 m Tiefgang) blieben im Welthandel konkurrenzfähig.

Seit der Eröffnung des Panamakanals steht die Kanalzone unter US-amerikanischer Hoheit. Sie ist zudem Stützpunkt und Hauptquartier des Southern Command, deren 8000 Mann starke Einheit als potentielle Eingreiftruppe und aktiver Beobachtungsposten in Zentralamerika für Washington große strategische Bedeutung besitzt.

1977 schlossen der US-amerikanische Präsident Jimmy Carter und der panamaische Staatschef Omar Torrijos den Carter-Torrijos-Vertrag, der die Zukunft des Kanals regeln sollte. Vorausgegangen waren heftige Kämpfe im amerikanischen Kongreß, einflußreiche konservative Kräfte wollten die Verhandlung verhindern. Der Vertrag ist nach vorausgegangener Volksabstimmung in Panama im Oktober 1977 und seiner Ratifizierung im Frühjahr 1978 durch den US-Senat seit 1979 in Kraft. Er löste alle früheren Übereinkünfte ab und erkennt die Souveränität Panamas an.

Doch das Abkommen besteht genaugenommen aus zwei Kontrakten. So legt der ›Kanalvertrag‹ detailliert die etappenweise Übergabe bis zum 31. Dezember 1999 fest. Hingegen regelt der ›Neutralitätsvertrag‹ den zukünftigen Betrieb des Kanals und die Durchfahrtsrechte für die Weltschifffahrt, womit er für Panama und sein Verhältnis zu den USA über das Jahr 2000 hinaus relevant bleibt. Denn sollte der Kanal nach 2000 ›bedroht‹ oder wirtschaftlich ineffizient werden, hat Washington ein Interventionsrecht.

Ob Panama nach 2000 mehr bleibt als nationaler Besitzerstolz, wird jetzt unerwartet durch andere Entwicklungen in Frage gestellt. Denn plötzlich kommen Zweifel an der Wirtschaftlichkeit des Kanals auf. Zwar passierten 1995 über 13 000 Schiffe mit 198 Mio. t Fracht den Kanal, doch die über 80 Jahre alte Wasserstraße, durch die bisher über 700 000 Schiffe geschleust wurden, stößt an Kapazitätsgrenzen. Die neuen Container-Riesen können den Kanal nicht mehr passieren. Fernöstliche Finanziers planen deshalb einen ›trockenen‹ Kanal in Form einer Eisenbahnlinie quer durch Nicaragua, mit Containerhäfen an den jeweiligen Küsten. Die nicaraguanische Regierung hat dem 2,4-Milliarden-Projekt 1996 bereits zugestimmt. Über ein ähnliches Projekt wird auch in Mexiko nachgedacht, und Kolumbiens Präsident Ernesto Samper will plötzlich ebenfalls im Nordwesten seines Landes mit dem Bau eines breiteren Wasserwegs durch den Isthmus beginnen. Alle Konkurrenten wollen einen größeren Kanal. Sie setzen auf das Mißtrauen der großen Handelsmächte gegenüber den politischen Verhältnissen in Panama. Denn vom 1. Januar 2000 an wird Panama die alleinige Kontrolle über den Kanal ausüben.

Groß und Klein auf dem Kanal

N

0   10 km

Mar
Caribe

Parqu

Nacion

Portobe

17 Playa Langosta

16 Playa María Chiquita

15 Playa Cangrejo

Costa Arriba

Coco
Solo

12 **Fort Sherman**   *Bahía*   Colón
                                        Cativá   Puerto Pilón
Reserva   *Limón* **11**   Sabanita
13 **Fuerte San Lorenzo** Cristóbal   **14**
         Forestal   Margarita   Río Agua Clara
         Sherman   I. Advent   Sardinilla

Río Chagres   I. Zorra

Piña   La Unión   Gatún   Carretera Transístmica

Nuevo Chagres Gatún Dam **Esclusas** Nueva Providencia
Palmas Bellas   I. Guarapo **Gatún** **7**
         Achiote   I. Ceibá   I. Juan
                   I. Brujas   Gallego
                                        Península
         Escobal   I. Trinidad   Bohío   Parque Nacional   Buenos
                                                        Soberanía   Aires
                   I. Guacha
COLÓN   Monumento I. Barro   Reserva
                   Natural Barro Colorado **5**   *Forestal*
                   Colorado   Ferrocarril de Panamá Gamboa   **10**
         Lago   Jardí
         Gatún **4**   Península   **9** Bota
El Guabo *Bahía*   Gigante   ■ Sum
          Trinidad Lagarterita **6**   Summit
Cuipo   *Französischer*
                    Arenosa   *Friedhof*
Ciricito Abajo   La Laguna   Santa   **3** Golden Hill
                                              Clara   **2** **Esclusas Pedro Miguel**
         Cirí de los Sotos   Mendoza   **1** **Esclusas Miraflor**
                                                                                      Co
              Arosemena   Nuevo
         Los Cañones   *División Continental* Arraiján   Arrajián
                                                                Vista Alegre
Ciri Grande   Veracruz

                                              La Chorrera

              Los Mortales

                   El Espino   La Mitra

         Caimito

Río Trinidad   Río Azules   Río Caño Quebrado   Río Paja   Río Mandinga   Gaillard Cut   Canal   Panamá   Río Chagres

Costa Abajo

sind nur auf der gegenüberliegenden, auch zum Naturschutzgebiet gehörenden Halbinsel **Gigante** 6 möglich.

Bei der Durchquerung des Gatún-Sees deutet nichts mehr auf einen Kanal hin: dichte Tropenvegetation, soweit das Auge reicht. Nach ca. 40 km aber, am nordwestlichen Ende des Sees, müssen die Schiffe in den **Gatún-Schleusen** 7 (s. S. 245) wieder um jene 26 m abgesenkt werden, die sie zuvor angehoben wurden. Mittels dreier hintereinanderliegender Schleusenkammern, von denen jede über 300 m lang ist, geschieht dies in etwa 1 Std. Der Gatún-See liefert die hierfür notwendigen Wassermassen. Am Nordwestufer des Gatún-Sees verhindert der Gatún-Staudamm dessen Abfluß über den Río Chagres in den Pazifik. Die originalen, gigantischen Zahnradwerke der Schleusen sind noch heute funktionsfähig. Beim Durchschleusen der Schiffe fließen riesige Mengen an Süßwasser aus dem Gatún-See in den Pazifik bzw. in den Atlantik, aber dank der langen Regenzeit herrscht im Gatún-See nie Wassermangel. Undurchdringlicher tropischer Regenwald, der bis an den Kanal heranreicht, prägt die Landschaft des letzten, 12 km langen Abschnitts, bevor die Fahrt in den Zwillingsstädten Colón und Cristóbal endet.

Die Kanalgebühren sind für beladene und unbeladene Schiffe unterschiedlich hoch und müssen immer bar im voraus entrichtet werden. Im Durchschnitt zahlt ein Schiff 30 000 US-$, die höchste Gebühr betrug 141 345 US-$ für die Crown Princess (1993), die niedrigste 36 Cents für den Schwimmer Richard Halliburton (1928). Täglich passieren ca. 50 Schiffe den Kanal. Über Reiseagenturen in Pa

Die Kanalzone

nama-Stadt kann man Kanalfahrten von Balboa bis zu den Pedro Miguel-Schleusen und durch den Gaillard Cut buchen.

Mit dem Zug am Kanal entlang

60 Jahre vor Eröffnung des Kanals, im Januar 1855, fuhr der erste Eisenbahnzug, von Colón kommend, in den Bahnhof von Panama-Stadt ein. Diese erste transkontinentale Eisenbahnlinie auf dem amerikanischen Kontinent verläuft parallel zum Kanal in der 1914 den USA übergebenen Kanalzone und trug den Namen Panama Railway, bevor sie am 1. Oktober 1979 im Rahmen des Carter-Torrijos-Vertrags als ›Ferrocarril de Panamá‹ an Panama übergeben wurde.

Man steigt in Balboa in einen der 50 Jahre alten, blauen Wagen ein und erreicht, relativ bequem sitzend, bei einer Höchstgeschwindigkeit von 40 km/h nach 2 Std. Colón. Die einspurige Trasse

verläuft über weite Strecken direkt am Kanal entlang. Die Diesellok mit ihren drei Wagen hält nicht nur an den großen Schleusen, sondern an jeder kleinen Siedlung, fährt durch Dschungel, über Brücken im Bogen um den Gatún-See herum. Bevor sie dann den Bahnhof in der Front Street von Colón erreicht, passiert sie den Stadtteil Cristóbal mit seinen neoklassizistischen Prachtbauten der ehemals großen Schiffahrtslinien.

Seit 1989 stellte Ferrocarril de Panamá den Betrieb der Strecke oft tagelang ohne Vorankündigung ein; 1996 kam er ganz zum Erliegen. Ob es zu einer vollkommenen Stillegung der Strecke kommen wird, ist noch offen.

Auf der Straße von Panama-Stadt nach Colón

s. Karte S. 238/39
Die vielbefahrene, autobahnähnliche Carretera Transístmica verbindet heute

Kanalzone, Gatún-See

die beiden Städte. Im großen Bogen führt sie östlich des Kanals durch gebirgige Landschaft. Von ihr zweigt in Sabanita jene Küstenstraße ab, auf der man die historischen Orte der Costa Arriba (z. B. Portobelo) erreicht. Den Kanal kann man von der Carretera Transístmica nicht sehen, wohl aber bei Sabanita die Ausläufer des Gatún-Sees. Wegen der Straßenschäden und des starken Verkehrs bestehen Geschwindigkeitsbeschränkungen (Polizeikontrollen!), so daß man für die nur 80 km kurze Strecke oft ganze 2 Std. benötigt.

Eine zweite gut ausgebaute, aber schmalere Straße verläuft etwa parallel zur Eisenbahn, ist allerdings für Privatfahrzeuge nicht durchgehend befahrbar, weshalb man hinter dem Ort Summit auf die nordöstlich verlaufende Carretera Transístmica ausweichen muß.

Diese Kanalstraße beginnt als Avenida Gaillard an der Bahnstation Balboa und führt über den (noch) US-amerikanischen Militärflughafen Albrook, der ab 2000 den Namen von Simón Bolívar tragen wird, und das Fort Clayton direkt zu den Schleusen von Miraflores und Pedro Miguel. Hinter dem Ort Paraíso liegt der **Französische Friedhof** 8, auf dem ein Mahnmal und viele kleine weiße Holzkreuze an die Opfer des Kanalbaus erinnern.

An der höchsten Stelle des Isthmus liegt Summit, heute bekannt wegen seines bedeutenden **Jardín Botánico Summit** 9, der zum ca. 22 000 ha großen Parque Nacional Soberanía gehört. Summit diente der US-amerikanischen Panamakanal-Verwaltung bis 1979 als Versuchsanlage für tropische Pflanzen, die aus der ganzen Welt hierhergebracht wurden, um ihre Nutzungsmöglichkeiten zu erforschen. Heute untersteht diese der panamaischen Naturschutzinstitution INRENARE. Ein kleiner Zoo erhöht

*Im botanischen Garten von Summit,
Rosa Tabogana*

den Unterhaltungswert des besonders am Wochenende gerne von panamaischen Familien besuchten Botanischen Gartens.

Wer nicht bereits in Summit zur Carretera Transístmica abzweigen will, kann der parallel zum Kanal verlaufenden Straße bis Gamboa folgen. Hinter der schmalen **Gamboa-Brücke** 10 liegt ein großer Badestrand direkt am Kanal, der hier in den Gatún-See einmündet. Von Gamboa kann man nur mit besonderer Genehmigung über die Pipeline Road weiter bis zu den Gatún-Schleusen fahren, die man aber einfacher von Colón aus erreicht bis (s. S. 239 und 244f.).

Colón

Die geschichtliche Entwicklung hat die Städte Cristóbal und Colón am Atlantikeingang des Panamakanals auch politisch zusammengeführt. Denn nach Abschluß des Carter-Torrijos-Vertrags fiel dieser Teil der US-Kanalzone an Panama, und Cristóbal, das an Colón angrenzte, aber in der Kanalzone lag, wandelte sich seitdem zu einem Stadtteil von Colón. Dabei hätte der Zwillingsstadt auch der Doppelname Cristóbal Colón (zu deutsch: Christoph Kolumbus) gut zu Gesicht gestanden.

Colón ⓫ (s. S. 341) bestand zur Mitte des 19. Jh. nur aus ein paar Häusern; die Insel Manzanillo, auf der die Stadt sich später ausbreitete, war noch nicht mit dem Festland verbunden. ›Entdeckt‹ wurde das Fischerdorf 1852 von den Besitzern der US-amerikanischen Eisenbahngesellschaft, die den Isthmus als Abkürzung für die Durchquerung der USA benutzen wollten. Nach der Fertigstellung der Eisenbahn bis zum Pazifik 1855 begann Colóns Aufstieg, aber schon damals wurde von einem europäischen Zeitzeugen das feuchtheiße Klima (tagsüber 26–30 °C, 4000 mm Jahresniederschlag) als ›unerträglich für längere Aufenthalte‹ beschrieben.

Colón gleicht jenen Hafenstädten, die Joseph Conrad und Somerset Maugham in ihren Romanen so anschaulich schildern.

Cristóbal, an der Westseite der Halbinsel Manzanillo und nur durch die Eisenbahntrasse von Colón getrennt, wurde von den Franzosen 1880 als Materiallager für ihren Kanalbau konzipiert und später von den USA weiter ausgebaut. Nach der Eröffnung des Kanals errichteten die großen Schiffahrtsgesellschaften in den 20er Jahren hier ihre Niederlassungen; viele der alten Verwaltungsprachtbauten sind noch heute erhalten.

Auch Colón profitierte von der Eröffnung des Kanals und avancierte zur zweitgrößten Stadt des Landes. Viele Gebäude und Häuser im Zentrum lassen den früheren Glanz erahnen, als hier die Passagiere großer Linienschiffe an Land

Stadtplan Colón

Colón, Hotel Washington

gingen, um das pulsierende Leben einer tropischen Hafenstadt zu genießen.

Heute sind die Gebäude Colóns dem Verfall preisgegeben. Es ist weniger der Schmutz in den Seitenstraßen als die Hoffnungslosigkeit beim Anblick der ehemals prächtigen Häuser, die eine bedrückende Atmosphäre schafft. Man weiß nicht, worüber man sich mehr wundern soll: über die beispiellose Baufälligkeit der Stadt oder über den unbeugsamen Lebensmut derjenigen, die darin ausharren. Colón wird fast ausschließlich von Schwarzen bewohnt. Es ist eine Mischung aus Havanna und Harlem, ein einziger Slum im pulsierenden Hafenmilieu, und doch strahlt die Stadt ein gewisses Flair aus.

Die Straßen der Stadt, die kein eigentliches Zentrum besitzt, verlaufen rechtwinklig zueinander: Die *avenidas* in Nord-Süd-, die *calles* in Ost-West-Richtung. Bedeutendste Straße ist der **Paseo del Centenario,** eine Fußgängerzone mit Gartenanlagen, Springbrunnen und Statuen. Östlich parallel dazu durchquert die Avenida Central die Stadt in Nord-Süd-Richtung. An der Kreuzung mit Calle 11 befindet sich der größte **Markt** der Stadt. Hier trifft man vereinzelt auf Kunas von den San Blas-Inseln, die *molas* und anderes Kunsthandwerk anbieten(s. S. 264f.).

Die Avenida del Frente, selbst vielen Einheimischen nur unter ihrem ehemaligen Namen Front Street bekannt, verläuft im Westen parallel zur Küste und beeindruckt durch die alte **Eisenbahnstation** sowie mehrere alte Holzhäuser. Einst war die Front Street das Einkaufsparadies der Stadt. Von ihr aus kann man sehr gut die in der Bahía de Limón auf Reede liegenden Schiffe sehen, die auf die Einfahrt in den Kanal warten. Am nördlichen Ende der Front Street steht die **Casa de Lesseps,** jenes kleine Haus, das Ferdinand de Lesseps 1880 bewohnte, als er die Erdarbeiten an jenem ersten Teilstück des Kanals leitete, das heute als Seitenarm südlich des Cristóbal Yacht Club den Namen Canal Francés trägt.

Gegenüber der Casa de Lesseps, direkt an der Landspitze, steht das **Hotel Washington.** Der mächtige klassizistische Bau aus dem Jahr 1912 mit seiner parkähnlichen Auffahrt ist bis heute das beste Hotel der Stadt. Es ersetzte ein hölzernes Hotel im Architekturstil des Wilden Westens, das ein halbes Jahrhundert lang das Vergnügungszentrum der Stadt war.

Südlich des Hotels steht in der Avenida Balboa die 1865 erbaute **Episcopal Church.** Sie wurde für die ausländischen Arbeitskräfte der Eisenbahn errichtet und war die einzige nicht-katholische im Staat Kolumbien, zu dem die Region bis 1903 gehörte. Noch weiter südlich, zwischen Avenida Herrera und Amador Guerreno Ecke Calle 5, liegt die **Catedral de la Inmaculada Concepción,** die größte Kirche der Stadt mit einem beeindruckenden Altar und gotischen Glasfenstern.

Der südöstliche Teil der Stadt, südlich der Calle 13 und östlich der Avenida Melindez, ist heute durch Mauern und hohe Stahlzäune abgegrenzt. Hier befindet sich das neue Wahrzeichen der Stadt: die **Zona Libre.** In dieser zweitgrößten Freihandelszone der Welt wurden 1995 Waren im Wert von 15 Mrd. DM umgesetzt. Colón wurde zum Einkaufsparadies vieler Mittel- und Südamerikaner. Durch die so angelockten Geschäftsleute hat sich die Wirtschaftslage der Stadt mittlerweile halbwegs stabilisiert.

Ob Colón durch die Zona Libre jemals wieder seinen alten Glanz zurückgewinnt, ist jedoch fraglich. Noch bestimmen zerfallende Häuserfassaden, Armut und Arbeitslosigkeit das Stadtbild, und noch ziehen es viele von denen, die in der Freihandelszone arbeiten, vor, in Panama-Stadt zu wohnen. Aber südlich des alten Colón entstehen bereits neue Wohnbezirke mit so hoffnungsvollen Namen wie Rainbow City.

Die Umgebung von Colón: Costa Abajo und Costa Arriba

s. Karte S. 238/39

Die karibischen Küstenabschnitte westlich (Costa Abajo) und östlich (Costa Arriba) von Colón gehören heute zu den ärmeren Regionen Panamas. Das war zur Zeit der Spanier keineswegs so. Der Camino Real und die mächtigen Befestigungsanlagen an der Küste waren wegen ihres Reichtums fast zwei Jahrhunderte lang das Ziel englischer Freibeuter. An diese Zeiten erinnern heute noch die beiden großen spanischen Festungen, San Lorenzo westlich des Kanals und Portobelo an der östlichen Küste. Während große Abschnitte der Costa Abajo dank mangelnder Erschließung und beschwerlichem Zugang wieder zu dichtem Dschungel renaturierten, konnte an der Costa Arriba und ihren schönen Sandstränden nationaler Tourismus bescheiden Fuß fassen.

Die Anreise zur Fuerte San Lorenzo führt zunächst auf der Transístmica wie-

Fuerte San Lorenzo

Bereits im Januar 1596 wurde die gerade ein Jahr alte Festung angegriffen, und zwar von einer großen Flotte unter dem Kommando von Francis Drake, der als erster den Plan entwickelte, die auf der anderen Seite des Isthmus gelegene Stadt Panama vom Land her zu erobern. Drake scheiterte und starb wenig später auf See. Seinen Plan verwirklichte 1671 der englische Pirat Henry Morgan. Nach einer blutigen Schlacht, die mehr als zwei Wochen dauerte, fielen zuerst San Lorenzo und später Panamá in seine Hände.

Nach Morgans Abzug wurde die Festung verstärkt, aber bereits 1740 erneut durch die britische Flotte unter Admiral Edward Vernon erobert; Vernon ließ mehrere Kanonen in San Lorenzo zurück, die heute in der Anlage ausgestellt werden. Zwischen 1760 und 1767 erweiterten die Spanier die Festung noch einmal. Da aber inzwischen die Seeroute um Kap Horn an der Südspitze Südamerikas mehr und mehr genutzt wurde und britische Piraten angesichts internationaler Verträge nicht mehr unter dem Schutz der britischen Krone standen, wurde Fuerte San Lorenzo funktionslos. Die letzte spanische Garnison verließ die Festung 1821, dem Jahr der Unabhängigkeit Kolumbiens.

der aus der Stadt heraus. Ca. 3 km südlich von Colón zweigt nach Westen eine schmale Straße zur 10 km entfernten **Gatún-Schleuse.**

Die Gatún-Schleuse gehört zu den beliebtesten Ausflugszielen Colóns. Auf der eigens errichteten Besucherterrasse kann man sich täglich zwischen 8 und 16 Uhr über technische Details informieren (s. S. 239). Über eine Stahldrehbrücke erreicht man – bei starkem Schiffsverkehr nach längerer Wartezeit – das Westufer des Kanals.

Von hier führt die Straße entlang der Bahía Limón nach Norden durch schönes Waldgebiet zum 10 km entfernten, direkt an der Landspitze postierten US-amerikanischen Militärlager **Fort Sherman** 12. Nach Vorlage des Reisepasses darf man dieses *Jungle Training Center* inmitten tropischen Regenwalds (nur zwischen 10 und 16 Uhr!) passieren und erreicht auf einer Schotterstraße entlang der Karibikküste nach 10 km San Lorenzo.

Fuerte San Lorenzo 13 (s. S. 342), 1595 auf einer Klippe an den Ufern des Río Chagres erbaut, sollte die Küste und das Hinterland in der Nähe des Isthmus vor britischen Angriffen sichern. Die Befestigungsanlage gehört zu den ältesten und besterhaltenen der Spanier in der Neuen Welt. Das mächtige Fort mit seinen hohen Mauern und Kellergewölben, seinen alten Kanonen und rostigen Zugbrücken hat die Jahrhunderte gut überdauert. Es wurde 1995 in weiten Teilen restauriert und daraufhin von der UNESCO zum Weltkulturerbe erklärt.

Portobelo

Bei San Lorenzo kann man den Río Chagres nicht überqueren. Deshalb muß man, um von hier weiter Richtung Westen entlang der Costa Abajo zu reisen, zurück zur Gatún-Schleuse und am Gatún-Damm auf die andere Seite des Flusses abbiegen.

In **Sabanita** 14, einer Straßensiedlung 10 km östlich von Colón, zweigt von der Transístmica eine schmale Straße nach Portobelo ab. Sie verläuft über weite Strecken direkt an der Küste, ist äußerst kurvenreich und in schlechtem Zustand, aber die einzige in der Region der Costa Arriba. Bis zur 40 km nordöstlich von Colón gelegenen ehemaligen Hafenstadt Portobelo und der malerischen Bucht, der sie ihren Namen verdankt, benötigt man im Pkw über 1 Std.

Entlang der Straße erstrecken sich lange Palmenstrände, z. B. **Playa Cangrejo** 15 und **Playa María Chiquita** 16 (dunkler Sand) oder **Playa Langosta** 17

(heller Sand), die über eine ausreichende Infrastruktur (Umkleidekabinen, Toiletten, Duschen, Restaurants) verfügen, am Wochenende aber total überlaufen sind.

In der Bucht von **Portobelo** 18 (s. S. 349) ankerte bereits Kolumbus; er gab ihr 1502 den Namen Bahía de Portobelo, ging aber nicht an Land. Erst nachdem die Spanier 1594 das 30 km weiter westlich gelegene Nombre de Dios aufgaben, wurde Portobelo stark befestigt und erlangte als (neuer) Endpunkt des Camino Real in kürzester Zeit größte Bedeutung. Seit 1596 diente die Stadt den Spaniern gemäß einem Dekret Philipp II. als Sammelstelle für Gold und Silber aus Peru; die Edelmetalle wurden über See entlang der pazifischen Küste nach Panamá Viejo, dann auf dem Landweg nach Portobelo befördert und hier auf Schiffe nach Europa verladen. Allmählich wurde Portobelo durch mehrere Forts gesichert, die eine zusammenhängende Festungsanlage rund um die Bucht bildeten. Von ihnen ist heute Fuerte Santiago de la Gloria am Ortseingang am besten erhalten. Einmal im Jahr ankerten bis zu 100 spanische Schiffe in der Bucht von Portobelo, bevor sie mit militärischem Geleit und kostbarer Fracht den Atlantik überquerten. Zentrum der Stadt war das 1630 errichtete Zollhaus, die *contaduría*, in der die Gold- und Silberbarren auf ihren Abtransport warteten.

Portobelo hielt vielen Angriffen stand, nur dem letzten 1744 nicht; der englische Admiral Vernon nahm die Stadt ein und plünderte sie vollständig. Aber schon längst barg diese in ihren Mauern nicht mehr jene großen Mengen Goldes, von denen z. B. die Tagebuchaufzeichnungen des Briten Thomas Gage aus dem Jahr 1637 berichten: 30 Tage lang habe Beladen der 82 spanischen Schiffe damals gedauert.

Heute hat Portobelo ca. 6000 Einwohner, darunter auch *indígenas* der Ethnie der Kuna. Zentrum der Stadt ist die Iglesia de San Felipe, eine einfache Dorfkirche aus dem 18. Jh., in der eine alte Christus-Statue aus schwarzem Holz von den Gläubigen sehr verehrt wird. Einmal im Jahr, am Abend des 21. Oktober, wird diese Statue in einer feierlichen Prozession von rotgekleideten Männern durch die blumenbestreuten Straßen des Orts getragen. Denn ihr – so die Überlieferung – verdankt der Ort das Abklingen einer fürchterlichen Cholera-Epidemie.

In Portobelo endet die asphaltierte Straße entlang der Costa Arriba; weiter östlich existieren z. Z. nur Schotterpisten. An einer Gabelung ca. 10 km hinter Portobelo führt die nördlichere Abzweigung über Garrote zum Fischerdorf **La Guaira** 19 (20 km von Portobelo, Fahrzeit 45 Min.), von dem man zur **Isla Grande** 20 (s. S. 344), der schönsten Insel der Costa Arriba, übersetzen kann. Die kleine Insel mit dem großen Namen liegt in Sichtweite vom Festland, ist von einem Korallenriff umgeben und besitzt herrlich weiße, palmengesäumte Sandstrände. Ihre 300 meist schwarzen Einwohner leben vom Fischfang und seit neuestem vom Tourismus. Das Zentrum der ca. 2 km langen und 1 km breiten Insel bildet ein Dorf aus kleinen Häuschen gegenüber dem Festland. Straßen oder Autos gibt es nicht; man bewegt sich per Boot oder zu Fuß fort. Die ausnahmslos kleinen Hotels liegen am Strand und werden vom Festland direkt angefahren.

Folgt man an der Gabelung 10 km hinter Portobelo der östlichen Schotterpiste, erreicht man nach ca. 15 km **Nombre de Dios** 21. Von der 1520 als Atlantikhafen am Ende des teilweise gepfla-

Portobelo, der ›Schwarze Christus‹ in San Felipe

sterte Camino Real gegründeten Stadt ist bis auf wenige Mauern und zwei Kanonen nichts mehr erhalten geblieben, doch werden die Besucher mit einem schönen Strand belohnt. Seit zwei Jahren sind Ausgrabungen im Gang, um die einst sehr bedeutende Stadt zu rekonstruieren. Denn noch 1550 wurde etwa die Hälfte des kolonialen Handels zwischen Amerika und Spanien über Nombre de Dios abgewickelt. Nach der Verlegung des Endpunktes des Camino Real ins sichere Portobelo 1594 verfiel die Stadt binnen weniger Jahre. Als Francis Drake Nombre de Dios 1596 einnahm, gab es keine nennenswerten Schätze zu erbeuten, und nur zwei Jahrzehnte später hatte der tropische Regenwald von der Ansiedlung wieder Besitz ergriffen. Außer dem Namen sei nichts geblieben, notierte damals ein britischer Zeitzeuge.

Der Westen Panamas

Von Panama-Stadt über die Halbinsel Azuero nach Santiago

Die Entfernung von Panama-Stadt zur costaricanischen Grenze beträgt ca. 500 km. Man fährt die gesamte Strecke auf der Panamericana (CA 1), die durchgängig gut, in manchen Teilen sogar vierspurig ausgebaut ist. Die Panamaer bezeichnen das ganze Gebiet westlich des Kanals als *interior,* als Landesinneres. Hier dominiert Landwirtschaft, sowohl als Plantagen- und Weidewirtschaft als auch in Form bäuerlicher Streubesitze. Die beständige Hitze trägt in weiten, dünnbesiedelten Abschnitten dazu bei, daß die Landschaft den Charakter einer Savanne einnimmt. Wie ein Rückgrat durchzieht die Gebirgskette

der Cordillera Central den gesamten Westen. Da die Panamericana zwischen diesem Bergrücken und der Pazifikküste verläuft, bieten sich Abstecher zu beiden Seiten der Straße – d. h. sowohl nach Norden in schöne Bergdörfer als auch zu Badeorten im Süden – an.

Man verläßt Panama-Stadt über den Puente de las Américas, fährt zunächst durch einen schönen naturgeschützten Wald (Parque Nacional Interoceánigo las Américas), passiert nach ca. 35 km die Stadt La Chorrera und erreicht nach weiteren 20 km das alte Städtchen Capira. Hier beginnt der Weg zu einem ca. 1000 m hoch gelegenen Berg- und Nebelwald, dem Nationalpark **Altos de Campana** **1**. Dieser Wald mit seinen alten hohen Bäumen und vielen Orchideenarten ist die Heimat des goldfarbenen Stummelfußfroschs (lat. Rana Dorada), der nur hier an den östlichen Ausläufen der Cordillera Central lebt.

Hinter den Orten Bejuco und Chame beginnt jener Abschnitt der Panamericana, von dem über teils unbefestigte Stichstraßen kleine Badeorte am Pazifik zu erreichen sind. Dazu gehören **Punta Chame** **2** am Ende einer schmalen, sehr langen Halbinsel mit seinem weißen Sandstrand, das neu gegründete, sehr elegante **Coronado** **3** (mit Golfplatz) und das kleine, bereits 1775 gegründete **San Carlos** **4**, das auch Ausgangspunkt ist für eine Exkursion nach El Valle, einem äußerst schönen Bergdorf, ca. 30 km nördlich der Panamericana.

El Valle **5** (s. S. 344) in einem breiten, üppig grünen Talkessel hinter den ca. 800 m hohen Bergen von Los Llanitos gelegen, wird von panamaischen Familien gerne als Sommerfrische aufgesucht. Es gehört zu den schönsten Dörfern des Landes, weil die Bewohner bewußt die tropische Vegetation ins

Stadtbild integriert haben: An den Straßen stehen Palmen, Kiefern und Zitrusbäume, an den Hauswänden klettern Bougainvilleas empor, Bambus und Farne wachsen an jeder Ecke. Auf dem Sonntagsmarkt von El Valle, einem riesigen Freiluftbasar, werden besonders in den regenarmen Monaten Kunsthandwerk, Keramik, *molas* (s. S. 264), vor allem aber Blumen angeboten. Für Kinder bietet ein Zoo, für Eltern eine Orchideenfarm (beide in der Finca el Nisperal) eine bereichernde Abwechslung.

Zurück auf der Panamericana erreicht man als nächsten Badeort **Santa Clara** **6**, dessen Strand besonders bei Wellenreitern beliebt ist. Hinter Santa Clara verläßt die Panamericana die Pazifikküste, um landeinwärts nach Penonomé einzubiegen.

Penonomé 7 (s. S. 349) die Hauptstadt der Provinz Coclé, war bereits vor Ankunft der Spanier ein Siedlungszentrum, bis es durch einen Vulkanausbruch verschüttet wurde. Die Ausgrabungsfunde der präkolumbischen Stadt sind im örtlichen Museo Conte de Penonomé zu besichtigen. Heute besitzt die Stadt eine Universität und einen beachtenswerten Kunsthandwerksmarkt.

Im Tiefland der Provinz Coclé, ca. 25 km hinter Penonomé, stießen amerikanische Archäologen in den 20er Jahren des 20. Jh. nahe dem Örtchen **El Caño 8** (s. S. 344) auf eine Kultstätte, die bis heute als einzige präkolumbische Zeremonialstätte des Landes gilt. Im Gegensatz zu den großen Monumentalbauten der Maya im nördlichen Zentralamerika, sind in hier nur wenige Basaltsäulen, Mauerreste und freigelegte Gräber einer Siedlung aus einer Kulturepoche zwischen 500 und 1200 n. Chr. erhalten. Die Ausgrabungsfunde (Gold, Jadeschmuck und alte Tongefäße) befinden sich im Museum von Penonomé.

Wenige Kilometer hinter El Caño gründeten die Spanier bereits 1520 die Siedlung **Natá de Caballeros 9**, die damals eine direkte Straßenverbindung zur alten Ciudad de Panamá hatte; heute liegt der Ort etwa 2 km abseits der Panamericana. Nur die kleine, 1522 errichtete Iglesia de Santiago Apóstol, eine der ältesten Kirchen Zentralamerikas, und wenige Häuser rund um die Plaza Central erinnern an die kolonialzeitliche Bedeutung der Stadt. Die kleine Kirche mit ihrer aufwendig gestalteten Fassade und dem viereckigen Turm hat viele Seitenaltäre. An diesen künden Votivtafeln spanischer Konquistadoren von der erfolgreicher ›Missionsarbeit‹ in der Region. Vor der Kirche wird dem Gründer der Stadt, Gaspar de Espinoza, durch eine Bronzebüste gedacht.

Die Panamericana führt hinter Natá durch weite Zuckerrohrgebiete. Ihr Zentrum ist die Stadt **Aguadulce 10**, eine wirtschaftlich prosperierende Stadt mit 20 000 Einwohnern. Für Vogelfreunde können die südlich gelegenen *salinas* von Interesse sein, weil diese küstennahen, flachen Salzseen vielen Sumpf- und Meeresvögeln ein ungestörtes Refugium bieten.

25 km hinter Aguadulce erreicht die Panamericana den kleinen, bedeutungslosen Ort **Divisa 11**, der nur deshalb immer wieder in Beschreibungen auftaucht, weil hier von der Carretera Interamericana (CA 1), wie die Panamericana auch genannt wird, die Carretera Nacional No. 2 (CA 2) nach Süden abzweigt. Sie gewährleistet die verkehrsmäßige Erschließung der Halbinsel Azuero.

Auf der **Península de Azuero** hat sich bis heute das spanische Erbe in Panama am längsten erhalten, hier haben die meisten Bewohner ausschließlich spanische Vorfahren. In einem beispiellosen Ausrottungsfeldzug unter

La Laguna

Corozal

PANAMA CITY

Arraiján

Balboa

P. N. Interoceánico Las Américas

Puente de las Américas

Chorrera

Veracruz

ANAMÁ

Reserva de Vida Silvestre Islas Taboga y Urabá

I. Taboga

Capira

I. Urabá

Punta Chame

2

I. Otoque

uco

Chame

Coronado

3

O c é a n o

P a c í f i c o

...gio de Vida ...estre Isla Iguana

N

0   30 km

Gaspar de Espinoza wurden nämlich nach 1525 nahezu alle *indígenas* ermordet, verjagt oder versklavt, obwohl sie den Spaniern anfänglich ehrerbietig gegenübertraten und sie mit Gold beschenkten. Große spanische Städte entstanden auf Azuero dennoch nicht, weil die Agrarversorgung per Königlichem Dekret der Hauptstadt zugewiesen wurde. Dies hatte zur Folge, daß sich damals nur kleine bäuerliche Gemeinden bildeten, von denen sich die heutigen Verwaltungszentren Chitré und Las Tablas zu Städten entwickelten.

Die Halbinsel Azuero gehört klimatisch zu den heißesten Landstrichen Panamas; hier fällt auch am wenigsten Regen. Verwaltungspolitisch gliedert sie sich in die Provinzen Herrera (Hauptstadt Chitré) und Los Santos (Las Tablas). Die unbedeutende Westküste gehört zur Provinz Veraguas, deren Hauptstadt Santiago direkt an der Panamericana liegt.

Die Nationalstraße 2 verläuft von der Panamericana Richtung Süden entlang der Ostküste bis nach Pedasí am südöstlichen Zipfel der Halbinsel. Hinter Divisa durchfährt man zuerst die spanischen Siedlungen Santa Maria und Parita, beide mit Kirchen aus dem 16. Jh.

Nach 40 km erreicht man **Chitré** **12** (s. S. 341) die größte Stadt der Halbinsel (40 000 Einwohner), zugleich Provinzhauptstadt und bedeutendstes Handelszentrum. Chitré ist ein klassisches Kolonialstädtchen, dessen ältestes erhaltenes Bauwerk die Kathedrale aus dem 17. Jh. ist. Sie trägt den Namen Iglesia San Juan Bautista, besitzt eine barocke Fassade, die von zwei Türmen eingerahmt wird, und imponiert im Inneren durch einen überladenen Altar. An der Ostseite

Chitré

251

Das zentrale Panama

Chitré, Kathedrale

der Plaza Central gelegen, verleiht sie dem Stadtzentrum – heute eine moderne Fußgängerzone mit schattenspendenden Bäumen – eine historische Komponente. Unweit des Zentrums befindet sich seit 1984 im ehemaligen Postamt, einem blauweißen Holzhaus mit einem großen Balkon, das kleine städtische Museo de Herrera. In ihm kann man präkolumbische Ausgrabungen, spanische Waffen und in einem eigenen Saal im ersten Stock viele Exponate aus dem Leben jenes Generals Tomás Herrera (1804–54) besichtigen, der der Provinz ihren Namen gab und der als erster den Versuch unternahm, Panama aus dem Herrschaftsbereich Kolumbiens zu lösen. Bis heute ist Chitré ein Zentrum der Keramik. Mehrere Töpfereien bieten ihre landesweit berühmten Produkte am nördlichen Stadtausgang im Vorort La Arena an.

Müßte man nicht den Fluß La Valle im Süden der Stadt überqueren, man würde die ›Grenze‹ zwischen Chitré und Los Santos nicht bemerken. Doch die beiden ineinander übergehenden Städte unterscheiden sich gewaltig hinsichtlich ihrer Bedeutung. **Los Santos** 13 (s. S. 345), obwohl wesentlich kleiner (ca. 10 000 Einwohner), ist die geschichtsträchtigere Stadt. La Villa de los Santos, so der vollständige Name auf dem Ortsschild, wurde 1569 gegründet und hat bis heute viel von seinem kolonialen Charakter erhalten. Der große historische Tag der Stadt ist der 10. November 1821, denn da rief Don José Vallariono Guimérez an der Plaza Central (heute: Plaza Simón Bolívar) im Gebäude des heutigen Museo de la Nacionalidad die Unabhängigkeit von Spanien aus. Im *Salo de Concejo* des Museums erinnern die Originalmöblierung und die ausgestellte Unabhängigkeitserklärung an dieses Ereignis.

An der Ostseite der Plaza Simón Bolívar steht die Iglesia de San Atanasio de los Santos, eine im 18. Jh. errichtete Barockkirche mit je einem Turm links und rechts der figurenverzierten Fassade. Die baumbestandene Plaza Simón Bolívar und die angrenzenden Seitenstraßen mit vielen einstöckigen Häusern im Kolonialstil sind an Fronleichnam das Zentrum ausgelassener Fröhlichkeit. Dann tragen in Los Santos viele Frauen ihre wertvoll bestickte *pollera,* die panamaische Nationaltracht der Mädchen und Frauen.

Nur eine halbe Autostunde südlich von Los Santos erreicht man auf der CA 2 **Las Tablas** 14 (s. S. 345) die Hauptstadt der Provinz Los Santos und mit ca. 25 000 Einwohnern die zweitgrößte Stadt der Halbinsel Azuero. Der Name der Stadt – so die Überlieferung – steht in unmittelbarem Zusammenhang mit ihrer Gründungsgeschichte. Während der Zerstörung von Panamá Viejo 1671 durch Henry Morgan flohen mehrere spanische Familien per Schiff aus der alten Hauptstadt und erreichten die Halbinsel Azuero, wo sie ihr Schiff zerlegten und 5 km landeinwärts aus den Planken kleine Holzhäuschen errichteten. Die Spanier, die sich bereits früher in der Region um Los Santos niedergelassen hatten, bezeichneten die neuen Siedler als ›*los gentes de las tablas*‹ – die Menschen von den Holzplanken.

Heute ist Las Tablas keine arme Bretterbudenstadt mehr. Es ist das Zentrum des südlichen Teils der Halbinsel und Umschlagplatz vieler Agrargüter. Den Mittelpunkt bildet die Plaza Central mit der Iglesia de Santa Librada an ihrer Westseite. Diese 1789 errichtete Kirche zählt wegen ihrer äußeren architektonischen Nüchternheit und einem vergoldeten Altar mit überladenen Schnitzereien im Inneren zu den beeindruckendsten Kirchen Panamas. In ihr befindet sich die Marienstatue der Virgen de la Santa Librada, die im 16. Jh. aus dem spanischen Siguenza bei Madrid nach

Los Santos, Museo de la Nacionalidad

Panamá Viejo gelangte und von den Siedlern 1671 hierhergebracht wurde.

An der Ostseite der Plaza Central steht das Geburtshaus von Belisario Porras, dem bedeutendsten Bürger der Stadt, der drei Amtsperioden in Folge bis 1942 panamaischer Präsident war. In seinem Geburtshaus, das heute als Museum dient, steht sein Marmorsarkophag, umgeben von vielen zeitgeschichtlichen Dokumenten. Sein Landgut, die Finca el Pansilipo, kann ebenfalls besichtigt werden.

Las Tablas ist die Stadt mit den bedeutendsten Karnevalsfeierlichkeiten des Landes und die Heimat der Nationaltracht *pollera,* der hier ein großes Fest, die *Fiesta de la Pollera,* gewidmet wird.

In Las Tablas endet die CA 2. Weiter südlich wird das Reisen schwieriger. Bis zum nur 45 km entfernten **Pedasí** 15 benötigt man mit dem Auto 1 Std. Daß dennoch vereinzelte Besucher dieses kleine, 1785 gegründete Kolonialörtchen aufsuchen, liegt an der vorgelagerten **Isla Iguana** 16 (s. S. 344) Auf ihr leben größere Familien von Leguanen, aber bekannter ist die Insel unter Naturfreunden, weil hier im Refugio de Vida Silvestre Isla Iguana die großen schwarz-weißen Prachtfregattenvögel leben, deren Männchen ihren Kehlsack während der Balz zu einem roten Ballon anschwellen lassen.

Nur die östliche Seite der Halbinsel Azuero ist verkehrsmäßig erschlossen. Um von Pedasí wieder zur ca. 100 km entfernten Panamericana zu gelangen, kann man die gleiche Strecke zurück über Las Tablas und Chitré nehmen (sie ist die einfachere!) oder man fährt von Pedasí nach Westen, vorbei am Surferstrand von Venado bis nach Tonosí. Von dort führt die Straße Richtung Norden über **Pesé** 17, ein für seine Fron-

leichnamsprozession bekanntes Dorf. Oder man wählt in Los Cherritos die weiter westlich gelegene Straße über Las Manas und **Ocú** 18, einem Kolonialstädtchen aus dem 16. Jh. Ocú ist bekannt für seine Feste und die koloniale Atmosphäre. Von hier sind es noch 20 km zur Brücke über den Río Conaca, an der man wieder auf die Panamericana trifft.

Folgt man der Panamericana nach diesem Abstecher auf die Halbinsel Azuero jetzt weiter gen Westen, erreicht man nach 25 km **Santiago** 19 (s. S. 351), die Hauptstadt der großen Provinz Veraguas, die sich von der atlantischen bis zur pazifischen Küste erstreckt. Wegen ihrer intensiven Landwirtschaft gilt Veraguas als ›Kornkammer‹ Panamas. Santiago ist seit jeher ihr Verteilungs- und Verwaltungszentrum, was der große Markt der Stadt und die Plaza Central mit der Catedral de Santiago bis heute verdeutlichen.

Von Santiago lohnt ein Abstecher zu dem kleinen, 18 km entfernt am Fuß der Cordillera Central gelegenen Örtchen **San Francisco de la Montaña** 20; die Straße nach Norden führt vor der Erntezeit durch gelb leuchtende, wogende Getreidefelder. In San Francisco steht eine kleine weiße Kirche aus dem 17. Jh., die von Franziskanermönchen erbaut wurde. Von außen schlicht, zählt sie zu den schönsten des Landes, da sie sich im Inneren zu einer prunkvollen Barockkirche wandelt mit einem imponierenden Hauptaltar mit Skulpturen, fantasievollen Schnitzereien und Motiven tropischer Früchte und Tiere. San Francisco ist in der Osterwoche ein beliebter Wallfahrtsort. Dann bietet der Kirchplatz eindrucksvolle Schauspiele tiefer Frömmigkeit und erstaunliche Umsatzchancen für angereiste Devotionalienverkäufer.

Von Santiago nach Costa Rica

Die nächsten 100 km hinter Santiago führen durch flaches Agrarland in den Westen. Bei **Tolé** 1 steigt die Panamericana dann auf 600 Meter an. In dieser Gegend verkaufen Frauen der Ethnie der Guayamí an der Straße die von ihnen aufwendig handgefertigten *chachiras,* breiten Halsschmuck aus bunten Glasperlen.

Hinter Tolé erstreckt sich die äußerst fruchtbare Küstenebene der Provinz Chiriquí, durch die die Panamericana bis ins 170 km von Santiago entfernte David führt. Chiriquí nimmt die ganze südliche Hälfte Westpanamas von der Pazifikküste bis zur Cordillera Central ein (nördlich der Cordillera Central bis zur Atlantikküste erstreckt sich die kaum erschlossene Provinz Bocas del Toro) und bildet die Grenzregion zum benachbarten Costa Rica. Diese besondere geographische Lage ermöglicht eine vielfältige Agrarwirtschaft: Das regenreiche, frühlingshafte Klima am Südhang der Berge ist hervorragend geeignet für den Anbau zahlreicher Früchte und von Kaffee, die feuchtheiße Küstenebene begünstigt Weidewirtschaft, Bananenplantagen und Zuckerrohranbau. Wegen dieser Agrarstrukturen ist Chiriquí bis heute die Provinz der Großgrundbesitzer und damit zugleich der Teil Panamas mit den größten sozialen Gegensätzen.

Chiriquí war zur Zeit der Spanier sehr dünn besiedelt. Erst im 19. Jh. erfolgte eine etwas dichtere Besiedlung, die mit großem Landerwerb US-amerikanischer Bananengesellschaften einherging. Die indigene Bevölkerung, allen voran die Guayamí, wurden von ihrem Land vertrieben, und nur noch wenige von ihnen leben heute – vom Aussterben bedroht – in abgelegenen Bergdörfern der Cordillera Talamanca.

Wer auf der Fahrt entlang der Panamericana zwischen Santiago und David ein Bad im Pazifik nehmen möchte, sollte in San Felix Richtung Süden nach Las Lajas und weiter bis zur 10 km südlich gelegenen **Playa Las Lajas** 2 fahren. Der weite, dunkle Sandstrand wird am Wochenende sogar von den Bewohnern des 70 km entfernten David aufgesucht.

Ein Abstecher in die Provinz Bocas del Toro

Chiriquí ist nicht nur der Name der Westprovinz. 12 km vor David liegt ein kleiner Ort gleichen Namens. Hier zweigt eine neue Straße von der Panamericana nach Norden ab, die über die Cordillera Central in die Provinz **Bocas del Toro** im Nordwestzipfel Panamas führt. Es ist die ›vergessene Provinz‹; sie ist auf dem Landweg nur über diese Straße zu erreichen, die nach 100 km in Chiriquí Grande, einem Hafenstädtchen an der Laguna de Chiriquí endet.

Die Herkunft des Provinznamens (›Stiermäuler‹) läßt mehrere Deutungen zu. Die einen führen ihn auf den Namen des letzten Kaziken der Region, den Anführer Boka del Toro, zurück. Die anderen behaupten, Kolumbus habe dem Land 1502 bei seiner Fahrt durch die Lagune beim Anblick eines Wasserfalls vor einem Felsen, der diese Form aufwies, den Namen gegeben. Die drei größten Orte Chiriquí Grande, Changuinola und die Provinzhauptstadt Bocas del Toro werden heute täglich von Panama-Stadt und David angeflogen.

Die nordwestliche Ecke der Provinz Bocas del Toro, der Festlandteil um die

Stadt Changuinola zwischen Almirante und costaricanischer Grenze, wird von Panamaern scherzhaft-kritisch ›Provincia Chiquita‹ genannt, denn aller Wohlstand hängt von den US-amerikanischen Bananen-Multis ab.

Die vergessene Provinz Bocas del Toro ist auch eine gefährdete Provinz, denn der Nordwesten Panamas wurde bereits mehrmals von Naturkatastrophen heimgesucht. Zuletzt hinterließ 1962 ein Hurrican verheerende Schäden, und am 21. April 1991 wurde die Region von einem Erdbeben schwer getroffen. Außer Häuserruinen, die in der Hauptstadt und in Almirante noch immer zu sehen sind, kann man beim Flug über die Laguna de Chiriquí die durch das Erdbeben untergegangenen Inseln als türkisfarbene Flecken inmitten des tiefblauen Meeres erkennen. Hinzu kommen die heftigen Regenfälle, die die Region außer von Januar bis März ganzjährig überschwemmen und die mit bis zu 7000 mm pro Jahr die höchsten des Landes sind.

Chiriquí Grande 3 (s. S. 340) wurde im Zuge der Verlegung der Trans-Panamerican Oil Pipeline gegründet und behauptet sich bis heute in eben dieser Funktion als Ölhafen und als Verbindungsort der Provinz zum Verkehrsnetz des Landes. Denn nur von hier erreicht man mit Fährschiffen die Inseln des Archipiélago Bocas del Toro und die Hafenstadt Almirante. Ansonsten ist es ein gesichtsloses Hafenstädtchen ohne karibisches Flair: Keine Hafenpromenade unter Palmen, keine Molen mit kleinen Privatyachten, nur wenige Straßencafés. Es ist ein Durchgangsort, nicht nur fürs Erdöl, sondern auch für Menschen.

Der Westen Panamas

Der Schönheit der Umgebung, insbesondere der bis zur Küste reichenden, dicht bewaldeten Berghänge, wird man vom Fährschiff aus gewahr, mit dem man die Laguna de Chiriquí durchqueren muß, um zur 2 Std. entfernten Isla Colón mit der Hauptstadt Bocas del Toro zu gelangen. Die Kolumbus-Insel bildet zusammen mit den Inseln Bastimentos, Carenero, Popa, San Cristóbal, Cayo de Agua und Loma Partida das Archipiélago de Bocas del Toro, das als natürlicher Wellenbrecher die Laguna de Chiriquí und die Bahía de Almirante vor dem heftig anstürmenden Atlantik schützt.

Am südlichen Ende der Insel Colón liegt **Bocas del Toro** 4 (s. S. 339), mit weniger als 5000 Einwohnern die kleinste aller panamaischen Provinzhauptstädte. Bocas del Toro hat sich zu einem gemütlichen karibischen Hafenstädtchen ohne Glamour entwickelt. Dazu hat überwiegend seine schwarze Bevölkerung beigetragen, deren Vorfahren zum Teil bereits im 18. Jh. zusammen mit den Piraten hierherkamen. Ihre freundliche ›easy, man, easy‹-Attitüde kommt vielen Besuchern wegen des feuchtheißen Klimas – selbst nachts sinken die Temperaturen nicht unter 23 °C – sehr entgegen.

Auf Colón begannen die USA mit dem Bananenanbau, und bis heute dominieren die alten Holzhäuser der leitenden Plantagenangestellten in US-amerikanischer Südstaaten-Architektur das Stadtbild. Viele dieser Häuser befinden sich nach dem Rückzug des US-amerikanischen Personals in erbarmungswürdigem Zustand. Fischfang und Tourismus sind heute die wichtigsten Einkommensquellen der Bewohner. Colón und die anderen Inseln des Archipels besitzen nämlich herrliche Sandstrände und wunderschöne Korallenriffe.

Zu den schönsten Inseln des Archipels gehört die Isla Bastimentos, die ihren Namen von Kolumbus erhielt, weil sie seiner Flotte zu neuem Proviant (bastimentos) verhalf. Diese und viele kleine Koralleninseln und Sandbänke (cayos) in ihrer unmittelbaren Umgebung sind seit 1988 Teil des ca. 15 000 ha großen Parque Nacional Marino Isla Bastimentos, der u. a. die alljährlich an der Playa Lorga auf Bastimentos ihre Eier ablegenden Schildkröten unter Schutz stellt.

Die Hafenstadt **Almirante** 5 (s. S. 339), auf dem Festland gegenüber der Hauptstadt gelegen, ist wichtigster Bananenausfuhrhafen Panamas am Atlantik. Alles lebt hier von der gelben Frucht, die in der tropisch-feuchten Ebene zwischen Almirante und der costaricanischen Grenze das ganze Jahr über geerntet wird. Die Bananenplantagen, vor 80 Jahren von der US-amerikanischen ›United Fruit Company‹ angelegt, befinden sich heute im Besitz der ›Cobanat‹, einer panamaischen Tochter der US-amerikanischen ›Standard Fruit Company‹, die wiederum Anteile an den Multis ›Dole‹ und ›Chiquita‹ besitzt. Allein 20 Mio. der genormten Bananenkartons verlassen Almirante jedes Jahr Richtung Europa.

In Almirante und Umgebung sind die meisten Einwohner Nachkommen afrikanischer Sklaven, die vor Generationen von den karibischen Inseln für die Arbeit auf den Bananenplantagen angeheuert wurden. Zur Kommunikation bevorzugen sie bis heute Englisch, und nur die jüngeren beherrschen auch die Amtssprache Spanisch.

Von Almirante führt eine geteerte Straße durch das Bananengebiet nach **Changuinola** 6 (s. S. 340). Sie ist die größte Stadt der Provinz, besitzt einen Flughafen und entwickelte sich zum Einkaufszentrum der einheimischen Bevölkerung. Einmal im Jahr, im Mai, findet hier die *Fiesta del Banano* statt, ein riesiger Markt mit Musik- und Tanzdarbietungen. Ansonsten döst die Stadt in drückend feuchter Hitze vor sich hin. Von Changuinola sind es nur 15 km bis zu den Grenzorten Gualito auf panamaischer und Sixaola auf costaricanischer Seite. Die Orte sind durch eine Brücke über den Río Sixaola miteinander verbunden. Der Grenzübergang ist täglich von 8–18 Uhr geöffnet.

David

Ist man jedoch bei Chiriquí auf der Panamericana geblieben (oder kehrt nach einem Abstecher in den hohen Norden hierher zurück), so erreicht man nach wenigen Kilometern **David 7** (s. S. 343), die Hauptstadt der Provinz Chiriquí und mit über 100 000 Einwohnern die größte panamaische Stadt westlich des Kanals. Die Stadt mit dem schwülen Klima liegt nur 10 km vom Pazifik, aber 440 km von Panama-Stadt entfernt; nicht nur deswegen haben die *chiricanos* – wie die Einwohner sich in Abgrenzung zu den *panameños* stolz nennen – keine rechte Bindung zur Hauptstadt und zu den anderen, von ihr stärker beeinflußten Provinzen.

Obwohl Pueblo David bereits um 1600 an der Verbindungsroute zwischen San José und Panama-Stadt gegründet wurde, begann der Aufschwung des Ortes erst in der zweiten Hälfte des 18. Jh., als der Isthmus für die Spanier an Bedeutung verlor und die innerzentralamerikanischen Handelsrouten für die ansässige Bevölkerung an Bedeutung gewannen. San José de David hieß die Stadt, als José de Obaldía die Eigenständigkeit des Westens als Provinz Chiriquí vorantrieb und diese am 28. September 1849 mit David als Hauptstadt durchsetzte. Seitdem ent-

Stadtplan David

wickelte sich die Stadt als zentrales Einkaufs- und Handelszentrum zur reichsten des Westens. Noch heute lebt die Stadt vom Handel mit Fleisch, Zucker, Kakao, Kaffee und Bananen.

Das Zentrum Davids ist die alte Plaza Central, der heutige **Parque Cervantes**. An seiner Westseite erhebt sich die alte **Iglesia de San José,** deren Glockenturm neben der Kirche errichtet wurde. Etwas östlich steht im stadthistorisch bedeutsamen Viertel Barrio Bolívar das Geburtshaus von José de Obaldía. Das weiß-braune Haus mit dem schönen Balkon beherbergt das **Museo de Historia y de Arte,** das seinen Namen trägt und in dessen Räumen regionale präkolumbische und koloniale Kunstgegenstände ausgestellt werden. Im ersten Stock erläutert eine Foto- und Dokumentensammlung die Geschichte des Bananen-Multis ›United Fruit Company‹ in der Region. Auch Freunde musealer Eisenbahnen kommen in David auf ihre Kosten: In einem Schulmuseum, dem **Museo de Colegio Felix Olivares,** erfährt man anhand von Fotos und alten Modellen alles über die Eisenbahn, die vor 50 Jahren zwischen Puerto Armuelles am Pazifik und Boquete hoch oben in der Cordillera Central verkehrte.

Die Umgebung von David un der Vulkan Barú

David bietet sich als idealer Ausgangspunkt für einen Ausflug in die Bergwelt der Cordillera Central an. Beliebtes Ausflugsziel ist das 35 km nördlich gelegene Bergdorf **Boquete** 8 (s. S. 339) an den Ostausläufern des im 6. Jh. erloschenen Vulkans Barú. Einwanderer aus den USA und Europa gründeten hier 1911 inmitten fruchtbaren Landes eine kleine Siedlung, die sich wegen ihres milden Klimas zu einem Luftkurort entwickelte.

Angebaut wurden vor allem Kaffee und Blumen, aber auch Orangen und Erdbeeren. In der Region gibt es über 200 Orchideenarten, und die waldreiche Umgebung bietet viele Wandermöglichkeiten. Jedes Jahr im April, zur Hauptblütezeit der Orchideen, veranstaltet Boquete ein großes Orchideenfest, die *Feria de las Orquideas.* Ihr geht im Januar, wenn die Umgebung des Ortes von einem Teppich schneeweißer Kaffeeblüten überzogen wird, die *Feria de las Flores de Café* voraus.

Boquete ist ein empfehlenswerter Erholungsort und ideal für Ausflüge, z. B. in den Parque Nacional Volcán Barú, zum Gipfel des erloschenen Vulkans gleichen Namens, zur **Kaffeefabrik Sitton** 9 in Bajo Quiel, zur **Finca Lérida** 10 (s. S. 340) an den Abhängen des Vulkans, in deren Nebelwäldern die seltenen Quetzales anzutreffen sind, zu den Basaltformationen von **Los Ladrillos** 11 nördlich des Städtchens oder zu den heißen Quellen von **Los Pozos de Caldera** 12 ca. 18 km südlich von Boquete.

Von diesen Ausflügen ist der Aufstieg vom 1200 m hoch gelegenen Boquete zum mit 3475 m höchsten Berg Panamas, dem **Volcán Barú** 13, wohl der interessanteste. Über eine schlechte, teils steile Straße durch Kaffeeplantagen gelangt man zum Eingang des Nationalparks in 1800 m Höhe. Ab hier setzt man den Aufstieg auf einem relativ breiten Weg (gegebenenfalls im vierradgetriebenen Jeep) fort. In 2000 m Höhe beginnt dichter Nebelwald, vielerorts von weiten Blumenfeldern unterbrochen, der sich wie ein Band bis zur Höhe von ca. 3000 m um den Berg herumzieht. Immer wieder bietet der Aufstieg einen herrlichen Blick hinab in die Hochebene um Boquete. Oberhalb der Waldgrenze erstreckt sich bis zum Kraterrand dunkler, fast vegetationsloser Vulkanascheboden. Vom Gipfelkreuz hat man den schönsten Blick in den Krater, aber auch hinunter in die Täler. Allerdings wurden hier nicht nur ein Kreuz, sondern auch Dutzende von übergroßen Radio- und TV-Antennen errichtet, die zusammen mit den sie umgebenden Zäunen die Umwelt verschandeln. Fährt man im Jeep zum Gipfel, benötigt man von Boquete 2 Std., besteigt man den Barú zu Fuß, muß man ab Boquete 6 Std. Aufstieg und 3 Std. Abstieg einkalkulieren.

Von David zur costaricanischen Grenze und nach Puerto Armuelles

Von David sind es ca. 50 km entlang der Panamericana bis zur costaricanischen Grenze in Paso Canoas. Die Straße führt zunächst in die Stadt **La Concepción** 14, einem Verkehrsknotenpunkt inmitten einer bedeutenden Landwirtschaftsregion. Hier zweigt eine asphaltierte Straße nach Norden ins 30 km entfernte, 1500 m hoch gelegene **Volcán** 15 (s. S. 352) ab. Das Städtchen liegt an der Südwestflanke des Barú und hat sich dank seines Klimas zu einem beliebten Luftkurort entwickelt, in dessen Umgebung sich mehrere kleine Bergseen befinden. Daneben eignet sich der Ort ebenfalls als Ausgangspunkt für einen Besuch des Parque Nacional Volcán Barú samt Aufstieg zum Gipfel.

Von La Concepcíon erreicht man **Paso Canoas** 16 nach ca. 30 km. Die Grenze ist auf panamaischer Seite 24 Std. lang geöffnet, die Abwicklung geschieht zügig. Auf der costaricanischen Seite dagegen wird man nur zwischen 7 und 22 Uhr und zudem sehr schleppend abgefertigt.

Als die US-Amerikaner der ›United Fruit Company‹ mit dem Bananenanbau

in dieser Grenzregion begannen, benötigten sie einen Hafen. Deshalb entstand **Puerto Armuelles** 17 an der Ostseite der Halbinsel Burica, bis heute der größte Bananenumschlagplatz des Landes. Hier beginnt auch eine Ölpipeline quer durch Panama bis nach Chiriquí Grande am Atlantik, die auf drängen der USA als Verbindungsstück für den Transport von Erdöl aus Alaska an die Ostküste der USA gebaut wurde. Puerto Armuelles ist ein schwül-heißes Hafenstädtchen, das seinen wirtschaftlichen Zenit längst überschritten hat; alte, überwiegend verfallene Holzhäuser säumen die Straßenzüge der Vororte. Nur selten verirren sich Touristen hierher. Der Ort bietet keine Attraktionen, aber die günstige Gelegenheit (bei Vorlage eines USA-Visums), als Hilfskraft auf einem Bananendampfer in die USA zu gelangen.

Der Osten Panamas

Die San Blas-Inseln

■ (s. S. 350) Östlich von Colón erstrekken sich entlang der karibischen Nordküste Panamas Hunderte von Inseln und Inselchen in unmittelbarer Festlandsnähe, das Archipiélago de San Blas. Dies ist die Heimat der Kuna (s. S. 29f.), einer indigenen Ethnie, die sich – vereinzelt seit dem 16. Jh. vor den Spaniern, aber verstärkt zu Beginn des 20. Jh. mit dem Bau des Panamakanals und dem Vordringen der Panamaer in den Darién – hierher zurückgezogen haben. Heute sind die Kuna von ihren Inseln zum Teil wieder in die ca. 30 km breiten Festlandstreifen entlang der nördlichen Küstenregion zurückgekehrt, der zusammen mit den vorgelagerten Inseln die Comarca de San Blas bildet. Dieses ca.

2400 km² große Gebiet mit seinen 365 Inseln wird von den Kuna selbst verwaltet, eigene Abgeordnete vertreten heute Kuna-Interessen im panamaischen Parlament.

Das war nicht immer so. Bereits die Spanier versuchten die Kuna aus dem wichtigen Küstenstreifen zwischen Portobelo und (dem heute kolumbianischen) Cartagena zu vertreiben, weil sie sich den Spaniern nicht unterwarfen, sondern mit den britischen Piraten paktierten. Noch bevor die Spanier zu Beginn des 19. Jh. Zentralamerika verließen, kam es allerdings zu einem Friedensabkommen, das den Kuna autonome Rechte einräumte. Als die Regierung Panamas zu Beginn des 20. Jh. im Zuge ihrer neugewonnenen Unabhängigkeit die Kuna unterwerfen wollte, kam es 1925 zu einem Aufstand, an dessen kriegerischem Ende die siegreichen Kuna, die sich selbst als ›Tule‹ bezeichnen, die unabhängige Republik Kunayala ausriefen. Dieser ›Revolucíon de Tule‹ wird auf den Inseln jedes Jahr im Februar mit besonderen Feierlichkeiten gedacht.

Bei neuen Verhandlungen kam es 1930 zwischen den Kuna und der Regierung Panamas zu jenem Vertrag, der bis heute ihre volle Autonomie im Staat Panama sichert. Dem Obersten Rat der Kuna, der Versammlung der Sprecher aller Kuna-Gemeinschaften, ist es inzwischen gelungen, diesen Vertrag zum Aushängeschild panamaischer Innenpolitik zu machen. Denn zu Recht kann Panama, wenn in anderen Ländern die Frage nach dem Umgang mit indigenen Minderheiten gestellt wird, auf den seit mehr als 50 Jahren praktizierten, semiautonomen Status der Kuna hinweisen.

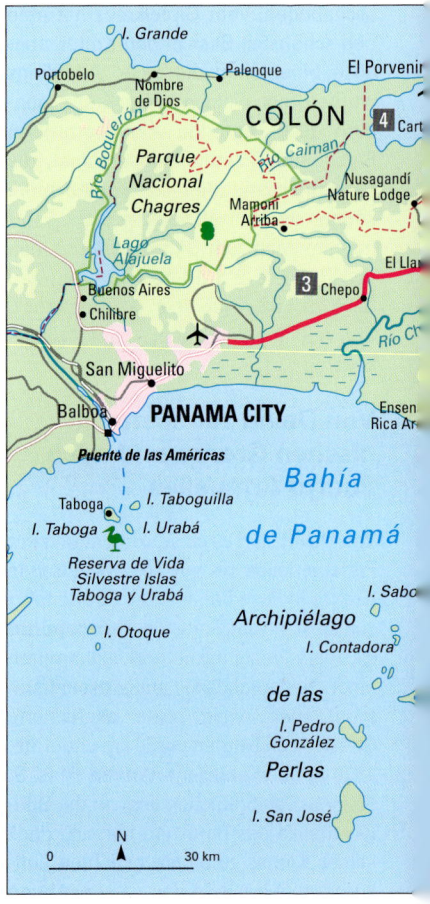

Die nur 1 m aus dem Meer ragenden San Blas-Inseln gehören zu den ursprünglichsten der Karibik. Insgesamt sind nur 50 der 365 Inseln bewohnt, auf den größten leben bis zu 5000 der ca. 20 000 Kuna. Der Tagesrhythmus der Bewohner ist auf allen Inseln gleich, und er wiederholt sich jahrein, jahraus: Die Männer kümmern sich um den Fischfang, den Hausbau und in den regenfreien Monaten um Süßwasser vom Festland. Die Frauen bereiten die Mahlzeiten zu, besticken Stoffe und produzieren *molas*. Die meisten der San Blas-Inseln entspre-

Map labels:
Archipiélago de San Blas — Mar Caribe — Reserva Natural Jusagandi **2** — Serranía de San Blas — COMARCA — Lago — Río Piragua — Río Diablo — Piña — Río Ogobgandí — Alligandí — DE SAN BLAS — **5** — Bayano — Serranía de Majé — CA 1 — **6** Cañazas — Agua Fría 1 — Serranía del Darién — Navagandí — PANAMÁ — Chimán — Río Sta. Barbara — Río Congo — Santa Fé — DARIÉN — Carreto — Puerto Obaldia — San Buenaventura — Arretí — Río Chucunaque — Río Marraganti — Isla del Rey — González Vásquez — La Palma — I. Iguana — Serranía el Filo de Tallo — Río Balsas — Canglón **7** — Reserva Forestal Canglón — Parque Nacional Darién — Golfo de San Miguel — Patiño — Yaviza **8** — Palo de las Letras **9**

chen dem Karibik-Klischee: weiße Sandstrände mit sich im Wind wiegenden Kokospalmen, dahinter einfache Bambushütten, davor unberührte Korallenbänke mit seltenen Tropenfischen und das alles unter strahlender Sonne, die, von einer leichten Brise gemildert, die Haut angenehm wärmt. Auf den San Blas-Inseln wird dieser Traum wahr. Zwar regnet es zwischen Mai und November an einigen Tagen, aber der Regen ist warm und dauert nicht lange an.

Daß dieses ›Paradies‹ noch so erhalten ist, ist unzweifelhaft das Verdienst seiner Bewohner. Denn obwohl – oder gerade weil – einige der Männer von ihren Arbeitsplätzen in Colón oder Panama-Stadt das ›moderne westliche Leben‹ kennen, bevorzugen sie auf den Inseln ihren traditionellen Lebensstil. Sie errichten ihre Häuser aus Bambusrohr, decken sie mit Schilf und Palmblättern und schlafen in Hängematten. Ihr Leben spielt sich im Freien auf sauber gekehrten und festgetretenen Plätzen und Wegen zwischen den Hütten ab.

Die Inseln des San Blas-Archipels sind vom panamaischen Festland aus

Mola

Die mehr als 350 winzigen Inseln des San Blas-Archipels vor der karibischen Küste Panamas sind wegen ihrer tropischen Schönheit, aber vor allem durch ihre Bewohner, die Kuna, bekannt geworden. Die Kuna-Frauen fallen neben dem bereits ab dem Babyalter obligatorischen goldenen Nasenring vor allem durch ihre farbenprächtigen Blusen – ihre *molas* – auf, deren Verkauf an Touristen und Kunstsammler mittlerweile zum wichtigen Wirtschaftsfaktor geworden ist.

Die Herstellung ist sehr aufwendig. Auf die gewebte Bluse mit kurzen Puffärmeln wird auf der Vorder- und Rückseite bis zur Brusthöhe ein meist schwarzes oder rotes Stoffstück genäht, das mit Applikationen kontrastierender Baumwolltücher verziert wird. Die Muster entstammen der Kuna-Mythologie, zeigen meist Tiere oder Blumen, aber auch Themen des Alltagslebens oder geometrische Figuren; gemeinsam ist allen Motiven die magische Bedeutung.

Die *molas* der Kuna stehen historisch in engem Zusammenhang mit deren Kolonisierung und Missionierung. Ursprünglich ›kleideten‹ diese sich nämlich nur mit einer kunstvollen Körperbemalung, einer in vielen Ethnien verbreiteten ›Tatauierung‹ (eingedeutscht: Tätowierung). Die Missionare verboten den Kuna jedoch die Nacktheit, so daß die Kuna-Frauen dazu übergingen, ihre Körperbemalung auf die Stoffe ihrer Kleidung zu übertragen. Später entwickelte sich aus dieser Textilbemalung das sehr viel aufwendigere Applizieren übereinanderliegender Stoffschichten.

Die Entstehung der *mola* wird auf die Mitte des 19. Jh. datiert, als die Kuna sich auf den San Blas-Inseln ansiedelten. In der Mythologie der Kuna wird die *mola* und ihre Entstehungsgeschichte jedoch viel weiter in die Vergangenheit verschoben. Nach einer Erzählung siedelten die Vorfahren der Kuna vor langer Zeit an den Ufern des Flusses Disuknu. Dorthin sandten die Götter ihren Boten Ibeorgun und dessen Schwester Olokikadiryai, die den Menschen am Fluß die Herstellung der *mola* beibrachten und ihnen auch genaue Anweisungen für die künstlerische Gestaltung der Muster gaben. Seitdem – so die Mythologie – verfahren die Frauen der Ethnie so, wie ihnen von den Götterboten geheißen und tragen ihre farbenprächtigen Blusen voller Stolz.

An den beiden *mola*-Teilen für eine Bluse arbeitet eine Kuna-Frau ca. 50 Stunden! Neben den in den letzten Jahren zunehmend nach Touristengeschmack angefertigten *molas* (bevorzugte Motive sind hier Papageien, Tukane und Tropenblumen) gibt es herausragende schöne, kunsthandwerkliche Unikate, von denen die besten ihren Weg in US-amerikanische Museen finden.

Die große nationale Identifikation mit dieser seltenen Textilkunst ließ die *mola* zum Wahrzeichen Panamas avancieren. In jüngster Zeit kopieren italienische Stoffhersteller mittels modernster Lasertechnik perfekt die aufwendig handgefertigten *molas* der Kuna, um so auf der Ethno-Welle der Modebranche mitzuschwimmen. Sollten solche Stoffe zukünftig in Serie angefertigt werden, müssen die Kuna um ihre wichtigste und prestigeträchtigste Einkommensquelle fürchten!

schwierig zu erreichen. Zudem sind nur ganz wenige Inseln auf Übernachtungsgäste vorbereitet, am ehesten noch jene in der Nähe von **El Porvenir** 1. Sie ist die größte der Inseln und die einzige mit einer Flugpiste. Hier befinden sich auch der Sitz der Selbstverwaltung und ein Außenposten der panamaischen Zentralregierung. Übernachtungen auf den San Blas-Inseln müssen im voraus (meist mit Vollpension) gebucht und bezahlt werden. Vom ›Flughafen‹ wird man mit einem Kanu abgeholt und zur jeweiligen Insel gebracht, weshalb viele Panama-Besucher die Mühen einer Reise zu den San Blas-Inseln scheuen. Und dennoch hat sich in den letzten Jahren das Leben der Kuna durch den Tourismus etwas verändert, denn die großen Karibik-Kreuzfahrtdampfer planen immer häufiger einen kurzen Aufenthalt auf den San Blas-Inseln ein und wenn

Die Kuna-Frauen nähen und bemalen die farbenprächtigen molas

sich am Vormittag ein Schiff mit Urlaubern nähert, bereiten sich die Kuna auf die Besucher vor. Die Frauen tauschen ihre Alltagskleidung gegen besonders schöne, traditionelle *molas* aus, und die Männer, sofern sie nicht beim Fischfang draußen auf dem Meer sind, ihre Jeans gegen weite dunkle Baumwollhosen. Dann bauen sie vor ihren Hütten ihre Handarbeiten auf und holen alte, nicht mehr benutzte Haushaltsgeräte hervor, denn sie wissen, daß die Fremden eine Museumswelt sehen und fotografieren wollen. Beim Betreten der Inseln dürfen die Touristen vereinzelt noch ein paar Gratis-Fotos schießen. Doch in den Dorfstraßen wird Fotografieren kostenpflichtig. Solange der Tourist nicht ge-

zahlt hat, bedecken die Frauen ihr Gesicht mit ihren farbenfrohen Kopftüchern. Auf den Inseln haben sich seit Jahren feste Tarife entwickelt: 1987 kostete ein Foto noch 25 US-Cents, 1997 bereits 1 US-$. Die Preise beinhalten jeweils nur eine Person – ein Bild mit zwei Frauen und vier spielenden Kindern wird teuer! Macht jemand – nur so zur Sicherheit – von einer Person kurz hintereinander zwei Bilder, kostet es das Doppelte. Den Kuna entgeht nichts. Das Posieren ist perfekt organisiert: Sie wissen meist im voraus, welche Frauen und Szenen die Besucher für ihre Fotos auswählen, eine abseits stehende Freundin zählt das Klicken des Verschlusses und eine dritte verlangt die Dollarnoten. –

Woher kommt diese organisierte Geschäftstüchtigkeit? Kunas haben bei Besuchen in Colón und Panama-Stadt zu ihrer Überraschung gesehen, daß Postkarten mit Abbildungen ihrer Frauen für damals 0,25 US-$ das Stück verkauft wurden. Man beriet in den Versammlungen, und schließlich beschloß man, die Kuna-Frauen sollten ebenfalls Geld für Fotos ihrer Person nehmen.

Zwischen El Porvenir und der Grenze zu Kolumbien gibt es entlang der ca. 200 km langen karibischen Küste nur sehr vereinzelt Möglichkeiten, sich als Besucher länger auf den Inseln der Kuna aufzuhalten. Die beschwerliche Anreise erfolgt hier über Cartí (s. S. 268) oder mit einem Kleinflugzeug von Panama-Stadt

zu den Landepisten entlang der Küste und von dort weiter im Einbaum.

Daß die Kuna ungeachtet ihrer traditionellen Lebensweisen auch im modernen Politikalltag geschickt operieren können, belegt die Anerkennung eines bedrohten, 70 000 ha großen Gebiets ihrer Comarca als Naturschutzgebiet durch den panamaischen Staat: Entlang der Küste östlich der Provinz Colón erstreckt sich heute auf einer Länge von fast 100 km das **Naturreservat Nusagandí** 2 (s. S. 345). Die Comarca de San Blas wird hier durch die natürliche Grenze des Gebirgszugs der Serranía de San Blas, dessen Südhänge Richtung Pazifik zur Provinz Panamá gehören, vom Hinterland abgetrennt. Mitte der 80er Jahre hatten die Rodungen der angesiedelten Campesinos auf der pazifischen Seite der Serranía de San Blas die Wasserscheide des Gebirgszugs erreicht. Während diese Seite heute von weiten, zum größten Teil baumlosen Grasflächen überzogen wird, ist auf der karibischen Seite der tropische Regenwald noch vollständig erhalten. Da dieser Waldabschnitt auf dem Festland den Kuna auf den vorgelagerten Inseln wesentliches für ihren naturnahen Lebensunterhalt liefert, gründeten sie 1982 mit Hilfe ausländischer Umweltorganisationen die PEMASKY *(Proyecto para el Manejo de Areas Silvestre de Kuna Yala)*, die die Umwandlung dieses unberührten Waldabschnitts in ein Naturschutzgebiet durchsetzte. In diesem Reservat, etwa auf der Hälfte der Verbindungsstraße zwischen der Panamericana und Cartí, steht heute die von Kuna geleitete **Nusagandí Nature Lodge.** Sie ist der ideale Ausgangspunkt für Wanderungen unter Führung der Parkaufseher, die

Auf den San Blas-Inseln nehmen die
Frauen öfter mal das Ruder in die Hand

den Besuchern die vielfältige Natur des tropischen Regenwalds und seiner Tiere kenntnisreich vermitteln.

Von Panama-Stadt nach Kolumbien

s. Karte S. 262/63

Wer von Panama nach Kolumbien reisen möchte, sollte sich nicht auf den werbewirksamen Slogan verlassen, daß die ›Traumstraße der Welt‹, die ca. 25 000 km lange Panamericana (vor Ort Carretera Interamericana genannt), tatsächlich als asphaltierte Straße von Alaska bis nach Feuerland führe. Östlich des Panamakanals, im Darién, verwandelt sie sich ab Chepo nämlich zuerst in eine befestigte Piste, bevor sie ab Yaviza als unbefestigter Pfad durch dichten Dschungel, über Bäche und Flußbetten führt. Falls man es eilig hat, sollte man die Grenze nach Kolumbien lieber mit dem Flugzeug (Panama-Stadt–Cartagena, ca. 2 Std.) passieren.

Zuverlässige Landkarten und offizielle Routenbeschreibungen durch den östlichen Teil des Darién sucht man vergeblich; es existieren nur weitergereichte Handskizzen und Expeditionsberichte (z.B. den von Ed Culberson, der 1986 den Darién mit einem Motorrad durchquerte und dessen Reisebeschreibung 1991 bei Teakwood Press, USA, erschienen ist). Der Istmo del Darién ist vollkommen unerschlossen, und nur wagemutigste Abenteurer versuchen Kolumbien zu Land, d. h. im Fußmarsch auf Dschungelpfaden, zu erreichen.

Die asphaltierte Straße führt zuerst ins 50 km von Panama-Stadt entfernte **Chepo** 3, eine kleine Stadt mit ausschließlich schwarzer Bevölkerung. Chepo ist nicht auf Touristen vorbereitet, es gibt kein Hotel, und Fremde müs-

sen ihren Paß bei der örtlichen Polizeistation vorzeigen. Will man weiter nach Osten bis Yaviza, benötigt man ein sehr stabiles Fahrzeug – am besten einen vierradgetriebenen Jeep mit hohem Radstand – da diese Schotterpiste sich auf den nächsten 200 km das ganze Jahr über in schlechtem Zustand befindet: In den regenfreien Monaten ist sie vielerorts von tiefen Rillen zerfurcht, in der Regenzeit wird sie oft unterspült oder von Schlamm verschüttet. Die durchschnittliche Reisegeschwindigkeit ist deshalb mit 25 km/h anzusetzen.

20 km östlich von Chepo liegt der Ort El Llano. Von hier führt eine relativ gute Piste in Richtung Norden zum Fischerdorf **Cartí** 4 an der pazifischen Küste. Cartí ist eine von den Kuna selbstverwaltete Gemeinde mit bescheidener Infrastruktur. Hier gibt es eine Funkstation, eine Schule, eine Kirche, kleine Geschäfte und einen kleinen Flugplatz. Von Cartí kann man in ca. 2 Bootstunden zur Insel El Porvenir, der größten des San Blas-Archipels, übersetzen. Über Cartí und Chepo treten San Blas-Besucher immer dann die Rückreise nach Panama-Stadt an, wenn die Wetterverhältnisse über längere Zeit keine Flüge zulassen.

Hinter El Llano führt die Piste durch dichten Regenwald und erreicht nach ca. 20 km den größten Binnensee Panamas, den **Lago Bayano** 5. Das Elektrizitätswerk am neuen Staudamm, über den die Panamericana führt, trägt wesentlich zur Stromversorgung des Landes bei. Auf den nächsten 100 km bis zum Ort **Cañazas** 6 trifft man nur noch vereinzelt auf Dörfer. Das Gebiet zwischen der Panamericana und der pazifischen Küste ist das Land der Chocó und steht als ›Reserva Indígena del Bayano‹ unter besonderer politischer Verwaltung, ähnlich der der Comarca de San Blas.

Hinter Cañazas beginnt die Provinz Darién. Die Orte entlang der Piste werden kleiner, der Regenwald dichter, die Landschaft flacher. Immer öfter kreuzen Bäche und Flüsse die Panamericana. Bis 1985 existierte die Piste nur bis zum 190 km von Panama-Stadt entfernten Dorf **Canglón** 7. Zu diesem Weiler aus

sen, hat das Projekt in absehbarer Zeit keine Chance. Seit 1970 blockieren die USA in den internationalen Gremien diese Straße, weil sie keine direkte Landverbindung zum Drogenland Kolumbien wünschen. In der Sprache der US-Diplomaten verwandelt sich dieses Interesse in die öffentlich vorgetragene

Leben im Darién – das bedeutet häufig Leben in großer Abgeschiedenheit

ca. 25 Hütten verkehrt das ganze Jahr über ein Bus. Außerhalb der Regenzeit, also von Januar bis April, aber auch nur dann, wenn die Straße passierbar ist, fährt der Bus auf der Schotterstraße weiter bis ins 30 km entfernte Yaviza.

Yaviza 8 (s. S. 352) ist der Endpunkt der Panamericana und das wichtigste Handelszentrum im Darién. Bis hierher fahren die Lastwagen der Hauptstadt, um Früchte und Gemüse zu laden. Hier gibt es Übernachtungsmöglichkeiten, ein kleines Krankenhaus und eine Tankstelle. Bis Yaviza kamen im 16. Jh. auch die Spanier: Sie hinterließen eine Festung, von der allerdings nur noch Ruinenteile erhalten sind.

Obwohl Panama und Kolumbien bereits mehrfach Versuche unternommen haben, das fehlende Verbindungsstück der Panamericana im ›Darién Gap‹ mit Hilfe der Weltbank fertigstellen zu las-

Sorge um das letzte große, zusammenhängende Stück tropischen Regenwalds in Zentralamerika und in ethnologisches Engagement *indígenas*.

Südlich von Yaviza bewegt man sich durch dichten Dschungel, trifft vereinzelt auf Chocó- und Kuna-Dörfer, muß längere Strecken auf Flüssen zurücklegen und erreicht nur unter größten Strapazen den Grenzort **Palo de las Letras** 9, bei normaler Reisegeschwindigkeit nach ca. einer Woche von Yaviza aus. Ein großer Grenzstein mit der Aufschrift ›Ctra. Darién, Colombia‹ zeigt an, daß man Kolumbien erreicht hat. Die wenigen Reisenden, die eine Durchquerung des Darién wagen, beenden ihre Reise meist in der kolumbianischen Hafenstadt Turbo, an der Mündung des Río Atrato, ca. 560 km von Panama-Stadt entfernt. Ab hier ist die ›Traumstraße der Welt‹ wieder asphaltiert.

Information

Unterkunft

Camping

Restaurants

Sehenswert

Aktivitäten

Einkaufen

Festivals

Nachtleben

Bus

Fährverbindung

Flugverbindung

Serviceteil

Serviceteil

So nutzen Sie den Serviceteil richtig

▼ Das erste Kapitel, **Adressen und Tips von Ort zu Ort**, listet die im Reiseteil beschriebenen Orte in alphabetischer Reihenfolge auf. Zu jedem Ort finden Sie hier Empfehlungen für Unterkünfte und Restaurants sowie Hinweise zu den Öffnungszeiten von Museen und anderen Sehenswürdigkeiten, zu Festen, Unterhaltungsangeboten etc. Piktogramme helfen Ihnen bei der raschen Orientierung.

▼ Die **Reiseinformationen von A bis Z** bieten von A wie ›Anreise‹ bis Z wie ›Zeitungen‹ eine Fülle an nützlichen Hinweisen – Antworten auf Fragen, die sich vor und während der Reise stellen.

Bitte schreiben Sie uns, wenn sich etwas geändert hat!
Alle in diesem Buch enthaltenen Angaben wurden von den Autoren nach bestem Wissen erstellt und von ihnen und dem Verlag mit größtmöglicher Sorgfalt überprüft. Gleichwohl sind – wie wir im Sinne des Produkthaftungsrechts betonen müssen – inhaltliche Fehler nicht vollständig auszuschließen. Daher erfolgen die Angaben ohne jegliche Verpflichtung oder Garantie des Verlages oder der Autoren. Beide übernehmen keinerlei Verantwortung und Haftung für etwaige inhaltliche Unstimmigkeiten. Wir bitten daher um Verständnis und werden Korrekturhinweise gerne aufgreifen:
DuMont Buchverlag, Postfach 10 10 45,
50450 Köln.
E-Mail: reise.dumont@t-online.de

Inhalt

Südliches Zentralamerika
Allgemeine Reiseinformationen von A–Z

Abkürzungen

Av.	Avenida	Straße
Blvd.	Bulevar	Boulevard
CA	Carretera	Nationalstraße
Calz.	Calzada	Straße
Col.	Colonia	Stadtteil
Ctra.	Carretera	Landstraße
Del.	Delegación	Stadtteil
E.	Este	Osten
Ed./Edif.	Edificio	Gebäude
Fte.	Frente	Frontseite/vor
N.	Norte	Norden
O.	Oeste	Westen
Perif.	Periférico	Umgehungsstraße
S.	Sur	Süden

Behinderte

Die Staaten Zentralamerikas sind kaum auf behinderte Besucher vorbereitet. Die öffentlichen Transportmittel sind meist überfüllt und nur über hohe Stufen zugänglich, die Fußwege in den Städten oft holprig, außerhalb fast immer unbefestigt. Kaum ein Gebäude hat eine Rampe am Eingang oder einen Aufzug. Nur dort, wo sich viele US-Amerikaner aufhalten, also in erster Linie in **Costa Rica** (z. B. in den Naturparks Monteverde oder Manuel Antonio oder in den teuren Hotels San Josés) sind Hauptwege und Toiletten rollstuhltauglich.

In **Panama** gilt dies in wesentlich bescheidenerem Maße; nur in den größeren Hotels und in Spielkasinos können sich Behinderte entsprechend bewegen.

In **Nicaragua** sind die Verhältnisse am schlechtesten, obwohl gerade hier wegen des langen Bürgerkriegs sehr viele behinderte Bürger leben. Aber das Land ist einfach zu arm, um eine behindertengerechte Infrastruktur bieten zu können.

Drogen

Offiziell ist der Besitz von Drogen (auch sogenannter ›weicher‹) in allen drei Staaten unter drakonische Strafen gestellt. Drogenbesitz und -handel gibt Polizisten immer eine Handhabe zur Inhaftierung. Bei der Einreise über Land wird das Gepäck von Rucksackreisenden in der Regel sehr genau auf Drogen untersucht. In Panama wird man andererseits mit eindeutigen Angeboten auf der Straße konfrontiert, in Costa Rica preist man Drogen an der Karibikküste an. In Nicaragua fehlt die Käuferschicht, die Narkotika bezahlen kann. Alkohol wird in allen drei Ländern, besonders an Festtagen, in großen Mengen konsumiert.

Elektrizität

In Nicaragua, Panama und Costa Rica beträgt die Stromspannung 110 V (60 Hertz); für die Benutzung europäischer Geräte ist ein Adapter notwendig. Internationale Luxushotels in Panama-Stadt sind oft mit 220 V-Anschlüssen ausgestattet. Stromausfälle sind in Nicaragua keine Seltenheit, deshalb unbedingt eine Taschenlampe einpacken.

Essen und Trinken

Reis, Mais und Bohnen sind die Grundnahrungsmittel der zentralamerikanischen Küche. Zusammen mit Fleisch, Fisch, Gemüse und Früchten werden daraus sehr schmackhafte, landesspezifische Gerichte. An der Küste bereichern Meeresfrüchte saisonal die Speisekarte. Krabben *(camarones)* gibt es von September bis April, Hummer *(langosta)* von Juni bis Februar.

Mais wird in vielen Variationen zubereitet. Am bekanntesten sind *tortillas,* die Maispfannkuchen, die man wie Brot zum Essen reicht. In Öl gebratene *tortillas,* die zu einer Tasche geformt und mit Fleisch oder Gemüse gefüllt sind, heißen *tacos. Tortillas* dienen manchmal nur als Löffel oder Teller – oft wird ein Dip, z. B. *guacamole* aus Avocados, gereicht, in den man sie tunkt. *Tamales* nennt man einen Maisbrei mit Rindfleisch, Huhn und Pfefferschoten, der in Mais- oder Bananenblättern gedünstet wird. *Quesadillas* werden aus *tortilla*-Teig mit Käse und Gemüse gebacken.

Das Nationalgericht **Costa Ricas** ist *gallo pinto*: Reis, schwarze Bohnen und Zwiebeln, meistens mit Sauerrahm oder Rührei serviert. Weitere typische Gerichte sind: *casado (gallo pinto* mit gebratenen Kochbananen, Fleisch oder Fisch, Gemüse, Salat), *ceviche* (in Zitronensaft gekochte Fischstücke mit Zwiebeln, Koriander und Paprika), *frijoles molidos* (Püree aus schwarzen oder roten Bohnen mit Zwiebeln, Paprika, Koriander und Thymian), *olla de carne* (Eintopf aus Rindfleisch, Kartoffeln und Karotten), *picadillo* (verschiedene gekochte Gemüsesorten, Rindfleisch, Kartoffeln), *cajeta* (süße Nachspeise aus Milch, Zucker, Vanille oder geriebener Kokosnuß) und *tamal asado* (Maismehl, Sauerrahm, Eier, Zucker, Butter).

Als Nationalgericht **Nicaraguas** gelten *nacatamales,* Maismehlrollen gefüllt mit Fleisch, Kartoffeln und Gemüse, die in Bananenblätter eingewickelt gekocht werden. Dazu werden verschiedene Soßen gereicht, die man besser getrennt bestellt (›salsa aparte‹), denn sie sind sehr scharf. Zur typischen nicaraguanischen Küche gehören *gallo pinto, platanos* (Kochbananen), *carne asada* (gegrilles Fleisch) und *ensalada corriente* (Krautsalat).

Die Speisekarte **Panamas** wird von regionalen kolumbianischen Gerichten dominiert. Dazu gehören z. B. *huevos pericos* (scharf gewürztes Rührei mit Zwiebeln und Tomaten) oder *huevos empanados* (gebratenes Spiegelei zwischen zwei Maisfladen). Beliebt sind auch *patacónes,* gebackene Küchlein aus dem Brei grüner Bananen. Panama produziert seine Hauptnahrungsmittel selbst, ebenso Gemüse und viele tropische Früchte. Über die Hafenstädte gelangen zudem ausländische Delikatessen ins Land.

Da die Mittelamerikaner gern essen gehen, sind **Restaurants** aller Preisklassen fast überall vorhanden. In den großen Städten findet man neben zahlreichen einheimischen auch chinesische, französische, schweizerische und italienische Lokale. Besonders in den Städten Costa Ricas findet man die weitverbreiteten *sodas,* in denen man vom frühen Morgen bis spät in die Nacht vom kleinen Snack bis zum Drei-Gänge-Menü, aber auch Süßspeisen und Kuchen zu sich nehmen kann. Oft bezeichnen sich diese Lokale auch als *bar.*

In allen größeren Restaurants werden **Desserts** angeboten. Dazu gehören u. a. *flan* (Pudding) oder *helado* (Eis), aber am besten schmecken die frischen Früchte (Orangen, Bananen,

Pampelmusen, Melonen, Mangos, Guayabas, Carambolas und Cas). Die uns vertrauten Bananen, Ananas oder Wassermelonen schmecken viel aromatischer, denn sie sind meist nur wenige Stunden vorher reif geerntet worden.

Kaffee ist das Nationalgetränk Costa Ricas. Beliebt sind auch der Kaffeelikör *Costa Rica* und der einheimische Zukkerrohrschnaps *guaro,* der zum Abschluß jeder guten Mahlzeit gehört. Selbstverständlich gibt es auch alle international bekannten Soft Drinks und **Bier,** darunter die einheimischen Marken Imperial, Bavaria und Tropica (das leichteste). Holländisches Heineken wird als Lizenzabfüllung in Costa Rica gebraut. Victoria heißt die Biermarke Nicaraguas, daneben gibt es *Flor de Caña,* einen hellbraunen Rum. **Weine** sind in Zentralamerika nicht sehr verbreitet, sie werden meist aus Chile oder Kalifornien importiert. **Fruchtsäfte** – pur oder gemixt – gehören zum täglichen Urlaubsvergnügen. Versuchen sollte man unbedingt eine *pipa* (aufgeschlagene grüne Kokosnuß, aus der die Milch mit einem Strohhalm getrunken wird) oder eine *horcheta,* ein Fruchtsaftgetränk mit viel Zimt.

Fotografieren

Andere Länder, andere Sitten! Weiße, Schwarze, Mestizen und Mulatten lassen sich in der Regel gerne fotografieren, wenn man sie höflich fragt. Sie stellen sich dann – zum Bedauern des Fotografierenden – gerne in steife Posituren. Die wenigen im südlichen Zentralamerika lebenden *indígenas* und die Quäker in Costa Rica verweigern aus religiösen Gründen fast immer, sich ablichten zu lassen. Deshalb unbedingt vorher um Einverständnis bitten! In

jedem Fall muß man eine ablehnende Geste akzeptieren. Bei religiösen Zeremonien ist das Fotografieren ohnehin unangebracht. Auch sollte man militärische Einrichtungen, Flughäfen, strategische Brücken und Hafenanlagen in Nicaragua und Panama besser immer noch nicht fotografieren. In Museen wird für Videoaufnahmen eine Gebühr erhoben. Filme sind teurer als in Europa und haben das Verfallsdatum oft schon überschritten. Wegen des tropischen Klimas ist ein Thermobeutel für die Filme nützlich.

Frauen allein unterwegs

Der weitverbreitete *machismo,* die lateinamerikanische Form betonter Männlichkeit, macht Frauen das Alleinreisen nicht immer einfach. Ohne Begleitung die Straße entlangzuschlendern oder im Restaurant zu sitzen, kann als zweideutiges Angebot mißverstanden werden. Denn leider herrscht die weitverbreitete Vorstellung, *gringas* (so die Bezeichnung für nordamerikanische und europäische Frauen) seien stets zu einem Abenteuer bereit.

Einige (altmodisch klingende) Tips, die aber vielleicht weiterhelfen können: Vermeiden Sie es, allein eine *cantina* aufzusuchen, einzelne einheimische Männer anzusprechen und Wanderungen zu einsamen Stränden oder durch Nationalparks zu unternehmen. Kurze Hosen und Bikinis sind außerhalb der öffentlichen Strände auch in größeren Badeorten nicht angebracht. Auf dem Land empfiehlt es sich, über dem T-Shirt ein Tuch oder eine weite Bluse zu tragen. Wenn man dann noch selbstbewußt auftritt, gehören die drei Länder für Frauen zu den angenehmsten Reiseländern Lateinamerikas.

Gesundheit

Die medizinische Versorgung in Costa Rica ist die beste in Zentralamerika. In Nicaragua ist der Hygiene- und Gesundheitsstandard niedriger als in den beiden anderen Ländern. Auch wenn nur in den großen Städten eine breite medizinische Versorgung gesichert ist, das gesundheitliche Risiko ist (bis auf wenige Bereiche, z. B. Malaria oder Magen-Darm-Grippe) nicht wesentlich größer als auf Reisen durch Europa, wenn man prophylaktisch ein paar Regeln beachtet:

Hitze und Luftfeuchtigkeit führen sehr schnell zu Schweiß und Erschöpfung. Deshalb viel trinken und gewürzte Speisen, notfalls auch Salztabletten, zu sich nehmen.

Vor Insekten schützen Moskitonetze, Ventilatoren, Räucherspiralen, Fliegengitter vor den Fenstern, langärmelige Kleidung und Mittel zum Einreiben. Für Reisen in Küstennähe oder in tiefliegende Regionen ist eine Malaria-Prophylaxe unbedingt ratsam, im Hochland von Costa Rica ist sie unnötig.

Gegen Magen-Darm-Verstimmung (›Montezumas Rache‹) gibt es keinen hundertprozentigen Schutz, aber man kann vorbeugen, indem man kein Leitungswasser trinkt bzw. Entkeimungstabletten (z. B. Mikropur) verwendet. Auch in Panama, das gern mit dem ›reinsten Trinkwasser der Welt‹ wirbt, sollte man Eiswürfel meiden und nur Geschältes essen (›peel it oder let it‹ galt bereits im britischen Kolonialreich).

In keinem der drei Länder sind bei der Einreise **Impfungen** vorgeschrieben. Sinnvoll ist es aber, den bestehenden Impfschutz für Polio und Tetanus aufzufrischen und sich prophylaktisch gegen Cholera, Hepatitis A, Typhus und ggf. Gelbfieber impfen zu lassen.

In die **Reiseapotheke** gehören: ein Durchfallmittel, Kohletabletten, etwas gegen Magen- und Kopfschmerzen, unbedingt ein Mückenschutzmittel (die örtlich erhältlichen sind aber oft wirkungsvoller), Malaria- und Wasserdesinfektionstabletten, Pflaster, Verbandzeug und eine Salbe zur Linderung von (Sonnen-)Verbrennungen.

Zwar kann man die Reiseapotheke unterwegs wieder auffüllen bzw. ergänzen, in Nicaragua verfügen Apotheken aber manchmal nur über geringe Bestände. In Panama erhält man Medikamente auch in Supermärkten.

Hotelpreiskategorien

(s. auch Stichwort Unterkunft im jeweiligen Landesteil)
$$$$ = DZ über 130 US-$
$$$ = DZ bis 130 US-$
$$ = DZ bis 50 US-$
$ = DZ bis 15 US-$

Kinder

Eltern haben oft Angst, mit Kleinkindern oder Säuglingen eine Fernreise zu unternehmen. Dies ist weitgehend unbegründet, denn der kindliche Organismus ist wesentlich anpassungsfähiger als der von Erwachsenen, und sozial sind Kinder in Mittelamerika gut aufgehoben, so werden z. B. bei Warteschlangen Frauen mit Kindern vorgelassen und in Bussen Sitze frei gemacht. Kinder sind viel stärker in den Alltag integriert als in Mitteleuropa. Es ist kein Problem, sie mit ins Restaurant, ins Kino oder zu einer Abendveranstaltung zu nehmen. Überall findet das mitreisende Kind Spielgefährten und hat meist keine Verständigungsprobleme.

Sicherheit

Eigentlich steht es nur den Einheimischen selbst zu, Touristen Verhaltensempfehlungen für ihre Sicherheit zu geben. Denn allzuleicht wird die Grenze zwischen angebrachter Warnung und nationaler Diskriminierung überschritten. ›Sicherheit‹ hängt in allen Ländern der Welt auch mit sozialer Gerechtigkeit und den gesellschaftlichen Spannungsverhältnissen zwischen Arm und Reich zusammen. Vor diesem Hintergrund ist **Costa Rica** das sicherste Land des amerikanischen Kontinents. Schlagzeilen machte allerdings die Entführung einer deutschen Touristin und ihrer schweizer Reiseleiterin 1996. Seitdem stuft das Auswärtige Amt (AA) den Norden des Landes als Risikozone ein.

Auch **Panama** gilt als relativ sicher. Von der Durchquerung des Darién – der de facto als rechtsfreies Territorium gilt und von Drogenhändlern und der kolumbianischen Guerilla regiert wird – in Richtung Kolumbien rät das AA aber ausdrücklich ab.

Arbeitslosigkeit und große Armut führen in **Nicaragua** zu hoher Gewalt- und Eigentumskriminalität. Nach Einschätzung des AA ist das Risiko in der dichter besiedelten Pazifikregion generell geringer als in den Regionen Nueva Segovia, Madriz, Jinotega, Estelí, Matagalpa und Chontales. Verkehrsverbindungen zur Atlantikküste, Schotterpisten jenseits der Hauptstraßen und Flußfähren gelten als unsicher. Besonders im Norden des Landes muß man infolge des Bürgerkriegs noch mit verminten Straßen rechnen.

Grundsätzlich muß man sich in den Hauptstädten und Touristenorten auf erhöhte Gewaltkriminalität einstellen. So warnt das AA ausdrücklich vor der Besichtigung der alten Kathedrale in Managua. Zu den unsicheren Gegenden von Panama-Stadt zählen El Chorrillo, Río Abaja, San Miguelito und das nächtliche Casco Viejo. Der aktuelle Stand kann im Auswärtigen Amt in Bonn, Referat 331, ☎ 02 28/17 31 14, Fax 17 26 81 erfragt werden.

Am besten trägt man stets nur wenig Bargeld bei sich. Lassen Sie sich nicht auf Angebote von Drogenhändlern ein, vermeiden Sie nächtliche Spaziergänge und beherzigen Sie auf jeden Fall die Hinweise der örtlichen Touristeninformationsbüros und Hotels. Zudem sollten Sie nur Fotokopien von Paß und Flugticket mit sich führen und die Originale im Hotelsafe aufbewahren.

Sport

Der herrlichen Strände und des warmen Wassers wegen gehören Wassersportarten zu den beliebtesten Freizeitaktivitäten; aber auch Golfer und Reiter finden zufriedenstellende Angebote. Nationalsport aller drei Länder ist Baseball, erst an zweiter Stelle steht Fußball.

Golfplätze findet man überall, die schönsten in Costa Rica. Das Land wirbt derzeit für seine 15 Golfplätze mit dem Slogan ›Acht Millionen Quadratmeter zum Golfspielen‹. Allein in der Umgebung von San José gibt es 4 große 18-Loch-Anlagen. In Panama gilt die neue Anlage im pazifischen Coronado als die exklusivste.

Hochsee-Angeln ist hier das ganze Jahr über möglich. Am besten organisiert sind die pazifischen Küstenorte Costa Ricas, wo auch regelmäßig internationale *game fishing*-Wettbewerbe stattfinden. Die Broschüre des ICT (›The World's Best Fishing‹) gibt Auskunft über die jeweils beste Angelsaison und die jeweiligen Fischarten.

Rafting mit dem Schlauchboot durch die Stromschnellen der Gebirgsflüsse gehört zu den sportlichen Attraktionen Costa Ricas. Erfahrene Bootsführer geleiten die Bootsmannschaften z. B. den Río Reventazón, den Río Pacuare oder den Río Corobici hinunter. Buchungen bei Veranstaltern wie Costa Rica Expeditions oder Ríos Tropicales über alle Reisebüros in San José.

Reiten ist in allen drei Ländern möglich. Wenn die Hotels kein eigenes Angebot unterbreiten, findet sich immer ein regionaler Pferdeverleiher. In Costa Rica haben sich bereits mehrere Fincas in der Umgebung von San José auf Reitferien eingestellt (z. B. Finca Oblachi Oblada oder Club Hipico La Coraña). Aktuelle Auskünfte erteilt das ICT.

Wellen- und in bescheidenerem Maße **Windsurfen** gehören zu den Lieblingssportarten der einheimischen Jugendlichen. Am besten auf Surfer vorbereitet ist Costa Rica. Der ICT gibt eine Broschüre (›Take a Break Point‹) heraus, in der die besten Surfstrände ausführlich beschrieben werden (Karibikküste z. B. Manzanillo, Puerto Viejo, Cahuita; Pazifikküste Naranjo, Tamarindo, Jacó, Hermosa, Espandillo) und die jeweiligen Orte dargestellt werden. Auch Panama besitzt hervorragende Surfreviere am Pazifik (z. B. Playa Serena oder die Küste zwischen Río Mar und Santa Clara). In Costa Rica und Panama kann man Surfbretter von guter Qualität leihen. Auch in Nicaragua eignen sich die Pazifikstrände zum Surfen (z. B. Montelimar), aber man ist auf eigenes Material angewiesen. Für Zentralamerika erscheint regelmäßig das ›Surf Guide Magazine‹ (San José, P. O. Box 694–1100, ✆ u. Fax 2 90 61 37.

Tauchen: Die Entdeckung der Unterwasserwelt gehört wegen der konstant warmen Wassertemperaturen und der Vielfalt der Korallen und Fische zu den besonderen Attraktionen Zentralamerikas. Spitzenreiter ist auch hier Costa Rica, dank vieler Tauchstationen und seines (meist in den USA) gut geschulten Personals. Der bebilderte ›Dive Guide‹ des ICT beschreibt die Tauchgründe und Schulen, die Tauchgänge organisieren. In Panama ist das Angebot ähnlich gut. Auch hier gibt die nationale Tourismusbehörde IPAT eine eigene Broschüre (›Buceo en Panamá‹) heraus. In Nicaragua bieten nur die Islas del Maíz herausragende Tauchmöglichkeiten; allerdings ist man hier auf die (nicht mehr ganz neue) Ausrüstung des Bay Side Hotel angewiesen.

Sprache

Spanisch ist Amtssprache in allen drei Ländern und die wichtigste Sprache in Zentralamerika, ungeachtet der vielen Maya- und Chibcha-Sprachen der *indígenas.* Vor der großen Rundreise im Land selbst Spanisch zu lernen wird immer beliebter. Die **Spanischschulen** bieten vormittags Unterricht an; die Nachmittage sind dem Üben vorbehalten. Untergebracht werden die Sprachschüler bei einheimischen Familien.

In **Nicaragua** kann man in der Casa Xaltera in Granada für 125 US-$ pro Woche in Vierergruppen Spanisch lernen, ✆ u. Fax 5 52 24 36. In **Panama** bietet z. B. das Instituto Internacional Feriensprachkurse in Panama-Stadt an, die einen Besuch auf den San Blas-Inseln oder auf Contadora einschließen, ✆ 2 64 72 26, Fax 2 69 32 16. In **Costa Rica** ist das Angebot am größten und der Freizeitwert am höchsten. In Escazú nahe der Hauptstadt San José bieten die Academia de Idiomas (Plaza Colonial, ✆ 2 28 77 36) oder das Centro

Cultural Costarricense (westl. der Post, ℘ 2 89 43 96) für 40 US-$ pro Woche Kurse an. Bei Universal lernt man direkt im historischen Zentrum San Josés (Av. 2 Ecke Calle 9, ℘ 2 57 04 41) und in der Escuela de Idiomas Damore am schönen Strand von Manuel Antonio (zwischen Quepos und Manuel Antonio, ℘ u. Fax 7 77 11 43) für je 150 US-$ pro Woche Spanisch.

Kleiner Sprachführer

Unterwegs:

Auf Wiedersehen	–	adios
Auto	–	coche
Bad	–	baño
Bahnhof	–	estación
Benzin	–	gasolina
bitte	–	por favor
billig	–	barato
Briefmarke	–	sello, timbre
Bus(bahnhof)	–	(terminal de) autobus(es)
danke	–	gracias
Einzel-/Doppel-zimmer	–	habitación individual/doble
Flughafen	–	aéropuerto
Gebäude	–	edifício
Geld	–	dinero
Gepäck	–	equipaje
gut	–	bueno
guten Morgen	–	buenos días
guten Tag (ab 12 h)	–	buenas tardes
guten Abend	–	buenas noches
gute Nacht	–	buenas noches
heute	–	hoy
hier	–	aquí
ja	–	sí
links	–	a la izquierda
Markt	–	mercado
nein	–	no
Paß	–	pasaporte
Polizei	–	policía
Postamt	–	correos

Preis	–	tarifa, precio
Rechnung	–	cuenta
rechts	–	a la derecha
Strand	–	playa
teuer	–	caro
Toilette	–	baño, retretes, sanitarios
Touristenbüro	–	oficina de turismo
wann	–	cuando, a que hora
was	–	que
Wechselgeld	–	cambio
Werkstatt	–	taller
wieviel	–	cuanto
wo	–	donde
wohin	–	adonde
Zimmer	–	cuarto, habitación

Essen und Trinken:

Ananas	–	piña
Bananen	–	plátanos
Brot	–	pan
Eier	–	huevos
Essen	–	comida
Fisch	–	pescado
Fleisch	–	carne
Frühstück	–	desayuno
Garnelen	–	gambas
Gemüse	–	carnero
Huhn	–	pollo
Kalb	–	ternera
Kaninchen	–	conejo
Kartoffeln	–	papas
Krabben	–	camarones
Kuchen	–	pan dulce
Lamm	–	cordero
Languste	–	langosta
Mango	–	mango
Meeresfrüchte	–	mariscos
Nachspeise	–	postre
Orange	–	naranja
Pfeffer	–	pimienta
Reis	–	arroz
Salat	–	ensalada
scharf	–	picante
Schweinefleisch	–	puerco

Soße	– salsa
Suppe	– sopa
Zucker	– azucar
Zwiebel	– cebolla

Gesundheit:

Apotheke	– farmacia
Arzt	– médico
Durchfall	– diarrea
Erbrechen	– vomitar
Erkältung	– resfriado
Fieber	– fiebre
Kopfschmerzen	– dolor de cabeza
Krankenhaus	– hospital
Krankenwagen	– ambulancia
Verband	– vendaje

Die Woche (semana):

Montag	– lunes
Dienstag	– martes
Mittwoch	– miercoles
Donnerstag	– jueves
Freitag	– viernes
Samstag	– sábado
Sonntag	– domingo

Zahlen (numeros):

1	uno	20	veinte
2	dos	30	treinta
3	tres	40	cuarenta
4	cuatro	50	cincuenta
5	cinco	60	sesenta
6	seis	70	setenta
7	siete	80	ochenta
8	ocho	90	noventa
9	nueve	100	cien
10	diez	200	doscientos
11	once	300	trescientos
12	doce	400	cuatrocientos
13	trece	500	quinientos
14	catorce	600	seiscientos
15	quince	700	setecientos
16	diez y seis	800	ochocientos
17	diez y siete	900	novecientos
18	diez y ocho	1000	mil
19	diez y nueve	2000	dos mil

Trinkgeld

Auch wenn die *service charge* oder *propina* auf der Hotel- oder Restaurantrechnung meist ausgewiesen ist erreicht sie die Bedienung in aller Regel nicht. Trinkgelder sind bei allen Dienstleistungen angebracht; Taxifahrer erwarten zwar keines, freuen sich aber darüber. In Restaurants sind etwa 10 % der Rechnung für den Service üblich, Zimmermädchen erhalten pro Tag Landeswährung im Wert von 1 US $, Gepäckträger pro Stück 0,50 US-$.

Verkehrsmittel

Reisen in Zentralamerika ist immer ein Stückchen Abenteuer, sofern man den Transport vor Ort selbst organisiert. Allerdings lernt man Land und Leute so am besten kennen.

Der **Bus** ist das meistgenutzte Verkehrsmittel; auch entlegendste Dörfer werden (sofern die Straßenverhältnisse es zulassen, was während der Regenzeit an der Atlantikseite Nicaraguas oder im Osten Panamas nicht immer der Fall ist) mindestens einmal täglich angefahren. Zwischen den großen Städten verkehren Überlandbusse 1. und 2. Klasse. Erstere halten viel seltener, sind aber kaum teurer als jene der 2. Klasse, die zudem stets überfüllt sind. Reservierungen sind unbedingt erforderlich (in zentralen Hauptstadtbüros der Linien). Die internationale Gesellschaft Ticabus verkehrt zwischen den Hauptstädten der Länder.

Die nationalen und internationalen **Flugverbindungen** zwischen den Städten Zentralamerikas bzw. dem Festland und den vorgelagerten Inseln sind relativ gut und billig. Fliegen kann angesichts schlechter Straßen wertvolle

Zeitersparnis bedeuten. 1998 haben sich die nationalen Fluglinien Aviateca (Guatemala), Lacsa (Costa Rica), Nica (Nicaragua), Sahsa (Honduras) und Taca (El Salvador) zur Grupo Taca zusammengeschlossen. Für Flüge innerhalb der Region bietet diese einen Vica-Paß an. Man erhält den Paß, der das Fliegen in Zentralamerika sehr verbilligt, allerdings nur nach Anreise aus den USA, Mexiko oder Südamerika. (Auskunft: Central American Tours, Daimlerstr. 1, 63303 Dreieich, ℐ 06103/83 02 37, Fax 80 61. Vor Ort: Managua ℐ 2663136; San José ℐ 2960909; Panama-Stadt ℐ 2657825.)

Zoll

Für die Rückreise nach Europa sind unbedingt die hiesigen Einfuhrbestimmungen zu beachten, insbesondere die verschärften Regelungen des Artenschutzabkommens (CITES). Wer eine der nunmehr 24 000 geschützten Tier- und Pflanzenarten ohne Ausfuhrgenehmigung des Urlaubslandes oder Einfuhrgenehmigung des Bonner Bundesamtes für Naturschutz nach Deutschland mitbringt, muß mit einem Bußgeld bis zu 100 000,– DM, in gravierenden Fällen sogar mit einer bis zu fünfjährigen Gefängnisstrafe rechnen.

Nicaragua
Adressen und Tips von Ort zu Ort

Vorwahl für ganz Nicaragua: ℐ 0 05 05

Bluefields

Polizei: ℐ 8 22 24 48.
Post: Av. Reyes, Ecke Calle Hudgson, Mo–Fr 8–17 Uhr.
Telefon: Enitel, im Postgebäude, Mo–Sa 8–21, So 8–18 Uhr.

South Atlantic II ($$), östlich der Moravian Church, ℐ u. Fax 8 22 10 22; Zimmer mit Bad, AC und Kabelfernsehen, bestes Hotel der Stadt.
Hollywood ($), Calle Central, ℐ 8 22 82; saubere Zimmer mit Ventilator, Gemeinschaftsbad.

Chez Marcel ($$), ℐ 82 23 47; vorzügliche Fisch-, Hummer- und Krabbengerichte, mit AC.

Restaurant im Hotel **Hollywood** ($); beliebter Treffpunkt.

 Bar Mandela, an der Straße zum Flughafen; Live-Musik.

 Mercado, nahe am Meer, 2. Straße hinter der Bootsanlegestelle.

 Cruz Roja, Colegio Divino Pastor 30 vrs al N., ℐ 8 22 25 82.
Hospital Sandino, Barrio San Pedro, ℐ 8 22 26 21.

 Schnellboote (pangas) fahren nach El Bluff (ca. 15 Min., knapp 2 US-$ pro Person) und nach Laguna de Perlas (ca. 3 Std., 16 US-$ pro Person).
Flughafen ca. 3 km außerhalb des Orts; Aeronica fliegt tgl. nach Managua,

Mo, Mi, Fr und So sogar zweimal (✆ in Managua 6 63 12 28).

Chinandega

ℹ️ **Polizei:** ✆ 3 41 34 56.
Telefon: Enitel, 2 Blocks östlich des Parque Central, ✆ 3 41 01 64, tgl. 8–16 Uhr.

🛏️ **Cosgüina** ($$), im Zentrum südlich des Parque Central, ✆ 3 41 36 36, Fax 3 41 36 89; kleines, ruhiges Hotel.
Glomar ($), südlich des Mercado Central, ✆ 3 41 25 62; einfach.

🍴 **Corona de Oro** ($$), zwei Blocks östlich des Parque Central, ✆ 3 41 23 51; das beste und teuerste China-Restaurant des Departments.

🚌 **Busbahnhof:** für die großen Routen vom Nuevo Mercado; zu den Stränden vom Mercadito hinter dem Parque Central; Pendelverkehr zwischen den beiden Busstationen.

Ciudad Darío

👁️ **Museo Rubén Darío** im Geburtshaus des Dichters gegenüber Enitel, tgl. 9–12 Uhr.

Corinto

ℹ️ **Polizei:** ✆ 34 22 35.
Telefon: Enitel, ✆ 3 42 26 75.

🛏️ **Central** ($), gegenüber dem Hafengebäude der Autoridad Portuaria, ✆ 3 42 23 80; einfache, saubere Zimmer mit Bad und AC.

🍴 **Meléndez** ($$), Parque Central Ctra. Sur, ✆ 3 42 27 54; gute lokale Küche.

 Cruz Roja, Enitel 0,5 c. al N., ✆ 3 42 25 42.
Hospital San José, Ifagan 1, 5 c. al O., ✆ 3 42 25 77.

🚌 **Bus** nach **Chinandega,** tgl. 4.45–18.15 Uhr im 15-Min.-Takt, 0,4 US-$.

Diriamba

🛏️ **Diriangén** ($), Zentrum; sehr einfache Zimmer mit Bad.

🍴 **Restaurante 2. de Junio** ($); gute Fischgerichte.

🚌 **Busse** nach Managua und Rivas tgl. im 30-Min.-Takt.

El Castillo

🛏️ **Albergue El Castillo** ($$), 100 m von der Festung entfernt, ✆ 55 26 12; schönes Holzhaus.
Refugio Bartola ($), am Eingang des Indio-Maíz-Naturschutzgebiets, ✆ 5 52 46 35; 8 einfache Zimmer.

Estelí

ℹ️ **Polizei:** ✆ 7 13 26 15.
Post: Calle Perú, 1 Block neben der Casa de Cultura, Mo–Fr 8–17 Uhr.
Telefon: Enitel, im Gebäude der Post, tgl. 7–21.30 Uhr.

🛏️ **El Mesón** ($$), Catedral 1 c. al N., ✆/Fax 7 13 26 55; einige

Zimmer mit Bad, begrünter Innenhof.
Barlop ($), Parque Blanca 7 c. al N.,
✆ 7 13 24 86; sauber, auch Zi. mit Bad.
Nicarao ($), del Parque Central, 1,
5 c. al S., ✆ 7 13 24 90; hübscher Patio.

 Repostería España ($$), Parque
Central 3, 5 c. al N., Av. Bolívar,
✆ 7 13 27 80; gute, teure Konditorei.
El Mesero ($), Nähe Busstation; beliebtes Lokal, gute einheimische Küche.

**Galería de los Héroes y
Mártires de Estelí,** südlich des
Parque Central, Erinnerung an den
Kampf gegen Somoza, tgl. 9–17 Uhr.
Casa de Cultura Leonel Rugama,
100 m südlich der Kathedrale,
tgl. 9–12, 14–20 Uhr.
Kunst-Café, Calle Principal, Ecke Av.
Bolívar.

Villa Vieja, einen halben Block
nördlich des Parque Central; Bar,
Peña Cultural (Fest mit Live-Musik und
Tanz am Wochenende, Treffpunkt).
Flan's Boyans Disco, in der Nähe des
Restaurants El Mesero.

Märkte (tgl. außer So): im
Norden an der Gran Vía Bolívar,
1 Block hinter dem Parque Central; im
Süden ebenfalls an der Gran Vía Bolívar,
Ortsausgang, neben dem Busbahnhof.

Schwimmen: Casa de la Cultura, tgl. 8–17 Uhr; Puente la
Sirena, Wasserfall außerhalb Estelís an
der Straße nach Condega.
Sprachschule: Escuela de Español
Horizonte, Barrio El Calvario am Parque
Infantil, ✆ 7 13 35 25.

 Cruz Roja, Parque Infantil 2 c.
al O., 0,5 c. al N., ✆ 7 13 23 30.
Hospital Dávila Bolaños, ✆ 7 13 24 39.

 Busbahnhof: Gran Vía Bolívar
neben dem Markt; nach **Managua** tgl. 3.30–17 Uhr im 30-Min.-Takt,
nach **Matagalpa** tgl. 5.20–16.50 Uhr
im 30-Min.-Takt; nach **León** tgl. 6.45
und 15.10 Uhr; nach **Ocotal** tgl. 4–17
Uhr im Stundentakt.

Granada

Polizei: ✆ 5 52 29 29.
Post: Parque Central,
Mo–Fr 8–17 Uhr.
Telefon: Enitel, direkt neben der Post,
Mo–Fr 8–21 Uhr.
Touristeninformation: Oro Travel
Pascal Picot, Calle Coral, Nähe
Convento San Francisco, ✆ 5 52 45 68,
Fax 5 52 65 12 (man spricht
deutsch).

Alhambra ($$$), direkt im Zentrum an der Ostseite des Parque
Central, ✆ 5 52 44 86, Fax 5 52 20 35;
bestes Hotel der Stadt, 50 Zimmer bieten Komfort mit Bad und AC oder
Ventilator.
Granada ($$), Calle 1a La Calzada ,
✆ 5 52 29 74, Fax 5 52 41 28; Zimmer
mit Bad und AC oder Ventilator,
schöner Pool.
Hospedaje Cabrera ($), Calle La
Calzada, ✆/Fax 5 52 27 81; altes Bürgerhaus mit hübschem Garten, Gemeinschaftsbad, gutes Frühstück.

Terraza La Playa ($$), Complejo Turístico (nahe der Plaza
España, direkt am Lago de Nicaragua),
✆ 5 52 22 13; gutes Fischrestaurant.
Café Vienés ($$), Casa de Los Leones;
sehr schönes Café, kleine Snacks.
La Ancla ($), Calle La Calzada; nicaraguanische Küche, schmackhafte Hühnchengerichte.

Nicasoya ($), nahe der Plaza Central; vegetarische Küche.

 Kathedrale am Parque Central direkt gegenüber dem Hotel Alhambra.

Iglesia de Guadalupe, Calle La Calzada (gegenüber dem Hotel Granada); meist verschlossen.

Iglesia la Xalteva, Park an der Av. Caimito; Kirche aus dem frühen 17. Jh., meist verschlossen.

Museo de Idolos de Zapatera, Conjunto Histórico de San Francisco, 3 Querstraßen hinter der Kathedrale; 28 präkolumbische Skulpturen der Insel Zapatera aus dem 8.–12. Jh., tgl. 8–12 und 13.30–17 Uhr.

 Casa de los tres Mundos, internationales Kulturzentrum in der Casa de Los Leones.

 Weihnachten: Maskierte und kostümierte Possenreißer ziehen durch die Straßen der Stadt.

 Diskotheken: El Pingüino, laut und lebhaft, So *fiesta.*

Palacio de la Cultura Joaquín Pasos, Parque Central neben dem Hotel Alhambra; nur am Wochenende!

Live-Musik: Yeye Charly's Bar, interessante Gruppen aus ganz Nicaragua, tgl. bis 2 Uhr geöffnet.

 Mercado, 2 Querstraßen hinter dem Parque Central, in einem dunkelgrünen Gebäude, drumherum aber auch viele Händler im Freien, tgl.

✚ **Cruz Roja,** Calle la Calzada, gegenüber Hotel Granada, ✆ 5 52 27 11.

Hospital Bernardino Díaz Ochoa, Av. Héroes y Mártyres, ✆ 5 52 22 07.

Hospital Privado Cocibolca, Ctra. Massaya km 45, ✆ 5 52 29 07.

 Innerhalb der Stadt sind **Pferdedroschken** sehr beliebt, Preis unbedingt vorher aushandeln (Richtwert: 1 Std. ca. 10 US-$).

Busse: Busbahnhof neben dem Hospital San Juan de Dios: nach **Masaya** tgl. 5–18 Uhr im 20-Min.-Takt; **Managua** tgl. 5–19 Uhr im 15-Min.-Takt (Fahrzeit: 1 Std.)

Busbahnhof neben dem Mercado: nach **Rivas** tgl. 5–15 Uhr im Stundentakt; **Jinotepe** tgl. 5–17 Uhr im 30-Min.-Takt.

Schiffe und Fähren: Tragflügelboot Nicaragüita, Abfahrt vom Complejo Turístico nach **San Carlos** tgl. 9 Uhr; nach **Moyogalpa** Fr–So 8 Uhr (Fahrzeit: 1,5 Std.); nach **Solentiname** Sa und So 8.30 Uhr (3,5 Std.); nach **Moyogalpa** (Isla de Ometepe) Sa und So 8 Uhr (1,5 Std.), zurück 14.30 Uhr.

Fähre nach **San Carlos** Mo 16 Uhr, Do 15 Uhr (11 Std.); nach **Alta Gracia** (Isla de Ometepe) Do 14 und 15, Sa 12 Uhr (4,5 Std.).

Bootsverleih: Rincón Criollo, Complejo Turístico, ✆ 5 52 43 17.

Islas del Maíz (Corn Islands)/ Isla Grande del Maíz

 Telefon: Enitel, an der South-West-Bay.

 Bay Side ($$), ✆ 2 49 04 31 (in Managua); 20 Zimmer mit Bad und AC, bestes und neustes Hotel der Insel, Shuttle-Service zum Airstrip, keine Kreditkarten.

Beach View ($); 8 Zimmer mit Ventilator und Gemeinschaftsbad.

Hospedaje Morgan ($); 6 Zimmer, neu, einfach, sauber.

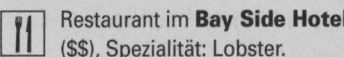 Restaurant im **Bay Side Hotel** ($$), Spezialität: Lobster.

 Disco Arco Iris, Reggae-Musik. **Morgan-Bar,** neben der Hospedaje Morgan.

 Boot nach **Bluefields:** Mo 8 Uhr (ca. 6 Std., 5 US-$). **Flüge:** Air Nica fliegt 1 × tgl. nach **Managua**, Preis ca. 110 US-$.

Jinotepe

 Polizei: ✆ 4 12 25 10.

 Jinotepe ($), del Parque Central 1 c. al N., 1 c. al O., ✆ 4 12 29 47, Fax 4 12 26 57; 30 Zimmer mit Bad, Charme der 50er Jahre, guter Service (*Hospitality Training School* des Tourismusministeriums).

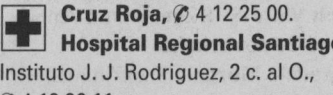 Restaurant im **Hotel Jinotepe** ($); gute einheimische Küche. **Pizzeria Colisseo** ($), Banades 1 c. al N., ✆ 4 12 21 50; nette Atmosphäre.

👁 **Hertylandia,** Ctra. Jinotepe–San Marcos km 47, ✆ 4 12 30 80-83. Am Stadtrand auf einer ehemaligen Kaffeefarm gelegener, beliebter Vergnügungspark mit Botanischem Garten, kleiner Lagune für Bootsfahrten, Zoo, Kinderspielplätzen, Miniatureisenbahn, Moto-Cross-Gelände, Historienpfad, Kunsthandwerksläden, Snack-Bar und einem nachgebauten Western-Fort. Fr, Sa u. So 9–19 Uhr, Eintritt 2 US-$.

➕ **Cruz Roja,** ✆ 4 12 25 00. **Hospital Regional Santiago,** Instituto J. J. Rodriguez, 2 c. al O., ✆ 4 12 26 11.

 Bushaltestelle: am nordöstlichen Stadtrand, nach **Managua** tgl. 4–21 Uhr im 20-Min.-Takt; nach **Diriamba** und **Masaya** tgl. 5–20 Uhr im 20-Min.-Takt.

Juigalpa

ℹ **Polizei:** ✆ 8 12 28 71. **Telefon:** Enitel, 400 m nördlich des Parque Central.

 Caracoles Negros ($$), Hauptstraße, Frente a Dep. Coca Cola, ✆ 8 12 09 20; mit AC. **La Quinta** ($), Hauptstraße am östlichen Ende der Stadt, Frente a Hospital Regional, ✆ 8 12 24 85, Fax 8 12 09 19; bestes Hotel der Stadt, Zimmer mit Bad und Ventilator oder AC.

🍴 Restaurant im Hotel **La Quinta** ($); gute Fleischgerichte, schöne Aussicht auf die Berge.

 Museo Arqueológico Gregorio Aguilar Barea, Alcaldía Municipal 0,5 c. al E., ✆ 8 12 07 84; Stelen, Altäre und Artefakte der indigenen Ureinwohner, Di–Sa 8–17, So 8–12 Uhr.

 Diskotheken im Hotel **La Quinta** und im Restaurant **Caracoles Negros.**

➕ **Cruz Roja,** ✆ 8 12 22 33. **Hospital Regional Camillo Ortega Saavedra,** Ctra. al Rama km 139, ✆ 8 12 23 32.

🚌 **Busse:** Haltestelle in der Nähe des Mercado, nach **Managua** tgl. 4–17 Uhr im Stundentakt (Fahrzeit: 4 Std., 2 US-$); nach **Rama** tgl.

4.30–8.30 Uhr im 30-Min.-Takt, dann 9.45–14.45 Uhr im Stundentakt (5 Std., 3 US-$).

La Boquita

 La Casona ($$), direkt an der Playa la Boquita, ✆ 4 24 68; ehemaliges Centro Turístico mit 36 Zimmern über mehrere Häuser verteilt.

León

 Polizei: ✆ 3 11 31 37.
Post: Calle Central Rubén Darío Ecke 1 Av. Poniente, Mo–Fr 8–17 Uhr.
Telefon: Enitel, Calle Central, Richtung Barrio Subtiava, Mo–Fr 8–22 Uhr.

Europa ($$), Av. 4 Noreste Ecke Calle 3 N., ✆ 3 11 60 40, Fax 3 11 25 77; bestes Hotel der Stadt, Zimmer teilweise mit Bad und AC, guter Service, netter Garten.
El Colonial ($$), Edif. Central Unan 40 vrs al N., ✆ 3 11 22 79, Fax 3 11 31 25; prachtvolles Gebäude aus dem 19. Jh., schöne Innenhöfe, weniger schöne Zimmer in den oberen Stockwerken!
Avenida ($), nahe dem Mercado San Juan, gegenüber der Esso-Tankstelle, familiäre Atmosphäre.

Marisquería Solmar ($$), 1 Block neben dem Parque Central; gutes Fischrestaurant mit Patio (Mi geschl.).
El Sacuanjoche ($$), Colegio La Salle 20 vrs al E., ✆ 3 11 54 29; gute Steaks.
El Sesteo ($), am Parque Jérez (Plaza Central); einfache lokale Küche.
La Casa Vieja ($), 1,5 Blocks nördlich der Iglesia San Francisco; gute Snacks und nette Bar.

 Galería de Héroes y Mártires, 1 Calle Norte Ecke Av. 2 Poniente; Di–Sa 9–12 Uhr.
El Rincón Azul, Calle Central Rubén Darío; Kaffeehaus, Künstlertreff, Kunstgalerie, tgl. 15–24 Uhr.
Museo-Archivo Rubén Darío, Calle Central Rubén Darío, Ecke Av. 4 Poniente; Sammlung von Gedichten und und Gegenständen aus dem Leben des Dichters, Di–Sa 9–12, 14–17, So 9–12 Uhr.
Catedral Metropolitana, 1 Calle Sur neben dem Parque Central; Grab Rubén Daríos, kostbarer Schrein Philipps II. von Spanien, tgl. 9–18 Uhr.
Iglesia el Calvario, Calle Central Rubén Darío Ecke Av. 14 de Julio; sehenswerte Deckenbemalung.
Iglesia Guadalupe, 6 Calle Sur, Ecke Av. Central.
Iglesia la Merced, 1 Calle Norte, zwischen Av. Central und 1 Poniente.
Iglesia de la Recolección, 2 Calle Norte, Ecke Av. 1 Noreste; schöne Barockfassade.
Iglesia San Felipe, 5 Calle Norte Ecke Av. José de la Cruz Mena.
Iglesia San Juan Bautista de Subtiava, Barrio Subtiava; schönster Altar Nicaraguas aus der Kolonialzeit, nur während der Messen geöffnet.
Iglesia San Francisco, 1 Calle Norte Ecke Av. 2 Poniente.

Teatro Municipal, Calle 1 Sur, Theater- und Musikveranstaltungen (siehe Tageszeitung).
Casa de Cultura, Félix P. Carillo Barrio Subtiava, Frente a Asilo de Ancianos; interessante Wandgemälde *(murales)*, wechselnde Abendveranstaltungen.
Centro Popular de Cultura, 2 Blocks westlich der Iglesia la Merced; Ausstellungen und Kulturveranstaltungen (siehe Aushänge).

Live-Musik: Lacmiel,
5 Blocks südlich der Kathedrale,
✆ 3 11 49 92; *open air* und Restaurant;
Las Ruinas, 150 m westlich des Parque
Central; Mo–Sa 12–24 Uhr.

 Märkte (tgl.): **Mercado de San
Juan,** Av. 14 de Julio, an der Ein-
mündung zur Av. Comandante Pedro
Aráuz; **Mercado Central** (alter Markt),
zwischen Av. 1 und 2 Oriente an der
Calle Central; **New Market,** 6 Calle
Norte, Ecke Ctra. Circunvalación.
Buchladen neben dem Rathaus am
Parque Jeréz, gute Auswahl.

 Cruz Roja, Barrio San Felipe,
Gimn. 1 c. al O., ✆ 3 11 26 27.
Hospital, Escuela Oscar Danilo
Rosales, ✆ 3 11 23 01.
Hospital Teodoro King,
Ctra. A. Jiquilillo, ✆ 3 11 51 35.

 Innerhalb der Stadt: **Taxen** und
Pferdedroschken (Preis vorher
aushandeln!).
Busse: vom Busbahnhof am neuen
Markt nach **Managua,** tgl. 4.30–19 Uhr
alle 20 Min.; **Chinandega** tgl. 4.30–
18.50 Uhr alle 20 Min.; **Corinto** tgl.
15.30 Uhr; **Estelí** tgl. 5.30 und 14.30
Uhr; **Matagalpa** tgl. 4.30 und 14 Uhr.
Busbahnhof Mercado Subtiava nach
Poneloya tgl. 5–18 Uhr im Stundentakt.
Minibusse (›interlocales‹) nach **Mana-
gua** und **Chinandega** tgl. 4.30–20.30
Uhr, Abfahrt sobald alle Plätze besetzt
sind, ca. 15-Min.-Takt.

León Viejo

 Museo Imabite, tgl. 9–16 Uhr,
Eintritt frei.
Ruinas de León Viejo, tgl. 9–16 Uhr,
0,5 US-$.

Managua

 Polizei: ✆ 1 18.
Post: Enitel-Gebäude,
300 m westlich des Palacio Nacional,
Mo–Fr 7–16, Sa 7–12 Uhr.
Telefon: Enitel-Gebäude,
tgl. 7–22.30 Uhr.
**Instituto Nicaraguense de Turismo
(INTUR):** Stadtteil Bolonia, Nähe Hotel
Intercontinental, Apartado Postal 122,
✆ 2 22 29 62/2 22 33 33, Fax 2 22 66 18.

 Hinter den Adressen werden die
Angaben im ortsüblichen Idiom
angegeben, damit man ggf. Passanten
fragen kann (s. S. 67).
Intercontinental ($$$$), 101 Octava
Calle S.O., ✆ 2 28 35 30, Fax 2 28 30 87;
im Herzen der Stadt, 210 Zimmer, von
den oberen Etagen tolle Aussicht.
Las Mercedes ($$$), km 11 Ctra.
Norte, Frente al Aeropuerto Internacio-
nal, ✆ 2 63 10 11-28, Fax 2 63 10 82-3;
schöne große Garten- und Bungalow-
anlage, Pools, Tennisplatz, Casino, AC.
César ($$), Ctra. Sur km 8,5, 3 c. arr. 1
c. al Lago, ✆ 2 65 27 28, Fax 2 65 28 88;
21 Zimmer, alle mit Bad, Pool.
Estrella ($$), Pista Portezuelo, Semáfo-
ros de Rubenia 1 c. al N., ✆ 2 89 70 10,
Fax 2 89 71 04; 40 Zimmer mit Bad und
AC, Pool, beliebt, aber weit vom Zen-
trum.
Ticomo ($$), km 8,5 Ctra. Sur (links von
der Kirche San Martin), ✆ 2 65 12 73,
2 65 02 10, Fax 2 65 15 29; Bungalow-
anlage in ruhigem Garten, mit Pool
und Tennisplatz.
Casa San Juan ($), Calle la Esperanza
No. 560, ✆ 2 78 32 20; 12 Zimmer mit
Bad, teils AC, sauber und nett, schöner,
begrünter Innenhof, Restaurant.

 La Marseillaise ($$$$), Stadtteil
Los Robles, Villa Fontana,

Telcor, 4 a Calle al Lago, ✆ 2 77 02 24; bestes französisches Restaurant der Stadt, tgl. 12–15 u. 18–23 Uhr.

Los Antojitos ($$$), Av. Bolívar, gegenüber dem Interconti, ✆ 2 22 48 66; mexikanische Küche, große Terrasse, beliebter Treffpunkt, interessante Fotogalerie.

El Panorama ($$), Ctra. Nueva al León km 6,5, ✆ 2 65 17 06; Steakhaus mit großer Terrasse, wunderschöner Blick.

The Lobster's Inn ($$), km 6,5 Ctra. Sur, ✆ 2 65 16 28; bestes Fischrestaurant der Stadt, große Auswahl, Live-Musik, tgl. 12–15 und 17–23 Uhr.

Ananda ($), Montoya-Statue 10 vrs arr., ✆ 22 28 41 40; vegetarisch, gute Fruchtsäfte.

La Sazón ($), del Teatro Cabrera 3 c. al S. y 1,5 ab. Residencial Bolonia, ✆ 2 22 22 43; lokale Küche, Salatbar.

👁 **Casa Ben Linder,** 3 Blocks südlich, dann 1,5 Blocks östlich der Estatua Monseñor Lezcano, ✆ 66 43 73; Kulturzentrum, Bücherei und Büchertauschbörse.

Casa de Cultura/Centro Cultural Managua, hinter dem Palacio Nacional; Kunstgalerie, Geschäfte und Cafés.

Huellas de Acahualinca, westlich der Plaza de la República am Ufer des Lago Managua, ✆ 22 52 91; ca. 10 000 Jahre alte menschliche Fußabdrücke, Mo–Fr 8–12, 13–15 Uhr.

Museo de la Alfabetización, km 3,5 Ctra. Sur, nördlich des Parque las Palmas, ✆ 2 66 61 80 (z. Z. geschl.!).

Museo de Arte de las Américas, westlich der Plaza de la República, gegenüber Enitel-Gebäude, ✆ 2 22 72 72; zeitgenössische lateinamerikanische Kunst, Mi–So 14–17 Uhr.

Museo Nacional de Nicaragua (im Palacio Nacional de la Cultura), Plaza de la República, ✆ 2 22 52 91; Archäologi-

sches und Naturgeschichtliches, Mo–Fr 9–16, Sa u. So 8–18 Uhr.

Museo de la Revolución, Westrand des Mercado Central (z. Z. geschl.!).

Catedral Metropolitana, 500 m südl. der Laguna de Tiscapa, tgl. 8–18 Uhr.

Catedral Vieja, Parque Central; Personal gestattet Rundgang bei Nachfrage.

Iglesia Santa María de los Angeles, Barrio Riguero; nur während der Messen geöffnet (s. Aushang am Portal).

❗ Alle zwei Monate erscheint für ganz Nicaragua (mit klarem Schwerpunkt auf Managua) der **Guía Fácil**, der das anwachsende Kulturleben chronologisch erfaßt und auch touristische Adressen, Tips, Informationen und Shopping-Hinweise enthält.

🎭 **Teatro Nacional Rubén Darío,** Plaza de la República, ✆ 2 23 63 02, Fax 2 22 74 26; Theater, Tanz, Klassik- und Popkonzerte.

Teatro Experimental Edgard Munguia, Planta Bajo im Teatro Nacional Rubén Darío.

Sala de Teatro ›Justo Rufino Garay‹, Semáforos de Montoya, 2 Calle al O., 25 vrs al N., ✆ 2 22 37 11.

Ballet Tepenahuatl, Folklore-Tänze in den Ruinen des Gran Hotel.

🎭 An den beiden ersten Augustwochenenden wird mit kirchlichen Zeremonien und viel Alkohol das **Fest des Stadtpatrons,** Santo Domingo de Guzmán, gefeiert. Am Malecón herrscht dann Karnevalsstimmung, den Abschluß bildet ein Feuerwerk. Der höchste kirchliche Feiertag ist **Purísima** am 8. Dez. An diesem Tag schmücken die Belegschaften diverser Großbetriebe entlang der Av. Bolívar die Altäre, die anschließend zu Weihnachtskrippen umgestaltet werden.

Bars: Piano Bar 1900 im Hotel Estrella; **Mau Mau,** Esquina opuesta al Cine Cabrera, ✆ 2 22 32 32; **Mirador Tiscapa,** Paseo Tiscapa, Contiguo a Radio Sandino, ✆ 2 22 59 45.
Live-Musik: La Buena Nota, km 3,5 Ctra. Sur, Frente a Plaza Perú, ✆ 2 66 97 97; Besitzer sind die Brüder Godoy, die populärsten Sänger Nicaraguas, nur Mi–Sa, ab 22 Uhr Live-Musik, außerdem Dichterlesungen und Theatervorstellungen; **El Munich,** 500 m südlich der Farmacia Linda Vista, 5 Calle al S., ✆ 2 66 81 32, tgl. 13–6 Uhr; Mariachi-Musik.
Diskotheken: Mansion del Reggae, km 5 Ctra. Norte; gute Reggae- und Soca-Musik, tgl. 19–3 Uhr; **Centro de Diversiones ›La Piñata‹,** Frente a la Universidad Centroamericano, ✆ 2 67 02 86; beliebte Freiluftdisco, Bar und Restaurant.

 Märkte (tgl. 6–18 Uhr): **Mercado Central Roberto Huembes,** Pista de la Solidaridad Ecke Pista Portazuelo (beim Museum der Revolution); überdachter Markt, große Auswahl an handwerklichen Produkten; **Mercado Oriental,** zwischen Pista P. J. Chamorro und Pista Larreynaja am östlichen Ende des Stadtzentrums; offener Markt; **Mercado Boér/Israel Lewites,** Pista de la Municipalidad Ecke Av. R. Ibarra.
Einkaufszentren: Metrocentro, Pista de la Municipalidad (an der großen Rotonda hinter der Universität); **Supermarkt** an der Plaza de España mit AC und US-amerikanischem Sortiment.
Antiquitäten: La Botija, Centro Cultural Managua, Módulo 8, ✆ 2 22 20 30.
Bücher: Centro Sandinista de Trabajadores, Paseo Ho Chi Minh; **Centro Antonio Valdivieso,** Calle José Martí (in der Nähe des Mirador Tiscapa); Bücher und Schallplatten.

Kunst: Galería Solentiname, del Transfer Unan 600 mts. al S., ✆ 2 77 09 39, Malerei und Holzschnitzerei aus Solentiname; **Galería Casa de los Tres Mundos,** del Restaurante La Marseillaise, 2, 5 c. al Lago, Av. Principal Los Robles, ✆ 2 67 03 04; Handwerkskunst aus Solentiname, naive Malerei, Skulpturen.

 Kinos: Cinemateca de Nicaragua, del Teatro González, 1 Calle al N. (südl. Parque Central), ✆ 2 22 65 60; klimatisiert, bewachter Parkplatz, anspruchsvolles internationales Filmprogramm, Mo–Fr 18 und 20, Sa u. So 16 und 20 Uhr;
Cine Margot, del Palacio Nacional, 300 vrs al E., ✆ 2 22 35 50.
Sport: Nicaraguas Nationalsport ist **Baseball.** Die großen Spiele finden während der Saison (Nov.–April) wöchentlich am Sonntagvormittag statt.
Nationalstadion Rigoberto López Pérez, Av. William Romero (an der Flutlichtanlage von weitem zu erkennen), Karten an der Tageskasse.
Schwimmbäder in den Hotels Intercontinental, Camino Real und Las Mercedes.
Lagune von Xyloa, Naherholungsgebiet mit Club ›El Nautico‹, Bootsverleih, wenige Kilometer außerhalb der Stadt, Zufahrt über die Ctra. Nueva León.

Cruz Roja, Repto Belmonte Ctra. Sur km 7, ✆ 65 20 83.
In den **staatlichen Krankenhäusern** kostenlose Behandlung, aber lange Wartezeiten: **Hospital Alemán-Nicaragüense** (ehemaliges Carlos Marx), km 6 Ctra. Norte, Siemens 3 c. al S., ✆ 2 49 07 01, deutschsprachige Ärzte.
Privatkliniken (Behandlung nur gegen Barzahlung!): **Hospital Monte España,** Semaforos Enitel Villa Fontana, ✆ 2 78 39 20.

Farmacia Guerrero, Plaza El Sol 300 vrs arr., ℘ 2 78 20 22, 24 Std. geöffnet.
Farmacia Guadalupana, Linda Vista Sur Nr. 43 gegenüber der Esso-Tankstelle, ℘ 2 66 67 25, 24 Std. geöffnet.

 **Autoverleih:** Hertz, Budget und Toyota unterhalten Büros am Flughafen und im Hotel Intercontinental (s. auch S. 302).
Taxistand : am Hotel Magut, westl. des Interconti, Preis **immer** vorher aushandeln! (Faustregel: pro km knapp 1 US-$, pro Std. 8–10 US-$), lizensierte Taxis sind mit ›MT‹ und mit dem Emblem ihrer Taxikooperative gekennzeichnet.
Stadtbusse: 5.30–18 Uhr alle10 Min, 18–22 Uhr alle 15 Min. (oft überfüllt!). Hauptlinien: 101: Las Brisas, Interconti, Mercados Oriental, San Miguel; 103: 7 Sur, Mercado Israel Lewites, Plaza 19 de Julio, Metrocentro Mercado San Miguel, Villa Libertad; 109: Teatro Rubén Darío, Interconti, Mercado Roberto Huembes; 119: Plaza España, Plaza 19 de Julio, Casimir Sotelo-Busbahnhof; 123: Mercado Israel Lewites, 7 Sur, Linda Vista, Telcor Sur (Palacio Nacional), Nuevo Diario.
Überlandbusse: vom Casimir Sotelo-Busbahnhof, Pista Portazuela, nach **Rivas, Granada, Masaya, Estelí, Somoto, Matagalpa;** vom Mercado Israel Lewites, Pista de la Municipalidad, nach **León, Corinto, Chinandega** und zur Pazifikküste, vom Terminal Atlántico, Mercado San Miguel, Pista Sabana Grande, nach **Boaco, Juigalpa** und **Rama.**
Internationale Busverbindungen: Barrio Martha Quezada (westl. Interconti), Ticabus (℘ 22 20 96) nach **San José,** Costa Rica tgl. 7 Uhr (13 Std.) Ticabus auch nach Panama-Stadt, Tegucigalpa, San Salvado, Guatemala City.
Flüge: Aeropuerto Augusto César

Sandino, ℘ 2 33 15 31-3, Auskunft: ℘ 2 33 16 24.
Nica (℘ 2 66 31 36) und die private La Costeña (℘ 2 63 12 81, 2 63 21 42-4) fliegen tgl. nach **Bluefields, Islas del Maíz** und **Puerto Cabezas.**
Adressen der internationalen Fluggesellschaften s. S. 301f.

Masaya

 **Polizei:** ℘ 5 22 42 22.
Post: neben dem Parque Central.
Telefon: Enitel, neben der Post.

Hotel Cailagua ($$), km 30 Ctra. a Granada (2 km außerhalb Masayas), ℘ 5 22 44 35; saubere, große Zimmer, freundlicher Service.
Regis ($), Cine González 1 c. al N., ℘ 5 22 23 00; zentral, einfach, sauber, mit Gemeinschaftsbad.

El Filete ($$), km 26 Ctra. Masaya, ℘ 5 22 47 00; Steakhaus, Gartenlokal.
Cafetín Verdi ($), im Parque Central; Snacks und Eis, gute Atmosphäre.
Nuevo Bar Chegris ($), Calle Arturo Velázquez (um die Ecke des Regis); gutes Essen, netter Garten, Treffpunkt.
Pochil ($), hinter dem Parque Central; einheimische und vegetarische Küche.

Fuerte Coyotepe, Festung auf dem Cerro de Coyotepe, etwas außerhalb von Masaya, Di–So 9–13, So 9–17 Uhr.
Museo de Héroes y Mártires, Villa Nindirí (15 Min. außerhalb von Masaya); alte Kutschen und Pferdewagen, Statue Sandinos, Mo–Fr 9–11.30 Uhr, Sa und So geschlossen.
Museo Camilo Ortega, 2 Blocks östlich des Mercado de Artesanía;

Ausstellung zur jüngeren Regionalge-
schichte, Schlüssel im Nachbarhaus.

**Viele ausgelassene, öffentliche,
lokale Feste** (s. S. 298).

**Restaurante Campestre El
Paraje,** Ctra. Masaya, Empalme
las Flores 200 m al SO, ✆ 5 22 49 33;
beliebtes Gartenlokal, Fr und Sa Tanz.

Mercado de Artesanía, Calle
Ernesto Fernández G., im reno-
vierten, alten Marktgebäude, Hängematten, Korbwaren; **Centro de Artesanía de Masaya** (CECAPI), Malécon,
So geschl.; **Cooperativo Teófilo
Alemán,** gute Auswahl an Schaukelstühlen; **Barrio Monimbó,** an der Iglesia Magdalena mit zahlreichen indigenen Kunsthandwerksläden.

Cruz Roja, Parque Central 1 c.
al S., ✆ 5 22 21 31.
Hospital Hilario Sánchez Vásquez,
Héroes y Mártires La Reforma 3 c. al E.,
0,5 c. al S., ✆ 5 22 27 78.

Taxen und **Pferdedroschken.
Busbahnhof:** Mercado de Artesanía, Busse nach **Managua** tgl. 4–20
Uhr alle 15 Min.; nach **Granada** tgl.
4–18 Uhr alle 20 Min.; nach **Jinotepe**
tgl. alle 20 Min.

Matagalpa

 Polizei: ✆ 6 12 23 82.
Post: 1 Block östlich der Kathedrale, Mo–Fr 8–12 und 13.30–17 Uhr.
Telefon: Enitel, im Postgebäude,
tgl. 7–22 Uhr.

 Ideal ($$), Calle Manuel
Caledón, de Iglesia Catedral 2 c.

al N., 1 c. al O., am Río Grande Mata-
galpa, ✆ 6 12 24 83; Zimmer teilweise
mit Bad, bestes Hotel im Zentrum.
Selva Negra ($$), 10 km außerhalb, an
der Paßstraße nach Jinotega (km 139),
in einem Wald am künstlich angelegten
See auf 1600 m ü. M., ✆ 6 12 38 83.
Hacienda deutscher Einwanderer, in
der noch immer ökologisch angebauter
Kaffee geerntet wird, eigene Quelle,
daher gibt es keine Wasserprobleme.
3 Unterbringungskategorien: Jugendherberge, Apartments und *cabañas.*
Hospedaje Matagalpa ($), 2 Blocks
vom Museo Carlos Fonseca, nahe der
Av. Central, ✆ 2 38 34; 9 nette, saubere
Zimmer, davon 3 mit eigenem Bad.

**Restaurants der Hotels Selva
Negra** ($$$, am Wochenende
Tischreservierung!) und **Ideal** ($$$).
**Comedor de Héroes y Mártires
Anónimos** ($), Parque Morazán; be-
liebt, gute einheimische Gerichte.
Lanchería Marcia ($), gegenüber der
Feuerwehr; guter Mittagstisch.

**Museo Casa Cuna Carlos
Fonseca,** 1 Block östlich des
Parque Darío, Museum im Geburtshaus
des Dichters, Schlüssel in der Bürger-
meisterei abholen.
La Tomba de Ben Linder, Zentral-
friedhof; Grabmal eines amerikanischen ›*internacionalista*‹.

Disco im Hotel **Ideal,** nur Sa.;
Disco-Bar **La Posada,**
50 m westlich des Parque Darío.

 Mercado del Oeste, Nähe
Busbahnhof; Töpferwaren einer
ortsansässigen Kooperative.

Hacienda Hammonia (Hotel
Selva Negra): Kaffeetour

während der Erntezeit (Nov.–Feb.), Vogelbeobachtungen (Kolibris, mit Glück auch Quetzales und Tukane; Kenner kommen frühmorgens oder spätnachmittags!), Reiten, Rudern. **Zoo las Tejas,** auf einem Hügel im Norden der Stadt, Di–So 9–16 Uhr.

 Cruz Roja, Frente a Hospital Trinidad Guevara, ✆ 6 12 20 59. **Hospital César Amador Molina,** ✆ 6 12 21 15.

 Busbahnhof nahe dem Mercado del Oeste: nach **Managua, Estelí, Jinotega;** vom Mercado del Norte: alle Orte in östlicher Richtung, 1 × tgl. Bus nach **León.**

Momotombo

Vulkan: Für einen Aufstieg an seiner Südseite muß man das Gelände des Elektrizitätskraftwerks am Fuß des Vulkans durchqueren. Die Erlaubnis erteilt das Instituto Nicaragüense de Energía in Managua (Stadtteil Santo Domingo), lgl. 1 c. ab. Edif. Cerna, ✆ 2 22 56 11. Der Aufstieg an der weniger spektakulären Nordseite (ohne Sicht auf den Managua-See) erfordert keine Erlaubnis.

Montelimar

 Montelimar Beach Resort ($$$), ✆ 22 27 04 40, Fax 27 56 74; riesige *all-inclusive*-Ferienanlage im Besitz der spanischen Barceló-Hotelkette mit 80 Bungalows, eigenem Spielcasino, Golf- und Flugplatz; ehemaliger Strandsitz Somozas an der Pazifikküste, einziger FKK-Strand Zentralamerikas.

Ocotal

 Polizei: ✆ 7 32 22 92.

 Fronteras ($), Miscelánea Lilliam 4 c. al O. (nahe der Shell-Tankstelle), ✆ 7 32 24 61; bestes Hotel der Stadt, Zimmer mit Bad und AC.

 Restaurante-Pizzeria **La Piccola Roma** ($) im Hotel Fronteras; gute italienische Küche. **La Llamada del Bosque** ($), am Parque Central, gute Tagesgerichte.

 Cruz Roja, Contiguo Gasolina Texaco, ✆ 7 32 24 85. **Hospital Modesto Agurcia Moncada,** Banic 3 c. al O., ✆ 7 32 24 57.

 Busse (800 m südlich des Zentrums) nach: **Estelí** tgl. 4–17 Uhr stündl. (ca. 2,5 Std., 1,5 US-$); **Managua** tgl. 5 u. 15.30 Uhr (ca. 5 Std., 3,5 US-$).

Ometepe

 Touristeninformation: Ecotour (Fundacíon Entre Volcanos), Moyogalpa, 150 m südl. der Tankstelle, ✆ 4 63 38 08; vermittelt auch Fremdenführer *(Guías Ecoturísticos de Ometepe).* **Post:** Moyogalpa: 300 m von der Bootsanlegestelle entfernt, Mo–Fr 8–16 Uhr; Alta Gracia: am Park Central, Mo–Fr 8–16 Uhr. **Telefon:** Enitel, in den Postgebäuden von Moyogalpa und Alta Gracia, Mo–Sa 8–16 Uhr.

Cari y Marina ($), Moyogalpa, 100 m südlich des Hafens, ✆ 4 59 42 63; 25 Zimmer, lokale Architektur (Holz und Backstein, Häuser mit

Palmdächern auf Stelzen), eigene Bootsanlegestelle.

Castillo ($), Alta Gracia, an der Straße nach Moyogalpa, ✆ 5 52 60 45; einfache, saubere Zimmer, teilweise mit Privatbad u. AC, schöner Patio, Informationsbörse.

🍴 Restaurant der **Pension Aly** ($), Moyogalpa, gegenüber der Tankstelle; gute, einheimische Küche. Restaurant des **Hotel Cari y Marina** ($); gute Fischgerichte.

👁 **Museo Ometepe,** Alta Gracia; Geschichte und Geologie der Insel, tgl. 9–12 und 13–17 Uhr.

🚶 **Jet-Ski-Verleih:** Hotel Cari. **Reitmöglichkeit** über Ecotour.

➕ **Centro de Salud,** Alta Gracia, ✆ 5 52 60 89.
Hospital de Moyogalpa, ✆ 4 59 42 47.

🚗🚐🚢✈ **Autoverleih: Toyota Rent a Car** in der Hospedaje El Pirata, Moyogalpa, ✆ 45 93 32 04, und im Hotel Ometepe.
Boots-, Jeep-, Motorrad- und Fahrradverleih: im Hotel Cari y Marina.
Inlandbusse: Fahrplan über Ecotour.
Bootsverkehr: Alta Gracia–Granada: Mi 3 und 4, So 10 Uhr (4,5 Std.).
Moyogalpa–Granada (Tragflügelboot) Sa und So 4.30 Uhr (2 Std., 6 US-$).
Flüge nach **Managua** mit Costeña: Sa 8.15, So 17.15 Uhr (25 Min., 52 US-$).

Poneloya

🛏 **La Posada de Poneloya** ($), Entrada a Poneloya, ✆ 3 17 23 77; neue Anlage, 13 Zimmer mit Bad und AC, der Besitzer organi-

siert Ausflüge zum nahegelegenen Naturschutzgebiet Isla Juan Venado.
Suyalpa Beach ($), am Strand, Zimmer mit Bad und Ventilator, Pool.

🍴 Restaurant im **Hotel Suyalpa Beach** ($), gute Fischgerichte. Restaurant im **Hotel Lacayo** ($), direkt am Strand; einheimische Küche, schöner Meerblick.

🚌 **Bus** nach **León** tgl. 4.45–18 Uhr im Stundentakt vom Mercado an der Subtiava-Kirche.

Rama

ℹ **Polizei:** ✆ 8 17 00 26.

🛏 **Amy** ($), in der Nähe der Bootsanlegestelle, 1 Block südlich der Esso-Tankstelle, ✆ 8 17 00 34; Gemeinschaftsbad, sehr einfach.

🍴 **Comedor Torres** ($); einfache einheimische Küche. Restaurant.

➕ **Hospital Carlos Roberto,** ✆ 8 17 00 19.

🚌🚢 **Bus:** nach **Juigalpa** tgl. 5–14 Uhr im 30-Min.-Takt (4,5 Std.); nach **Managua** tgl. 4–9 Uhr im Stundentakt (7 Std.).
Boote: nach **Bluefields** ›Bluefields Express‹ Di, Do, Sa u. So 11.30 Uhr (7 Std., 5 US-$); Schnellboote *(pangas)* nach Vereinbarung (2 Std., ca. 15 US-$).

Rivas

 Polizei: ✆ 4 53 33 35, 4 53 37 32.

Post: 3 Blocks südlich des Parque Central, Mo–Fr 8–17 Uhr.
Telefon: Enitel, im Gebäude der Post, tgl. 8–20.45 Uhr.

 Cacique Nicarao ($), del Parque 2 c. al E. contiguo al Cinema, ✆ 4 53 32 34, Fax 4 53 31 20; 18 Zimmer mit Bad und Ventilator, bestes Hotel der Stadt.
Pensión Primavera ($), nahe der Shell-Tankstelle, ✆ 4 53 39 82; freundliche Atmosphäre, Gemeinschaftsbad.

 Limonarios ($$), am Parque Central; bestes Restaurant der Stadt.
Rinconcito Salvadoreño ($), Parque Central; leckere und preiswerte lokale Spezialitäten, *open-air*-Lokal.

 Cruz Roja, ✆ 4 53 34 15.
Hospital Gaspar García Laviana, Salida a Tola, ✆ 4 53 33 01, 4 53 36 81.
Farmacia Alvarado, neben dem Cacique Nicarao, ✆ 4 53 44 07.

 **Busse:** nach **Sapóa/Peñas Blancas** tgl. 5.30–16.30 Uhr im 30-Min.-Takt (1 Std., 0,80 US-$); **Managua** 4–18.30 Uhr im 30-Min.-Takt (2,5 Std., 1,50 US-$); **Granada** 6, 8, 10.30 u. 12 Uhr (2 Std., 1,25 US-$); **San Juan del Sur** 6–18 Uhr im 45-Min.-Takt (45 Min., 0,60 US-$).

San Carlos

 Albergue Linda Vista ($), westlich Stadteingang, ✆ 2 83 02 85; das beste unter den einfachen Hotels.

 **Busse:** nach **Granada** und **Managua,** tgl. 8 Uhr (ca. 10 Std., 6 US-$).

Boote: nach **El Castillo** tgl. außer So 14 Uhr (4 Std., 3 US-$); Schnellboote (ca. 2 Std., ca. 9 US-$).
Fähre nach **Granada** Fr 15 Uhr (Ankunft Sa 8 Uhr), fällt öfters wegen Reparaturen aus (4 US-$); Schnellfähre Nicaragüita Mo–Fr 14 Uhr (3 Std.), Sa u. So 13 Uhr (5 Std., 12 US-$).
Flüge: mit Nica Airlines nach **Managua** tgl. 9 Uhr, 40 US-$.

San Juan del Sur

 Polizei: ✆ 4 58 23 82.
Post: südliche Uferpromenade neben dem Hafen, Mo–Fr 8–17 Uhr.
Telefon: Enitel, im Postgebäude, tgl. 8–20.45 Uhr.

 Barlovento ($$), Atrás Centro de Salud, ✆ 4 58 22 98; Zimmer mit Bad, AC und Balkon, sehr schöne Aussicht, bestes Hotel der Stadt.
Estrella ($), Uferpromenade, Frente al Mar, ✆ 4 58 22 10; altes Holzgebäude mit exotischem Ambiente, Zimmer mit Balkon und Meerblick, Gemeinschaftsbad und Toilette außerhalb des Hauses.

 El Buengusto ($), gutes Fischrestaurant am Meer.
Soya ($), vegetarische Küche, Fruchtsäfte, freundlicher Service.

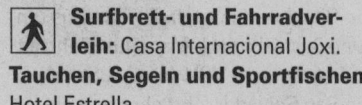 **Mercado,** jeweils 2 Blocks von der Uferpromenade und dem Parque Central entfernt.

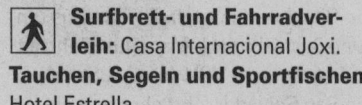 **Surfbrett- und Fahrradverleih:** Casa Internacional Joxi.
Tauchen, Segeln und Sportfischen: Hotel Estrella.

 Das Hotel Casa Internacional Joxi (✆ 4 58 23 48) bietet

Transportservice nach **Managua** und **Masaya** (für 85 US-$ pro Wagen). **Busse**: nach **Rivas,** Abfahrt ab Mercado, tgl. 6–17 Uhr im 45-Min.-Takt.

Boote: nach **Granada** von der Insel Mancarrón Sa und So 14.30 Uhr (Fahrzeit ca. 4 Std., 9 US-$); nach **San Carlos** nach Bedarf (1,5 US-$).

Solentiname

Albergue Mancarrón ($$), Isla Mancarrón, ✆ 55 20 59; 15 komfortable Zimmer mit Bad in Häusern im *Rancho*-Stil, schöner Garten, Reitmöglichkeit, Bootsverleih, abends gibt es Strom, eigenes Restaurant.

Volcán Masaya

Parque Nacional: Eingang bei km 23, Besucherzentrum (Centro de Interpretación Ambiental) 1,5 km vom Eingang; Di–Fr 9–17, Sa und So 9–19 Uhr, Eintritt: pro Person 0,25 US-$, Auto 3 US-$.

Reiseinformationen von A bis Z

Anreise

... mit dem Flugzeug

Es gibt keine Direktverbindung von Deutschland, der Schweiz oder Österreich nach Managua. Iberia fliegt von Frankfurt über Madrid und Miami (4 x die Woche) nach Managua, Continental Airlines von Frankfurt über New York und Miami (tgl.), Aeroflot von Frankfurt über Moskau (2 x die Woche). Die Preise liegen zwischen 1500 und 1800 DM. Billiger: günstiges Ticket nach Miami und von dort weiter nach Managua (tgl., ca. 250 US-$).

... mit dem Bus

Von San José fährt tgl. der Tica-Bus um 6 und 7.30 Uhr nach Managua (Fahrzeit ca. 11 Std., ca. 9 US-$ für eine Strecke). Von San Salvador fährt ebenfalls ein Tica-Bus tgl. um 5 Uhr mit Zwischenstopp in Tegucigalpa nach Managua (ca. 12 Std., 20 US-$).

Auskunft

... in Deutschland

Kulturabteilung der Nicaraguanischen Botschaft, Konstantinstr. 41, 53179 Bonn, ✆ 02 28/35 59 38. **Informationsbüro e. V. Nicaragua,** Friedrich-Ebert-Straße 141 b, Postfach 101320, 42013 Wuppertal, ✆ 02 02/30 00 30.

... in Europa (für Schweiz und Österreich)

Fremdenverkehrsamt Nicaraguas in Spanien, Almagro 22, 6a Planta, 28010 Madrid, ✆ 00 34/1/3 19 23 41, Fax 00 34/1/3 19 83 59.

... in Nicaragua

Deutsch-Nicaraguanische Industrie- und Handelskammer, ✆ 2 68 10 66, 2 68 10 01, Fax 2 22 78 29. **Instituto Nicaragüense de Turismo**

(INITUR), Apartado Postal 122, Managua, 150 m westlich vom Interconti, ✆ 2 22 33 33, 2 22 29 62, Fax 2 22 66 18.

Diplomatische Vertretungen

... in Deutschland

Botschaft der Republik Nicaragua, Konstantinstr. 41, 53179 Bonn, ✆ 02 28/35 27 87, Fax 35 40 01.

... in Österreich

Botschaft der Republik Nicaragua, Ebendorfstr. 10, A-1010 Wien, ✆ 00 43/1/4 03 18 38; Fax 00 43/1/4 03 27 52.

... in der Schweiz

Zuständig ist die Vertretung in der Bundesrepublik Deutschland.

... in Nicaragua

Embajada de la República Federal de Alemania (Botschaft), Apartado Postal 29, Managua, Bolonia de la Plaza España, 2 c. al Norte (contiguo a la Optica Nicaragüense), ✆ 0 05 05/2 66 39 17, 2 66 39 18, 2 66 75 00, 2 66 79 44, Fax 2 66 76 67, Mo und Di 7.30–16.45, Mi–Fr 7.30–14 Uhr.
Cónsul Honorario de la República Federal de Alemania (Generalkonsulat), Casa Cural No. 101, Corinto, ✆ 3 42 24 18 (z. Z. nicht besetzt).
Consulado de Austria, Bolonia Plaza España 1 c al N., ✆ 2 68 02 60, 2 66 33 16, 2 66 01 71, Fax 2 66 34 24.
Embajada de Suiza, Clínica las Palmas 1 c. ab. 10 m al S., ✆ 2 76 06 23, 2 76 01 82, Fax 2 76 17 61.

Einkaufen

Nicaragua verfügt über ein breites Angebot an Kunsthandwerk: Hängematten, Schaukelstühle, Teppiche und andere Weberzeugnisse, Körbe, Kleidung, Musikinstrumente, Masken, Holzschnitzereien und Lederwaren. Jede Stadt hat einen eigenen Markt, Managua gleich vier große (für Kunsthandwerk: Mercado Roberto Huembes). Den größten und bekanntesten Kunsthandwerksmarkt besitzt Masaya. Der Markt von San Juan de Oriente ist bekannt für seine Töpferwaren, der von Granada für Stickerei und Korbmöbel. Berühmt für seine ›naive‹ Bauernmalerei und Holzschnitzkunst ist Solentiname. Als Mitbringsel eignen sich auch Kaffee, Zigarren und Rum (Flor de Caña).

Einreisebestimmungen

In den letzten Jahren haben sich die Bestimmungen oft geändert. Z. Z. benötigen EU-Bürger ein Visum und dürfen sich hiermit 30 Tage im Land aufhalten. Will man sich dieses bereits vor Reiseantritt besorgen, muß man das ausgefüllte Antragsformular der Botschaft zusammen mit Paßbild, dem noch 6 Monate gültigen Paß, Scheck über 40,– DM und frankiertem Rückumschlag mit Einschreibeporto (z. Z. 6,80 DM/Eilpost 15,80 DM) an die Botschaft schicken. Vom Tag der Ausstellung an berechtigt das Visum zur einmaligen Einreise innerhalb von 30 Tagen. Ein solches Visum kann man auch bei den nicaraguanischen Botschaften in den Nachbarstaaten (Preis: 25 US-$) erwerben. Hinweis für Mutige: Wer ohne Visum am Flughafen von Managua ankommt, erhält für 5 US-$ (!) eine 30 Tage gültige Aufenthaltsgenehmigung!

Bei der Einreise kann eventuell ein Weiter- oder Rückreiseticket verlangt werden. Visa für Geschäftsreisende und für Familienbesuche sind um 60 Tage verlängerbar. Diese Verlängerung muß innerhalb der ersten zwei Wochen des Aufenthalts bei der Dirección de Migración y Extranjería in Managua beantragt werden. Schweizer benötigen nur einen 6 Monate gültigen Paß.

Feiertage und Feste

Staatliche Feiertage

1. Jan.	Neujahr (*Año Nuevo*)
März/April	Osterwoche *(Semana Santa)* schließt den Heiligen Donnerstag und Freitag *(Jueves y Viernes Santo)* ein
1. Mai	Tag der Arbeit *(Día del Trabajo)*
19. Juli	Triumphtag der 1979er Revolution *(El Triunfo)*
14. Sept.	San Jacinto-Schlacht (gegen William Walker)
15. Sept.	Unabhängigkeitstag *(Día de la Independencia)*
2. Nov.	Allerheiligen *(Día de los Fieles Difuntos)*
8. Dez.	Unbefleckte Empfängnis *(Inmaculata Concepción Purísima)*
25. Dez.	Weihnachten *(Navidad)*

Regionale Feste und Feiertage

6. Jan.	**Masaya:** *Día de los Reyes* (Dreikönigstag)
15. Jan.	**Tipitapa:** *Fiesta del Señor de Esquipulas* (Fest der schwarzen Christusfigur von Esquipulas)
20. Jan.	**Diriamba** (bei Masaya): *Acoyapa* (Fest des hl. Sebastian)
2. Feb.	**Diriomo:** *Fiesta de la Virgen de Candelaria* (Mariä Lichtmeß)
10. Feb.	**La Concepción:** *Fiesta de Virgen de Montserrat*
Feb. (3. Sonntag)	**Masaya:** *Domingo de Lázaro* (Fest des Lazarus)
16. März	**Masaya:** Prozession zur Lagune mit der *Virgen de Masaya* und dem *Cristo de Milagros* aus dem Dorf Nindirí.
19. März	**Malacotoya** (Solentiname-Inseln): *Fiesta de Santo Giuseppo* (Fest des hl. Josef)
Ostern	**León:** *Fiesta de San Benito* (Lichtprozession zu Ehren des hl. Bernhard)
23. April	**Wiwili:** *Virgen de Fatima*
24. April	**San Marcos:** *Fiesta de San Marcos*
29. April	**Divia:** *Fiesta de San Pedro Mártir* (Fest zu Ehren des Märtyrers Petrus)
1.–30. Mai	**Bluefields:** *Fiestas del Palo de Mayo*
3. Mai	**Masaya:** *Fiesta de la Cruz*
	San Juan del Sur: *Fiesta de San Juan Bautista*
13. Juni	**La Concepción:** *Fiesta de San Antonio*
24. Juni	**Granada:** *Fiesta de San Juan Bautista*
29. Juni	**Granada:** *Fiesta de San Pedro*

16. Juli	**San Juan del Sur:** *La Virgen del Carmen,* Prozession zu Ehren der lokalen Schutzpatronin
24. Juli	**Boaco:** *Fiesta de San Felipe*
25. Juli	**Jinotepe, Boaco, Somoto, Managua:** *Fiesta de Santiago de Apóstol*
26. Juli	**Granada, Nandaime, Moyogalpa, Niquino-homo, Nindirí, Ome-tepe:** *Fiesta de Santa Ana*
1.–10. Aug.	**Managua, Masaya, Granada, León:** *Fiesta de Santo Domingo de Guzmán*
14./15. Aug.	**Ocotal, Granada, Masaya:** *Fiesta de la Asunción*
24. Sept.	**León, Matagalpa, Chinandega:** *Virgen de Mercedes*
29. Sept.	**Masaya:** *Fiesta de San Miguel Arcángel*
28. Sept.–7. Okt.	**Masaya, León:** *Fiesta de San Jerónimo* mit dem Volkstanz Gue-guense, bei dem die Darsteller aufwendig gearbeitete Kostüme und Masken tragen.
Okt.	**Granada:** an allen Samstagen: *Mes del Rosario* mit El Arabal-Tänzen
17. Nov.	**Alta Gracia, Rivas:** *Fiesta de San Diego*
7. Dez.	**León, Masaya:** *Día de la Purísima Concepción*
8. Dez.	**Masaya:** *Pase de la Virgen*
12. Dez.	**León, Masaya:** *Día de la Virgen de Guadalupe*
13. Dez.	**León:** *Fiesta de Santa Lucía*
25. Dez.	**Masaya, Estelí:** *Día del Niño Diós*
31. Dez.	**Catarina:** *Fiesta de San Silvestre*

Geld

Seit Juli 1990 gilt die Landeswährung Córdoba Oro (C$), unterteilt in 100 Centavos. Es gibt Banknoten zu 0,5, 1, 5, 10, 20, 50 und 100 C$. Ausländische Währungen und Córdobas können unbegrenzt ein- und ausgeführt werden, Kreditkarten sind nicht sehr verbreitet, mit Traveller Cheques kann man außerhalb Managuas Schwierigkeiten haben. Am besten: US-$ bar und darauf achten, kleine Córdoba-Scheine zu bekommen, da mangels Wechselgeld nur wenige auf 50 oder 100 C$ herausgeben können. Wechselkurs (1998): 1 US-$ ~ ca. 9 C$, das entspricht 1 C$ ~ 0,20 DM.

Kleidung

In den Tropen ist es das ganze Jahr über warm und feucht, kühl wird es nur in Höhenlagen. Mitnehmen sollte man leichte Sommerkleidung, am besten helle Hemden und Blusen, weite lange Hosen – nach Möglichkeit aus schnell trocknendem Material. Strickjacke oder Pullover braucht man nur für Ausflüge ins Hochland oder zu Vulkanen bzw. fürs AC-Restaurant. Immer nötig: ein Regenschutz.

Literatur und Landkarten:

Acker, Alison: Kinder des Vulkans. Hammer Verlag, Wuppertal 1988.

Albert, Marie-Theres: Der neue Mensch in Nicaragua. IKO Verlag, Frankfurt 1989.

Aragón, Rafael: Die Kirche der Armen in Nicaragua. Geschichte und Perspektiven. Lang Verlag, Frankfurt 1996.

Belli, Gioconda: Wenn Du mich lieben willst. Gedichte aus Nicaragua. Hammer Verlag, Wuppertal, 3. Aufl. 1988.

dies.: Zauber gegen die Kälte. Erotische Gedichte. Hammer, Wuppertal 1992.

dies.: Die bewohnte Frau. dtv, München 1991.

dies.: Tochter des Vulkans. dtv, München 1992.

Cabezas, Omar: Die Erde dreht sich zärtlich, Compañera. Autobiographischer Bericht aus Nicaragua. Vorwort v. Eduardo Galeano. Hammer Verlag, Wuppertal, 5. Aufl. 1988.

Cardenal, Ernesto: Nationallied für Nicaragua. Hammer, Wuppertal, 2. Aufl., 1980.

ders.: Unser Land mit den Menschen, die wir lieben. Hammer Verlag, Wuppertal, 2. Aufl. 1982.

Cortázar, Julia: Nicaragua, so gewaltsam zärtlich. Hammer Verlag, Wuppertal, 2., korr. Aufl. 1985.

Eich, Dieter (u. a.): Vulkan der Träume. Nicaragua. Utopie und Alltag. Vervuert Verlag, Frankfurt/Main 1986.

Gabriel, Leo: Aufstand der Kulturen. Konflikt-Region Zentralamerika: Guatemala, El Salvador, Nicaragua. dtv, München 1988.

Galeano, Eduardo: Verteidigt Nicaragua. Hammer Verlag, Wuppertal 1987.

Heinen, Guido: Mit Christus und der Revolution. Geschichte und Wirken der *iglesia popular* im Sandinistischen Nicaragua (1979–90). Kohlhammer Verlag, Stuttgart 1995.

Irnberger, Harald (u. a.): Nicaragua – Menschen, Landschaften. Elefanten Press, Berlin 1989.

Kroetz, Franz X.: Nicaragua-Tagebuch. Suhrkamp Verlag, Frankfurt 1991.

Langguth, Gerd: Wer regiert Nicaragua? Geschichte, Ideologie und Machtstrukturen des Sandinismus. Verlag Bonn Aktuell, Stuttgart 1989.

Meyer, Ute: Der außenpolitische Entscheidungsprozeß der USA. Das Spannungsfeld Präsident – Kongreß am Beispiel der Nicaragua-Politik während der zweiten Amtsperiode Ronald Reagans. Leske & Budrich Verlag, Opladen 1995.

Niederhauser, Rolf: Requiem für eine Revolution. Tagebuch Nicaragua. Sammlung Luchterhand, Darmstadt und Neuwied 1990.

Niess, Frank: Das Erbe der Conquista. Geschichte Nicaraguas. Pahl-Rugenstein Verlag, Köln 1989.

Pelzer, Roger (u. a.): Herausforderung im Hinterhof – das neue Nicaragua. Hammer, Wuppertal, 2. Aufl., 1987.

Ramírez, Sergio: Viva Sandino – Leben und Tod des ersten lateinamerikanischen Guerilla-Führers. Hammer Verlag, Wuppertal, 2. Aufl. 1984.

Reimann, Elisabeth: Ich war ein Contra – Bekenntnis des antisandinistischen Kommandanten Moisés. Pahl-Rugenstein, Köln 1986.

Rushdie, Salman: Das Lächeln des Jaguars. Eine Reise durch Nicaragua. Piper, München 1987.

Schönherr, Dietmar: Nicaragua, mi amor. Tagebuch einer Reise und das Projekt Posolera. Hammer Verlag, Wuppertal 1986.

Schulz, Hermann: Nicaragua. Eine amerikanische Vision. rororo, Reinbek 1983.

Sölle, Dorothee/Frey, Peter: Revolution ohne Todesstrafe. Zwei Berichte aus Nicaragua. Pendo, Zürich 1984.

Vargas, Oscar René: Nicaragua nach dem Regierungswechsel. Hammer Verlag, Wuppertal 1990.

Landkarte: Nicaragua (1:1 Mio.).
Edición Nuevo Hombre, Wuppertal
1988.

Notfälle

Erste Hilfe: *(Ambulancia)* 2 65 15 17.
Feuerwehr: *(Bomberos)* 2 64 06.
Notruf: *(Emergencias)* 1 15.
Polizei: *(Policía)* 1 18.
Rotes Kreuz: *(Cruz Roja)* 2 65 20 83-4.

Öffnungszeiten

Banken: Mo–Fr 8.30–12, 14–16,
Sa 8.30–11.30 Uhr.
Behörden: Mo–Fr 8–12 Uhr.
Geschäfte: Mo–Sa 8–12, 14.30–17.30
Uhr.
Die mittägliche *siesta* wird im ganzen
Land eingehalten!

Post und Porto

Luftpostbriefe und Postkarten nach
Europa: 5 C$ (Beförderungsdauer:
14 Tage); Hauptpostamt mit Sonder-
markenabteilung in Managua, 250 m
westlich der alten Kathedrale.

Preise

Preise und Lebenshaltungskosten sind
überall dort, wo europäischer Standard
geboten wird, auch so hoch wie in
Europa. Billiger sind Früchte, Fleisch,
Zigaretten, Inlandflüge, Taxi-, Busfahr-
ten sowie Dienstleistungen.
   Auf fast alle Preise (auch für Dienstleistungen) wird eine Mehrwertsteuer
(IGV = *impuerto general al valor*) von
15 % aufgeschlagen.

Reisen in Nicaragua

… mit dem Bus

Nicaragua ist das billigste Busreiseland
Zentralamerikas; die Busse sind zuverlässig und fahren bis in die äußersten
Winkel. Gepäck, das auf dem Dach oder
in den Laderäumen verstaut wird, kostet extra. Es gibt keine veröffentlichten
Fahrpläne, aber die Taktzeiten für Verbindungen zwischen Managua und den
großen Städten sind sehr kurz. Vorsicht:
Busse sind der beliebteste Arbeitsplatz
für Taschendiebe.

… mit dem Flugzeug

Die nationale Fluggesellschaft Nica
(✆ 2 66 31 36) und die private
La Costeña (✆ 2 63 12 81, 2 63 21 42-4)
fliegen tgl. von Managua nach Bluefields, zu den Islas del Maíz und nach
Puerto Cabezas.
Flughafen: Aeropuerto Augusto César
Sandino, (✆ 2 33 15 31-3), Auskunft:
✆ 2 33 16 24.

**Adressen der internationalen Flug-
gesellschaften:**
Aeroflot, Plaza España, ✆ 2 66 01 62,
Fax 2 66 31 78.
American Airlines, Rotonda el Güe-
güense, 300 m al S., Carr. Masaya, Col.
Teresiano 50 m arr., ✆ 2 66 39 00.
Continental, Rotonda Metrocentro,
100 vrs al E., Edif. Interplaza,
✆ 2 78 28 34, Fax 2 78 28 38.
Copa, Planes de Altamira No. 9,
✆ 2 78 66 13, Fax 2 67 03 87.
Iberia, Plaza España, Edif. Malaga,
✆ 2 66 43 46, 2 66 42 96, Fax 2 66 47 56.
KLM, Rotonda el Güegüense 400 m al
S., Membreño Cía, ✆ 2 66 80 52-3,
Fax 2 66 46 29.

Taca, Aviateca, Lacsa und **Nica** unterhalten als **Lineas Aeras para las Américas** gemeinsame Büros: Plaza España, ✆ 2 66 31 36, 2 66 26 72; Centro Comercial Delta, ✆ 2 78 20 37; Flughafen, 2 63 19 29.

... mit dem Auto

Das Leihwagen-Angebot (Alquiler de Automóviles) ist in Managua am größten, mehrere Firmen unterhalten Büros direkt am Flughafen und im Hotel Intercontinental. Preise: ca. 20–30 US-$ pro Tag für einen kleinen Mittelklassewagen, ca. 35–40 US-$ für einen guten Mittelklassewagen ohne Kilometerbegrenzung; Vollkaskoversicherung ca. 18 US-$ pro Tag, Benzin wird in Gallonen (3,785 l) angeboten und kostet pro Gallone 20 C$, d. h. pro Liter ca. 1 DM; Tankstellen gibt es überall, sie schießen regelrecht wie Pilze aus dem Boden, viele sind 24 Std. geöffnet.

Die Straßen zwischen den größeren Städten und den Grenzübergängen sind durchgängig asphaltiert. In der Regenzeit sind viele Straßen überschwemmt und damit unpassierbar. Die meisten Dörfer kann man bis heute nur über Schotterstraßen erreichen.

Umsichtiges und defensives Fahrverhalten ist in Nicaragua geboten: Die Fahrbahnen befinden sich nicht immer in gutem Zustand, mit Schlaglöchern oder fehlenden Kanaldeckeln ist stets zu rechnen. Der technische Zustand der Fahrzeuge läßt viel zu wünschen übrig. Die Fahrweise der Einheimischen ist unberechenbar.

Adressen der Autovermieter in Managua:

Budget, Estatua Montoya 1 c, abajo Estacíon Texaco, ✆ 2 66 72 22, Fax 2 66 78 51; Flughafen, ✆ 26 31 22;

Hotel Intercontinental, ✆ 2 22 23 36; Hotel Camino Real, ✆ 2 63 13 81.
Dorado, Frente a los semáforos de el Dorado Pista de la Resistencia, ✆ 2 78 18 25, Fax 2 78 63 37.
Hertz, km 4 Ctra. Sur, ✆ 2 66 83 99.
Hyundai, Ctra. Masaya, Contiguo a Hyundai, ✆ 2 78 12 82, Fax 2 67 01 74.
Targa, Hotel Intercontinental, ✆ 2 22 48 75; Flughafen, ✆ 2 33 11 76.
Toyota, Casa Pellas, ✆ 2 66 10 10; Hotel Intercontinental, ✆ 2 22 22 69; Hotel Camino Real, ✆ 2 63 23 58, Flughafen, ✆ 2 33 21 92.

... mit dem Schiff

Von Granada verkehrt tgl. eine Fähre zur Isla Ometepe und weiter nach San Carlos an der Mündung des Río San Juan im Nicaragua-See. Bluefields ist per Flugzeug oder per Fähre (Bluefields-Express) von Rama aus zu erreichen (Abfahrt unregelmäßig).

... mit der Eisenbahn

Seit Ende 1993 verkehren keine Züge mehr im Land. Der Bahnhof des Ferrocarril del Pacífico von Managua wurde in ein (nicht zugängliches!) Museum umgewandelt.

... mit dem Daumen (Trampen)

Trampen ist weit verbreitet und wird akzeptiert. Aber: Zu viele Anhalter kämpfen um zu wenige Fahrzeuge. Sich mit einem kleinen Obulus zu bedanken *(pedir un ride),* wird gern gesehen.

...organisiert

Wer nur wenig Zeit hat, sollte sich einer organisierten Rundreise anschließen.

Aeromundi, Rotonda el Güegüense, 75 vrs al S., ✆ 2 66 87 25.
Corelli Tours, Col. Los Robles, Calle Principal, Plaza el Sol, 3 c. al S., ✆ 2 78 25 72.
Agencia de Viajes Continental, Planes de Altamira, Embajada de Mexico, 200 vrs al O. y 20 vrs al N., ✆ 2 78 12 33.

Telefonieren

Das Telefonnetz des Landes befindet sich im Aufbau. Öffentliche Telefonzellen haben nur eine kurze Lebensdauer, telefoniert wird von Hotels, Läden, Privatanschlüssen und von den Büros der Enitel (früher Telcor).
Inländische Telefonauskunft: 1 12.
Internationale Ferngespräche führt man in Managua am günstigsten im Enitel-Gebäude, in dem sich auch die Hauptpost befindet (300 m westlich der alten Kathedrale). Auf dem Land ist oft nur im Bürgermeisteramt *(alcaldia)* ein Telefon zu finden. Immer müssen mindestens die ersten 3 Min. bezahlt werden (ca. 12 US-$), danach pro Min. ca. 2 US-$.
Vorwahlen: von Nicaragua nach Deutschland 0049, nach Österreich 0043, in die Schweiz 0041.

Unterkunft

Die Infrastruktur an Übernachtungsmöglichkeiten ist in Nicaragua im Vergleich zu seinen Nachbarländern die schlechteste. **Hotels der gehobenen Klasse** gibt es z. Z. nur in Managua, und hier insgesamt nur drei. Darüber hinaus ist die Hotelanlage von Montelimar noch in diese Kategorie einzustufen. Das soll aber besser werden!

Mittelklasse-Hotels europäischen Standards findet man nur sehr selten und nur in den wenigen großen Städten. Im ganzen Land überwiegt die Kategorie der *hospedaje.* Dies sind Familienbetriebe einfacher Art mit wenigen (selten bis zu 15) Zimmern, die sich in der Regel um einen Innenhof gruppieren und oft nur über Gemeinschaftstoilette/-bad bzw. nachträglich in die Zimmer eingebaute Bäder verfügen. Hier wird nur Frühstück angeboten. Nur langsam und ganz vereinzelt entstehen in besonders schönen Gegenden *lodges,* deren Qualität sich durch ihre Naturnähe auszeichnet.

Auf alle Hotelpreise werden 15 % Steuer und oft 10 % Service addiert. Zum Vergleich sollte man nach dem Endpreis *(precio impuestos incluidos)* fragen!

Zeitungen

Nicaragua verfügt über vier große spanischsprachige Tageszeitungen. **La Barricada** ist die ehemalige Parteizeitung des FSLN, die heute als linkes Organ die Regierung kritisch begleitet. **La Prensa** ist die älteste Tageszeitung mit der zweithöchsten Auflage; Herausgeber ist die Familie Chamorro. Unter Somoza galt sie als liberal und trug wesentlich zum Sturz des Diktators bei. Heute gilt sie als konservativ, antisandinistisch und als Hausorgan von Kardinal Obando y Bravo. Die jüngste Zeitung, **La Tribuna,** ist stark wirtschaftspolitisch orientiert. **El Nuevo Diario** ordnet man dem linksliberalen Spektrum zu (auflagenschwächste Zeitung des Landes). **Nicaragua today,** eine US-Zeitung, die in Kalifornien erscheint, kann man (unregelmäßig) in Hotelkiosken erwerben.

Costa Rica
Adressen und Tips von Ort zu Ort

Vorwahl für ganz Costa Rica: 0 05 06

Alajuela

Post: Av. 1, Ecke Calle 2.
Touristeninformation: im Kiosk des Museo Histórico.

Orquídeas Inn ($$$), 3 km nordwestlich von Alajuela, El Cacao, ✆ 4 33 93 46, Fax 4 33 97 40; gut ausgestattete Zimmer, teilweise mit AC, schöne Gartenanlage mit Pool.
Alajuela ($), Av. Central 2 Ecke Calle 2, südlich des Parque Central, ✆ 4 41 12 41, Fax 4 41 79 12; 30 saubere Zimmer, Kochmöglichkeit und Dusche.

El Cencerro ($$), Av. Central Ecke Calle Central; gute Steaks.
La Jarra ($), Av. 2 Ecke Calle 2, ✆ 4 41 88 77; beliebtes Restaurant mit kleinen Balkonen und Parkblick.

Museo Histórico Cultural Juan Santamaría, im ehemaligen Stadtgefängnis, Av. 3 zwischen Calles Central und 2, ✆ 4 41 47 75, Di–So 10–18 Uhr.
Kathedrale, an der Ostseite des Parque Central, tgl. 8–18 Uhr.

Mercado Municipal, zwischen Av. 1 und Central und Calles 4 und 6.

Kino: Futurama, Av. Central, zwischen Calles 3 und 5.

Zoológica de Aves: westlich von Alajuela an der Straße nach Atenas (Verlängerung der Av. 3), ✆ 4 33 89 89; viele einheimische Vogelarten aber auch Hirsche, Krokodile, Klammeraffen, schöne Parkanlage, tgl. 9–17 Uhr.
La Fiesta del Maíz, wenige km hinter dem Zoo; von Einheimischen bevorzugtes Lokal, Maisgerichte in allen Variationen, Mariachi-Musik, Volksfestatmosphäre, nur Fr–So.
Butterfly Farm, wenige km südl. von Guácima (hinter Ojo de Agua), ✆ 4 38 01 15, tgl. 9–15 Uhr, Eintritt ca.10 US-$ inkl. Führung).

Cruz Roja, Av. 9 hinter dem Parque Palmares, ✆ 4 41 29 39.
Hospital San Rafael de Alajuela, ✆ 4 41 50 11.

Zentraler Busbahnhof: Av. Central zwischen Calles 8 und 10, Busse nach **San José** 5.30–19 Uhr im 10-Min.-Takt, 19–24 Uhr im 40-Min.-Takt, 24–5 Uhr stündlich; zum **Vulkan Poás:** nur So um 9 Uhr ab Parque Central (fährt früher ab, wenn alle Sitze besetzt sind), ✆ 2 37 24 49 oder 2 22 53 25, Rückkehr gegen 14 Uhr (5 US-$).

Bahía Drake

La Paloma Jungle Lodge ($$$$), ✆ 2 39 09 54; sechs *cabañas* mit Balkon und Meerblick, Vollpension, geführte Touren mit fachkundigem Biologen.

Drake Bay Wilderness Camp ($$$), beste Lage an der Mündung des Río Agujitas, ✆/Fax 7 71 24 36; *cabañas* und Zelte, familiäre Atmosphäre, Vollpension, Reitmöglichkeit, Tauchbasis, Sportfischen, Kanu- und Kajaktouren.
Estación Biológica Marenco ($$$), ca. 10 km südlich von Bahía Drake an der Grenze des Corcovado-Nationalparks, ✆ 2 21 15 94, Fax 2 55 13 40; *cabañas* aus Stein mit hohen Palmdächern im Naturreservat, schöner Meerblick, Vollpension, fachkundige Führungen.

 Anreise zu den Lodges Boot: von Sierpe (2 Std.), von Uvita (2 Std.).
Flugzeug: ab San José (Pavas Airport, Hangar 9) zum Marenco Airstrip (45 Min.).

Barra del Colorado

! Hotels müssen reserviert werden. In San José kann man ein komplettes Arrangement buchen. Anbieter sind z. B.: **Costa Rica Expeditions,** Av. 3/Calle Central, ✆ 22 03 33 (Río Colorado Lodge); **Perfini Travel** (Isla de Pesca), ✆ 2 21 36 09.

Isla de Pesca ($$$), hinter dem Dorf am Kanal im Dschungel gelegen, ✆ 2 93 45 44, Fax 2 93 48 39; besonders gute Dschungelführungen.
Silver King Lodge ($$$), ✆/Fax 2 88 08 49; ausgesprochenes Sportangler-Hotel mit viel Komfort.
Samay Lagoon ($$), südlich des Orts, ✆/Fax 2 23 08 67; neu.

✈ **Flug** nach **San José** mit LACSA ✆/Fax 7 10 77 11, tgl. 6.45 Uhr, Flugzeit: 1 Std.

Barra Honda

👁 Nationalpark, Abzweigung von der CA 18 hinter der Tempisque-Fähre oder Anreise per Bus von Nicoya (tgl. 10.30 Uhr); tgl. 9–15 Uhr.

Bosque Lluvioso

👁 **Privater Naturschutzpark** an der CA 32, zwischen San José und Puerto Limón, ✆ 2 24 08 19, tgl. 7–17 Uhr, Eintritt 15 US-$.

Braulio Carrillo

👁 **Nationalpark** an der CA 32, tgl. 8–16.

Cabo Blanco

👁 **Nationalpark,** nur Mi–So 8–16 Uhr, Jeep-Taxi von und nach Montezuma: 6 US-$.

Cahuita

🛏 **Atlántida Lodge** ($$), an der Playa Negra hinter dem Sportplatz, ✆ 7 55 01 15, Fax 7 55 02 13; Bungalowanlage in einem schönen Garten.
Kelly Creek ($$), an der Playa Blanca vor dem Eingang zum Nationalpark, Tel. 75 50 07; große, schöne Zimmer.
Cabinas Brigitte ($), an der Playa Negra; nette, einfache Zimmer mit Moskitonetz und schöner Veranda.
Cabinas Palmer ($), in der Playa Blanca, ✆ 7 55 02 43; sauber, freundlich.
Vaz Cabinas ($), am weißen Strand, ✆ 755 02 18; große Räume.

Miss Edith's ($), am nördlichen Stadtausgang hinter der Polizeistation; gute kreolische Küche.
Mar y Sol ($), am Eingang zum Nationalpark an der Playa Blanca, ✆ 7 55 02 37; ab 7.30 Uhr geöffnet, gutes Frühstück.

Busse: ✆ 7 58 15 72, Abfahrt Salón Vaz nach **San José** tgl. 6.30, 9.30, 16.30 Uhr (4 Std., 6 US-$); nach **Puerto Limón** 6, 10, 12, 17.30 Uhr, (45 Min., 1 US-$).

Cañas

Hacienda la Pacífica ($$), 4 km nördlich von Cañas, am Río Corobici, ✆ 6 69 00 50, Fax 6 69 05 55; Bungalow-Anlage, Schweizer Leitung, helle Räume, großes Ausflugsangebot.
El Corral ($), Av. Central Ecke Calle 4, ✆ 6 69 06 22; alle Zimmer mit Bad.

Rincón Corobici ($$), 4 km nördlich von Cañas an der Panamericana, ✆ 669 12 34; sehr gutes Fischrestaurant.

Transporte Palo Verde, im Hotel El Corral an der Panamericana, ✆ 6 69 05 44; organisiert Leihwagen mit Fahrer.

Carara

Reserva Biológica, tgl. 8–15 Uhr, Eintritt: 6 US-$.

Cartago

 Touristeninformation: Gegenüber der Basilika.

Post: Calle 1, zwischen Av. 2 und 4, Mo–Fr. 8–12, 15–17 Uhr.

Aufgrund der Nähe und der guten Verkehrsverbindungen nach San José sollte man besser dort übernachten.
Cartago ($$), Blvd. Los Angeles, ✆ 5 51 15 31; neu eröffnetes Haus, ideal für Ausflüge zum Volcán Irazú.

Casa Vieja ($), an der Straße nach Paraíso; altes Landhaus, gute Snacks und Steaks.

 Basílica de Nuestra Señora de los Angeles, Av. 2 zwischen Calles 16 und 18; tgl. 8–18 Uhr.

 Mercado Central: zwischen Av. 4 und 6 und Calles 1 und 3, Lebensmittel und lokales Kunsthandwerk.
Libreria Cartago, Calle 1 zwischen Av. 2 und 4, Bücher und Landkarten.

Cruz Roja, zwischen Av. 5 und 7 und Calles 1 und 3, ✆ 551 04 21.
Hospital Dr. Max Peralta, ✆ 551 06 11, Fax 591 11 61.

 Sammeltaxis: Av. Central zwischen Calles 11 und 13, Abfahrt des Taxis bei fünf Fahrgästen.
Busse: nach **San José,** Haltestelle Av. 4 zwischen Calles 2 und 4, 5–19 Uhr im 10-Min.-Takt, 19–24 Uhr im 30-Min.-Takt; nach **Turrialba,** Haltestelle Av. 3 zwischen Calles 8 und 10, 6–10.30 Uhr im 30-Min.-Takt, 10.30–22.30 im Stundentakt; nach **Paraíso** (über Lankester Garden), Haltestelle Av. 1 zwischen Calles 2 und 4, 4.30–22.30 im 30-Min.-Takt; nach **Orosi,** Haltestelle Calle 4 Ecke Av. 1, Mo–Fr im 90-Min.-, Sa und So im Stundentakt.

Chirripo

 Nationalpark nördlich von San Isidro, Tag und Nacht geöffnet.

Corcovado

 Nationalpark auf der Halbinsel Osa, Tag und Nacht geöffnet.

Golfito

 Rainbow Adventures Lodge ($$$), Playa Cativo am Golfo Dulce auf der Halbinsel Osa, im Boot ca. 40 Min. von Golfito, ✆ 7 75 02 20; luxuriöse Lodge inmitten des Corcovado Nationalparks, sehr gepflegte, üppige Gartenanlage, Privatstrand.
Sierra ($$), zwischen Depósito Libre und Flughafen, ✆ 7 75 06 66, Fax 7 75 00 87; bestes Hotel am Platz, helle geräumige Zimmer mit AC, großer Pool in tropischer Gartenanlage mit vielen exotischen Vögeln.
La Purruja Lodge ($), ca. 7 km außerhalb von Golfito, ✆/Fax 7 75 03 73; unter Schweizer Leitung, saubere *cabañas* mit Bad, preisgünstig!

 Jardín Cervecero Alamedas ($$), ca. 100 m südlich des Depósito Libre, ✆ 7 75 01 26; inmitten tropischer Gärten, gute Fischgerichte.
Sanbar Fiesta ($$), südliches Ende der Sanbar Marina, ✆ 7 75 08 74; Restaurant auf einem Schiff, Treffpunkt von Seglern und Ökotouristen, Fischgerichte.
Pequeño Luís Brenes ($), Pueblo Cívico gegenüber der Tankstelle; beliebte Informationsbörse für Touren in die Umgebung.
Soda La Eurekita ($), am Hafen; eines der beliebtesten Lokale der Stadt,

 Depósito Libre, Freihandelszone: elektrische Haushaltsgeräte und Luxusartikel zollfrei.

 **Sportfischen und Tauchen:** Golfito Sportfishing, ✆ 3 82 27 16; Leomar Sportfishing & Diving, ✆ 7 75 02 30.

➕ **Hospital de Golfito,** ✆ 7 75 00 11, Fax 7 75 01 93.

🚗🚌🚢✈ **Taxis:** überall in der Stadt; keine Taxometer, Stadtfahrt ca. 3 US-$.
Bus: nach **San José,** Haltestelle nahe dem Hafen (Hauptdock), tgl. 5, 9 und 13 Uhr (Fahrzeit ca. 8 Std.).
Fähre: nach **Puerto Jiménez,** Ablegestelle Muellecito, tgl. 11 Uhr (1 Std. 30 Min.). **Wassertaxis** fahren nur 6–7 Uhr vom Dock am ICT-Gebäude (Nordende der Stadt).
Flüge: nach **San José** mit LACSA, ✆ 7 75 03 03, Fax 7 75 00 21, tgl. 7.10, 13.40, 14.20 (Flugzeit 55 Min.).

Guácimo

 EARTH ($$), Unterkunft und Praktika nur nach Voranmeldung, ✆ 2 55 20 00.

 Costa Flores, Blumenanbaugebiet, ✆ 2 20 13 11, Eintritt und Führung: 10 US-$.

Guayabo

👁 **Monumento Nacional,** Di–So 8–15 Uhr, Führungen finden alle 30 Min. statt, Eintritt 6 US-$, für einen Rundgang benötigt man ca. 1 Std. 30 Min.

Heredia

ℹ Touristeninformation:
Kiosk am Parque Central.
Post: Av. Central Ecke Calle 2.
Polizei: Av. 1, Ecke Calle 5.

🛏 **Finca Rosa Blanca Country Inn** ($$$$), Santa Bárbara de Heredia, ✆ 2 69 93 92, Fax 2 69 95 55; die schönste, privateste und individuellste Unterkunft nahe der Hauptstadt, inmitten einer Kaffeeplantage, 6 Suiten und 2 Villen, traumhafter Blick auf San José, sehr empfehlenswert!
Chalet Tirol ($$$), Monte de la Cruz, 9 km nördlich von Heredia in San Rafael, ✆ 2 67 73 71, Fax 2 67 70 50; Chalets und Suiten, Tennis, Reiten, Ökotouren.
Colonial ($), Av. 4 zwischen Calles 4 u. 6, ✆ 2 37 52 58; nett, sauber, zentral.
El Verano ($), Av. 6 Ecke Calle 4, ✆ 2 37 16 16; familiäre Atmosphäre.

🍴 **Fresas** ($$), Calle 7 Ecke Av. 1; frische Fruchtsäfte, gutes Essen.
La Choza ($$), Av. 7 Ecke Av. Central; studentisches Szene-Lokal, schmackhaftes Essen.
Café Azura ($), Av. Central (gegenüber der Kirche); gutes Eis, Shakes, Kuchen.

👁 **Museo de Cultura Popular**, Calle Central in Richtung Barva, ✆ 2 60 16 19; in einem stilecht eingerichteten Adobe-Haus aus dem 19. Jh., Sa und So 9–18 Uhr.
Joyas del Trópico Humedo, 300 m westlich der Brücke über den Río Vrilla; sehr aufwendige Präsentation von über 50 000 Schmetterlings- und Insektenarten, Di–So 9–17 Uhr.
Museo Zoológica Marina, Universidad Nacional, School of Marine Biology, Av. Central Ecke Calle 9, Di–Fr 8–16 Uhr.

Benefico Atirro, Kaffeeplantage und -rösterei, Calle 9 zwischen Av. 6 und 8, Anmeldung: ✆ 2 22 65 11.
Kaffeefinca Britt, kurz hinter dem Museo de Cultura Popular, an der Straße nach Barva (ausgeschildert), ✆ 2 60 27 48; Führung und Multi-Media-Show zur Geschichte des Kaffeeanbaus in Costa Rica, 15. Dez.–März tgl. 9, 11 und 15, April–14. Dez. tgl. 9 und 11 Uhr.

🍸 **Sunset-Bar** auf dem Dach des Hotels Valladolid, spektakuläre Sonnenuntergänge, atemraubende Aussicht; **Parque Central:** Musiktempel, jeden Do-Abend Konzert.

 Märkte: Mercado Municipal, zwischen Calles 2 und 4 und Av. 6 und 8; Lebensmittel, Leder- und Korbwaren, Mo–Sa 8–16 Uhr; **Feria del Agricultor,** am Ende der Av. 14, großer Wochenmarkt (Obst und Gemüse), nur Sa 7–13 Uhr.

🚶 **Monte de la Cruz,** Erholungspark in privatem Nebelwaldschutzgebiet, ca. 15 km nördlich von Heredia, Wanderwege, Reitmöglichkeit, Vogelbeobachtung.

✚ **Cruz Roja,** Av. 1 Ecke Calle Central, ✆ 2 37 11 15.
Hospital San Vicente Paul, zwischen Calles 14 und 16 und Av. 6–10, ✆ 2 37 10 91, Fax 2 60 13 84.

 Busbahnhof: Av. 2 Ecke Calle Central; nach **San José,** 6–24 Uhr im 15-Min.-Takt, 24–6 Uhr stündlich.
Bahnhof: Av. 2 Ecke Calle Central; nach **San José** (Ankunft am Atlantikbahnhof): Mo–Sa 5.45, 12 und 17.15 Uhr, So auch 10.45 und 13 Uhr (Intertren, ✆ 2 26 00 11).

Irazú

 Vulkan tgl. 8–16, Fr–So Dez.–
Apr. 8–17 Uhr, Eintritt 6 US-$.

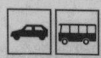 **Taxi** von Cartago: 24 US-$
hin und zurück. **Bus** der
Metropoli-Gesellschaft von San José,
☎ 27 20 06 51, Sa und So 8 Uhr ab Gran
Hotel, Rückkehr 14 Uhr; von Cartago Sa
und So 7.30 Uhr, Av. 2 Ecke Calle 3.

La Fortuna (de San Carlos)

Bosque de Chachagua ($$$), im
Ort Chachagua, 12 km außerhalb
von La Fortuna an der Straße nach San
Ramón, ☎ 2 39 03 28, Fax 2 39 42 06;
herrliches Waldhotel mit Bauernhof,
Komfort-Bungalows, sehr ruhig.
Arenal Observation Lodge ($$),
4 km vom Vulkan, ☎ 2 57 94 89, Fax
2 57 42 20; einfach, herrlicher Ausblick.
Cabinas Rossi ($), Seitenstraße Rich-
tung Vulkan, ☎ 4 79 90 23; einfach, ge-
mütlich, Reitmöglichkeit, großer Garten.
La Central ($), Ortsausgang Richtung
Laguna de Arenal, ☎ 4 79 90 04; beliebter Treff junger Rucksackreisender.

Rancho Casada ($$), am
Parque Central; lokale Küche.
El Jardín ($), Hauptstraße gegenüber
der Tankstelle; großes Straßenlokal.

**Museo de los Volcanos del
Mundo**, 2 km außerhalb von
Fortuna an der Straße zum Arenal-See,
☎ 4 71 91 86, Di–So 10–22 Uhr;
Dia-Show über Ursachen und Folgen
von Vulkaneruptionen.

Busse: nach **San José** tgl. 5,
11 und 14.45 Uhr ab Marktplatz
(5 Std., 3,50 US-$).

Liberia

Cámera de Turismo: Casa
de la Cultura, Av. 6 Ecke Calle 1,
☎ 6 66 16 06, Di–Sa 9–18, So 9–13 Uhr.
Reisebüro: Guanacaste Tours,
☎ 6 66 03 06, die Besitzerin spricht Eng-
lisch und organisiert Touren in die Um-
gebung und in die Provinz Guanacaste.
Post: Calle 8 Ecke Av. 3.

Las Espuelas ($$$), an der
Panamericana, 2 km südlich der
Tankstelle, ☎ 6 66 01 44, Fax 2 25 39 87;
sehr schöner Garten, kleiner Pool.
El Sitio ($$), an der Straße nach Santa
Cruz (100 m westlich der Kreuzung
zur Panamericana), ☎ 6 66 12 11,
Fax 6 66 20 59; deutscher Besitzer, AC,
Pool, Fahrradverleih, Spielplatz, Reiten.
Guanacaste Travel Lodge ($),
Av. 1 Ecke Calle 12, ☎ 6 66 00 85,
Fax 6 66 22 87; dem Jugendherbergs-
verband angeschlossen, einfach, nur
Mehrbettzimmer.

Las Tinajas ($), an der Westseite
der Plaza, Calle 1 Ecke Av. 4;
Haus im Kolonial-Stil mit hübscher
Veranda, Fisch- und Hühnergerichte.
Pókopi ($), Ctra. 21 a Nicoya (schräg
gegenüber dem Hotel El Sitio),
☎ 6 66 10 36; sehr populär, empfehlens-
wertes Chateaubriand.

**Museo Ecológico del Saba-
nero**, Av. 6 Ecke Calle 1, in
der Casa de Cultura, ☎ 6 66 16 06; in
einem alten Adobe-Haus, Museum zur
Geschichte, Vegetation und Landwirt-
schaft der Provinz Guanacaste, eigene
Abteilung zur ›Cowboykultur‹,
Di–Sa 9–12 u. 13–18, So 9–13 Uhr.

 Wöchentlich **Konzerte** im Mu-
sikpavillon des Parque Central.

Disco Kurú, neben dem Restaurant Pókopi, Mi–So ab 20 Uhr.

 Mercado Central, Calle 2 Ecke Av. 3; Obst und Gemüse, Gewürze, Korbwaren.

 Cruz Roja, ✆ 6 66 09 94.

 **Taxistand:** Av. 1 Ecke Calle 2 am Parque Central.
Busse: vom Busbahnhof, Calle 12 zwischen Av. 7 u. 9 nach: **Playa del Coco** 5.30–18 Uhr 6 × tgl.; **Playa Hermosa** und **Playa Panamá** tgl. 11.30 u. 19 Uhr; **Santa Rosa Nationalpark** und **Peñas Blancas** ab 5.30 Uhr 8 × tgl.; **Filadelfia, Santa Cruz** und **Nicoya** 5–20 Uhr im Stundentakt, **Puntarenas** 5 × tgl. ab 8.30 Uhr. **Expressbus** nach **San José:** Abfahrt Calle 12 zwischen Av. 3 und 5 oder 300 m nordöstlich der Hauptkreuzung an der Panamericana, tgl. 4.30, 6, 7.30, 10, 12.30, 14, 16, 18 und 20 Uhr (Fahrzeit 4 Std., 3 US-$.). **Flug** nach **San José:** tgl. 12.30 Uhr mit LACSA, ✆ 6 66 03 06, Fax 66 60 30 77.

Manuel Antonio

 Nationalpark, tgl. außer Mo 8–16 Uhr; großer bewachter Parkplatz (1 US-$) am Ende des Camino vor dem Park.

Monteverde

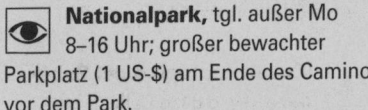 **Monteverde Lodge** ($$$), 5 km vor dem Eingang zum Reservat, ✆ 6 45 50 57, Fax 6 45 51 26; 27 Zimmer mit großen Glasfronten zur Vogelbeobachtung, bestes Hotel in Monteverde.

Belmar ($$), nahe der Tankstelle am Dorfeingang ✆ 6 45 52 01, Fax 6 45 51 35; Hotel im Schweizer Chalet-Stil, atemraubende Aussicht.
Heliconia ($$), nahe dem Hotel El Sapo Dorado, ✆ 6 45 51 09, Fax 6 45 50 07; sehr komfortabel, schöne Gartenanlage, empfehlenswert.
Albergue Reservo Biológica de Monteverde ($), direkt am Reservatseingang, ✆ 6 61 26 55; nur Schlafsäle und Vollpension.
Pensión Flor de Lis ($), kurz hinter Santa Elena nahe der Straße zum Reservat, ✆/Fax 6 45 52 36; familiäre Atmosphäre, Zimmer mit Bad, kundige Beratung für Ausflüge in die Umgebung.

‖ In Monteverde bevorzugen Hotels und Pensionen Halb- bzw. Vollpensionsgäste. Tagesbesucher sollten daran denken, daß die Hotelrestaurants nur wenige zusätzliche Gäste aufnehmen.
El Bosque ($), neben dem gleichnamigen Hotel an der Käserei; preiswerte lokale Küche, ab 6.30 Uhr geöffnet.
Stella's Bakery, gegenüber Tankstelle; verkauft sehr gute Kuchen und Torten.

👁 **Reserva Biológica del Bosque Nuboso de Monteverde,** ✆ 6 54 50 03, Eintritt 15 US-$ inkl. Karte, tgl. 7–16.30 Uhr. Unbedingt einen Führer nehmen! Die MCL bietet Studenten Arbeitsmöglichkeiten und Praktika an (Tropical Research Center, Apdo 83870, San José, ✆ 2 25 26 49, Fax 2 53 49 63).
El Jardín de las Mariposas, von der Straße zum Reservat Abzweigung hinter dem Hotel Heliconia, 800 m von dort, tgl. 9.30–16 Uhr, Eintritt 5 US-$ inkl. Führung.
Finca Ecológica, freilebende Tiere aus Costa Rica (außer Großkatzen), tgl. 7–17 Uhr, Eintritt 5 US-$ inkl. Führung.

Fabrica de Queso (La Lechería), Käserei 2 km hinter Santa Elena Richtung Reservat am Río Guácimal, Mo–Sa 7.30–16.30, So 7.30–12 Uhr.
Quäker-Versammlungen, So 10.30 Uhr im Schulgebäude am Ortsausgang.
Bajo de Tigre, Lehrpfad der MCL, Abzweigung gegenüber der Käsefabrik, ✆ 6 61 27 54, max. 12 Pers. pro Führung, Do–So 17 und 13, Mo–Mi 21 Uhr.

Monteverde Music Festival, Dez.–März tgl. Jazz und Klassik während des Sonnenuntergangs im Hotel Fonda Vela, 1,5 km vor dem Reservat, ✆ 6 45 51 25, Eintritt: 10 US-$.

CASEM, Kunsthandwerk, hinter Tankstelle, neben Restaurant El Bosque, Mo–Sa 8–12, 13–17 Uhr.

Taxi: von **Santa Elena** zum Reservat (12 US-$); von **Monteverde** (6 US-$), Rückfahrt vom Reservat vereinbaren. Mautgebühr in Monteverde: 1 US-$.
Bus: nach **San José,** Abfahrt an der Käserei, Monteverde-Express, ✆ 6 45 50 32 in Santa Elena, tgl. 6.30 u. 14.30 Uhr (4 Std., 5 US-$). In San José fahren diese Busse ebenfalls um 6.30 u. 14.30 Uhr ab, Calle 12, 100 m nördlich der Av. 7, ✆ in San José 2 22 38 54. Busse in **andere Städte:** Mit dem San José-Bus bis zur Abzweigung am Río Lagartos, von dort Zustieg zu den Buslinien entlang der Panamericana; nach **Puntarenas,** tgl. 6 Uhr ab Santa Elena, Parque Central (3 US-$).

Nicoya

Jenny ($$), Nähe des Parque Central, ✆ 6 85 50 50; großzügige Hotelanlage, alle Zimmer mit Bad.

Chorotega ($), im Zentrum, ✆ 6 85 52 45; Zimmer mit und ohne Bad, sauberes, ruhiges und freundliches Hotel.

Chop Suey ($$), im Zentrum; gute chinesische Küche.
Soda El Triángulo ($), gegenüber dem Hotel Chorotega; leckere Fruchtsäfte und Snacks.

Iglesia de San Blas, Zentrum am Parque Central, tgl. 9–16 Uhr.

Bus: nach **San José,** Haltestelle Av. 6 Ecke Calle 5, tgl. 4, 7.30, 9, 12, 14.30 und 16.55 Uhr (ca. 3 Std.).

Ojo de Agua

Große Freizeitanlage, 5 km südlich von Alajuela (Autopista zum Flughafen, kurz vor der großen Kreuzung links abbiegen nach San Antonio de Belen), Di–So 9–18 Uhr, Eintritt: 1 US-$ pro Tag, 3 US-$ pro Woche; Schwimmbecken, künstlicher See, Bootsverleih, Fußball und Volleyball.

Orosi

Iglesia San José, tgl. 9–16 Uhr, Museum Di–So 9–12, 13–16 Uhr.

Bus: von **Cartago,** Abfahrt Av. 1 Ecke Calle 4 vor La Parroquia, ab 6 Uhr im 30-Min.-Takt, Sa und So stdl.

Orotina

Fundación pro Iguana Verde, ✆ 2 40 67 12, Fax 2 35 20 07, tgl. 9–16 Uhr, Eintritt 5 US-$.

Palo Verde

 Nationalpark, ✆ 2 40 50 33, Eintritt (nur mit Führung nach Voranmeldung) 15 US-$ inkl. Verpflegung.

Paquera

Fähre nach Puntarenas (✆ 6 61 28 30), tgl. 12.30 und 17 Uhr, (1,5 Std.), Pkw 15 US-$, pro Person 1 US-$. Anschlußbus nach Montezuma.

Paraíso

 Lankester Garden, Orchideenfarm der Universität von Costa Rica, ✆ 5 51 98 72, tgl. 8.30–16.30 Uhr, Einlaß mit Führung immer nur jede Stunde ab 8.30 Uhr, Eintritt 4 US-$.

 Bus: von Cartago, Abfahrt Av. 1 zwischen Calles 1 u. 2, ab 5 Uhr alle 30 Min., bis Campo Ayala.

Playa Brasilito

 Hospedaje Olga ($), am Strand; gemütlich, deutsche Leitung.

 Bar Marisquería ($$) in der Pension Al Odisea Cabinas, ✆ 6 54 41 25; deutscher Inhaber.

 Expressbus: nach **San José,** tgl. 9 und 14 Uhr.

Playa Carillo

Hotel Las Brisas del Pacífico ($$$), auf einer Anhöhe, ✆/Fax 6 80 08 76; deutsche Leitung.

Playa del Coco

La Flor de Itabo ($$$), ca. 1 km vom Strand entfernt, ✆ 6 70 00 11, Fax 6 70 00 03; kleines Bungalow-Hotel in schönem Garten, Pool, Reiten, Spezialist für Hochseefischen, 2 hoteleigene Segelyachten.
Villa Casa Blanca ($$$), an der benachbarten Playa Ocotal, 500 m vom Strand entfernt, ✆ u. Fax 6 70 04 48; kleine B & B-Pension mit Meerblick, freundlich, Garten mit kleinem Pool.
Cabinas Chale ($$), am Ortseingang in Strandnähe, ✆ 6 70 00 36, Fax 6 70 03 03; klein, ruhig, 25 einfache Zimmer mit Bad und Ventilator.

 Empfehlenswert ist das Restaurant ($$) im **La Flor de Itabo** (gute italienische Küche).
Helen's ($), 100 m südlich der Eisfabrik, ✆ 6 70 01 21; gutes Fischrestaurant.

 Sportfischen: Papagayo Sportfishing, ✆ 6 70 03 54.
Tauchen: Bill Beard's Diving Safari, ✆ 6 70 00 12.
Mario Vargas Expeditions, ✆ 6 70 03 51.
Rich Coast Diving, ✆ 6 70 01 76.

Playa Conchal

Meliá Playa Conchal ($$$$), ✆ 6 54 41 23, Fax 6 54 41 81; Strand- und Golfresort, 308 Luxusvillen und Suiten, 18-Loch-Golfplatz, riesige Pool-Landschaft, tgl. Abend-Show, Casino, Diskothek, Tennisplätze.

Playa Dominical

 Villas Río Mar ($$$), 1 km vom Strand , ✆/Fax 2 25 57 12;

Hotelanlage im Bungalowstil, 40 Zimmer mit Terrasse, schöne Gartenanlage, Pool und Tennisplätze.

Cabinas Punta Dominical ($$), 4 km südlich von Dominical, ✆ 7 71 08 66; auf einem Felsen gelegene, ruhige Anlage, sehr schöne Aussicht, *cabiñas* mit Bad und Balkon, Reitmöglichkeit.

 **Busse:** nach **Quepos** tgl. ca. 6.30, 8.30, 14.30 und ca. 15 Uhr.
Flüge: mit LACSA von Palmar Sur, ✆/Fax 7 86 63 53, nach **San José** tgl. 10.25 Uhr (Flugzeit 45 Min.)

Playa Flamingo

 Flamingo Marina Resort ($$$), ✆ 6 54 41 41, Fax 6 54 40 35; Blick auf den Yachthafen, Pool, Casino, Live-Musik, Tennisplatz.
Villas Flamingo ($$), am südlichen Strandende, ✆/Fax 6 54 42 15; 24 Suiten mit Küche, Wohnzimmer, 2 Bädern und 2 Schlafzimmern.

 Marie's Restaurant ($$), am Hafen , ✆ 6 67 41 39.

 Reiten: Jalisco Tours, ✆ 6 54 41 06.
Sportfischen: Marina Flamingo Yacht Club, ✆ 6 54 42 03.
Tauchen: Quicksilver/Holiday Scuba im Hotel Aurola Playa Flamingo, ✆ 6 54 40 10; Costa Rica Diving, ✆ 6 54 41 48; Eco Treks im Hotel Flamingo Marina, ✆ 6 54 41 41.

Playa Grande

 Villa Baula ($$), ✆/Fax 6 80 08 69; Ökohotel mit palmblattgedeckten Dächern, Pool und Restaurant, Zimmer mit Balkon, Ventilator und Bad, das Hotel organisiert Schildkrötenbeobachtungen, Ausritte, Fahrradtouren, Kajaks, Surfbretter.

 Golf: Rancho Las Colinas Golf & Country Club, ✆ 6 54 40 89; 18-Loch-Anlage mit Beach Club und privater Wohnanlage, Greenfee: 45 US-$.

Playa Hermosa

 Malinche Real ($$$$), Playa Arenilla, ✆ 6 70 00 33, Fax 6 70 03 00; 50 Villen in einem *all-inclusive*-Strand-Resort, 3 Pools, Fitness Center, Tennisplätze, Wassersportausrüstung, Privatstrand.
Costa Smeralda ($$$), Playa Buena, ✆ 6 70 00 44, Fax 6 70 03 79; 70-Zimmer-Hotel im spanisch-mediterranen Stil, alle mit Patio, großer Pool und Tennisplätze.
El Velero ($$), direkt am Strand, ✆ 6 70 03 30, Fax 6 70 03 10; kleines, familiäres 3-Zimmer-Hotel, kanadische Leitung, hoteleigenes Segelboot.

 Aqua Sport, direkt am Strand, ✆ 6 70 03 53; kleines *open-air*-Lokal, gute Fischgerichte, tgl. 9–21 Uhr.

 Expressbus: nach **San José**, tgl. 5 Uhr.
Bus: nach **Liberia** 5 und 16 Uhr.

Playa Jacó

 Hacienda Lilipoza ($$$$), südlich von Jacó, 600 m nördlich der Costarena Sur, ✆ 6 43 30 62, Fax 6 43 31 58; Luxus aus Glas und Holz in grüner Hügellandschaft.

Villa Caletas ($$$), nördlich von Jacó nahe Punta Leona, ✆ 2 57 36 53, Fax 2 22 20 59; in spektakulärer Lage 300 m über dem Meer, 8 Zimmer, 19 Villen, wunderschöner Pool, gehört zur Gruppe der ›small distinctive Hotels‹.
Club del Mar ($$), am südlichen Ende des Strands, ✆ u. Fax 6 43 31 94; 18 liebevoll eingerichtete Zimmer mit eigenem Patio, kleiner Pool, familiär.
Flamboyant ($), direkt am Strand, ✆ 6 43 31 46, 8 geräumige, einfache Zimmer mit Küchenzeile, kleiner Pool.

 Restaurant im Hotel **Club del Mar** ($$); empfehlenswert.
Restaurant Flamboyant ($$), in der Mitte der Hauptstraße, populär.

 **Surfen:** Verleih von Surfbrettern im Hotel Jacó Beach.
Reiten: Hotel Club del Mar oder San-chez Madrigal Bros., ✆ 6 43 32 03.
Rafting: Sanchez Madrigal Bros.
Sportfischen, Fahrrad- und Boots-verleih: Viajes Jaguar, Calle Central, ✆ 6 43 32 42.

 **Autoverleih:** **Ada,** ✆ 6 43 32 07; **Economy,** ✆ 6 43 32 80.
Taxi: ✆ 6 43 30 30.
Busse: Haltestelle am nördlichen Ende nahe dem Hotel El Jardín, nach **San José** tgl. 5, 11 und 15 Uhr (2,5 Std.).

Playa Junquillal

 Iguana Azul ($$$), am Strand-abschnitt Playa Blanca nördlich von Junquillal, ✆/Fax 6 80 07 83; abseits, junges Publikum, großer Pool, breites Sportangebot.
Hibiscus ($$), schattige, kleine Anlage gegenüber dem Strand, ✆ 6 80 06 82,

einfache, saubere Zimmer, guter Service, deutsche Leitung, keine Kreditkarten.
Cabinas Playa Junquillal ($), am An-fang des Strandes, ✆ 6 80 04 65; freund-liche Atmosphäre, einfache Zimmer.

 Restaurant im Hotel **Cabinas Playa Junquillal** ($); preiswerte, gute Gerichte.

 Expressbus nach **San José** und **Bus** nach **Santa Cruz** tgl. 5 Uhr.

Playa Montezuma

 Information: Monte Aventuras im Hotel El Jardín, ✆ 6 42 00 25.

 Amor de Mar ($$), Cóbano de Puntarenas, ✆ u. Fax 6 42 02 62; idyllisch gelegenes, kleines zweistöcki-ges Holzhaus (12 Zimmer) in schönem Garten, ideal für Familien mit Kindern.
El Jardín ($$), Strandnähe, ✆ u. Fax 6 42 00 25; Bungalow-Anlage mit Flair, großes Ausflugs- und Sportangebot.
La Aurora ($), Cóbano de Puntarenas, ✆ 6 42 00 51, Fax 6 42 00 25; deutsch-costaricanisches Besitzerpaar.

 El Sano Banano ($), an der Hauptstraße, ✆ 6 42 02 72; gute vegetarische Küche, Fisch und Geflü-gel, leckere Joghurtshakes, Treffpunkt.
La Cascada ($), an der Straße nach Cabo Blanco, ✆ 6 42 00 57; direkt am Fluß gelegen, idyllisches Lokal mit sehr guten, frischen Fischgerichten.

 Disco: Kaliolin, 1,5 km südlich des Orts, Mi, Fr und Sa bis 2 Uhr.

 Fahrrad- und Motorradver-leih: Monte-Aventuras (im Hotel El Jardín), ✆ 6 42 00 25.

Ausflüge: Bootsfahrten zur Isla Tortuga, Angebote entlang der Straße (5 Std., 25 US-$).

Bus: nach **Paquera** tgl. 5.30, 10 und 14 Uhr, mit Anschluß an Fähre nach Puntarenas (Fahrzeit 1 Std. 45 Min., 3 US-$).

Playa Naranjo

Oasis del Pacifico ($$), an der Anlegestelle, *⚫/Fax 6 61 15 55; freundlich, Sportangebot, Pool.

Fähre: nach **Puntarenas** *⚫ 6 61 10 69, tgl. 6, 10.30, 14.15, 19.15 Uhr (Fahrzeit: 1 Std. 30 Min., Pkw 10 US-$, Personen 1 US-$).

Playa Nosara

Villa Taype ($$$), *⚫/Fax 6 80 07 63; Zimmer und Bungalows mit AC und Patio, 2 Pools, Tennisplatz, Reiten, deutsche Leitung.
Almost Paradise ($$), auf einem Hügel über der Playa Pelada, (z. Z. nur) Fax 6 85 50 04; kleine Frühstückspension (6 Zimmer) in hübschem, älterem Holzhaus, Meerblick, deutsche Leitung.
Casa Río Nosara ($), Haus im Rancho-Stil, *cabañas* in hübschem Garten, freundlich, deutsche Besitzer.

Restaurant des Hotels Rancho Suizo Lodge ($$), internationale Küche, empfehlenswert.
Doña Olgas ($), Playa Pelada, direkt am Strand; populäres *open-air*-Lokal, Fischgerichte und gutes Frühstück.

 Sportfischen: Pesca Bahía Garza, *⚫ 6 80 08 56.

Flug: nach **San José** mit LACSA tgl. 8.25 Uhr, mit Travelair tgl. 11.55 Uhr.

Playa Ocotal

Villa Casa Blanca ($$$), ca. 500 m vom Strand entfernt, *⚫/Fax 6 70 04 48; kleine B & B-Pension (10 Zimmer, 4 Suiten) im spanischen Villenstil, hübscher Garten, kleiner Pool.

El Rancho de Ocotal ($$), in Strandnähe, *⚫ 6 70 04 29; Holzofenpizza, aber auch Steaks und Fisch, beliebt auch wegen seines Pools.
Father Rooster Restaurant ($$), am Strand; gehört auch zum Hotel El Ocotal, Snacks und leichte Gerichte.

Wassersport: Bill Beard's Diving Safaris, *⚫ 6 70 00 12 (und Hotel El Ocotal), Padi-Tauchkurse, Surfbretter, Schnorchelequipment, Angeln.

Anreise nur über Playa del Coco, von Abzweigung noch ca. 3 km auf Schotterstraße bis Playa Ocotal.

Playa Ostional

Refugio Nacional de Fauna Silvestre, Schutzgebiet für Schildkröten, Betreten des Strands nur nach Rücksprache mit Dorfbewohnern.

Playa Sámara

Villas Playa Sámara ($$$$), 5 km südlich von Sámara, direkt am Strand, *⚫ 2 56 82 28, Fax 2 21 72 22;

Bungalows in unterschiedlichen Größen mit Terrasse, großer Pool, Casino, großzügige Gartenanlage, Tauchbasis.
Marbella ($$), ca. 300 m vom Strand, ✆/Fax 2 33 99 80; privates 12-Zimmer-Hotel, tropisches Ambiente, freundlicher Service, unter deutscher Leitung.

 **Colochos Bar** ($), Hauptstraße, ✆ 6 80 04 45; einheimische Küche, gute Fischgerichte.

Bus: nach **Nicoya** tgl. 5.30 und 6.30 Uhr. **Expressbus:** nach **San José** tgl. 4 Uhr.
Flug: mit LACSA tgl. von Carillo nach **San José,** Mo–Sa 8.50, So 13.30 Uhr.

Playa Tárcoles

Punta Leona ($$), ✆ 2 31 31 31, Fax 2 32 07 91; südlich von Playa Tárcoles an der Playa Mantas, Bungalows mit Bad und AC, sehr hübsche, tropische Gartenanlage, schöner Strand.

Ausflug: Jungle Crocodile Safari (und Jumping Crocodile Show), Reservierung ✆ 2 24 41 67, Fax 2 25 48 52, tgl. 10 und 16 Uhr (14 US-$).

Playa Tamarindo

El Jardín del Eden ($$$), auf Anhöhe mit Blick über die Bucht, ✆ 6 53 01 37, Fax 6 53 01 11; terrassenförmige Gartenanlage (für Kinder nicht geeignet), 18 Zimmer, 2 Apartments.
El Milagro ($$), ✆ 6 53 00 42, Fax 4 41 84 94; freundliches, kleines Hotel in Strandnähe, netter Garten, Pool, Zimmer mit AC oder Ventilator.

 **La Meridiana** ($$$), ca. 150 m abseits der Hauptstraße, ✆ 6 53 02 30; exzellente italienische Küche, große Terrasse.
Fiesta del Mar ($); Fischrestaurant direkt am Strand.

Fahrradverleih: Tamarindo Tour/Rentals, ✆ 6 54 40 78.
Reiten: Papagayo Excursions, ✆ 6 54 42 54; **Sportfischen:** Tamarindo Sportfishing, ✆ 6 53 00 90, und Papagayo Excursions; **Surfboardverleih:** Iguana Surf, ✆ 6 54 40 19.

Autoverleih: Ada, an der Hauptstraße, ✆ 6 53 01 00.
Flüge: mit LACSA (im Ada-Büro, ✆ 6 53 00 01, Fax 6 53 04 44) nach **San José** 6.20, 10.35, 14.45 Uhr (50 Min.), Shuttle Service Flughafen–Hotels.

Playa Tambor

Barceló Playa Tambor ($$$$), Bahía Bellena, ✆ 6 61 19 23, Fax 6 61 20 69; großes *all-inclusive*-Strand-Resort mit großer Pool-Landschaft, breites Wassersportangebot, Casino.
Dos Lagartos ($$), im Süden der Bucht, ✆ 6 42 00 25, ✆/Fax 6 83 20 36; einfache, saubere Zimmer mit Ventilator und Gemeinschaftsbad.

Bahía Ballena Yacht Club ($$$), 15 Min. Fußweg von Tambor; gute internationale Küche, beliebte Bar, nur Dez.–März geöffnet!
Restaurant in den Cabinas Cristina ($); gute, reichhaltige Gerichte.

 **Bus:** zur Paquera-Fähre tgl. 6.15, 10.45, 14.45 Uhr.
Flug: nach **San José** mit LACSA tgl. 10.50 Uhr, Flugzeit: 30 Min.

Poás

 Parque Nacional Volcán Poás, tgl. 8–16 Uhr, Fr–So von Dez.–April, 8–17 Uhr. Früh morgens aufbrechen, da die Gipfelsicht schon mittags durch Wolken getrübt werden kann.

 Albergue Ecológico la Providencia ($$), ☎ 2 32 24 98, Fax 2 31 22 04; 2 km vor dem Eingang zum Nationalpark, Pferdeverleih.

Bus: von **San José** (Tuasa-Cooperative), ab Calle 12 zwischen Av. 2 und 4, nur So und feiertags um 8.30 Uhr, Rückfahrt ca. 14.30 Uhr; **Taxi:** 50–60 US-$.
Bus: von **Alajuela,** nur So 9 Uhr ab Parque Central; **Taxi:** 20 US-$.

Puerto Jiménez

i **Servicio de Parques Nacionales Corcovado:** Zentrum, neben der Bank, ☎ 73 55 03 67.

Albergue Lapa Rios ($$$$), 19 km südlich von Puerto Jiménez am Golfo Dulce, ☎ 7 35 51 30, Fax 7 35 51 79; 14 palmblattgedeckte Luxus-Bungalows mit Pool im Privatreservat.
Agua y Luna ($$), am Hafen, unterhalb des Parque Central, ☎ 7 35 50 34; saubere, geräumige Zimmer mit hübschem Bad und AC, Ausblick auf Mangroven.
Cabinas Puerto Jiménez ($), westliche Ecke des Parque Central, ☎ 7 35 50 90; einfache, saubere Zimmer mit Dusche, sehr freundlicher Besitzer.

Restaurant im Hotel Cabinas Manglares ($$); empfehlenswerte lokale Küche, auch Bar und Café.

Soda Carolina ($), Main Street, ☎ 7 35 51 85; gute Snacks, Treffpunkt.

 **Taxi:** Cabinas Puerto Jiménez, ☎ 7 35 51 52.
Busse: nach **San José** tgl. 5 u. 11 Uhr (8,5 Std.); nach **Ciudad Neily** tgl. 5 und 14 Uhr (3 Std. 30 Min.); nach **Carate** (offener Lastwagen) 2 × tgl. auf Nachfrage bei Fienda Dylana, ☎ 7 35 50 24.
Fähre: nach **Golfito** tgl. 6 Uhr (1,5 Std.).
Flüge: nach **San José** LACSA, ☎ 7 35 50 17, fliegt tgl. (außer So) 9.15 Uhr, Travelair tgl. 11.30 Uhr.

Puerto Limón

 Maribú Caribe ($$), San Pedro (ca. 4 km nordwestlich von Limón), ☎ 7 58 45 43/7 58 40 10, Fax 7 58 35 41; strohgedeckte Rundhütten mit schönem Meerblick, AC, Pool.

 Las Brisas del Caribe ($), Parque Vargas, freundliche und saubere *soda* mit guter lokaler Küche.
Pizzeria Il Maccarone ($), Costado Sur del Mercado, ☎ 7 58 33 43, nettes Lokal mit guter Pasta und Pizza.

Stadtpark, Paseo Juan Santamaría zwischen Av. 1 und 2.
Kathedrale, Calle 6 zwischen Av. 3 und 4, tgl. 6–20 Uhr.

 Hospital Dr. Tony Facio, ☎ 7 58 22 22, Fax 7 58 13 34.

Puerto Viejo de Talamanca

i **Asociación Talamanqueña de Ecoturismo y Conservación**

(ATEC): gegenüber Soda Tamara,
✆ 7 98 42 44, tgl. 12–18 Uhr.

 Almonds & Corals Lodge
($$$), im Nachbarort Manzanillo,
✆ 2 72 20 24, Fax 2 72 22 20; Luxus-
Zelte auf Holzplateaus im Dschungel.
Cabinas Chimuri ($$), am westlichen Dorfende, 15 Min. zum Strand,
✆ 7 98 42 44; Hüttenhäuser in traditionel-
ler Bribri-Bauweise, für Naturbegeisterte.
Playa Chiquita Lodge ($$), 2 km
südlich Richtung Punta Uva in Playa
Chiquita, ✆ 7 50 00 62, 2 33 66 13,
Fax 2 23 74 79; kleines Familienhotel
unter hohen Bäumen, Holzhäuser
mit Veranda, 500 m zum Strand.
Maritza ($), zentral, ✆ 7 50 00 03, Fax
7 50 01 99; älteres Hotel mit neuen
Bungalows, bekannt und beliebt.

 Café Pizzeria Coral ($), an
der Straße zum Sportplatz;
bestes Haus zum Frühstücken,
Di–So 7–11, 18–21 Uhr.

 Expressbus nach **San José,** ab
Kreuzung (El Cruce) nach Sixaola,
tgl. 6.30, 9, 11, 16 Uhr (Fahrzeit: 5 Std.);
Busse: Direktverbindung von Manza-
nillo über Puerto Viejo nach San José
(Busstation 300 m nördlich des Hotel
Europa, ✆ 2 57 81 29), tgl. 7 Uhr;
Puerto Viejo nach **Puerto Limón**
tgl. 5, 10, 13, 16 Uhr (Fahrzeit: 1 Std.)

Puntarenas

 Post: Calle 5,
zwischen Av. Central und 2.

Yadran ($$$), Ende des Paseo de
los Turistas, ✆ 6 61 26 62,
Fax 6 61 19 44; 42 Zimmer mit Balkon,
AC, Pool, Casino, direkt am Strand.

Las Brisas ($$), Paseo de los Turistas,
✆ 6 61 40 40, Fax 6 61 14 87; sehr sau-
bere, großzügige Zimmer mit AC, klei-
ner Pool, hervorragendes Restaurant.
Porto Bello ($$), El Cocal, ca. 5 km
vor Puntarenas, ✆ 6 61 13 22,
Fax 6 61 00 36; beliebtes kleines Hotel,
schöner Garten, privat und ruhig.

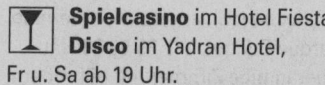 Entlang dem Paseo de los
Turistas findet man eine große
Auswahl von *open-air*-Snackbars.
La Caravelle ($$), Paseo de los
Turistas zwischen Calles 21 und 23,
✆ 6 61 22 62; gute französische Küche.
Kahite Blanco ($), Av. 1 zwischen Cal-
les 17 und 19, bekanntestes Lokal des
Orts, einfach, gute Snacks.
Restaurant und Pizzeria **La Terraza** ($),
Paseo de los Turistas, ✆ 6 61 38 20; in
einem hübschen Holzhaus.

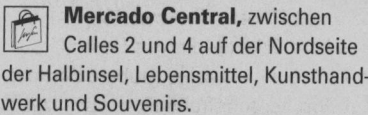 **Museo Histórico Marino de
Puntarenas,** in der Casa de Cul-
tura, Av. Centenario, Ecke Calle 3,
Geschichte der Stadt und der Kaffee-
ausfuhr, Mo–Sa 9–12 und 13–17 Uhr.

Fiesta de la Virgen de la Mar:
Sa und So nach dem 16. Juli.

Casa de Cultura, Av. Centena-
rio/Calle 3; Musik und Theater.

Spielcasino im Hotel Fiesta.
Disco im Yadran Hotel,
Fr u. Sa ab 19 Uhr.

Mercado Central, zwischen
Calles 2 und 4 auf der Nordseite
der Halbinsel, Lebensmittel, Kunsthand-
werk und Souvenirs.

Schwimmen: Balneario Muni-
cipal, La Punta, Di–So 9–16 Uhr.
Fahrradverleih: Yadran Hotel.

Jet- und Wasserski: Hotel Fiesta.
Schorcheln und Tauchen: Hotel
Fiesta, Calypso Tours, ✆ 2 33 36 17.
Sportfischen: Hotels Fiesta u. Yadran.
Tennis: Hotel Fiesta.
Segeltörns: Calypso Tours, ✆ s. o.
(Islas Tortugas, Tierreservat Islas Negri-
tos, Punta Coral); Bay Island Cruises,
✆ 2 96 55 51 (Islas Tortugas und
benachbarte Inseln).

 Hospital Monseñor Sanabria,
✆ 6 63 00 33, Fax 6 63 08 57.

 **Autoverleih:**
Elegante Rent-a-car,
✆ 6 61 19 58. **Taxi:** ✆ 6 63 20 20.
Busse: Zentraler Busbahnhof Paseo de
los Turistas, Ecke Calle 2, nach **San
José** 6–19 Uhr im 40-Min.-Takt; nach
Quepos tgl. 5, 11 und 14 Uhr; nach
Liberia tgl. 5.30, 7, 9.30, 12.30, 15
und 17.20 Uhr.
Fähren zur Halbinsel **Nicoya:** nach
Paquera Autofähre tgl. 4.15, 8.45,
12.30 und 17.30 Uhr (1 Std. 30 Min.),
Anlegestelle ca. 250 m hinter dem
Mercado Central; Passagierfähre tgl.
15 Uhr, Anlegestelle Muelle de los
Plátanos, Paseo de los Turistas, Ecke
Calle 2; nach **Playa Naranjo** Autofähre
tgl. 3.15, 7, 10.50, 14.50 und 19 Uhr,
Anlegestelle Av. 3 Ecke Calle 31.

Quepos

Touristeninformation:
Info-Kiosk im Hotel Kamuk.
Post: etwas außerhalb hinter dem
Fußballplatz, Mo–Fr 9–12, 14–17 Uhr.
Telefon: Internationale Gespräche im
Hotel Mariza (offizieller Partner des
ICE), neben Hotel Malinche, Minimum
3 Min. nach Europa: 6 US-$.
Polizei: neben ICE-Gebäude.

 Quepos ist der nächstgrößere
Ort in unmittelbarer Nähe des
Parque Nacional Manuel Antonio
(s. S. 310). Bei der Hotelwahl muß man
sich entscheiden, ob man in Quepos
(am billigsten, von hier Busse zum
Park!), am Camino, der 7 km langen
Verbindungsstraße zum Nationalpark
(Hotels für gehobene Ansprüche mit
herrlichem Blick) oder unmittelbar im
Dorf am Parkeingang wohnen möchte.
In Quepos:
Kamuk ($$), zentrale Lage,
✆ 7 77 03 79, Fax 7 77 02 58;
28 Zimmer, Schwimmbad, freundlicher,
regionalpolitisch engagierter Besitzer,
bestes Hotel der Stadt.
El Parque ($), Ortseingang, ✆ 7 77 00 63;
sehr einfach, freundlich, das preiswer-
teste dieser Kategorie.
Entlang dem Camino:
La Mariposa ($$$$), 4 km südlich von
Quepos am höchsten Punkt des
Camino in einer Seitenstraße,
✆ 7 77 03 55, Fax 7 77 00 50; 2 km bis
zur Playa Escondida, mehrfach preisge-
kröntes, kleines Hotel in Familienbesitz
mit unübertrefflichem Blick über die
Bucht und den Nationalpark, sehr
schöne tropische Vegetation (für Kinder
wegen der Hanglage nicht geeignet!),
keine Amex-Kreditkarten.
El Byblos ($$$), 4 km südlich von Que-
pos direkt am Camino, ✆ 7 77 04 11,
Fax 77 70 09; Hotel aus Holz und Glas,
geräumig, Pool am Waldrand.
Si Como No ($$$), 4,5 km südlich
von Quepos direkt am Camino,
✆ 7 77 12 50, Fax 7 77 10 93; moderne
29-Zimmer-Anlage für ökologisch be-
wußte Touristen, Villen mit Blick auf
Wald und Pazifik, Pool mit Wasserfall,
hoteleigenes Naturreservat, gehört zur
Kette der ›small distinctive hotels‹.
Naturalist Beachfront Aparthotel
($$), direkt am Nordende der Playa

Escondida, 2 km unterhalb des Hotels Mariposa, ☎ 7 77 14 73, Fax 7 77 14 75; Holzbau, einfache Einrichtung, Selbstversorgung, mitten im Dschungel.

Plinio ($$), 1 km hinter Quepos, ☎ 7 77 00 55, Fax 7 77 05 58; kleines Hotel mit Pool, spektakuläre Baumhaus-Architektur.

Villas Nicolas ($$), am Camino, ☎ 7 77 04 81, Fax 7 77 04 51; Hanglage im Wald, großzügige, terrassenförmig angeordnete Villen mit Balkon, kleiner Pool, gutes Preis-Leistungs-Verhältnis.

Am Manuel Antonio-Nationalpark:
Villa Bosque ($$$), 150 m von der Straße entfernt, ☎ 7 77 04 63, Fax 7 77 04 01; ruhiges, kleines Hotel (13 Zimmer), liebevolle Einrichtung.

Albergue de Playa Vela-Bar ($$), ☎ 7 77 04 13, Fax 7 77 10 71; 9 Zimmer, alle mit Bad, freundliche Atmosphäre, beliebtes *open-air*-Restaurant.

| ! | **Wäscherei:** Casa Tica, neben der Bushaltestelle, gut und preiswert. |

| ¶¶ | **Barba Roja ($$),** Quepos, Calle Manuel Antonio, ☎ 7 77 03 31; |
auf einem Hügel mit wunderschöner Aussicht aufs Meer, gute Fischgerichte und europäische Küche, Treffpunkt.

Café Milagro ($), Quepos, jenseits der Brücke am Ortseingang, ☎ 7 77 17 07; costaricanisches Kaffeehaus, das seinen Kaffee selbst röstet.

Mar y Sombra ($), Fischrestaurant an der Playa Espadrilla nahe dem Eingang zum Nationalpark, beliebter Treff.

La Tortuga ($), auf der Isla Damas, außerhalb von Quepos in Richtung Jacó, am Schild ›Complejo Turístico‹ zum 1,5 km entfernten Strand abbiegen, dort wartet ein Boot, das die Gäste zur Insel bringt. Die Aussicht auf die Mangroven-Lagune und die Qualität des frischesten *catch of the day* lohnen den Aufwand.

 Jardín Gaia, Rettungszentrum für bedrohte Tierarten, am Camino 3 km hinter Quepos, tgl. 9–12, 14–17 Uhr, bietet Führungen an.

| Y | **Mar y Sombra,** Disco im Restaurant gleichen Namens |
(Beginn nach Einbruch der Dunkelheit).

Disco Arco Iris, am Ortseingang jenseits der Brücke, direkt am Wasser gelegen.

| 🛍 | **L'Aventura,** Av. 2 Ecke Calle Central, ☎ 7 77 10 19; einheimi- |
sches Kunsthandwerk und große Auswahl an Zigarren.

La Buena Nota, am Ortseingang jenseits der Brücke (☎ 7 77 10 02) und Filiale am Camino 2 km vor dem Nationalpark; größte Auswahl an Souvenirs, Bademoden und Zeitungen, Informationsbörse für die Region.

| 🚶 | **Sprachschule:** La Escuela Idiomas d'Amore am Camino, |
☎ 7 77 11 43; Fax 7 77 05 43; Unterbringung in einheimischen Familien, ein Teil der Kursgebühr geht als Spende an den World Wildlife Fund.

Kajak-Verleih: Ríos Tropicales, ☎ 7 77 05 74; High Tide Ocean Kayaking, ☎ 7 77 04 03.

White-Water-Rafting: Iguana Tours, ☎ 7 77 12 62; Amigos del Río, ☎ 7 77 00 82; Río Loco White-Water-Rafting, ☎ 7 77 11 70; Rainforest Expeditions & School, ☎ 7 77 11 70.

Reiten: Stable Equus, ☎ 7 77 00 01; Rancho Savegre Tours, ☎ 7 77 05 28.

Tennis: Hotel El Parador.

Sportfischen: Blue Fin Sportfishing, ☎ 7 77 16 76; Jesse Baletti's Sportfishing Quepos, ☎ 7 77 02 21.

 Pharmacia Botíca Quepos, an der Hauptstraße, ☎ 7 77 00 38.

 **Autoverleih:**
Elegante Rent-a-Car,
am Ortseingang jenseits der Brücke,
✆ 7 77 01 15.

Taxi: Quepos Taxi, ✆ 7 77 02 77 (Preis
von Quepos zum Nationalpark: 5 US-$).

Zentraler Busbahnhof: Marktplatz in
Quepos; zum **Parque Manuel Antonio** tgl. 6–22 Uhr im 30-Min.-Takt (Fahrzeit: 30 Min., Preis: 75 C.).

Expressbus von Quepos nach **San José** tgl. 6, 12 und 17 Uhr (Fahrzeit
3,5 Std.); nach **Puntarenas** über Jacó
tgl. 4.30, 10.30 und 15 Uhr; nach **San Isidro de El General** über Dominical
tgl. um 5 und 13.30 Uhr.

Flüge: mit LACSA, ✆ 7 77 06 83,
Fax 7 77 06 76; nach **San José** 8.45,
12.35, 14.20 Uhr, Travelair, ✆ (in San
José) 2 20 30 54, tgl. 9, 12, 16 Uhr,
Hotelzubringerbus von LACSA: 500 C.

Rincón de la Vieja

 Nationalpark nordöstlich
von Liberia, tgl. 8–17 Uhr.

Río Tempisque

Fähre über den Tempisque zur Halbinsel Nicoya Mo–Fr 6–18, Sa und So
6–20.30 Uhr (20 Min., 0,2 US-$). Am
Wochenende wegen großen Andrangs
längere Wartezeiten. Ab 1999 soll eine
Brücke 5 km nördlich der heutigen Anlegestelle die Fähre ersetzen. Die Bauarbeiten begannen im Sept. 1997.

San Insidro de El General

 Hotel del Sur ($$), Calle 6,
außerhalb der Stadt,
✆ 7 71 30 33, Fax 7 71 05 27, Pool.

 Mehrere einfache Restaurants
z. B. **Astoria, Hongkong, Soda
Katty** (alle $) entlang der Av. Central.

 Busbahnhof: Av. 6 zwischen
Calle 2 und Calle Central, nach
San José, 5–20 Uhr, stündlich (3 Std.,
4 US-$); nach **Golfito,** tgl. 18 Uhr; nach
Puerto Jiménez, tgl. 5.30 und 12 Uhr.

San José

ICT, Plaza de la Cultura, Av. 2,
✆ 2 22 10 90, Mo–Fr 8–16,
Sa 9–13 Uhr.

Post (Hauptpost): Calle 2 zwischen
Av. 1 und 3, Mo–Fr 7–19, Sa 8–12 Uhr,
Paketdienst Mo–Fr 8–17 Uhr.

Telegramme und **Telex:** ICE-Büro,
Av. 2 zwischen Calles 1 und 3, tgl. 7–22
Uhr; Western Union Büro, Calle 9 zwischen Av. 2 und 4, ✆ 2 83 63 36.

Telefon: Radiográfico Costarricense,
Av. 5, Ecke Calle 1, ✆ 2 87 00 87,
Mo–Fr 8–22 Uhr, Sa und So 8–20 Uhr
(auch Telegramme und Fax).

Bei Verlust oder Problemen mit der
Kreditkarte *(tarjeta de credito):* **American Express,** Sabana Sur Oficentro,
✆ 2 20 04 00, 2 33 00 44, Fax 2 20 08 00,
oder Calle Central zwischen Av. 3 und 5,
✆ 2 57 01 55, Mo–Fr 8–19, Sa 9–13 Uhr;
Diners Club, Edif. Banco Mercantil,
✆ 2 57 23 51, Fax 2 23 63 28; **Master
Card,** c/o Coocique R. C., ✆ 2 53 21 55,
4 60 24 67, Fax 4 60 16 31; **Visa,** Banco
Credito Agricola, Av. 2 zwischen Calles
2 und 4, ✆ 2 57 13 57, Fax 2 22 19 34.

In und um San José konzentriert
sich die größte Hotelauswahl des
Landes. Neben Luxushotels gibt es
viele gute Mittelklassehotels, zum Teil
in liebevoll restaurierten, historischen
Gebäuden. Im Zentrum muß man meist

einen hohen Lärmpegel in Kauf nehmen. Die Hotels außerhalb bieten oft einen Shuttle-Service ins Zentrum an.

Camino Real ($$$$), Ctra. Próspero Fernández, Ecke Blvd. Camino Real, 8 km außerhalb im Vorort Escazú, ✆ 2 89 70 00, Fax 2 89 89 98; aufwendige Garten- und Pool-Anlage, 261 Zimmer und Suiten, gehört zu den ›leading hotels of the world‹, empfehlenswert.

Marriott ($$$$), San Antonio de Belén, 5 Min. vom Flughafen, ✆ 2 98 00 00, Fax 2 98 00 11; geschmackvoll und erlesen im Stil spanischer Kolonialarchitektur, mit Auffahrt durch eine Kaffee- und Bananenplantage, aufmerksamer und effizienter Service, Golf Driving Range, schönstes Hotel der Hauptstadt, sehr empfehlenswert!

Tara Resort Hotel & Spa ($$$$), 10 km außerhalb in San Antonio Escazú, 600 m südlich des Friedhofs, ✆ 2 28 69 92, Fax 2 28 96 51; nur Suiten mit Balkon, Spa, US-Südstaaten-Ambiente, ein ›Muß‹ für alle Freunde des Filmepos »Vom Winde verweht«.

Grano de Oro ($$$), Calle 30 zwischen Av. 2 u. 4, ✆ 2 55 33 22, Fax 2 21 27 82; sehr stilvolles kleines Hotel (›small distinctive Hotels of Costa Rica‹) auf der ruhigen Südseite des Paseo Colón, liebevoll eingerichtet, einige Zimmer mit Patio und eigenem Whirlpool, viele historische Fotografien San Josés in der Lobby, aufmerksamer Service, das Gartenrestaurant gehört zu den schönsten der Stadt, sehr empfehlenswert!

Britannia ($$), Calle 3, Ecke Av. 11, Barrio Amón, ✆ 2 23 66 67, Fax 2 23 64 11; britisches Flair in aufwendig restauriertem Gebäude (Kombination aus Alt- und Neubau), Restaurant im alten Weinkeller.

Don Carlos ($$), Calle 9 zwischen Av. 7 und 9, ✆ 2 21 67 07, Fax 2 55 08 28; altes Herrenhaus in tropischem Garten

mit Papageien und Reproduktionen präkolumbischer Steinfiguren.

La Amistad Inn ($$), Calle 15 Ecke Av. 11, Barrio Amón, ✆ 2 21 15 97, Fax 2 21 14 09; moderne Stadtvilla in zentraler Lage unter deutscher Leitung, guter Service, Touristeninformation.

La Casa Verde de Amón ($$), Calle 7 Ecke Av. 9 No. 910, ✆ u. Fax 2 23 09 69; kleines viktorianisches Gebäude aus dem Jahr 1910, alle Zimmer des 1992 renovierten Hauses sind mit Antiquitäten eingerichtet, Gartenterrasse mit schönen Korbsesseln.

Tur Casa ($$+$), Büro: Av. 11, zwischen Calles 1 und 3 bis, ✆ 2 57 51 69, Fax 2 21 61 61; selbstverwaltetes Frauenprojekt, ca. 300 Mitglieder bieten hauptsächlich in San José und Umgebung über 350 Zimmer mit Frühstück und Abendessen (inklusive Familienanschluß) an, 3 Kategorien.

Albergue Juvenil Estudiantil Toruma ($), Av. Central zwischen Calles 27 und 33, etwas außerhalb neben dem Goethe-Institut, ✆/Fax 2 24 40 85; über 100 Betten in sauberen 4–6-Bett-Zimmern, schönes altes Gebäude mit langgestreckter Veranda, mit Jugendherbergs- oder Studentenausweis die billigste Unterkunft der Stadt.

Cacts ($), Av. 3 b zwischen Calles 28 und 30, ✆ 2 21 29 28, Fax 2 21 86 16; freundliches Hotel, Hanglage, Frühstücksterrasse im 3. Stock.

Mirador Pico Blanco ($), außerhalb im Stadtteil San Antonio Escazú, ✆ 2 89 61 97, Fax 2 89 51 89; einfache Zimmer, atemraubendes Panorama.

🍴 **Atlanta Dining Gallery** im Tara Resort Hotel ($$$), ✆ 2 28 69 92; speisen wie Scarlett O'Hara und Rhett Buttler, exzellenter Service, außergewöhnliche Speisekarte, wunderschöne Aussicht, tgl. 6–24 Uhr.

Bijahua ($$$), San Pedro, ☏ 2 25 06 13; kreative einheimische Küche, köstliche Desserts, elegant, So geschl.

La Masía De Triquell ($$$), Sabana Norte, 175 Oeste Ecke 175 Norte, ☏ 2 96 35 28; das beste spanische Restaurant San Josés, Treffpunkt der städtischen *upper class,* So geschl.

Café Parisien ($$), im Gran Hotel Costa Rica, Av. 2 zwischen Calles 1 und 3, ☏ 2 21 40 11; das Arkaden-Café ist ein ›Muß‹ für jeden Besucher der Hauptstadt, tgl. 24 Std. geöffnet.

Restaurant im Hotel **Grano de Oro** ($$), ☏ 2 55 33 22; schönes Gartenrestaurant, gute internationale Küche

La Cascada ($$), San Rafael de Escazú, ☏ 2 28 18 88; bestes Steakhaus der Stadt mit über 30jähriger Erfahrung.

Machu Pichu Bar und Restaurant ($$), Calle 32 zwischen Av. 1 und 3, ☏ 2 22 73 84; sehr beliebtes Lokal mit guter Fischkarte.

Ruiseñor Café ($$) im Teatro Nacional, ☏ 2 33 44 88; französische Kaffeehaus-Atmosphäre, wechselnde Ausstellungen lokaler Künstler, sehr gutes Kuchen- und Tortenbuffet und traumhafte Eiskreationen, So geschl.

Pasteleria Francesca Boudsocq ($), Calle 30 Ecke Paseo Colón, ☏ 2 22 67 32; kleine Konditorei, die auch leckere Snacks serviert, So geschl.

 Casa Amarilla, Av. 7, Mo–Fr 8–15 Uhr.

Galería Nacional de Arte Contemparáneo y Diseño im CENAC, Av. 3 Ecke Calle 15, ☏ 2 23 49 19, Di–So 10–16 Uhr; zeitgenössische Kunst.

Iglesia la Merced, Av. 2 bis 4 Ecke Calle 16, tgl. 8–20 Uhr.

Museo de Arte Costarricense, Paseo Colón Ecke Calle 42, im Stadtpark La Sabana, ☏ 2 22 71 55, Di–So 10–17 Uhr; costaricanische Kunst des 19. u. 20. Jh.

Museo de Entoemología de la Universidad Costa Rica, San Pedro, im EG der Musikschule der Universität, ☏ 2 53 53 23; faszinierende Schmetterlingssammlung, Mo–Fr 13–15.30 Uhr (aktuelle Öffnungszeiten unbedingt vorher erfragen!)

Museo de Jade, Av. 7 zwischen Calles 9 und 11 (im 11. Stock des Versicherungsgebäudes), ☏ 2 23 58 00, Mo–Fr 8–15.30 Uhr; größte präkolumbische Jadesammlung Amerikas.

Museo Nacional, Calle 17, zwischen Av. 2 und Av. Central (an der Plaza de la Democracia), ☏ 2 57 14 33, Di–Sa 8.30–16.30, So 9–16.30 Uhr; Ausstellung zur Geschichte des Landes.

Museo Nacional de Ciencias Naturales ›La Salle‹ (Naturgeschichtliches Museum), südöstliche Ecke des Parque la Sabana, ☏ 2 32 13 06, Mo–Fr 8–16, Sa 8–12, So 9–16 Uhr.

Museo Nacional de Ferrocarril, im Bahnhof Atlántico, Av. 3 zwischen Calles 17 und 23, ☏ 2 21 07 77, Mo–Do 9–16, Fr 9–15.30 Uhr.

Museo Nacional de los Niños, Av. 9 Ecke Calle 4, ☏ 2 33 27 34, Mi–So 9–14 Uhr.

Museo del Oro Preclombino, Eingang Calle 5 Ecke Av. Central (unter der Plaza de la Cultura), ☏ 2 23 05 28, Di–So 10–16.30 Uhr; eine der größten Sammlungen präkolumbischer Goldarbeiten Lateinamerikas.

El Pueblo Antiguo, La Uruca, neben dem Parque de Diversiones; Rekonstruktion des städtischen Lebens in Costa Rica um die Wende zum 20. Jh. sowie einer indigenen Siedlung, tgl. um 18 Uhr Tanzvorführung in traditionellen Trachten.

Teatro Nacional, Plaza de la Cultura, ☏ 2 21 53 41; Besuch außerhalb der Vorstellungen: Mo–Fr 10–12 und 14–18 Uhr, Eintritt 600 C.

Little Theater Group,
✆ 2 31 08 13; englischsprachiges
Theater, Musicals und Komödien.

Teatro del Angel, Av. Central zwischen Calles 13 und 15, ✆ 2 22 82 58; Komödien.

Teatro Carpa, Av. Central zwischen Calles 29 und 31, ✆ 34 28 66; alternatives Ensemble, auch Straßentheater.

Teatro la Mascara, Calle 13 zwischen Av. 2 und 4, ✆ 2 55 42 50; alternatives Theater, Tanzperformances.

Teatro Melico Salazar, Av. 2 zwischen Calles Central und 2, ✆ 2 21 49 52; Di Folklore-Show zur Geschichte Costa Ricas, sonsten Komödien, Dramen, Klassik- und Popkonzerte.

Teatro Nacional, Plaza de la Cultura, ✆ 2 21 53 41; Schauspiel, Ballett, Oper und Konzerte, So 11 Uhr kostenlose Konzertproben.

CENAC, Centro Nacional de la Cultura, zwischen Av. 3–7 Ecke Calle 11, tgl. 8–22 Uhr.

Teatro Laurence Olivier, Av. 2, Ecke Calle 28, ✆ 2 23 19 60; Kino, Kunstgalerie, Jazzkonzerte und Kaffeehaus.

Feste: Festival Internacional de las Artes, zweite Märzwoche: Konzerte, Theaterstücke, Ballett und Tänze in vielen Kulturinstitutionen der Stadt, (Veranstaltungskalender über ICT).

Bars: Charleston, Av. 4 zwischen Calles 7 und 9, ✆ 2 55 39 93; im Stil der 20er Jahre, Jazz-Musik, *business-people*-Publikum;

Soda Palace, Calle 2 Ecke Av. 2 (gegenüber dem Parque Central), ✆ 2 21 34 41; 24 Std. geöffnet, hier wurde vielleicht die Revolution von 1948 geplant, buntes Publikum.

Live-Musik: Shakespeare Bar, Av. 2 Ecke Calle 28 (neben dem Kino Sala Garbo), Jazz (eigene Hausband!), tgl. 15–24 Uhr; **Casa Matute Goméz,** Calle 21 Ecke Av. 10, ✆ 2 22 68 06; in historischem Gebäude, Whiskey-Bar, Café im französischen Stil und 4 weitere ›Themen‹-Bars, 2 Restaurants und Tanzflächen; **El Cuartel de la Boca del Monte,** Av. 1 zwischen Calles 21 und 23; die derzeitige ›In‹-Kneipe San Josés, Mi und Fr Live-Musik, gute Cocktails; **El Tablado,** Av. Central (neben der Jugendherberge); Jazz und Latin Rock; **La Esmeralda,** Av. 2 zwischen Calles 5 und 7, ✆ 2 33 73 86; Mo–Sa 11–5 Uhr geöffnet, *open air*, meist 4–6 Mariachi-Kapellen pro Abend.

Discos und Tanzlokale: El Tobogan, Ctra. Guapiles, 300 m nordöstlich des Hauptbüros von La República, ✆ 2 57 33 96; beliebter Treffpunkt von Einheimischen, Live-Musik, riesige Tanzfläche; **Las Tunas,** Sabana Norte, 500 m westlich des ICE-Büros, ✆ 2 31 18 02; costaricanische Pop-Musik live! **Salsa 54,** Calle 3 zwischen Av. 1 und 3, ✆ 2 21 32 20; Salsa-Genuß allein beim Zuschauen.

Kunst und Kunsthandwerk:
(Achtung: Viele der ›original costaricanischen‹ Souvenirs und Kunsthandwerksartikel kommen aus Panama oder Guatemala; dies beeinträchtigt weder ihre Qualität noch ihren Andenkenwert – man sollte es nur wissen!)

Straßenmarkt an der Westseite der Plaza de la Democracia: T-Shirts, guatemaltekisches Kunsthandwerk, Schmuck, *ocarinas* (Glockenspiel aus Keramik); **La Casona,** zwischen Av. Central und 1, Ecke Calle Central: Leder-, Keramik-, Korb- und Bambuswaren, Kleidung; **Las Garzas,** Kunsthandwerksmarkt im Vorort Moravia, 150 m südöstlich des Cruz Roja: 25

Geschäfte mit Holz- und Metallwaren, Keramik und einigem mehr; **Atmosfera,** Calle 5, zwischen Av. 1 und 3: für gehobene Ansprüche, Bilder und Skulpturen einheimischer Künstler, Wandbehänge, Holzschalen, Mo–Sa 9–18, So 10–17 Uhr; **Madera Magia,** Calle 5, zwischen Av. 1 und 3: alles aus Holz in guter Qualität und künstlerischem Design; **La Galería,** Calle 1, zwischen Av. Central und 1: gute Auswahl an Replikaten präkolumbischen Schmucks in Gold und Silber, Gemälden, Teppichen und Holzwaren; **Galería 11–12,** Calle 19 Ecke Av. 11, Barrio Aranjuez, neoklassizistische und bekannte zeitgenössische Künstler aus Costa Rica (teuer!).

Kaffee: La Esquina del Café, Av. 9 Ecke Calle 3 bis: große Auswahl aller in Costa Rica angebauten Kaffeesorten in jeder Röstung.

Zigarren: Cigar Shoppe, Calle 5 Ecke Av. 3, Südwestecke des Parque Morazán: größte Zigarrenauswahl (einschließlich bekannter Marken aus Cuba, Nicaragua und Honduras).

Bücher: The Bookshop, Av. 1 zwischen Calles 1 und 3: englisch- und spanischsprachige Bücher, Kunstgegenstände; **Librería Lehmann,** neben The Bookshop: ausländische Zeitungen und Zeitschriften.

Märkte: Samstagsmärkte (Obst und Gemüse) in den Stadtteilen Zapote und Guadelupe (Clínica Biblica); **Mercado Central,** zwischen Av. 1 und Central und Calles 6 und 8; Lebensmittel, Kaffee, Kunsthandwerk.

Deutsche Institutionen: Deutscher Frauentreff (Sozialengagement und informeller Austausch), ✆ 2 73 36 12; **Goethe-Institut,** Av. Central, Ecke Calle 25, ✆ 2 55 49 36, Fax 2 55 47 58.

Heißluftballonfahren: Serendipity Adventures, ✆/Fax 4 50 03 28; Halbtagestour über Naranjo (knapp 40 km außerhalb San Josés), Abholung um 4.30 Uhr im Hotel, mind. 2 Personen, ca. 250 US-$ pro Person.

Kino: In San José laufen viele US-Produktionen früher als in Europa. Filme werden in Costa Rica im O-Ton mit spanischen Untertiteln gezeigt. **Cine Magaly,** Calle 23 zwischen Av. Central und 1, ✆ 2 21 95 97; schönes altes Filmtheater mit großer Leinwand und Balkon; **Sala Garbo,** Av. 2 Ecke Calle 28, ✆ 2 22 10 34, anspruchsvolle Filme.

Spielcasinos: in den Hotels Camino Real, Herradura, Corobicí, Amstel Amón, Cariari und San José Palacio.

Sport aktiv: Schwimmen: Agua Mania, an der Straße nach San Antonio de Belén, in der Nähe des Hotels Herradura, ✆ 29 32 89, Di–Do 9.30–17.30, Sa 9.30–22 Uhr; großer Wasserpark mit Wellenbad, Wasserrutschen, Minigolfanlage und Go-cart-Bahn; **La Sabana,** am westlichen Ende des Paseo Colón, großer Freizeitpark mit Freibad, Tennisplätzen, Basketballfeld und Bootsverleih (1 Std. 3 US-$).

Golf: Die Hotels Herradura und Cariari verfügen über 18-Loch-Golfplätze, das Hotel Marriott über eine Driving Range.

Sport passiv: Fußball: Saprissa Stadium, Tibás (Bus von Calle 2, zwischen Av. 3 und 7), Saison Sept. bis Anf. Juli, Spiele So 11, Sa 14 und Mi 19 Uhr; **Stierkampf** (Las Corridas a la Tica): Zapote (Bus von Calle 1 zwischen Av. 4 und 6), **nur** in der Weihnachts- und der ersten Januarwoche, jeweils ganztägig.

Sprachschulen: Central American Institute for International Affairs (ICAI), ✆ 2 33 85 71, Fax 2 21 52 38: auch Kurse zu zentralamerikanischen

Studien; **Centro Linguístico Conversa,** ✆ 3 54 50 36, Fax 2 33 24 18: auf einer Farm 15 km westlich von San José, Unterbringung bei Familien; **Costa Rica Spanish Institute (COSI),** ✆/Fax 2 53 21 17: kleine Klassen, Kurse in San Pedro und an der Playa Ballena; **Costa Rican Language Academy and more,** ✆ 2 33 20 70, Fax 2 33 86 70: individuelle *packages,* auch Kurse in lateinamerikanischem Tanz und costaricanischer Kochkunst; **Academía Tica de Español,** ✆/Fax 2 34 06 22: auf die Bedürfnisse deutscher Schüler zugeschnitten.

Tiergärten: Serpentarium, Av. 1 zwischen Calles 9 und 11, ✆ 2 55 42 10; Reptilien und Amphibien Costa Ricas und eine riesige burmesische Python, 15 Uhr Fütterung, tgl. 9–18 Uhr; **Parque Zoológico Simón Bolívar,** Av. 11 zwischen Calles 7 und 9, ✆ 2 33 67 01; klein und wenig artgerecht, Mo–Fr 8–15.30, Sa u. So 9–17 Uhr; **Spyrogyra Butterfly Garden,** 200 m südöstlich des El Pueblo Shopping Center, Barrio Tournón, ✆ 2 22 29 37; gute Einführung in den Lebenszyklus von Schmetterlingen, tgl. 8–15 Uhr.

 Notruf: ✆ 9 11.
Cruz Roja, ✆ 1 28.
Ärzte: Dr. Jorge Quesada Vargas, Centro Médico Internacional, Av. 14, zwischen Calles 3 und 5, ✆ 2 23 57 56 (Praxis), 2 32 54 40 (privat), 2 96 26 26 (Notfall), deutschsprachiger Arzt für Allgemeinmedizin; **Dr. Tomás Quesada,** Centro Médico Sta. Mónica, Calle 22 zwischen Av. Central und 2, ✆ 2 33 23 01 (Praxis), 2 32 28 35 (privat), Augenarzt, deutschsprachig; **Dr. Carlos Lehmann,** Edif. Irma, Av. Central und zwischen Calles 29 und 33,

✆ 2 25 18 18 (Praxis), 2 53 06 69 (privat), Zahnarzt, deutschsprachig.
Apotheken: Farmacia Clínica Bíblica, Av. 14, zwischen Calles Central und 1, ✆ 2 23 64 22, 24-Std.-Dienst; **Farmacia del Hospital,** Calle 16, Ecke Av. Central, ✆ 2 22 09 85, 24-Std.-Dienst auch an Wochenenden und Feiertagen.
Kliniken: Clínica Biblica, Av. 14 zwischen Calles Central und 1, ✆ 2 23 64 22, englischsprachige Ärzte, Privatklinik, sofortige Bezahlung! Staatliche Krankenhäuser, kostenlose Behandlung: **Hospital México,** an der Panamericana Richtung Flughafen, ✆ 2 32 61 22 und **Hospital San Juan de Dios** (das größte der Stadt), Paseo Colón Ecke Calle 20, ✆ 2 22 01 66.

 **Autovermietung:** s. S. 335.
Motorrad-Verleih: Heat Rent-a-Moto, Av. 2 zwischen Calles 11 und 13, ✆ 2 21 66 71.
Taxis: Preis immer vorher aushandeln! Nach 22 Uhr 20 % Nachtzuschlag.
Coopeguaria, ✆ 2 26 13 66; **Coopeirazú,** ✆ 2 54 32 11; **Coopetaxi,** ✆ 2 53 99 66; **Coopetico,** ✆ 2 21 25 52; **Taxis Unidos,** Aeropuerto Juán Santamaría, ✆ 2 21 68 65.
Busse innerstädtisch: wichtigste Verbindung von Ost nach West entlang Av. 2 und 3 und von der Stadtmitte zum Sabana Park von Haltestelle Av. 3 Ecke Calle Central, gegenüber Costa Rica Expeditions. Busse in Richtung **San Pedro** fahren ab von Av. 2 (Seguro Social-Hochhaus).
Hotelbus-Shuttle verbindet über 100 Hotels im ganzen Land: Tropica Pura Natura, ✆ 2 33 97 09, Fax 2 23 92 00, Av. 1 zwischen Calles 1 und 3, Edif. Cristal, 7 Uhr Abfahrt in San José.
Fernbusse nach: **Alajuela,** Av. 2 zwischen Calles 10 u. 12, tgl. 5–22 Uhr

alle 10 Min. (Tuasa Coop, ☎ 2 22 46 50);
Cartago, Calle 5 Ecke Av. 18, 5–19 Uhr
alle 10 Min., 19–24 Uhr alle 30 Min.
(Sacsa, ☎ 2 33 53 50); **Golfito,** Av. 18
zwischen Calles 2 und 4, tgl. 7, 11, 15 Uhr
(Tracopa, ☎ 2 21 42 14); **Heredia,** Calle
16 zwischen Av. 7 und 9, tgl. 5–22 Uhr
alle 10 Min. (Rápidos Heredianos,
☎ 2 33 83 92) oder über Uruca, Av. 2
zwischen Calles 10 und 12, 6–24 Uhr
alle 15 Min., 24–6 Uhr stündlich ; **Liberia,** Calle 14, zwischen Av. 1 u. 3, 8 × tgl.
(☎ 2 22 16 50); **Manuel Antonio,** Calle
16 zwischen Av. 1 und 3, tgl. 6, 12, 18
Uhr; **Puerto Limón,** Av. 3 zwischen
Calles 19 und 21, gegenüber dem
Atlantik-Bahnhof, tgl. 5–19 Uhr stündlich (☎ 2 23 78 11); **Puntarenas,** Av. 9
Ecke Calle 12, tgl. 6–19 Uhr alle 40 Min.
(☎ 2 22 00 64); **Sarchí,** Calle 16 zwischen Av. 1 und 3, tgl. 12, 15, 17.30 Uhr,
Expressbus (Tuan Coop, ☎ 4 41 37 81);
Sixaola (Grenze zu Panama): Transpor-
tes Mepe, Calle Central, zwischen Av. 9
und 11, ☎ 2 57 81 29.
**Internationale Busgesellschaften,
Busstationen und Büros:**
Ticabus, Av. 4 zwischen Calle 9 und 11,
☎ 2 21 89 54; **Tracopa,** Av. 18, zwischen
Calles 2 und 4, ☎ 2 21 42 14;
Sirca, Calle 7 zwischen Av. 6 und 8, ☎ 2
22 55 41.
Flughäfen: Juan Santamaría (Interna-
tional), ☎ 4 43 29 42; Tobias Parvas
(National), ☎ 2 32 11 65.
Flüge von San José mit LACSA (neue,
kleine, einmotorige Flugzeuge) nach
Barra del Colorado, tgl. 6 Uhr (35
Min., 40 US-$); **Golfito,** tgl. 6, 12.30,
13.15 Uhr (55 Min., 50 US-$); **Liberia,**
tgl. 11.35 Uhr (50 Min., 50 US-$); **No-
sara,** tgl. 7.35 Uhr (40 Min., 50 US-$);
Palmar Sur, tgl. 9.30 Uhr (45 Min.,
50 US-$); **Puerto Jiménez,** tgl. 11.30
Uhr (55 Min., 50 US-$); **Quepos,** tgl.
7.25 Uhr (25 Min., 30 US-$); **Sámara,**

tgl. 8.15, 8.25, 12, 13.45 Uhr (1 Std.,
50 US-$); **Tamarindo,** tgl. 5.15, 9.35,
13.45 Uhr (50 Min., 50 US-$); **Tambor,**
tgl. 10.05 Uhr (30 Min., 40 US-$);
Tortuguero, tgl. 6 Uhr (1 Std., 40 US-$).

Santa Elena

 Finca Valverdos ($$), etwas au-
ßerhalb, östlich der Banco Nacio-
nal, ☎ 6 45 51 57; *cabañas* in schönem
Garten mit vielen Vögeln.
Arco Iris ($), 100 m nördlich der Banco
Nacional, ☎ 6 45 50 67, Fax 6 45 50 22;
schöne Zimmer, deutschsprachiges
Personal, Pferdeverleih.

 Rancho El Trapiche, Zucker-
fabrik, 3 km nördlich von Santa
Elena, ☎ 6 61 26 50, tgl. 10–19 Uhr,
Eintritt 3 US-$.

Santa Rosa

 Parque Nacional, im Norden
der Provinz Guanacaste,
tgl. 7.30–16 Uhr.

San Vito

Jardín Botánico Wilson,
☎ 7 73 32 78; mehr als 2000 tropi-
sche Pflanzenarten aus der ganzen
Welt, Eintritt für einen halben Tag 8 US-
$, ganzer Tag 17 US-$, Übernachtung in
rustikalen *cabañas* innerhalb des Bota-
nischen Gartens.

Sierpe

 Cabinas Estero Azul ($$$),
ca. 2 km von Sierpe entfernt,

✐ 2 33 25 78, 7 86 64 85, Fax 2 22 02 97;
Zimmer mit Bad und Ventilator, unter
kanadischer Leitung, geführte Bootstouren.

 **Bus:** nach **Palmar Sur.**
Charter-Boote: zur **Bahía
Drake** (max. 8 Personen, ca. 70 US-$
pro Boot).

Teleférico de Bosque Lluvioso

 An der CA 32 zwischen San José
und Puerto Limón, nach dem
Zurqui-Tunnel 5 km hinter dem Río
Sucio, Mo 9–15.30, Di–So 6–15.30 Uhr,
90-Min.-Fahrt (inkl. Führung)
47.50 US-$, Reservierung im Stadtbüro,
›Rainforest Aerial Tram‹, San José, Av. 7
Ecke Calle 7, hinter dem Aurola Holiday
Inn, ✐ 2 57 59 61, Fax 2 57 60 53. Transfer von dort bzw. Abholung vom Hotel,
17.50 US-$.

Tilarán

 Cabinas el Sueño ($$), hinter
dem Busbahnhof, ✐ 6 95 53 47;
freundliche Zimmer, ruhig.
Cabinas Mary ($), ✐ 6 95 54 70,
kleine Zimmer.

| The Spot ($$) direkt am See,
✐ 6 95 57 11; schmackhafte
lokale Gerichte.

Tortuguero

ℹ **Visitors Center:** Führungen
durch den Park und Information
über die Schildkröten.

 Mawamba Lodge ($$),
✐ 2 23 24 21, Fax 2 55 40 39;
im Dorf, direkt am Strand.
Tortuga Lodge ($$), jenseits des
Kanals, ✐ 2 57 07 66, Fax 2 57 16 65;
sehr schöne, gepflegte Anlage (Arran-
gements über Costa Rica Expeditions.)

 **Caribbean Conservation
Corporation,** Dorfmitte,
tgl. 10–12 und 14–16 Uhr, Video
über Schildkröten, Eintritt 1 US-$.

 Flug: nach **San José** mit
LACSA tgl. 7.10 Uhr (Flugzeit
35 Min.).

Turrialba

 Casa Turire ($$$), am Ufer des
Río Reventazón, ✐ 5 31 11 11,
Fax 5 31 10 75; ehemaliges Herrenhaus
einer Kaffeeplantage.
Interamericano ($), an der Eisen-
bahnstation, ✐ 5 56 01 42; sauber,
freundlich.

 Las Palmeras ($), an der Eisen-
bahn, Sa. Live-Musik.

 CATIE (Centro Agronómico
Tropical de Investigatión y
Enseñanza), ✐ 5 56 64 31; Versuchs-
und Forschungsfarm mit der größten
Bibliothek landwirtschaftlicher Fach-
literatur im Land.
Guayabo, 19 km nördlich von
Turrialba, s. S. 307.

🚶 **Wildwasserfahrten:** am besten
über Reiseveranstalter in San
José oder über örtliche Hotels buchen;
sonst wird's teuer!

Reiseinformationen von A bis Z

Anreise

... mit dem Flugzeug

Costa Rica wird z. Z. von über 30 internationalen Fluggesellschaften angeflogen, darunter aus Deutschland von American Airlines (über Miami), United Airlines (über Chicago), Iberia (über Madrid) und KLM (über Amsterdam). Die costaricanischen internationalen Fluggesellschaften LACSA (Lineas Aéras de Costa Rica, staatlich) und Aero Costa Rica (privat) fliegen täglich von Miami z. T. über Managua nach San José (Flugzeit 3 Std., hin und zurück ca. 450 US-$).

Die Flugpreise von Europa nach Costa Rica schwanken saisonal zwischen 1600 (Mai–Nov.) und 2200 DM (Dez.–Jan.). Der Juan Santamaría Airport ist der einzige große internationale des Landes; er liegt 20 km außerhalb von San José in Richtung Alajuela. Taxis vom Flughafen in die Innenstadt von San José kosten 10–15 US-$. Bei der Ausreise aus Costa Rica sind 18 US-$ *airport tax* zu zahlen.

... mit dem Bus

Aus Nicaragua: Mit den Buslinien Tica und Sirca von Managua entlang der Panamericana (Grenzstation: Peñas Blancas), Abfahrt tgl. 6 Uhr, Tica zusätzlich 7 und 9 Uhr (12 Std., 8 US-$).
Aus Panama: Mit den Buslinien Tica von Panama-Stadt und Tracopa von David entlang der Panamericana (Grenzstation: Paseo Canoas), Abfahrt Panama-Stadt 11 Uhr (22 Std., 15 US-$),

Abfahrt David 7.30 und 12 Uhr (9 Std., 8 US-$). Mitten im Bananenanbaugebiet an der panamaischen Karibikküste liegt Changuinola, von wo aus man (Grenzstation: Sixaola) über Puerto Limón ebenfalls nach San José reisen kann. Abfahrt Sixaola tgl. um 5, 8 und 14 Uhr, Busgesellschaft Transportes Mepe (7 Std., 8 US-$).

... mit dem Auto

Die Einreise mit dem eigenen Auto ist für zentralamerikanische Verhältnisse relativ einfach: Das Auto wird in den Paß eingetragen (damit man es nicht an einen Costaricaner unverzollt verkauft!), man erwirbt eine Versicherungsplakette, zahlt 10 US-$ Straßenbenutzungsgebühr und erhält eine Einfuhrgenehmigung.

... mit dem Schiff

Frachtschiffe aus Europa steuern von Bremen, Hamburg, Kiel und Rotterdam bevorzugt den Tiefseehafen Moín, 10 km nördlich von Puerto Limón, an. Auskünfte erteilt: Frachtschifftouristik Kapitän Peter Zylmann, Exhöff 12, 24404 Maasholm, ✆ 0 46 42/60 68, Fax 67 67.

Auskunft

... in Deutschland

Tourismusbüro für Costa Rica (Marianne Vaske), Regentenstr. 17,

51063 Köln, ✆ 02 21/9 62 47 00,
Fax 9 62 47 01.
Tropical Verde, Informationsbüro,
Siesmayerstr. 61, 60323 Frankfurt,
✆ 0 69/75 15 50, Fax 75 21 82.

... in Costa Rica

Das staatliche **Instituto Costarri-
cense de Turismo** (ICT) Apdo. 777,
San José, Av. 4 zwischen Calles 5
und 7, ✆ 2 23 17 33, 2 23 84 23,
Fax 2 23 54 52, Mo–Fr 8–16, Sa 9–13
Uhr. Freundliches, englischsprechendes
Personal, umfangreiches Prospektmate-
rial, auch Fahrpläne, Straßenkarten und
Straßenzustandsberichte.
Informationen über Nationalparks:
Servicio de Parques Nacionales
(SPM), San José, Apdo. 10094, Calle 25
zwischen Av. 8 und 10, ✆ 2 57 09 22
oder 2 33 41 18.

Diplomatische Vertretungen

... in Deutschland

Botschaft der Republik Costa Rica,
Langenbachstr. 19, 53113 Bonn,
✆ 02 28/54 00 40, Fax 54 90 53.

Konsulate der Republik Costa Rica:
Berlin: Honorarkonsulat, Ostpreußen-
damm, 72/74, 12207 Berlin,
✆ 0 30/71 09 40, Fax 7 12 50 12,
Mo–Do 10–12 Uhr.
Frankfurt: Honorarkonsulat, Nordend-
straße 30b, 60318 Frankfurt/Main,
✆ 0 69/5 97 81 25, Fax 5 97 87 07,
Mo und Do 11–14 Uhr.
Hamburg: Generalkonsulat, Meyer-
hofstr. 8, 22609 Hamburg,
✆ 0 40/80 13 95, Fax 8 22 65 29,
Mo–Fr 10–12 Uhr.

München: Generalkonsulat,
Neuhauser Str. 16, 80331 München,
✆ 0 89/26 66 46, 2 31 18 40,
Fax 23 11 84 29, Mo–Do 8.30–11.30 Uhr.

... in Österreich

**Generalkonsulat der Republik
Costa Rica,** Schlöglgasse 10, 1120
Wien, ✆ 01/8 04 05 37, Fax 80 49 01.

... in der Schweiz

Botschaft der Republik Costa Rica,
Thunstr. 150e, 3074 Bern (Muri),
✆ 0 31/9 52 62 30, Fax 9 52 64 57.

... in Costa Rica

**Embajada de la República Federal
de Alemania,** San José, Stadtteil
Rohrmoser (de la Oasa de Oscar Arías,
200 m al N. y 50 m al Oe.), ✆ 2 32 55 33,
2 32 54 50, 2 32 58 03, Fax 2 31 64 03,
Mo–Fr 9–12 Uhr; in Notfällen außerhalb
der Dienstzeit Mo–Fr 18–20, Sa und So
13–15 Uhr, ✆ 3 81 79 68.
Consulado General de Austria,
San José, Av. 4 zwischen Calles 36
und 38, ✆ 2 55 30 07, Fax 2 55 07 67,
Mo–Fr 9–12 Uhr.
Embajada de Suiza, San José, Paseo
Colón zwischen Calles 36 und 38 im
Edificio Centro Colón (10. Stock),
✆ 2 21 48 29, 2 33 00 52, Fax 2 55 28 31,
Mo–Fr 9–12 Uhr.

Einkaufen

Costa Rica besaß keine nationale
Kunsthandwerkstradition. Doch als der
zunehmende Tourismus die Nachfrage
nach ›landestypischen Souvenirs‹
ankurbelte, importierten die Händler

zuerst entsprechende Artikel aus den zentralamerikanischen Nachbarländern (allen voran Guatemala) und begannen dann, auch eigenes Kunsthandwerk herzustellen. Unter dem Sammelbegriff *artesanía* bieten heute Geschäfte und Märkte eine breite Palette zentralamerikanischen Kunsthandwerks an. Zu den einheimischen Produkten gehören:

Keramikartikel und Töpferarbeiten: Hier dominieren die Nachbildungen präkolumbischer Funde in warmen Erdfarben. Denn jene Töpfe, Figuren, Vasen und Teller, die im Nationalmuseum von San José ausgestellt werden, dienen den Herstellern in der Provinz Guanacaste (z. B. kleinen Kooperativen in Guaitíl und San Vicente) als Vorlage für ihre Gefäße.

Goldschmuck: Auch hier stößt man überall auf Replikate präkolonialer Museumsstücke, z. B. Frösche, Amulette, Anhänger und Armreifen, wie sie die Ureinwohner trugen.

Ochsenkarren – handgefertigte und buntbemalte Miniaturen: Einst waren die zweirädrigen Ochsenkarren das wichtigste Transportmittel im Land; von daher sind sie zu Recht das Symbol costaricanischer Kunsthandwerksarbeit.

Leder- und Flechtarbeiten: Gegenstände aus Leder (z. B. Gürtel, Cowboy-Stiefel und Taschen) kommen meist aus Guanacaste, wo Millionen von Rindern weiden. Verarbeitet werden deren Häute auch zu Hosen und Lederröcken. Die aus Palmblättern oder Pflanzenfasern geflochtenen Hüte, Taschen oder Körbe sind leicht zu transportieren.

Hängematten: Zu den klassischen Erinnerungsstücken an einen Zentralamerika-Urlaub gehört eine *hamaca*. Es gibt sie in allen Farben und Größen. Hergestellt werden sie aus dicken, eingefärbten Baumwollfäden, neuerdings auch aus Nylon.

Kaffee: Mit dem Kauf des größten Export- und Nationalprodukts Costa Ricas liegt man immer richtig. Allerdings ist Kaffee im Land nicht billiger als bei uns, und die besten Sorten sind für den Export bestimmt. Empfehlenswert ist er aber auch als Ingredienz des landestypischen Kaffeelikörs ›Café Rica‹.

Wer andere Leckereien als Mitbringsel sucht: Costa Rica gehört zu den weltgrößten Produzenten der teuren **Macadamia-Nüsse.**

Einreisebestimmungen

Bürger der EU-Staaten und der Schweiz benötigen für die Einreise lediglich einen noch 6 Monate gültigen Reisepaß. Sie dürfen sich bis zu 90 Tage im Land aufhalten. Wer länger bleiben will, muß dies bei der Einwanderungsbehörde beantragen. Diese verlangt in der Regel den Nachweis finanzieller Mittel und ein Rückflugticket. (Adresse: Dirección de Migración y Extranjería, Departamento de Permisos Temporales y Pyrórrogas, San José, gegenüber dem Hópital México, ☎ 2 20 18 60). Wer das Land vor Ablauf der 90 Tage verläßt (z. B. zum Tagesausflug ins benachbarte Panama oder Nicaragua), erwirbt mit der Wiedereinreise abermals 90 Tage in Costa Rica. Bei der Einreise erhält man außer einem Stempel in den Paß eine eigenhändig auszufüllende Einreisekarte. Entsprechendes gilt für die Ausreise.

Feste und Feiertage

Bekannte Anlässe, unbekannte Bräuche: Auch in Costa Rica sind die höchsten religiösen Feiertage Ostern und Weihnachten, aber Art und Intensität des Feierns sind verschieden. **Ostern** ist seit Ankunft der katholischen Spanier das bedeutendste Fest des Landes, gefeiert wird die ganze Osterwoche *(Semana Santa)* lang. Man besucht Verwandte und befreundete Familien, und zum Essen gibt es das traditionelle Osteressen: *Bacalao con papas*, gesalzenen Fisch mit Kartoffeln. Aber ein paar Tage der *Semana Santa* verbringt jeder Costaricaner am Strand. An **Weihnachten** beginnen in San José die Feiern aus Anlaß der Jahreswende *(Fin del Año)*. Dazu gehören Krippenspiele, Pferdeparaden *(topes)*, Umzüge, Feuerwerk, Stierkämpfe *(corridas)* und Jahrmärkte. **Karneval** feiert man in Costa Rica nur in Puerto Limón an der Atlantikküste. Bereits in der Woche davor proben die *steelbands* entlang der Umzugsroute. Höhepunkt der karibischen Stimmungswoche ist dann der Gedenktag, an dem Kolumbus 1492 Amerika ›entdeckte‹.

Ein besonderer Feiertag in Costa Rica ist der 2. Aug., der Tag der Virgen de los Angeles, wenn Tausende von Pilgern der Jungfrau der Engel, einer kleinen schwarzen Marien-Statue in der Basílica Nuestra Señora de los Angeles in Cartago ihre Referenz erweisen. Die regliöse Bedeutung dieses Tages wird durch irdische Feiern unterstrichen. Der Umkreis der Kirche gleicht an diesem Tag einem Jahrmarkt mit Gauklern, Garküchen und Getränkeständen, mit Karussells, Darbietungen und Musikgruppen.

Offizielle staatliche Feiertage:

1. Jan.	*Año Nuevo* (Neujahr)
19. März	*Día de San José* (Namenstag des Heiligen Josef) *Semana Santa* (Osterwoche) *Pascua* (Ostern)
11. April	*Juan Santamaria* (Tag des Nationalhelden Juan Santamaria, Gedenktag an die Schlacht von Rivas 1856)
1. Mai	*Día del Trabajo* (Tag der Arbeit)
29. Juni	*San Pedro y San Pablo* (Namenstag der Heiligen Peter und Paul)
25. Juli	*Anexión de Guanacaste* (Gedenktag an die friedliche Eingliederung der Provinz Guanacaste 1824)
2. Aug.	*Día de Virgen de los Angeles* (Tag der Schutzheiligen von Costa Rica)
15. Sept.	*Día de la Independencia* (Nationaler Unabhängigkeitstag, Gedenken an die Unabhängigkeit von Spanien 1821)
12. Okt.	*Día de las Culturas* (Tag der ›Entdeckung‹ Amerikas durch Christoph Kolumbus 1492)
2. Nov.	Día de los Muertos (Allerseelen)
8. Dez.	Inmaculada Concepción (Mariä Empfängnis, gilt seit 1993 nicht mehr als offizieller Feiertag, wird aber dennoch so gefeiert)
25. Dez.	*Navidad* (Weihnachten)

Geld

Die **Landeswährung** ist der Colón (spanischer Name des ›Entdeckers‹ Kolumbus), abgekürzt C oder Col, international CRC. Ein Colón ist unterteilt in 100 Céntimos (Wechselkurs im März 1998 1 DM = ca. 135 C). Geldscheine zu

50, 100, 500, 1000 und 5000 Colones sind im Umlauf. Hotels und Banken tauschen bevorzugt US-$ (bar oder als Reiseschecks). Der Rücktausch von Colones in US-$ ist am Flughafen von San José ohne Probleme möglich.

Internationale **Kreditkarten** werden bei Leihwagenfirmen, Fluggesellschaften sowie in Hotels und Restaurants der gehobenen Kategorie akzeptiert.

In Notfällen sind **Geldüberweisungen** durch Western Union Money Transfer über die Reise-Bank AG oder die Post in Deutschland (Service-✆: 01 80/5 22 58 22 bzw. aus dem Ausland 00 49/69/24 27 85 97) schnell und sicher. Gleichwertige Alternative: Geldtransfer mit Moneygramm über American Express.

Kleidung und Ausrüstung

Leichte Baumwoll- oder Leinenkleidung (z. B. dünne Kleider, leichte lange Hosen, kurzärmelige Hemden), die man vor Ort waschen lassen kann; das ›kleine Schwarze‹, Anzüge und Krawatten sind nur bei ganz besonderen Anlässen (z. B. Hochzeiten oder Empfänge) erforderlich. Kurze Hosen und T-Shirts werden nicht gerne gesehen.

Unverzichtbar: deutsch-spanisches Lexikon, Nähzeug, Taschenmesser, Taschenlampe, Reiseapotheke, Sonnenbrille, Kopfbedeckung, Insekten- und Sonnenschutzmittel, Regenschirm (gegen die pralle Mittagssonne und die mitunter heftigen Regenschauer!).

Für **Wanderungen:** feste, knöchelhohe Turn- oder Wanderschuhe, dünne lange Hosen (gegen Moskitos), ein dünnes Regencape; für **Vulkanbesteigungen** am frühen Morgen außerdem Jacke oder Pullover (bei Sonnenaufgang ca. 8 °C).

Literatur und Landkarten

Ellenberg, L.: Entwicklungsprobleme Costa Ricas. Verlag Birkenbach, Saarbrücken 1990.

Ernst, M.: Demokratie in Costa Rica. FDCC-Verlag, Berlin 1986.

Fernandes, G.: The challenge of peace in Centralamerika. Time Editorial Costa Rica, New York 1990.

Herzog, M./Meyer, S.: Costa Rica. Fotografie und Text. Südwest-Verlag, München 1994.

Lutterbach, W.: Costa Ricas Grenzen der Autonomie. Verlag Breitenbach, Saarbrücken 1989.

Maislinger, A.: Costa Rica. Politik, Gesellschaft und Kultur eines Staates mit ständiger aktiver und unbewaffneter Neutralität. Inn-Verlag, Innsbruck 1986.

Tinoco, A. A.: Völkerrechtliche Grundlagen dauernder Neutralität. Nomos-Verlag, Baden-Baden 1989.

Vargas Ulate, G.: La Vegetación de Costa Rica. Ed. Guayacón, San José 1994.

Landkarten:
Costa Rica (1:500 000), ITMB-Publishing, Vancouver.

Costa Rica Mapa Turístico (1:1 Mio.) mit Stadtplänen, erscheint alle zwei Jahre neu im Auftrag des ICT.

Im Land selbst gibt es eine große Auswahl von Karten, darunter auch Spezial- und Detailkarten des Instituto Geográfico Nacional. Dieses Institut bringt auch Karten der Nationalparks heraus, die man zum Wandern benötigt. Erwerb über den einheimischen Buchhandel, z. B.: in San José in der **Librería Lehmann** an der Avenida Central zwischen Calles 1 und 3, oder in der **Librería Universal,** Calle Central Ecke Calle 1.

Nationalparks

In Costa Rica steht ein Viertel des gesamten Staatsgebiets unter Naturschutz (s. hintere Klappenkarte), allerdings werden nicht alle Gebiete gleich intensiv geschützt. Von den insgesamt 74 ausgewiesenen Schutzräumen verwaltet die Forstwirtschaft 36 Reservate *(Reservas Forestales)*, 9 Wildreservate *(Refugio Nacional de Vida Silvestre)* unterstehen dem Ministerium für Naturschutz, und insgesamt 20 Nationalparks, acht biologische Reservate und das Nationalmonument Guayabo werden von dem Servicio de Parques Nacionales betreut.

Die meisten Parks verfügen über Informationszentrum, Parkplatz, Toiletten, viele über einen ausgewiesenen Campingplatz; Restaurants sind nicht eingeplant. Ranger patrouillieren an den beliebtesten Plätzen. 1997 wurden die Eintrittspreise auf 6 US-$ für jeden der Parques Nacionales festgesetzt.

Informationen in San José: **Servicio de Parques Nacionales** (Nationalparkverwaltung), Calle 25 zwischen Av. 8 und 10, ✆ 2 57 09 22, 2 33 41 18, Fax 2 23 69 63, Mo–Fr 8–16 Uhr. Hier auch Vorverkauf der Eintrittskarten bzw. Erwerb von Sammeleintrittskarten (sechs Nationalparks für 20 US-$).

Notfälle

Notrufzentrale für Notfälle aller Art im Valle Central: ✆ 9 11.
Feuerwehr: ✆ 1 18.
Polizei (Funkstreife, *Radiopatrullas)*: ✆ 1 17; **Verkehrspolizei:** ✆ 2 22 93 30, 2 22 92 45.
Rotes Kreuz: ✆ 1 28.
Frauennotruf: ✆ 2 25 10 35.
Das **ICT** unterhält eine Beschwerdestelle für Touristen: **Departamento de**

Quejas, Apdo. 777, San José, ✆ 2 23 17 33-341.
Von der Deutschen Botschaft empfohlene **Rechtsanwälte:** Lic.Thomas Arthur Burke-Maessen, ✆ 2 36 80 24, Fax 2 40 64 67; Bufete Niehaus, Gutiérrez y André, ✆ 2 21 88 43, Fax 2 21 19 64, renommierte Kanzlei.

Öffnungszeiten

Banken: Mo–Fr 9–15 Uhr.
Behörden: Mo–Fr 8–16 Uhr.
Geschäfte: Es gibt kein Ladenschlußgesetz; in der Regel ab 9 Uhr, je nach Lage bis 18, 19 oder 21 Uhr.
Museen: s. Ortsangaben, aber Mo immer geschlossen!
Post: Mo–Fr 8–11, 13–17, Sa 8–12 Uhr.

Post und Porto

Auf die Post *(correos)* kann man sich verlassen; die öffentlichen Briefkästen (Farbe: blau) werden pünktlich geleert. Luftpostbrief **nach Europa** (bis zu 20 g.): 60 C, Postkarte: 55 C. Unter die Angabe der deutschen Adresse ›Alemania‹.
Post **nach Costa Rica:** Am besten postlagernd *(en lista de Correos)* an das jeweilige Hauptpostamt. Post wird in Costa Rica nicht ausgetragen. Deshalb unterhalten Costaricaner ein Postfach *(Apartado*, abgekürzt: aptd, apto, apdo).
Sammelsondermarken: Hauptpostamt San José, Calle 2 zwischen Av. 1 und 2, Mo–Fr 7–19, Sa 7–12 Uhr.

Preise

Costa Rica ist das teuerste aller zentralamerikanischen Reiseländer. Nur bei öffentlichen Verkehrsmitteln, einfachen

Restaurants und Hotels liegt das Preisniveau deutlich unter dem deutschen, in sehr guten Hotels und Restaurants ist es mit dem der Bundesrepublik vergleichbar. In den Geschäften gelten im allgemeinen Festpreise, auf den Märkten, am Strand und an Straßenständen ist Feilschen angebracht.

Reisen im Land

Die touristische Infrastruktur Costa Ricas ist die beste aller zentralamerikanischen Staaten, was in erster Linie auf eine hohe nationale Nachfrage – die *ticos* reisen gerne – zurückzuführen ist.

... mit dem Leihwagen

Für Individualreisende ist der Leihwagen in Costa Rica das bequemste aller Transportmittel. Deutsche, Österreicher und Schweizer können ihre nationalen Führerscheine benutzen, müssen aber mindestens 21 Jahre alt sein. Das Land ist auf Autovermietungen vorbereitet; alle internationalen Rent-a-car-Unternehmen sind vertreten und konkurrieren mit einem guten Dutzend nationaler in jeder größeren Stadt. Das **Preisniveau** entspricht internationalem Durchschnitt: Ein Mittelklassewagen kostet pro Tag ca. 40 US-$ ohne Kilometerbegrenzung (bzw. ca. 25 US-$ Normaltarif plus 0,25 US-$ pro km). Hinzu kommt wahlweise eine Versicherung zu ca. 10 US-$ pro Tag. Kreditkarten erleichtern die Kautionsfrage. Anmietung und Rückgabe meist nur am selben Ort möglich, d. h. in der Regel in San José. Reservierung während der Monate Dez. bis März empfehlenswert.

Die **Straßen** von San José zu den Hafenstädten Puntarenas und Puerto Limón und zu den Grenzübergängen an der Panamericana sowie alle Straßen im Valle Central befinden sich in relativ gutem Zustand (wenn vierspurig, oft Mautgebühr). Mit Schlaglöchern muß man aber rechnen! Die Straßen im Landesinneren sind während der Regenzeit nicht immer gefahrlos passierbar. Die zugelassene **Höchstgeschwindigkeit** außerhalb von Ortschaften beträgt 80 km/h, auf den ›Autobahnen‹ nach Alajuela und Cartago 90 km/h. Benzin kostet ca. 0,60 DM pro Liter. Bei **Unfällen,** auch bei Blechschäden, sollte man die Polizei (✆ 22 29 30, 2 22 92 45) rufen und den Unfallort (selbst z. B. an einer Kreuzung!) unverändert belassen. Für Verletzte ist (nur!) das Rote Kreuz (Cruz Roja, ✆ 1 28) zuständig.

Leihwagen-Unternehmen:
Das Angebot hat sich in den letzten Jahren spürbar verbessert, Preisvergleiche sind anzuraten.
San José: ADA, Av. 18, zwischen Calle 11 und 13, ✆ 2 33 77 33, Fax 2 33 55 55: beste nationale Unternehmen, mit Vertretungen in mehreren Orten und Städten, 24-Std.-Service, Niederlassungen im Gran Hotel (✆ 2 23 10 43), im Aurola Holiday Inn (✆ 2 33 69 57) und am Flughafen (✆ 4 41 12 60); **Avis,** Sábana Norte, ✆ 2 39 48 21; **Budget,** Paseo Colón Ecke Calle 30, ✆ 2 33 32 84; **Economy,** Sábana Norte Ecke Calle 42, ✆ 2 31 54 10; **Elegante,** Paseo Colón Ecke Calle 34, ✆ 2 21 00 66; **Global,** Av. 7 Ecke Calle 9, ✆ 2 33 40 56; **Hertz,** Paseo Colón Ecke Calle 38, ✆ 2 21 19 49; **Indio,** Paseo Colón Ecke Calle 42, ✆ 2 23 49 25; **National,** Av. 7 Ecke Calle 36, ✆ 2 33 40 44; **Poás,** Av. Central Ecke Calle 28, ✆ 2 33 42 49; **Tico,** Av. 15 Ecke Calle 10, ✆ 2 22 89 20; **Toyota,** Paseo Colón Ecke Calle 32, ✆ 2 22 78 75.

... mit dem Bus

Der Bus ist das gängige Transportmittel im Land, mit ihm reist man bequem und preiswert. Große Reisebusse verbinden San José mit allen Provinzhauptstädten. Von hier fahren wiederum kleinere Busse in entlegenere Orte.

... mit dem Taxi

In den Städten sind die offiziellen Taxis deutlich zu erkennen: dunkelrote Mittelklassewagen mit einer Lizenznummer in einem gelben Dreieck an beiden Türen und einem Taxischild auf dem Dach. Bei Stadtfahrten müssen sie ihren Taxameter einschalten (Preis: 165 C Grundgebühr, 75 C pro km, ab 22 Uhr 20 % Zuschlag), bei Fahrten, die länger als 12 km sind, ist Handeln vor Fahrtantritt üblich. Mehrere Funktaxi-Unternehmen bieten ihre Dienste nach telefonischer Bestellung an, z. B.:
Alfaro, ✆ 2 21 84 66; **Coopeirazu,** ✆ 2 54 32 11; **Coopetico,** ✆ 22 46 69 69; **Unidos,** ✆ 2 21 68 65.

... mit der Eisenbahn

Mit der Eisenbahn werden in Costa Rica nur noch Güter transportiert. Der bekannte ›Dschungel-Express‹ *(jungle train)* von San José nach Puerto Limón, der durch üppige Vegetation, Kaffee- und Bananenplantagen und die sogenannten Bahndörfer von 1100 m Höhe kurvenreich hinab zur karibischen Küste führte, wurde 1990 eingestellt; nur noch für Touristen rollt er – unregelmäßig – zwischen Turrialba und Siquirres.

... mit dem Flugzeug

Die staatliche costaricanische Fluglinie LACSA und die private Travelair bieten täglich Flüge in einmotorigen Maschinen mit 4–12 Sitzplätzen von San José zu verschiedenen Orten des Landes, z. B. nach Puerto Limón, Liberia, Golfito, Quepos und Barra del Colorado an (Abflugzeiten: s. Ortsbeschreibungen).
LACSA, San José, Paseo Colón Ecke Calle 24, ✆ 2 21 94 14, 2 33 03 97, Fax 2 55 21 76, Mo–Fr 8.30–17, Sa 8.30–12 Uhr; Reservierung: ✆ 2 96 09 09; Abflug ab Juan Santamaría Airport (20 km westlich von San José), Bustransfer vom Stadtbüro zum Flughafen und zurück gratis, in den anderen Orten zuverlässiger Transfer zu den Hotels (500 C).
Travelair, San José, Parvas, ✆ 2 20 30 54, 2 32 78 83, Fax 2 20 04 13; Abflug vom Flughafen Tobias Bolaños, Parvas (4 km westlich von San José).

Mehrere nationale Charterfluggesellschaften befördern als ›**Lufttaxis**‹ in Kleinflugzeugen bis zu 10 Personen zu insgesamt 23 Zielen des Landes:
Aero Costa Sol, Alajuela, ✆ 4 41 14 44, 4 41 09 22, Fax 4 41 26 71. Bei Inlandflügen während der Regenzeit ist es empfehlenswert, die Vormittagsflüge wegen der mittäglichen Wolkenbildung zu wählen!

Adressen der internationalen Fluggesellschaften für Reservierungen bzw. Rückflugbestätigungen *(reconfirmación)*: **Aeronica,** Av. 1 Ecke Calle 11–13, ✆ 2 23 02 26, 2 33 24 83; **American Airlines,** Calles 40–42, Av. 5 bis, links neben dem Hotel Corobici, ✆ 2 57 12 66; **Condor,** c/o Ambos Mares, Av. 7–9 Ecke Calle 5, ✆ 2 21 74 44; **Continental Airlines,** Av. 2, Calle 19–21, ✆ 2 33 02 66; **COPA,** Calle 1 Av. 5, ✆ 2 23 70 33, 2 21 55 96; **Iberia,** Paseo Colón Ecke Calle 40, ✆ 2 57 82 66,

2 21 33 11; Flughafen ✆ 4 41 25 91;
KLM, Sábana Sur, ✆ 2 20 41 11;
LACSA, Av. 5 Calle 1, ✆ 2 31 00 33,
Reservierung: ✆ 2 96 09 09, Flughafen
✆ 4 41 62 44, 4 43 35 55; **LTU,** Condo-
minio Davinci, Barrio Dent, ✆ 2 34 92 92
TACA, Calle 40 Av. 3, ✆ 2 22 17 90,
Flughafen, ✆ 4 41 50 90.
Auskunft über Flüge:
national ✆ 2 32 28 20,
international ✆ 4 41 07 44.

… mit dem Schiff

Manchmal ist es in Costa Rica unum-
gänglich, Fährschiffe *(lanchas)* zu benutzen. Wer z. B. von San José in den
Süden der **Halbinsel Nicoya** reisen
möchte, der sollte die große Autofähre
Puntarenas–Playa Naranjo benutzen.
Die Anreise zum Westen der Halbinsel
Nicoya ist kürzer und landschaftlich
reizvoller, wenn man die Fähre über
den Río Tempisque am Nordufer des
Golfo de Nicoya wählt. Die Bade-
strände und Nationalparks auf der
nahezu unerschlossenen **Halbinsel
Osa** erreicht man am besten mit der
Fähre von Golfito nach Puerto Jiménez,
und zur **Isla del Coco** weit draußen
im Pazifik kann man nur mit dem Schiff
anreisen. Fähren sind in Costa Rica
billig.

Fahrpläne:
Fähre über den **Golf von Nicoya:**
Puntarenas– Paquera oder Naranjo,
Fahrzeit 1 Std. 30 Min. (Zeiten s. S. 312
und S. 319)
Fähre über den **Río Tempisque:**
tgl. 6–18 Uhr alle 20 Min.
Von **Golfito** (Dock Municipal):
tgl. 11 Uhr, Fahrzeit: 1 Std. 30 Min;
von **Puerto Jiménez:** tgl. 6 Uhr.

… mit dem Daumen (Trampen)

Anhalter sieht man ausschließlich auf
der Transitstrecke der Panamericana.
Dank preiswerter öffentlicher Verkehrsmittel erübrigt sich Trampen eigentlich
sowieso. Dennoch: eine Tafel mit der
Aufschrift ›Alemán‹ oder den deutschen
Nationalfarben kann hilfreich sein.
Immer gilt: Nicht allein in ein Fahrzeug
mit mehreren männlichen Insassen
steigen!

… organisiert

In San José gibt es zahlreiche Reiseve-
anstalter, über die sich Touren, sportli-
che Aktivitäten etc.organisieren lassen:
z. B. Costa Rica Expeditions Av. 3/Calle
Central, ✆ 22 03 33 oder Perfini Travel,
✆ 2 21 36 09.

Telefonieren

Das Telefonnetz von Costa Rica ist das
zuverlässigste und dichteste in Zentralamerika. Noch telefoniert man von den
vielen öffentlichen Fernsprechern mit
Münzen (5, 10 und 20 C). Aber das Telefonieren mit der Telefonkarte *(tarjeta)*
beginnt sich im Land auszubreiten. Nur
in sehr abgelegenen Regionen muß
man sich einer Handvermittlung (09)
anvertrauen. Innerhalb Costa Ricas gibt
es keine Vorwahlnummern; die beiden
ersten Ziffern der siebenstelligen Num-
mer lassen auf das Department schließen (z. B. 22 San José). Die Minute
nach Europa kostet von privaten Tele-
fonen 2,5 US-$ bzw. 1,25 US-$ (Mo–Do
22–7 Uhr).
Vorwahlen: nach Deutschland 00 49,
nach Österreich 00 43, in die Schweiz
00 41.

Unterkunft

Costaricaner reisen selbst gerne. Da sie nicht immer bei Verwandten wohnen können, gibt es in fast jedem Ort wenigstens ein Hotel, in größeren immer mehrere. Zusammen macht das ca. 12 000 Hotelzimmer – eine erstaunliche Zahl für das kleine Costa Rica. Mehr als ein Drittel aller Hotelzimmer befinden sich allein in der Hauptstadt San José, darunter mehrere große, internationale Luxushotels. Außerdem ist die Hotelinfrastruktur der langen Pazifikküste wesentlich besser entwickelt als die der kürzeren Karibikküste.

Auf alle Übernachtungspreise werden in Costa Rica 10 % Umsatz- und 3 % Touristensteuer erhoben. Das ICT in San José veröffentlicht regelmäßig eine Broschüre **Lodging in Costa Rica,** in der nach Provinzen geordnet Adressen, Lage und Ausstattung aller Hotels aufgelistet werden. Da Costa Rica bevorzugt von Individualreisenden besucht wird, erleichtert diese Broschüre die persönliche Reiseplanung und das direkte Buchen.

Noch ist das costaricanische Hotelwesen fast ausschließlich in Händen von Einheimischen, seien es alteingesessene Familien oder Einwanderer der ersten oder zweiten Generation. Sie kümmern sich vor Ort um ihr Anwesen und geben ihm eine persönliche Note. Deshalb gibt es viele kleine Luxushotels an ausgesucht schönen Plätzen mit allen nur erdenklichen Annehmlichkeiten und sehr privater Atmosphäre.

Die costaricanische **Qualitätsstufung** unterscheidet bei Hotels nur die beiden Kategorien A und B. Unter A können sich alle Unterkünfte vom Mittelklassehotel an aufwärts einstufen, unter B jene, die in Europa mit einem oder höchstens zwei Sternen ausgezeichnet würden. Pensionen und einfache *lodges* werden gesondert aufgeführt.

Jugendherbergen gibt es in Costa Rica nur wenige, in Stil und Ausstattung entsprechen sie dem uns vertrauten Angebot.

Zu den preiswerten Übernachtungsvarianten zählen auch die sogenannten **Bed & Breakfast** (B & B)-Unterkünfte. Das vom costaricanischen Fremdenverkehrsinstitut eingeführte Programm ›Turcasa‹ hat besonders im Valle Central Anklang gefunden: Einheimische Hausbesitzer können sich zu günstigen Konditionen Geld leihen, um damit verschiedene Zimmer ihres Hauses (z. B. durch Installierung von Duschen, Toiletten und einem separaten Eingang) für den Fremdenverkehr herzurichten. Die Gastfamilie verlangt einen bescheidenen Übernachtungspreis (meist unter 10 US-$), der das Frühstück einschließt. Die aktuelle Liste der B & B-Pensionen kann man bei ICT anfordern.

Zeitungen

Drei der auflagenstarken Tageszeitungen – **La Nación,** die am meisten verbreitete mit viel Werbung, **La República** mit großem Nachrichtenanteil, **Diario Extra,** die ›Bild‹-Zeitung des Landes – erscheinen vormittags, **La Prensa Libre,** die älteste und politischste, nachmittags. Für ausländische Besucher ist die englischsprachige Wochenzeitung **The Tico Times** wegen ihrer vielen landeskundlichen und touristischen Informationen von Nutzen; sie erscheint freitags.

Englischsprachige Zeitungen aus den USA erreichen Costa Rica einen, deutsche ca. sieben Tage (am Flughafen aber auch nur einen Tag) später.

Panama
Adressen und Tips von Ort zu Ort

Vorwahl für ganz Panama: ☏ 0 05 07

Almirante

 Albergue Bahía Almirante ($), Zentrum, ☏ 7 78 92 11; einfach, sauber, freundliche Besitzer.

 Busse: nach **Changuinola** vom Busbahnhof gegenüber dem Hotel San Francisco, tgl. 6–20 Uhr alle 30 Min. (Fahrzeit 40 Min., 1 US-$).
Eisenbahn: Bananen-Züge der ›Chiriquí Land Company‹ (☏ 7 78 84 14) zwischen **Guabito** und Almirante.
Fähren: ›Wassertaxis‹ (Schnellboote) verkehren zwischen Almirante und **Bocas del Toro** tgl., So–Do 7 und 14 Uhr, Fr und Sa 5.30 und 16 Uhr (ca. 45 Min., 4 US-$); **Chiriquí Grande** tgl. 6–16 Uhr alle 2 Std. (2,5 Std., 12 US-$).

Bocas del Toro

Post: Palacio Municipal, Mo–Fr 8–17.30, Sa 8–12 Uhr.
Telefon: INTEL, gegenüber Palacio Municipal, tgl. 8–18, So 8–12 Uhr.

Pensión Peck ($), an der nördlichen Seeseite, ☏ 7 78 92 54; weißes, einfaches Haus.

El Lorito ($), gegenüber der Kirche; lokale Küche.
Red Lobster ($), gegenüber dem Hotel Bahía; preiswert, sehr guter Fisch.

Feria del Mar, 15.–17. Sept., größtes Fest der Region mit karibischer Folklore.

SNEM: (Servicio Nacional de Erradicación de la Malaria), im Parterre der Pensión Peck; erteilt Auskunft über Malaria-Gefahren in der Region und versorgt Besucher mit Tabletten zur Malaria-Prophylaxe.

 **Fähren:** ›Wassertaxi‹ (☏ 7 78 94 91) nach **Almirante** mehrmals tgl. nach Bedarf (Fahrzeit 45 Min., 4 US-$); nach **Chiriquí Grande** mehrmals tgl. (2 Std., 4 US-$).
Die **Autofähre Palanga** (☏ 6 61 03 50, 2 29 16 39) legt unregelmäßig (aber bei Bedarf) einen Zwischenstop in Bocas del Toro auf ihrer Route Chiriquí Grande–Almirante (ca. 17 Uhr) bzw. Almirante–Chiriquí Grande (ca. 9.30 Uhr) ein. Die Anlegestellen befinden sich nebeneinander am Südende der Stadt gegenüber dem Hotel Bahía.
Flüge: nach **Panama-Stadt** tgl. 8.50 und 13.30 Uhr mit Aeroperlas, ☏ 7 78 93 41, bzw. Mo, Mi, Fr um 9.25 Uhr mit Alas Chiricanas, ☏ 7 78 92 36, Preis 50 US-$); der Flughafen liegt 200 m östlich des Zentrums.

Boquete

Post: im Palacio Municipal am Parque Central.
Telefon: INTEL, Calle 1 Norte.
Fax: im Hotel Panamonte.

Panamonte ($$$), Av. 11 de Abril, ☏ 7 20 13 27, Fax 720 20 55; am nördlichen Ortsausgang, wegen seines leuchtend blauen Anstrichs nicht zu übersehen, bestes Haus am Platz, in den 40er Jahren im viktorianischen Stil, wunderschöner Orchideengarten, Lounge mit offenem Kamin, individuell möbilierte Zimmer, teilweise mit Balkon, sehr empfehlenswert.
Pensión Topas ($$), Av. B. Oeste, ☏ 7 20 10 05; mit Garten, Pool und Blick auf den Vulkan Barú, im Besitz eines Künstler- und Anthropologen-Ehepaars, sehr gutes Frühstück.

 El Explorador ($$), 3 km nördlich des Hotels Panamonte in traumhafter Lage; sehr gute lokale Küche, hausgemachter Kuchen.
La Conquista ($), gegenüber der Pizzeria Volcámica; leckere, frische Forellen.

 Dejud Supermercado, Av. 11 de Abril.
Café Ruiz, kleine Kaffeefabrik am nördlichen Ende von Boquete, ☏ 7 20 13 92, kostenlose Fabrikführung.
Mercado Municipal, Av. A Este.

 Ausflüge in die Umgebung (Tourenveranstalter): Hotel Panamonte: Touren zu den heißen Quellen in Caldera, Jeep-Fahrten zum Vulkan Barú, Minibus zur Finca Lérida; Pensión Topas: Fa. Schöb arrangiert Touren nach Absprache; G & T River Rafting, ☏ 7 20 21 67.

Cruz Roja, schräg gegenüber der Feuerwehr am Parque Central.
Farmacía, Av. 11 de Abril.

Urbana **Minibusse** verkehren unregelmäßig zwischen Boquete und den umliegenden Siedlungen. Der **Bus** nach **David** fährt tgl. 6–18.30 Uhr halbstündlich entlang der Av. Los Fundadores (Mitfahrwillige stoppen den Bus durch Handzeichen).

Changuinola

 Chalet Suizo ($$), Av. 17 de Abril, ☏ 7 78 82 42; neues Hotel, alle Zimmer mit Bad und AC.

 Busse der Unión de Buses Panamericana, ☏ 2 65 25 73, nach **Panama-Stadt** über Almirante einschließlich Fähre nach Chiriquí Grande Abfahrt tgl. (außer Mo) 6.45 Uhr vor dem Restaurant Tropicana gegenüber der Banco Nacional (Fahrzeit ca. 20 Std., 25 US-$ inkl. Fähre, Reservierung erforderlich!); nach **San José** (Costa Rica) tgl. 10 Uhr (7 Std., 6 US-$). Bus nach **Guabito** (costaricanische Grenze) 8–18 Uhr alle 30 Min., nach **Almirante** 6–18.30 alle 30 Min.; beide vom zentralen Busbahnhof, Zentrum.
Flüge: nach **Panama-Stadt** mit Aeroperlas, ☏ 7 78 83 19, tgl. 9 und 13.40 Uhr (40 US-$); nach **Bocas del Toro** mit Alas Chiricanas, ☏ 7 78 84 11, Mo, Mi, Fr 10 Uhr (10 US-$); Flughafen: 4 km nördlich des Zentrums.

Chiriquí Grande

 Fuente ($), Hafennähe neben der Bäckerei *(panadería);* klein, sauber.

 Mama Gina ($), direkt an der Anlegestelle der Fähren.

 Busse: nach **David** tgl. 9–16 Uhr jeweils zur vollen Stunde; nach **Panama-Stadt** tgl. außer

Mo ca. 12.30 Uhr (nach Ankunft der Fähre aus Almirante).
Fähren: ›Wassertaxis‹ (Schnellboote) nach **Almirante** 6–16 Uhr nach Bedarf (Fahrzeit 2,5 Std., 12 US-$); nach **Bocas del Toro** 6–18 Uhr immer zur vollen Stunde (2 Std., 12 US-$).
Autofähre Palanga nach **Almirante** tgl. außer Mo, 13.30 Uhr (5 Std., 3 US-$, pro Auto 40 US-$).

Chitré

 IPAT, im Gebäude des Ministerio de Comercio, südlicher Stadtausgang Richtung Los Santos, Mo–Fr 8–12 und 13–16.30 Uhr.
Post: Calle José María Correa, Ecke Av. Pérez, Mo–Fr 7–18, Sa 7–17 Uhr.
✆/Fax: INTEL, im gleichen Gebäude, Mo–Fr 8–16 Uhr.

El Prado ($$), Av. Herrera 4260 (gegenüber der Kathedrale), ✆ 9 96 46 20; vollständig renoviertes, gut geführtes Haus.

Panadería Chiquita, Av. Herrera; gutes Frühstück, frische Fruchtsäfte.
Pizzeria, südwestlich von der Kathedrale nahe der Av. Antonio Burgos; gute Pastagerichte und Weine.

Museo de Herrera, Calle Manuel Correa, Di–Sa 8.30–12 und 13–16, So 9–12 Uhr.

Fiesta de San Juan Bautista, zu Ehren Johannes des Täufers mit Prozession am 24. Juni.

Supermercados Masisa, Paseo Geenzier Ecke Av. Francisco Audia, großes Sortiment.

Senapi Keramikwerkstatt im Osten der Stadt, Seitenstraße der CA 2 neben dem Touristeninformationsbüro IPAT.
Mercado de Artesanías de Herrera, an der Straße nach La Arena, ca. 3 km nördlich von Chitré; schöne Keramikgegenstände.

Farmacia Internacional, Calle Manuel Correa Ecke Av. Antonio Burgos.
Privatklinik Dr. Venancio Villarreal, CA 2 (Ausfahrt Los Santos).

 **Leihwagen: Discount rent-a-car,** CA 2 (Ausfahrt Los Santos), ✆ 9 96 10 10.
Busse: Es gibt keinen zentralen Busbahnhof, die meisten Busse fahren von Haltestellen rund um die Kathedrale ab. Nach **Santiago** 7–18.30 Uhr im Halbstundentakt, dort Umsteigen nach David; nach **Penonomé** via Aguadulce, 6.30–18.30 Uhr im 40-Min.-Takt; nach **Parita** via La Arena, 7–18.45 im 45-Min.-Takt. Die Busunternehmen Tuasa (Calle Melitón Martín Ecke Calle Ramón Luis Crespo, ✆ 9 96 26 61) und Inazún (Calle Melitón Martín, ✆ 9 96 41 77) fahren nach **Panama-Stadt,** Mo–Sa 1.30–17 Uhr alle 2 Std., So nur zweimal!
Flüge: 3 km nördlich der Stadt liegt der kleine Flughafen (nur mit Taxi erreichbar), Chitreana de Aviacíon fliegt tgl. außer So zweimal nach **Panama-Stadt** und einmal nach **Las Tablas**.

Colón

Post: Av. Bolívar, Ecke Calle 9.
Telefon: INTEL, Cristóbal, Av. Roosevelt, Ecke Calle 4 und Paseo del Centenario Ecke Calle 12.

New Hotel Washington ($$$), Bolívar (am Nordende, direkt am Meer), ✆ 4 41 96 62, Fax 4 41 73 97; großes, ehemals glanzvolles, inzwischen leider heruntergekommenes Hotel – aber das einzige empfehlenswerte in Colón, schöne Gartenanlage.
Carlton ($$), Av. Meléndez Ecke Calle 10, ✆ 4 45 07 17, Fax 4 45 19 95, 64 Zimmer, an der Nordostseite des Marktes.
Salvation Army, ($), Av. Bolívar, zentral, Sammelunterkunft der Heilsarmee in einem ehemals prächtigen Haus.

 Cristóbal Yacht Club ($$), Calle Canal im Stadtteil Cristóbal, ✆ 4 41 35 63.
Diverse **einfache Gaststätten** entlang der Av. Centenario zwischen Calles 7 und 13.

 Fuerte San Lorenzo, tgl. 9–17 Uhr (Anfang 1998 wegen Renovierung geschlossen).

Obwohl die *zona libre* als Freihandelszone in erster Linie für Handelsunternehmen gedacht ist, hat man auch als einfacher Käufer nach Paßvorlage mit einer kostenlosen Besucherkarte Zutritt (aber das Auto muß draußen bleiben!). Allerdings muß man das Erworbene außer Landes schicken oder zum Flughafen in Panama-Stadt bringen lassen (Gebühr 5 US-$), um es bei der Ausreise persönlich zu exportieren. Öffnungszeiten: tgl. 8–18 Uhr.
Isthmion Curio Shop, Calle 10, Panamahüte.

 Centro Médico Cristóbal: Av. Bolívar, neben dem Masonic-Tempel, ✆ 41 64 08.

 **Leihwagen: Budget,** Av. del Frente, ✆ 4 47 61 61; **Hertz,** Av. del Frente, ✆ 4 47 42 72.
Taxifahrten innerhalb der Stadt 1 US-$ (unbedingt handeln), 1 Std. Stadtrundfahrt 10 US-$, 1 Tag max. 50 US-$.
Von der zentralen Busstation (Av. del Frente, Ecke Calle 12) verkehren **Linienbusse** nach **Panama-Stadt,** ab 4 Uhr alle 30 Min., (Fahrzeit 2 Std., 2.25 US-$) und nach **Portobello,** ab 8 Uhr jede Std. (Fahrzeit 1 Std., 2 US-$).
Schiffsverbindung: mit Lanchas zu den **San Blas-Inseln** nur noch von Cocosolo (ehemaliger US-Stützpunkt, 10 km von Colón entfernt an der Bucht von Manzanillo hinter dem Flughafen). Fahrpläne gibt es nicht. Nach dem Ent- und Beladen fahren die Schiffe gleich zu den Inseln zurück.
Flüge: nach **Panama-Stadt** mit Aeroperlos, ✆ 41 28 00, Mo–Fr 7.20, 8.15, 9, 9.50–17, 17.30 und 18 Uhr, Reservierung und Abflug bestätigen lassen (Hin- und Rückflug: 50 US-$). Der Flugplatz liegt an der Straße nach Cocosolo auf dem France Field im Südosten der Stadt.

Contadora

 Caesar Park Contadora Resort and Casino ($$$$), ✆ 2 50 40 33 (in Panama-Stadt: 2 69 59 66), Fax 2 50 40 00 (in Panama-Stadt: 2 69 47 21); Luxushotel, dessen Anlage (inkl. Golfplatz) zwei Drittel der Insel einnimmt.
Preiswerte Übernachtungsmöglichkeiten nur in **Privathäusern** auf Anfrage.

 Gallo Negro ($$), Nähe Flughafen; Fischrestaurant unter deutscher Leitung.

 Schiffsverbindung: Regelmäßig mit Schiffen

(Fahrzeit ca. 3 Std.) der Argonaut Steamship Agency, Calle 55 Nr. 7–82, Panama-Stadt, ✆ 2 64 34 59. Die Linie organisiert auch mehrtägige Ausflüge zu den Perlen-Inseln.
Flüge: von Panama-Stadt ab Paitilla-Airport, mit Aerolines Islas de las Perlas, ✆ 2 69 45 55 (ca. 20 Min., 50 US-$).
Organisierte Zweitagesausflüge (mit Schiff und Flugzeug) von Panama-Stadt nach Contadora: Latin Sell, Panama-Stadt, ✆ 2 60 92 35.

David

IPAT, neben der Iglesia de San José, ✆ 7 75 41 20, Mo–Fr 9–16 Uhr.
Post: Calle C Norte, 1 Block vom Parque Cervantes entfernt, Mo–Fr 7–18, Sa 7–17 Uhr.
INTEL, Calle C Norte, tgl. 8–21.30 Uhr.

Fiesta ($$), CA 1, ✆ 7 75 54 54; bestes Hotel der Stadt mit Swimming-Pool in schöner Gartenanlage.
Costa Rica ($), Av. 5 Este, Ecke Calle A Sur, ✆ 7 75 12 41; klein, laut, herzlich, sehr familiär.
Saval ($), Calle D Norte zwischen Av. 1 und 2 Este, ✆ 7 75 35 43; sauber, freundlicher Service.

Mariscos Daiquiri ($$), Av. Central Ecke Calle C Sur; gutes Fischrestaurant.
Cafetería Jimar ($), Calle C Norte Ecke Av. Bolívar; gut besuchtes Lokal mit *comida típica.*

Museo de Historia y de Arte, José de Obaldía, Calle 8 Este,

5067, Ecke Calle A Norte, Di–Sa 9–16 Uhr.
Museo del Colegio Félix Olivares, im Schulgebäude, Mo–Fr 8–15 Uhr, Schlüssel beim Direktor erhältlich, in den Schulferien geschlossen!

 **Fiesta del Tambor Chiricano,** 28./29. Sept., Musikfestival mit Trommelkapellen; laut und eindrucksvoll.

Bar Cocktail, Av. Obaldía; **Metropolitan Disco,** Plaza Cinema; Salsa-Musik.

Schwimmen: Balnearios Majagua, 4 km nördlich von David, beliebtes Naturschwimmbad im Fluß mit Picknick-Plätzen.
La Cascada, 6 km nördlich von Balnearios Majagua, größerer Wasserfall mit Badegelegenheit im Río David; im danebengelegenen Restaurant La Cascada an Wochenenden Salsa-Musik.

Hospital Obaldía, nordöstlich des Stadtzentrums an der Panamericana Richtung Panama-Stadt.
Farmacía, Calle C Norte Ecke Av. Domingo Diaz neben dem Restaurant-Café Don Dicky, tgl. 0–24 Uhr.

Autoverleih: Budget, Calle F Sur Ecke Av. 7 Oeste, ✆ 7 75 55 97; **Hertz,** Calle F Sur, Ecke Av. 2 Este, ✆ 7 75 68 28. In David verkehren öffentliche **Busse. Nationale Überlandbusse:** Busbahnhof Av. 2 Este, Ecke Cincuentenario: nach **Panama-Stadt,** 7–13 Uhr stdl., danach bis 19 Uhr alle 90 Min., um Mitternacht fährt ein Expressbus (Fahrzeit 6 Std.); zum **Vulkan Barú:** 7–18 Uhr alle 30 Min. (Fahrzeit 2 Std.); nach **Chiriquí Grande:** 6.30–16 Uhr alle 90

Min.; nach **Boquete:** 7–18 Uhr jeweils zur vollen Stunde.

Internationale Busverbindungen: nach **San José** mit Tica, Av. Obaldía Nr. 6308, ✆ 7 75 33 58, oder Tacopa, Av. 5, Ecke Calle A neben Hotel Costa Rica, ✆ 7 75 05 85.

Flugzeug: Aeroperlas fliegt zweimal tgl. von **Panama-Stadt** nach David und zurück; Zeiten im Stadtbüro.

El Caño

 Parque Arqueológico del Caño, 4 km vom Zentrum entfernt, keine öffentlichen Verkehrsmittel,✆ 2 28 49 02, 9 87 93 52, Di–Fr 9–16, Sa und So 10.30–15.30 Uhr.

El Valle

 Campestre ($$), nördlich der Calle Central, Richtung Cerro Gaital, ✆ 9 93 61 46, Fax 2 26 40 69; traditionsreiches Haus mit Swimming-Pool, eindrucksvolle Lounge.

Isla Grande

 Isla Grande ($$), ✆ 2 64 30 46, Fax 2 64 06 46; Bungalow-Hotel am schönsten Strand im Westen der Insel, Minizoo, Mo–Do bis zu 50 % Preisnachlaß.

Cabañas Jackson ($), zentrale Lage, ✆ 4 48 21 83; sehr ursprünglich, mit großer Terrasse.

 Anreise: Überfahrt von La Guaira, 15 km östlich von Portobelo, jederzeit auf Nachfrage (1 US-$).

Isla Iguana

 Refugio de Vida Silvestre, Überfahrt in Charter-Booten von Playa Pedasi (30 Min., 30 US-$).

Kanalzone

 Panama Canal Commission: Director of Public Affairs, ✆ 2 52 31 65, Fax 2 52 21 22, tgl. 7.15–16 Uhr.

 Besichtigung des Schleusenbetriebs: Miraflores: tgl. 9–17 Uhr. Im hochgelegenen Besucherzentrum befindet sich ein Modell des Kanals. Tabellen informieren über Ankunftszeiten der Schiffe und ihre Größe. Anreise per Bus (Richtung Paraíso) ab Plaza 5 de Mayo entlang der Kanalstraße, von Bushaltestelle Esclusas de Miraflores 15 Min. zu Fuß bis zur Schleuse. Oder: per Taxi (ca. 12 US-$).

Pedro Miguel: Schleusungen können nur von außerhalb des Zauns beobachtet werden.

Besichtigungen in der Kanalzone: Parque Nacional Soberanía: Anreise über Gamboa, keine offiziellen Öffnungszeiten, Infos: Nationalparkbehörde (✆ 56 63 70) und in Summit.

Parque Municipal y Jardín Botánico Summit: tgl. (außer Mo) 8–16, Sa und So bis 17 Uhr, Eintritt 0,5 US-$. Anreise über die Kanalstraße nördlich der Pedro Miguel-Schleuse hinter Paraíso; Bus nach Gamboa ab Plaza 5 de Mayo/Haltestelle Las Cumbres.

Barro Colorado: Besuchsanmeldung beim Smithsonian Tropical Research Institute, Panama-Stadt, Postbox 2072, Roosevelt Av. 401, Stadtteil Ancón, ✆ 2 27 60 22; tgl. 8–11, 13–15 Uhr, 25 US-$.

Fahrten ab Gamboa organisiert Eco-tours (s. S. 358).

 Fahrten durch den Kanal: Argo Tours, Abfahrt Sa 8 Uhr ab Pier 17, ✆ 2 28 43 48, Fax 2 28 12 34; Schiffstour bis zur Pedro Miguel-Schleuse einschließlich Durchschleusung von Miraflores, Rückkehr am Spätnachmittag, 50 US-$.
Ecotours, (s. S. 358) vermittelt Sa und So vollständige Durchquerung auf Yachten, ab 120 US-$.
Flug über den Kanal: Aerotours, ✆ 2 62 87 10, Flughafen Marcos A. Gelagert im Stadtteil Paitilla; Rundflug bis **Gamboa** ca. 40 Min., 80 US-$; bis **Colón** ca. 1,5 Std., 200 US-$.

Las Tablas

 Piamonte ($), Av. Belisario Porras, östlich der Plaza Central, ✆ 9 94 63 72; beste unter den einfachen Unterkünften und einzige mit AC.

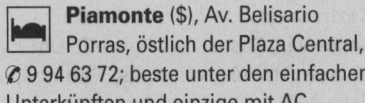 **Museo Belisario Porras,** an der Plaza Central, ✆ 9 94 63 26, Mo–Sa 9–12 und 15–17, So 9–12 Uhr.

 Carnaval, Karnevalssamstag bis -dienstag, in besonders ausgelassener Form mit Wahl einer Karnevalskönigin.
Fiesta de la Pollera, 19.–23. Juli, mit Umzügen und Kostümprämierungen.

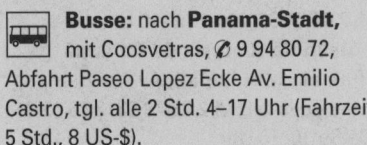 **Busse:** nach **Panama-Stadt,** mit Coosvetras, ✆ 9 94 80 72, Abfahrt Paseo Lopez Ecke Av. Emilio Castro, tgl. alle 2 Std. 4–17 Uhr (Fahrzeit 5 Std., 8 US-$).

Los Santos

 La Villa de Los Santos ($$), CA 2, südwestlicher Stadtausgang, Calle Alzamora Julio, ✆ 9 96 82 01, Fax 9 96 43 10; älteres, gepflegtes Hotel mit Pool.

 Museo de la Nacionalidad, Plaza Bolívar, Di–Sa 8.30–12 und 13–16, So 9–12 Uhr.

 Corpus Christi (40 Tage nach Ostern) wird vier Tage lang gefeiert: Umzüge und historische Tänze. **Unabhängigkeitsfest** mit politischen Reden am 10. Nov.

 Busse: nach **Panama-Stadt** ab Plaza Bolívar mit Unides de Azuero, ✆ 9 96 83 03, tgl. 7, 8, 9, 11, 14 und 17 Uhr, mit Inazún, ✆ 9 96 86 46, tgl. ab 7 Uhr zur vollen Std., ab 12 Uhr alle 30 Min.

Nusagandi

Nusagandi Nature Lodge, einfache Unterkunft für Selbstversorger (!); 18 Betten, Schlafsack mitbringen, 10 US-$ pro Tag, Reservierung über Ecotours, (s. S. 358), Centro de Aventuras, ✆ 2 25 89 46, Fax 2 27 64 77, oder direkt bei Pemasky, ✆ 2 27 60 22.

Das Naturschutzgebiet erstreckt sich zu beiden Seiten der Verbindungsstraße nach Cartí. **Keine Busverbindung,** Anreise am besten mit **Jeep.**

Panama-Stadt

Instituto Panameño de Turismo (IPAT): Centro de

Convenciones, Atlapa, Vía Israel,
⌀ 22 67 00, Fax 2 26 34 83,
Mo–Fr 9–13 Uhr.
Post: Plaza Catedral (Casco Viejo),
Mo–Fr 7–17.30, Sa 7–13 Uhr.
Telefon: Intel, Calle Manuel Maria
Icaza, Edif. Dilido, tgl. 7.30–23 Uhr.

El Panamá ($$$$), Vía España,
Ecke Calle 49b, ⌀ 2 69 50 00,
Fax 2 23 60 80; im Herzen des Banken-
und Shopping-Zentrums, 350 sehr
großzügige Zimmer, schöner Pool.
Costa del Sol ($$$), Vía España,
Ecke Federico Boyd, ⌀ 2 23 71 11,
Fax 2 23 66 36; 4-Sterne, 242 Suiten
mit Küche, sehr schön in einem Grün-
gürtel nahe der Iglesia del Carmen ge-
legen.
Plaza Paitilla Inn ($$$), ehemaliges
Holiday Inn, Av. Balboa, Punta Paitilla,
⌀ 2 69 11 22, Fax 2 23 14 70, 252 Zimmer, rundes, 20-stöckiges Gebäude mit
schönem Meerblick in oberen Etagen.
Gran Hotel Soloy ($$), Av. Péru Ecke
Calle 30, ⌀ 2 27 11 33, Fax 2 27 08 84;
220 Zimmer, bestes Mittelklassehotel
der Stadt mit Pool und Dachterrasse,
am Wochenende Live-Musik.
Suites Ambassador ($$), Av. 1a
Norte Ecke Calle 49b, ⌀ 2 63 72 74,
Fax 2 64 78 72; 40 gut eingerichtete Suiten, zentral gelegen, gepflegt, mit Pool.
Acapulco ($), Calle 30 Ecke Av. Péru,
⌀ 2 25 38 32, Fax 2 27 20 32; mit eigenem Bad und gutem Restaurant, empfehlenswert!

Für Freunde von Fast-Food ist
Panama ein wahres Eldorado;
aber auch verwöhnte Gaumen kommen
auf ihre Kosten:
Lesseps ($$$), Vía España Ecke Calle
46, ⌀ 2 23 07 49; in altem Art-déco-
Herrenhaus voller Erinnerungen an
den französischen Kanalbau-Versuch.

Le Trianon ($$$), Restaurant im Caesar
Park Hotel, ⌀ 2 70 04 77; französische
Küche im 17. Stock mit wunder-
schönem Blick über Hafen und Stadt,
tgl. ab 18 Uhr.
1985 ($$), Calle Eusebio A. Morales,
⌀ 2 63 35 41; exquisites Restaurant,
Mittagessen Mo–Fr 12–16, Abendessen
(bei Kerzenlicht) tgl. 17.30–23.45 Uhr.
Mireya ($), Calle Ricardo Areneo Ecke
Calle Ricardo Arías, Nähe Continental
Hotel; vegetarisches Restaurant mit
großem Salatbüfett, frischgepreßte
Obstsäfte, Mo–Fr 12–20 Uhr.

**Casa Museo Banco Nacional
de Panamá,** Calle 34 Ecke Av.
Cuba, ⌀ 2 25 06 40, Di–Fr 8–12.30 und
13.30–16, Sa 8.30–13 Uhr.
Instituto Bolívar, im Convento San
Francisco, Casco Viejo, Calle 3,
Mo–Fr 10–12 Uhr.
Kathedrale, an der Plaza de la Inde-
pendencia, Casco Viejo, tgl. 6–20 Uhr.
Museo Afro-Antilliano de Panamá,
Calle 24 Ecke Av. Justo Arosemena,
⌀ 2 62 53 48, 2 62 16 68, Di–Sa 10–16,
So 15–18 Uhr.
**Museo Antropológico Reina Torres
de Araúz,** Av. Central Ecke Plaza 5
de Mayo, ⌀ 2 62 04 15, Di–Sa 10–15.30,
So 13.30–16.15 Uhr.
Museo de Arte Contemporáneo,
Av. de los Mártires Ecke Calle San Blas,
im Stadtteil Ancón, ⌀ 2 62 80 12, Privat-
museum, Mo–Sa 9–16 Uhr.
Museo de Arte Religioso Colonial,
neben der Kirche Santo Domingo im
Stadtteil San Felipe, Av. A Ecke Calle 3,
⌀ 2 62 41 38, Mo–Fr 9–16 Uhr.
**Museo de Historia de Panamá
(Palacio Municipal),** Av. Central
Ecke Calle 7–8, ⌀ 2 23 13 53, 2 25 62 31,
Di–So 10–16 Uhr.
Palacio de las Garzas (Präsidenten-
palast), Casco Viejo, Av. D Ecke Calle 6;

Besichtigung nur nach Rücksprache mit dem Wachposten.

Parroquia de San José Padres Augustinos, Casco Viejo, Av. A zwischen Calle 8 und 9; seit 1671 Standort des Altar de Oro, tgl. 8–18 Uhr.

❗ Das aktuelle Program für Konzerte, Theateraufführungen und andere Veranstaltungen ist der Tageszeitung **La Prensa** und der Touristenbroschüre **El Visitante** zu entnehmen.

🎭 Anayansy Theater im Atlapa Convention Center, Vía Israel, hauptsächlich Popkonzerte und Shows. **Balboa Theater** in der Nähe der Post in Balboa, Folklore und Jazzkonzerte. **Teatro Nacional,** Casco Viejo (z. Z. geschl.).

🍸 Diskotheken: in allen besseren Hotels und: **Unicornio,** Calle 50 Ecke R. Arías 23, Disco, Night-Club und Spielsalon. **Live-Musik:** an Wochenenden Latin-Music in den Hotels **Granada** und **Gran Hotel Soloy;** Salsa an Wochenenden im **Nottingham,** Fernández de Córdoba, im Stadtteil Vista Hernosa. **Night-Clubs: Le Palace,** Calle 52 (schräg gegenüber dem Hotel Ejecutivo), ✆ 2 69 18 44.

🛍 Haupteinkaufsstraßen sind Vía España und Av. Central. **Bücher: National University Bookshop,** Av. Manuel Espinosa Batista Ecke Vía Simón Bolívar, ✆ 2 23 31 55, Mo–Fr 9–18 Uhr, beste Auswahl an englischsprachigen Büchern über Panama. **Kunsthandwerk/Souvenirs: Flory Saltzmann,** Vía Venetto (neben dem Hotel El Panamá), empfehlenswert für *molas* und *chachiras* (Halsketten der Guayamí); **Artesanías Nacionales,** Calle de la Carrera in Panamá Viejo, direktvermarktende indigene Kooperative; **Reprosa,** Av. Samuel Lewis, Ecke Calle 54, ✆ 2 69 04 57, Reproduktionen präkolumbischen Goldschmucks. **Lebensmittel** und **Outdoor-Ausrüstung** (z. B. bei Planung mehrtägiger Wanderungen): **Mercado Central,** nahe den Docks, neben dem Fischmarkt.

🚶 Kino: Vorführungen meist im Originalton mit spanischen Untertiteln. Die großen Kinos liegen alle an der Vía España (Cines Alhambra, Aries, Brasil, España und Obarrio); Filmklassiker, alternative Filme und Filmfestivals im Cine Universitario der Nationaluniversität, ✆ 2 64 27 37. **Parque Natural Metropolitana,** Av. Juan Pablo II, Di–So 9–15 Uhr. Planskizzen der Lehrpfade im Besucherzentrum; nach Anmeldung (✆ 2 32 55 16) auch Führungen.
Sport:
Golf: Fort Amador Golf Club in der Kanalzone mit atemraubendem Blick auf die Stadt und den Kanal; **Panama Golf Club** mit Plätzen im Jardín del Summit (15 Min. vom Zentrum) und Horoko, nahe der Vía Domingo Diaz, die zum Flughafen Tocumen führt (bei La Pulida links abbiegen); **Playa Coronado Golf Club** 50 km südwestlich der Hauptstadt, 64 ha große, sehr schöne 18-Loch-Anlage mit angeschlossenen Hotelsuiten, ✆ 2 23 31 75, 2 23 55 28, Fax 2 55 43 80. **Schwimmen:** Empfehlenswert sind nur die Schwimmbäder der großen **Hotels** (z. B. El Panamá, Miramar Intercontinental und Riande Continental). **Meer** und **Strände** im Stadtgebiet sind stark verschmutzt. Baden im Meer nur am Fort Kobbe Beach, in der Kanalzone

(Eintritt 8 US-$) oder am Strand der Insel Naos (Anreise über Calzada Amador, 1 US-$) möglich.

 Apotheken: Arrocha, Calle 49 nahe Vía España, 24 Std.-Dienst.
Ärzte: Vertrauensarzt der deutschen Botschaft: Dr. Jaime Espinosa, ✆ 2 64 51 55, 2 69 92 22.
Zahnarzt: Dr. Daniel Wong, Clínica Dental Marbella, Ed. Alfil (nahe Centro Commercial Marbella), ✆ 2 63 89 98.
Krankenhäuser: von guter Qualität sind sehr teuer, das beste der Stadt ist die **Clínica Paitilla,** Calle 53 Ecke Vía Israel, ✆ 2 69 52 22; das **US-Army-Hospital** in der Kanalzone (Ancón, Gorgas Street) behandelt nur in Notfällen.

 **Leih-wagen:**
Avis, Calle 55, ✆ 2 64 07 22, Flughafen, ✆ 2 38 40 69; **Budget,** ✆ 2 63 87 77, Niederlassungen am Flughafen, Ctra. Gaillard, Vía España (neben der Iglesia del Carmen), Av. N. Espinosa, Ecke Vía Argentiña, Reservierung rund um die Uhr ✆ s. o.; **Dollar,** Av. Balboa, ✆ 2 69 75 55, 2 69 75 41, Flughafen, ✆ 2 38 40 32, Reservierung rund um die Uhr ✆ 2 36 80 14; **Hertz,** im Hotel Caesar Park, ✆ 2 26 40 77, Flughafen ✆ 2 38 40 81; **International:** Calle 55 (beim Hotel El Panamá), ✆ 2 64 45 40, 2 64 86 43; Flughafen, ✆ 2 38 44 04; **National:** Calle 50, ✆ 2 64 82 77, Flughafen, ✆ 2 38 41 44; **Thrifty,** Calle 50 im Stadtteil El Cangrejo, ✆ 2 64 30 85, Flughafen, ✆ 2 38 45 45, Fax 2 33 96 26.
Taxis: Es gibt große und kleine, billigere Taxis *(chicos);* beide fahren ohne Taxameter, der Preis muß immer vorher ausgehandelt werden und richtet sich danach, wie viele Zonen durchquert werden. Für Stadtbesichtigungstouren werden pro Stunde 10 US-$ berechnet.

Busse: in Panama-Stadt sind fahrende Graffiti-Kunstwerke, deren leuchtend-grelle Farben das Stadtbild beleben. Vom **Flughafen** Tocumen zum Zentrum Casco Viejo (ca. 27 km): Ruta 1, Fahrzeit ca. 1 Std., Abfahrt ca. 100 m vor der Ankunftshalle an der Autobahn; aus der Stadt Richtung Tocumen Abfahrt Calle 12.
Innerstädtische Kleinbusse (von den Einheimischen *chivas,* Ziegen, genannt) fahren entlang der Hauptstraßen (z. B. Av. Central, Av. Péru, Av. Justo Arosemena); die Busse halten auf Zuruf *(Parada!)* oder Handzeichen, der Fahrer teilt ebenfalls durch Handzeichen den Fahrpreis mit (1 Finger bedeutet 5 Realos = 25 Cent, 2 Finger: 10 Realos oder 1 Peso = 50 Cents).
Panamá Viejo ist aus der Innenstadt mit dem Bus Ruta 1, z. B. von der Av. 3a Sur (Av. Justo Arosemena) und der Vía España, oder mit dem Bus Ruta 2 von der Av. Balboa zu erreichen. Beide Buslinien tragen manchmal auch den Hinweis Pmá. Viejo und fahren im 20-Min.-Takt direkt zu den Ruinen.
Busse zur **Kanalzone:** Abfahrt vom Busbahnhof an der Plaza 5 de Mayo nach Balboa, Miraflores und Paraíso.
Überlandbusse vom zentralen Busbahnhof Av. Balboa im Stadtteil Caledonia (z. B. nach Penonomé, David, Chitré, Los Santos, Yaviza, Chepo). Busbahnhof nach **Colón** im Stadtteil Caledonia, Av. Central Ecke Calle 26 O. gegenüber der Iglesia San Miguel, 5–20 Uhr alle 20 Min. (an Wochenenden größere Zeitabstände!).
Busbahnhof für die im **Westen Panamas** gelegenen Städte: Av. de los Poetas, Stadtteil El Chorrillo (z. B. nach Chiriquí und Bocas del Toro).
Internationale Buslinien: Büro Ticabus Calle 17 Oeste neben dem Hotel Ideal, ✆ 2 62 20 84, Büro der Panaline:

Calle 17 Oeste, ca. 400 m östlich des Hotels Ideal; beide Buslinien fahren nach **San José,** Ticabus tgl. um 10, Panaline tgl. um 13 Uhr (Fahrzeit ca. 18 Std., 22 US-$); Ticabus fährt außerdem tgl. nach **Managua** (mit Umsteigen in San José, 35 US-$) und weiter nach Guatemala-City (Fahrzeit 4 Tage mit Übernachtungen in Managua und El Salvador, 52 US-$), Abfahrt 11 Uhr.
Eisenbahn: Bahnhof der Kanaleisenbahn nach Colón, Ctra. Gaillard, im Stadtteil Balboa, ✆ 2 52 77 20, (Verkehr z. Z. eingestellt).
Boote: Pier 17–18, Balboa Hafen, ✆ 2 28 43 48, 2 × tgl. zur Isla Taboga, Mo–Mi 8.30 und 15 Uhr, Do 8.30 und 17 Uhr (Fahrzeit ca. 1,5 Std.)
Flüge: Aeroperlas, Flughafen Punta Paitilla, an der Vía Israel, ✆ 2 23 06 06, fliegt nach **Colón** Mo–Fr erster Flug 7, letzter Flug 17.30 Uhr; nach **David** Mo–Sa erster Flug 6.30, letzter Flug 17 bzw. Sa 16 Uhr; nach **Bocas del Toro** und **Changuinola** tgl. 9.15 und 13.30 Uhr; nach **Isla Contadora** tgl. Abflug nach Bedarf; nach **San Miguel** Mo, Mi, Fr 10 Uhr; nach **La Palma** und **El Real** Mo, Mi, Fr 10 Uhr.

Penonomé

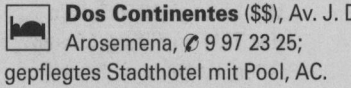 **INRENARE-Büro:** für den Nationalpark El Copé, CA 1 (Ausfahrt Richtung David), ✆ 99 78 05, Mo–Fr 9–16 Uhr.
Post und **INTEL:** direkt neben der Kirche, Mo–Fr 8–17 Uhr.

Dos Continentes ($$), Av. J. D. Arosemena, ✆ 9 97 23 25; gepflegtes Stadthotel mit Pool, AC.

Oasis; ($), gemütliches Lokal, Pizza, Fisch und Grillgerichte.

Panadería Mac Aro ($), Av. J. D. Arosemena; gute kleine Gerichte, Kuchen und frische Brötchen.

 Museo Conte de Penonomé, südlich der Kirche, ✆ 9 97 84 90, Di–Sa 9–12, 14–17, So 9–12 Uhr.

 Mercado de Artesanía, CA 1 an der Ortseinfahrt; Kunsthandwerk.

Balneario Las Mendozas, Av. Las Mendozas, sehr schönes Flußschwimmbad am nördlichen Stadtrand, tgl. 8–18 Uhr.

Für Ausflüge in die Umgebung: **Busbahnhof** Calle Damian Charles hinter der Kirche: **Kleinbusse** nach El Copé (Nationalpark), zum Parque Arqueológico del Caño, nach Natá und zur Posada Cerro de la Vieja (Lodge für Ökotouristen), Abfahrt tgl. 6–20 Uhr im Halbstundentakt.
Busse nach **Panama-Stadt:** Utrapep-Busbahnhof, CA 1, ca. 100 m vor der Ecke Calle 12 de Septiembre, tgl. 4.30–20 Uhr im Stundentakt. Bushaltestelle an der Esso-Tankstelle, Av. J. D. Arosemena Ecke CA 1, für Busse nach **Chitré** 6.30–18.30 Uhr im 40-Min.-Takt; nach **Santiago** und **David** 7–18 Uhr im 50-Min.-Takt.

Portobelo

 Fantasia de Caribe ($), Zentrum, ✆ 4 47 69 44.
Vor Portobelo haben jeweils in herrlichen Buchten mehrere kleine **Tauchstationen** eröffnet, die auch einfache Übernachtungsmöglichkeiten anbieten: z. B. **Scuba Portobelo** ($), 1 km vor Portobelo, ✆ 2 61 38 41 (für Buchung und Reservierung in Panama-Stadt).

Los Cañones ($$), weit außerhalb Richtung Colón, ✆ 4 48 20 32; sehr schönes Gartenrestaurant mit Blick über die Bucht, immer frischer Fisch.
El Hostal del Rey ($), Stadtmitte am Parque Central, gut und preiswert.

Fiesta de Christó Negro de Portobelo, 21. Oktober, ab 18 Uhr Prozession durch die Stadt, danach Tanz und Darbietungen auf dem Platz vor der Iglesia de San Felipe.

 **Anreise:** Wer Portobelo von **Panama-Stadt** (und nicht von Colón!) besuchen möchte, zweigt bereits in Sabanita von der Transístmica ab bzw. verläßt hier den Bus Panama-Stadt–Colón und steigt in den Bus Colón–Portobelo um.
Bus nach **Colón,** ab 6 Uhr jede volle Std., Abfahrt vor der Kirche San Felipe.

San Blas-Inseln

Alle ›Hotels‹ sind einfache, aber saubere Bambushütten *(cabañas),* von denen die besseren mit einem Holzfußboden ausgestattet sind. Die Preise liegen bei ca. 30–50 US-$ für die Übernachtung bzw. bei 70–90 US-$ für Übernachtung mit Vollpension (inklusive Transfer ab El Porvenir bzw. Festlandküste). Die Reiseveranstalter in Panama-Stadt bieten in der Regel nur je eine Insel an, nur Ecotours (s. S. 358) hat mehrere im Programm. Beliebt sind ein- bis mehrtägige Pauschalarrangements inklusive Flug ab Panama-Stadt.
Anai (auch Hanay Kantule), auf der Insel Wichubwala, nördlich El Porvenir, ✆ 2 20 07 46; 14 Zimmer, direkt am Meer, das beste, bekannteste und teuerste Hotel des ganzen Archipels.

Anreise über El Porvenir, zuständig ab dort ist ein Herr namens Israel Fernández.
El Tigre, Hüttendorf auf der Insel gleichen Namens, nur 15 (Kanu-)Min. östlich der Isla Nargana; El Tigre ist für seine Tanzgruppe im ganzen Archipel berühmt; Anreise über Nargana.
Iskardugs Ecoresort, ✆ 2 69 60 17, Fax 2 69 16 04; Hüttendorf mit bescheidenem Komfort, Solarenergie, Anreise über Playon Chico.
La Palmera, Zementbau, auf Festland gegenüber gibt es Krankenhaus und Funkstation; Anreise über Ailigandi
Nargana Lodge, über Holzbrücke mit der Isla Corazon de Jesús verbunden; schöner Sandstrand, wenig Kuna-Folklore, Anreise über El Porvenir.
San Blas auf Nalunega, südlich El Porvenir, ✆ 2 62 16 06, 2 62 54 10; 10 Zimmer, Funkstation, im Preis 2 Fahrten zu Nachbarinseln inbegriffen, sehr empfehlenswert! Anreise über El Porvenir.
Uaguitupo (oder Dolphin Lodge), neues Hüttenhotel auf der gleichnamigen Insel; Anreise über Achutupu.

Alles muß auf den San Blas-Inseln **bar** in US-$ bezahlt werden. Deshalb unbedingt viele kleine (1, 2 und 5 US-$-) Geldscheine mitbringen!

Die panamaischen Tourismusbehörden (IPAT, s. S. 353) veröffentlichen einen Veranstaltungskalender *(Calendario de Eventos),* der über die lokalen Feste auf den Inseln informiert (Teilnahme nur auf Einladung, z. B. durch IPAT oder Ecotours!)
Febr.   **Unabhängigkeitsfeiern der Tule** (in allen größeren Orten, besonders Playon, Ailigandi und Ustupo).
19. März   *Fiesta Patronal,* Wettspiele, Nargana.

8. Juli	**Jahresfest der Imakiña,**
	Tänze, Reden auf Mulatugo.
3. Sept.	**Jahresfest *Nele Kantule***
	auf Ustupo.
11. Sept.	**Jahresfest der Yabilikiña**
	auf Tuwala.

 **Schiffsverbindung:** Es bestehen keine regelmäßigen Fährverbindungen zu den Inseln. Nur das Versorgungsschiff Almirante verkehrt ca. zweimal im Monat zwischen Colón (Hafen von Cocosolo) und El Porvenir (Preis für die Überfahrt 30 US-$); Auskünfte erteilt die Hafenbehörde in Cocosolo. Auch von Portobelo fahren kleinere Frachtschiffe nach El Porvenir bzw. bis nach Puerto Obaldía.
Flugzeug: Von allen San Blas-Inseln besitzt nur die Hauptinsel **El Porvenir** eine Landebahn; El Porvenir wird regelmäßig angeflogen. Die anderen ›Flughäfen‹ für die San Blas-Inseln liegen in Dörfern entlang der **Festlandküste,** sie werden nur im Bedarfsfall angeflogen (von West nach Ost: Cartí, Nargana, Playon Chico, Ailigandi, Achutupo, Ustupo, Mansucun und Tubuala). Am östlichen Ende des Küstenstreifens, an der Grenze zu Kolumbien, liegt das panamaische Hafenstädtchen Puerto Obaldía; es ist der einzige größere Festlandflughafen der Region mit regelmäßiger Anbindung nach Panama-Stadt. Auf den Inseln besteht keine Möglichkeit der Flugreservierung (auch nicht auf El Porvenir!), deshalb bereits Rückflug in Panama-Stadt buchen (Retourticket nach El Porvenir 55 US-$, nach Puerto Obaldía 80 US-$, Flugzeit Panama-Stadt–El Porvenir 30 Min.) Flüge von **Panama-Stadt** ab Aeropuerto Marco A. Gelabert mit Transpasa (6-sitzige Cesnas), *✆* 2 26 09 32, 2 26 08 43 oder Aerotaxi, *✆* 2 64 86 44, 2 64 24 29 50; nach El Porvenir immer

Mo–Sa 6–6.30 Uhr morgens, Rückflug Mo–Sa zwischen 8 und 8.30 Uhr.

Santiago

 Post, Telefon und Fax: Calle 8 (neben der Schule), Mo–Fr 7–18, Sa 7–17 Uhr.

 Piramidal ($$), CA 1, Abzweigung Av. Central, *✆* 9 98 31 23, Fax 9 98 54 11; schöne Gartenanlage mit Pool, hübsche Zimmer mit Bad, AC und TV, empfehlenswert!

 Postales ($), Av. Central (neben Pensión San José), lokale Küche.
Pizza Happy ($), Av. Central (neben Texaco-Tankstelle), freundliches Lokal.

 Mercado, Av. Central; frische Lebensmittel, billige Kleidung und gute Macramé-Taschen.

Zentraler **Busbahnhof:** Calle 10, ca. 500 m vor der Einmündung in die CA 1, neben der Accel-Tankstelle, tgl. Busse nach **Chitré** 6.30–19 Uhr im Halbstundentakt; nach **Santa Fé** 6–18 Uhr im 45-Min.-Takt; nach **San Francisco** 6.30–18 Uhr im 35-Min.-Takt; nach **Penonomé** 7–18 Uhr im 45-Min.-Takt; nach **Panama-Stadt** 6.30–22.30 Uhr im Stundentakt; nach **David** 9–24 Uhr im Stundentakt; die Haltestelle für den Bus nach David liegt direkt an der CA 1 nahe dem Hotel Piramidal.

Taboga

 Hotel Taboga ($$), 300 m östlich der Anlegestelle, *✆* 2 50 21 22, Fax 2 50 20 11; bestes Hotel am schönsten Strand der Insel.

Schiffsverbindung: Abfahrt der Fähren in **Balboa** am Pier 17 Mo–Fr 8.30 und 16 Uhr, Sa u. So zusätzlich 11.30 Uhr (Fahrzeit: ca. 1 Std. 30 Min., 4 US-$). Von Taboga fahren die Schiffe 1 Std. 30 Min. später zurück. Auskunft: Argo Tours, ✆ 2 28 60 69, 2 28 43 48 oder am Pier 17, ✆ 2 32 53 95. Organisierte **Tagesausflüge** von Panama-Stadt mit dem Schiff Fantasía del Mar, Abfahrt 8 Uhr, Rückkehr ca. 16 Uhr, Buchung über die Reisebüros.

Volcán

 Bambito ($$$), neue luxuriöse Hotelanlage nördlich des Orts, ✆ 7 71 42 65, Fax 7 71 42 07; Reiten.

Yaviza

 Hospedaje Las Tres Américas ($), gegenüber dem Basketballplatz; einziges Hotel am Ort, sehr einfach, Gemeinschaftsdusche.

Reiseinformationen von A bis Z

Anreise

… mit dem Flugzeug

Panama wird aus Europa von den europäischen Fluggesellschaften Iberia über Madrid und KLM über Amsterdam (je 3 × pro Woche) angeflogen; aus Deutschland, Österreich und der Schweiz bestehen keine Direktverbindungen. Mit US-amerikanischen Fluggesellschaften kann man tgl. via Miami (American Airlines), Chicago (United Airlines) oder Houston (Continental) von Europa aus Panama erreichen; von Miami aus fliegt die panamaische Fluggesellschaft Copa tgl. nach Panama.

Von den Hauptstädten der Nachbarstaaten Costa Rica (San José) und Kolumbien (Bogotá) fliegen tgl. mehrere zentralamerikanische Fluggesellschaften, darunter auch die panamaische Copa, nach Panama-Stadt. Einziger internationaler Flughafen des Landes ist Tocumen Airport, 20 km östlich von Panama-Stadt. Bei der Ausreise wird eine Airport tax von 20 US-$ erhoben. Alle Flugtickets, die man in Panama kauft, sind 5,5 % teurer (VAT).

… mit dem Schiff

Mehrere Frachtlinien aus Europa durchqueren den Panama-Kanal, so daß eine Überfahrt von Hamburg bzw. Bremen nach Cristóbal (Atlantikhafen des Kanals) bzw. nach Balboa bei Panama-Stadt (Pazifikhafen des Kanals) ohne Schwierigkeiten möglich ist. Solche Frachtschiffreisen, bei denen immer 10-12 Passagiere mitgenommen werden können, dauern ca. 14 Tage und kosten zwischen 2000,– und 3000,– DM. Die sogenannten ›Bananendampfer‹ legen in den Häfen Almirante am Atlantik und Puerto Armuelles am Pazifik an. Auskunft erteilt: Frachtschifftouristik Kapitän Peter Zylmann, Exhöff 12, 24404 Maasholm, ✆ 0 46 42/60 68, Fax 67 67.

... auf dem Landweg

Die Panamericana verbindet die costa-ricanische Hauptstadt San José mit Panama-Stadt. Grenzübergang ist Pasos Canoas; allerdings bleibt die Grenze zwischen Mitternacht und 6 Uhr morgens geschlossen. Die Busse der Gesellschaft Tica benöti-gen für die Strecke 21 Std. Nach Kolumbien gibt es keine Straßenver-bindung.

Auskunft

... in Deutschland

Panama unterhält kein staatliches Tourismusinformationsbüro. Informa-tionen landeskundlicher Art erteilt die **Bundesstelle für Außenhandels-information (bfai),** Agrippastr. 87, 50670 Köln, ✆ 02 21/2 05 79 16, Fax 2 05 72 12.

... in Panama

Instituto Panameño de Turismo (IPAT), Centro de Convenciones, Atlapa, Vía Israel, Stadtteil San Fran-cisco (gegenüber dem Hotel Caesar Park), Mo–Fr 9–13 Uhr, ✆ 2 26 70 00, 2 26 40 02, Fax 2 26 34 83, 2 26 68 56.

Diplomatische Vertretungen

... in Deutschland

Botschaft der Republik Panama, Lützowstr. 1, 53173 Bonn-Bad Godes-berg, ✆ 02 28/3 61 03 67, Fax 36 35 38.

... in Österreich

Botschaft der Republik Panama Elisabethstr. 4/5/9, A-1010 Wien, ✆ 00 43/1/5 87 23 47, Fax 5 86 30 80.

... für die Schweiz

Embajada de la Repúplica de Panamá 145 Avenue de Suffren, F-75015 Paris, ✆ 00 31/1/45 67 99 32, Fax 47 83 23 32/45 66 42 44.

... in Panama

Embajada de la República Federal de Alemania, Apartado 42 28, Panamá 5, Calle 50 Ecke Calle 53, Edif. Bancomer, im 6. Stock, Stadtteil El Obarrio, ✆ 2 63 77 33, 2 64 11 47, Fax 2 23 66 64.
Consulado General de Austria, Panamá, Via Simon Bolivar, Urbanisa-ción Pueblo Nuevo, ✆ 2 29 27 00, 2 65 38 55, Fax 2 29 29 25, Mo–Fr 8–12 und 15–16 Uhr.
Embajada de Suiza, Panamá, Calle Samuel Lewis Ecke Calle Gerardo Ortega, Edif. Banco Central, 4. Stock, Tel. 2 64 97 31, 2 61 15 30, Fax 2 63 80 83, Mo–Fr 9–12 Uhr.

Einkaufen

Mit dem Namen Panama assoziiert man zu Recht ein Handelszentrum, wel-ches sich mit dem Bau des Kanals dank staatlicher Zollpolitik zu einem Einkaufs-paradies entwickelte und in Zentral-amerika einzigartig ist. In den Läden der Avenida Central in Panama-Stadt oder in der *zona libre* von Colón bietet sich eine Auswahl an Importen zu durchaus günstigen Preisen.

Zu den klassischen Kunsthandwerksartikeln Panamas gehören der weltbe-
rühmte Strohhut, die Hängematte und
die *mola.* Alle drei Artikel, in denen sich
für die einheimische Bevölkerung einst
praktische Funktion und individuelle
künstlerische Gestaltung verbanden,
haben heute durch den Tourismus
Warencharakter angenommen.

Einreisebestimmungen

Bürger der Bundesrepublik Deutschland, der Schweiz und Österreichs benötigen für einen Aufenthalt unter drei
Monaten weder Visum noch Einreisekarte *(tourist card),* sondern nur einen
gültigen Reisepaß. Mit diesem darf
man sich bis zu 30 Tage im Land aufhalten. Wer länger bleiben will, muß bei
der Ausländerbehörde eine Aufenthaltsgenehmigung *(prorroga de turista)*
beantragen, die ohne weiteres bis zu
drei Monaten Gesamtaufenthalt erteilt
wird: Dirección Nacional de Migración,
Ministerio de Gobierno y Justicia,
Panama-Stadt, Av. Cuba Ecke Calle 30,
℘ 2 27 10 77, Mo–Fr 8–15 Uhr.

Bei der Einreise muß man – so die
formalen Bestimmungen – ein Rück-
bzw. Weiterflugticket vorzeigen können.

Wer seinen Aufenthalt verlängert hat,
benötigt vor der Ausreise eine Ausreise-
genehmigung, die das Nichtbestehen
von Schulden in Panama bestätigt *(paz
y salvo)* und die das Finanzministerium
(Ministerio de Hacienda y Tesoro,
Panama-Stadt, Av. Péru, zwischen Calles 35 und 36, Mo–Fr 8–16 Uhr) erteilt.

Touristen, die mit eigenem Pkw
einreisen, müssen ihr Fahrzeug an der
Grenze in den Paß eintragen lassen und
wieder ausführen; anderenfalls ist ein
hoher Zoll (z. Z. 35 % des Neupreises)
zu zahlen.

Feste und Feiertage

Nationale Feiertage:

1. Jan.	Neujahr *(Año Nuevo)*
9. Jan.	Nationaler Trauertag *(Día de los Mártiros)*
Karneval	Karnevalsdienstag *(Martes de Carnaval)*
Ostern	Karfreitag *(Viernes Santo)*
1. Mai	Tag der Arbeit *(Día del Trabajo)*
15. Aug.	Gründung der Stadt Panama *(Fundación de Panamá)*
11. Okt.	Revolutionstag *(Aniversario de la Revolución)*
3. Nov.	Unabhängigkeitstag *(Día de la Separación de Columbia)*
4. Nov.	Tag der Fahne *(Día de la Bandero)*
28. Nov.	Unabhängigkeitstag *(Día de la Separación de España)*
8. Dez.	Tag der Mutter *(Día de la Madre, Inmaculada Concepción)*
25. Dez.	Weihnachten *(Navidad)*

Die Schulferien liegen ungefähr im Zeit-
raum von Mitte Dez. bis Ende Jan., dann
empfehlen sich in den Feriengebieten
des Landes dringend Reservierungen.

Regionale Feste

Neben den landesweiten nationalen
Feiertagen gibt es eine Fülle von regionalen Festen *(fiestas patronales).*

Das IPAT (s. S. 353) veröffentlicht
jedes Jahr eine Übersicht mit den ge-
nauen Daten der regionalen *ferias.* In
diesem **Calendario de Eventos** findet
man auch viele Feste in kleinen Orten.
Zu den großen regionalen Festen gehören in:

Almirante	*Feria de Ojo de Agua,* 28. April–1. Mai.
Bocas del Toro	*Feria del Mar,* 15.–17. Sept.
Boquete	*Festival de la Orquídea,* 6.–9. April.
Changuinola	*Fiesta de Banano,* Ende Mai.
Colón	*Feria de Colón,* 25. Jan.–5. Febr.
Penonomé	*Feria,* 15.–17. Dez.
San Blas-Inseln	s. S. 350

Geld

Die panamaische **Währung** ist der Balboa (B), unterteilt in 100 Centésimos. Es gibt ihn allerdings nur als Münze, denn als Banknoten sind US-$ seit 1904 gesetzliches Zahlungsmittel. Panama ist somit eines der wenigen Länder ohne eigene Banknoten. Balboa und Dollar *(dólares)* sind währungsparitätisch, d. h. 1 B = 1 US-$.

Es gibt keine Devisenkontrollen, Ankauf und Verkauf von ausländischen Währungen sind unbeschränkt möglich. Im allgemeinen Sprachgebrauch werden die 50-Cent-Münze *peso,* die 5-Cent-Münze *real* genannt.

Kreditkarten werden in großen Hotels, an Tankstellen sowie in Restaurants und Geschäften akzeptiert (bevorzugt: American Express, Visa, Mastercard, weniger: Diners Club, und fast gar nicht: Eurocard).

Am sichersten sind **Reiseschecks** auf US-$-Basis (am verbreitetsten: American Express).

Bargeld: Nur US-$ und möglichst in kleinen Scheinen. Bei Noten ab 50 US-$ verweigern viele die Annahme aus Angst vor Fälschung! In Notfällen können nen **Geldüberweisungen** aus Europa über Western Union veranlaßt werden.

Literatur und Landkarten

Cardenal, Ernesto: Eine ungewisse Meerenge. Hammer Verlag, Wuppertal 1985.

Galeano, Eduardo: Die offenen Adern Lateinamerikas. Hammer Verlag, Wuppertal, 15. Aufl. 1992.

Kempe, Frederick: Aufstieg und Fall Noriegas. Hannibal Verlag, Wien 1990.

Le Carré, John: Der Schneider von Panama. Roman, Kiepenheuer & Witsch, Köln 1997.

Weeks, John/Gunson, Phil: Panama – made in the USA. Central Books, London 1986.

Vazquez-Figuera, Alberto: Nacht über Panama. Roman, Goldmann Verlag, München 1991.

Landkarten: Die Karten des **Instituto Nacional Geográfico** sind die besten und in allen Buchläden (liberías) in Panama-Stadt erhältlich.

Notfälle

Feuerwehr: landesweit: ✆ 1 03.
Polizei: landesweit: ✆ 1 04.

Öffnungszeiten

Banken: Mo–Fr 8–12 Uhr.
Behörden: Mo–Fr 8–12 u. 13–16.30 Uhr.
Geschäfte: Mo–Sa 8–12 u. 14–19 Uhr; in Panama-Stadt haben viele Geschäfte bis 22 Uhr geöffnet.

Post und Porto

Die panamaische Post heißt COTEL (Correos y Telégrafos) und arbeitet relativ zuverlässig. Luftpostbriefe aus größeren Orten benötigen nach Europa eine Woche, Paketsendungen auf dem Seeweg fünf Wochen. Öffentliche Briefkästen sind nicht sehr verbreitet, Briefmarken *(estampillas)* kann man ausschließlich auf Postämtern erwerben, welche man an ihrem blaugelben Anstrich oder Schild *(Correos y Telégrafos)* erkennt. Luftpostbriefe oder Postkarten in die EU: 0,4 B.

Preise

Panama ist – gemessen an Indikatoren der Lebenshaltung – das teuerste aller zentralamerikanischen Länder. Sein Preisniveau ist nur etwas niedriger als das der USA – einzige Ausnahme: Zollfreies Einkaufen in Panama-Stadt oder in der *zona libre* von Colón.

Reisen im Land

Panama verfügt im regionalen Vergleich über ein gut ausgebautes Straßennetz. Wichtigste Verkehrsader, die das Land von Westen nach Osten durchläuft, ist die Panamericana, die offiziell Carretera Interamericana heißt. Die zweite wichtige Überlandstraße ist die Carretera Transístmica zwischen Panama-Stadt und Colón, die ständig repariert und ausgebaut wird. Gemessen an diesen beiden Überlandstraßen sind nur noch wenige Straßen von Bedeutung und Qualität. Das Straßennetz wird laufend verbessert, aber vielerorts gehen asphaltierte Straßen nach wenigen Kilometern in Schotter- und Sandpisten über, auf denen dann allerdings auch abgelegene Regionen zu erreichen sind. Das gilt besonders für die wichtigen Ackerbau- und Viehzuchtgebiete der Halbinsel Azuero sowie die Provinz Chiriquí.

Es gibt – entgegen den Angaben auf verschiedenen Landkarten – keine Straßenverbindung nach Kolumbien, sondern lediglich Dschungelpfade, die nur in mehrtägigen Fußmärschen zu bewältigen sind. Der Darién gilt als Terrain der kolumbianischen Guerillas und Drogenhändler. Von einer Durchquerung dieser Urwaldprovinz in Richtung Kolumbien ist daher dringend abzuraten!

… mit dem Bus

Busse sind die klassischen Transportmittel im Land. Busfahren ist billig, verläßlich und unterhaltsam.

… mit dem Leihwagen

Ausländer dürfen bis zu 90 Tage mit ihrem nationalen Führerschein im Land fahren; erst bei einem längeren Aufenthalt müssen sie diesen umschreiben lassen.

Höchstgeschwindigkeit auf Landstraßen (einschließlich der Panamericana) ist 90 km/h. Rechtsabbiegen bei roter Ampel erlaubt. Im Allgemeinen ist die Polizei sehr hilfreich, dennoch: Strafzettel nie an Polizisten bezahlen, sondern immer nach dem Übertretungsformular *(orden penal)* fragen, das einen Überweisungsadressaten nennt (Dirección Nacional de Tránsito y Transporte Terreste, Departamento de Infracciones Menores, Panamá, ✆ 2 62 56 87).

Das **Leihwagenangebot** konzentriert sich auf Panama-Stadt; nur wenige der internationalen Anbieter (z. B. Budget, Hertz und Avis) unterhalten Niederlassungen in anderen Städten (z. B. Colón oder David), bei denem man den Wagen – anstatt ihn zurückzuführen – gegen eine *dropping charge* abgeben kann. Ein Wagen kostet bei unbegrenzter Kilometerzahl pro Tag zwischen 25 und 50 US-$ (plus 10 US-$ Versicherung). Anmietung und Abrechnung erfolgen ausnahmslos über Kreditkarten. Adressen der Leihwagenunternehmen (s. Panama-Stadt S. 348).

... mit dem Taxi

Es gibt keine Taxameter, abgerechnet wird nach Entfernung, d. h. nach Zonen *(zonas)*, die man durchfahren hat. Bleibt man in einer Zone, zahlt man nur eine Einheit (1997: pro Zone in Panama-Stadt 1 US-$, bei kleinen Taxis, *chicos*, nur 0,75 US-$.). Vor dem Einsteigen nach der Anzahl der zu durchfahrenden Zonen und dem Gesamtpreis fragen! Bei längeren Ausflügen mit Pausen kostet ein Taxi 10 US-$ pro Std.

... mit dem Flugzeug

Panama verfügt über relativ zuverlässige Inlandsflugverbindungen. Mehrere **nationale Fluggesellschaften** teilen sich die Regionen untereinander auf. Angeflogen werden das karibische San Blas-Archipel (bevorzugt die Insel El Porvenir), die pazifischen Inseln Contadora und San Miguel auf der Isla del Rey, mehrere kleine Orte im Darién (z. B. Puerto Obaldía an der Karibikküste und La Palma an der Pazifikküste) sowie die Städte Colón, Chitré, Bocas del Toro, Changuinola und David. Bei den Flugzeugen der nationalen Fluggesellschaften handelt es sich in der Regel um Kleinflugzeuge mit wenigen Sitzen. Ausgangs- und Endpunkt aller Inlandsflüge ist immer der **Flughafen** in Panama-Stadt (auch Paitilla Airport genannt). Alle nationalen Fluggesellschaften unterhalten hier ihre Büros. Adresse: Aeropuerto Marcos A. Gelabert, Vía Israel, Paitilla, ✆ 2 26 36 84,

Buslinien: Rutaz nach Panamá Viejo.

Die **Preise** für Inlandsflüge sind relativ niedrig. So kostet ein Flug nach Colón 25 US-$, nach David 50 US-$, nach Bocas del Toro 43 US-$, nach Changuinola 46 US-$, nach El Porvenir 25 US-$, nach Chitré 28 US-$ und nach Puerto Obaldía 40 US-$.

Nationale Fluggesellschaften:
Aero Facilidades, S. A. ✆ 2 69 60 70, 2 69 67 11, Fax 2 69 68 86 (nur Charter).
Aeroperlas, ✆ 2 63 53 63/2 69 45 55, Fax 2 23 06 06 (die größte der nationalen Gesellschaften).
Aerotaxi, ✆ 2 26 78 91, 2 26 40 70 (bevorzugte Ziele: San Blas, Porvenir).
Alas Chiricanas, ✆ 2 64 64 48, 2 64 77 59, Fax 2 64 71 90 (bevorzugt: Chiriquí und Bocas del Toro).
Chitreana, ✆ 2 26 41 16, 2 26 30 69, Fax 2 96 47 85 (bevorzugt: Chitré, Los Santos, Las Tablas).
Parsa, ✆ 2 26 38 83, 2 26 34 22, Fax 2 26 34 22 (nur Charter).
Transpasa, ✆ 23 08 42, 2 26 09 32 (bevorzugt: San Blas, nur Charter).

Internationale Fluggesellschaften in Panama-Stadt:
Aerolíneas Nicaraguense (Aeronica/Nicaragua), Calle 52 Ecke Vía España und Av. Samuel Lewis, neben dem Aries-Kino, ✆ 2 69 48 55.
American Airlines, Av. Nicanor de Obarrio Ecke Calle 53, Centro Comercial Plaza New York, ✆ 2 69 60 22.
Aviateca (Guatemala), Calle 49b, Ecke Av. 2a Norte, ✆ 2 23 29 91, 2 23 29 92.
Copa (Panama), Av. Justo Arosemena Ecke Calles 39 und 40, ✆ 2 27 52 00.
Continental Airlines (USA), Vía Israel, im Hotel Mariott, ✆ 2 63 91 77.
Iberia, Av. Balboa Ecke Calle 43, ✆ 2 27 39 66, 2 27 36 71, 2 27 34 45.
KLM, Calle 53 Ecke Av. Samuel Lewis,

Urb. Obarrio, ✆ 2 23 37 47, 2 64 61 84.
LACSA (Costa Rica), Av. Cuba Ecke
Calles 30 und 31, ✆ 2 25 01 93,
2 25 01 94, 2 25 01 95.
Lufthansa, c/o Agencias Continental,
Av. Abel Bravo Ecke Calle 59, Edif.
Eurocentro Obarrio, ✆ 2 69 15 49,
2 69 17 06.
Sahsa (Honduras), Av. Central Ecke
Calle 37, ✆ 2 27 13 66, 2 27 15 76.
Taca (El Salvador), Calle 49b Ecke Av.
2a Norte, ✆ 2 23 66 46, 2 69 62 14.
United Airlines (USA), Av. Samuel
Lewis Ecke Calle Santa Rita, Plaza Obar-
rio, Local 11, ✆ 2 69 85 55, 2 69 87 04.

... organisiert

Erfahrene Reiseagenturen in Panama-
Stadt bieten ihre *servicios de viajes* an:
Ecotours Panamá, Ricardo Arías 7,
nahe Hotel Continental, ✆ 2 63 30 77,
Fax 2 63 30 89; großes Angebot,
einschließlich San Blas-Inseln.
Rapid Travel, Stadtteil El Cangrejo,
Calle 53, Edif. Las Margaritas,
✆ 2 64 66 38, Fax 2 64 63 71.
Sun Line Tours, Calle Eusebio A.
Morales, Edif. Estela, Zona 9a,
✆ 2 69 66 20, Fax 2 23 76 09; auch
für Kanalausflüge und Schiffahrten
nach Contadora.
Viajes Arco Iris, Av. Justo Arosemena
Ecke Calle 45, ✆ 2 27 33 18,
Fax 2 27 33 86; großes Angebot.

Telefonieren

Telefonieren in Panama und von Panama ins Ausland ist ohne Schwierigkeiten möglich. Zuständig ist die staatliche

INTEL (Instituto Nacional de Telecomu-
nicaciones). Noch dominieren Münz-
fernsprecher, aber mehr und mehr setzen sich Kartentelefone durch. Alle Tele-
fonnummern in Panama sind sieben-
stellig. Die beiden ersten Ziffern kenn-
zeichnen das *departamento* und den Ort.

Vermittelte Telefongespräche nach
Europa kosten in den Büros der INTEL
(Adressen s. Stadtbeschreibungen) pro
Min. 5 US-$, Minimum 3 Min. Von den
INTEL-Büros kann man auch faxen,
eine DIN-A4-Seite kostet 6 US-$.

Vorwahlen: von Panama nach
Deutschland 00 49, nach Österreich
00 43 und in die Schweiz 00 41.

Unterkunft

Da Panama mehr von Geschäftsreisenden als von Touristen besucht wird,
konzentrieren sich die teuren Komfort-
hotels in der Hauptstadt. Mittel-
klassehotels findet man in den größeren Städten, einfache Übernachtungsmöglichkeiten *(pensiones)* in beinahe
jedem Ort. Zum Zimmerpreis werden
immer 10 % *lodging tax* addiert.

Zeitungen

Aus z. Z. fünf größeren nationalen Zeitungen kann man sich in Panama informieren: **La Prensor, La Estrella de
Panamá** und **El Panamá-América**
gelten als seriöse Blätter, **El Siglio** und
La Crítica Libre sind als Boulevard-
blätter einzustufen. Internationale –
meist US-amerikanische – Tageszeitungen erreichen Panama einen Tag später.

Abbildungsnachweis

Register

Personenregister

Ortsregister

Titelbild: Am Strand von Pochomil (Nicaragua)
Umschlaginnenklappe hinten: Paseo del Centenario in Colón (Panama)
Umschlagrückseite: Volcán Irazú (Costa Rica)

Über den Autor: Gerhard Heck ist Historiker und Pädagoge. Seit den 70er Jahren reist er regelmäßig nach Zentralamerika und verbrachte dort längere Studien- und Arbeitsaufenthalte. Außerdem veröffentlichte er Reiseartikel und -bücher über mehrere arabische Länder. Im DuMont Buchverlag erschienen von ihm und Manfred Wöbcke in der Reihe Richtig Reisen *Arabische Halbinsel, Mexiko* und *Zentralamerika: Belize - Guatemala - Honduras - El Salvador.* Außerdem ist Herr Heck Autor der Reise-Taschenbücher *Niederländische Antillen: Aruba - Bonaire - Curacao* sowie *Trinidad und Tobago.*

Die Deutsche Bibliothek – CIP-Einheitsaufnahme

Heck, Gerhard:
Nicaragua, Costa Rica, Panama / Gerhard Heck. - Köln: DuMont, 1998
(Richtig Reisen)
ISBN 3-7701-4172-5

© 1998 DuMont Buchverlag
Alle Rechte vorbehalten
Satz und Druck: Rasch, Bramsche
Buchbinderische Verarbeitung: Bramscher Buchbinder Betriebe

Printed in Germany   ISBN 3-7701-4172-5

Impressum

368